教育部　财政部中等职业学校教师素质提高计划成果

职教教师培训教育类公共课程开发（LBZD075）

U0573646

职业教育心理学专题

Zhiye Jiaoyu Xinlixue Zhuanti

教育部　财政部　组　编

夏金星　主　编

北京师范大学出版集团
BEIJING NORMAL UNIVERSITY PUBLISHING GROUP
北京师范大学出版社

图书在版编目(CIP)数据

职业教育心理学专题 / 教育部,财政部组编 . —北京:北京师范大学出版社,2012.9(2022.8重印)
（教育部　财政部中等职业学校教师素质提高计划成果）

ISBN 978-7-303-15308-4

Ⅰ.职… Ⅱ.①教… ②财… Ⅲ.①职业教育—教育心理学 Ⅳ.①G710

中国版本图书馆 CIP 数据核字(2012)第 195725 号

营 销 中 心 电 话　　010-58802755　58800035
北师大出版社职业教育分社网　http://zjfs.bnup.com.cn
电 子 信 箱　　bsdzyjy@126.com

出版发行：北京师范大学出版社　www.bnup.com
　　　　　北京新街口外大街 19 号
　　　　　邮政编码：100875
印　　刷：北京溢漾印刷有限公司
经　　销：全国新华书店
开　　本：787 mm×1092 mm　1/16
印　　张：25
字　　数：544 千字
版　　次：2012 年 10 月第 1 版
印　　次：2022 年 8 月第 5 次印刷
定　　价：49.80 元

策划编辑：王　婉　　　　　　责任编辑：王　婉
美术编辑：高　霞　　　　　　装帧设计：国美嘉誉
责任校对：李　菡　　　　　　责任印制：陈　涛

出版说明

　　根据 2005 年全国职业教育工作会议精神和《国务院关于大力发展职业教育的决定》(国发[2005]35 号)，教育部、财政部 2006 年 12 月印发了《关于实施中等职业学校教师素质提高计划的意见》(教职成[2006]13 号)，决定"十一五"期间中央财政投入 5 亿元用于实施中等职业学校师资队伍建设相关项目。其中，安排 4 000 万元，支持 39 个培训工作基础好、相关学科优势明显的全国重点建设职教师资培养培训基地牵头，联合有关高等学校、职业学校、行业企业，共同开发中等职业学校重点专业师资培训方案、课程和教材（以下简称"培训包项目"）。

　　经过四年多的努力，培训包项目取得了丰富成果。一是开发了中等职业学校 70 个专业的教师培训包，内容包括专业教师的教学能力标准、培训方案、专业核心课程教材、专业教学法教材和培训质量评价指标体系 5 方面成果。二是开发了中等职业学校校长资格培训、提高培训和高级研修 3 个校长培训包，内容包括校长岗位职责和能力标准、培训方案、培训教材、培训质量评价指标体系 4 方面成果。三是取得了 7 项职教师资公共基础研究成果，内容包括中等职业学校德育课教师、职业指导和心理健康教育教师培训方案、培训教材，教师培训项目体系、教师资格制度、教师培训教育类公共课程、职业教育教学法和现代教育技术、教师培训网站建设等课程教材、政策研究、制度设计和信息平台等。上述成果，共整理汇编出 300 多本正式出版物。

　　培训包项目的实施具有如下特点：一是系统设计框架。项目成果涵盖了从标准、方案到教材、评价的一整套内容，成果之间紧密衔接。同时，针对职教师资队伍建设的基础性问题，设计了专门的公共基础研究课题。二是坚持调研先行。项目承担单位进行了 3 000多次调研，深度访谈 2 000 多次，发放问卷 200 多万份，调研范围覆盖了 70 多个行业和全国所有省(区、市)，收集了大量翔实的一手数据和材料，为提高成果的科学性奠定了坚实基础。三是多方广泛参与。在 39 个项目牵头单位组织下，另有 110 多所国内外高等学校和科研机构、260 多个行业企业、36 个政府管理部门、277 所职业院校参加了开发工作，参与研发人员 2 100 多人，形成了政府、学校、行业、企业和科研机构共同参与的研发模式。四是突出职教特色。项目成果打破学科体系，根据职业学校教学特点，结合产业发展实际，将行动导向、工作过程系统化、任务驱动等理念应用到项目开发中，体现了职教师资培训内容和方式方法的特殊性。五是研究实践并进。几年来，项目承担单位在职业学校进行了1 000多次成果试验。阶段性成果形成后，在中等职业学校专业骨干教师国家级培训、省级培训、企业实践等活动中先行试用，不断总结经验、修改完善，提高了项目成果的针对性、应用性。六是严格过程管理。两部成立了专家指导委员会和项目管理办公室，在项目实施过程中先后组织研讨、培训和推进会近30次，来自职业教育办学、研究和管理一线的数十位领导、专家和实践工作者对成果进行了严格把关，确保了项目开发的正确方向。

作为"十一五"期间教育部、财政部实施的中等职业学校教师素质提高计划的重要内容，培训包项目的实施及所取得的成果，对于进一步完善职业教育师资培养培训体系，推动职教师资培训工作的科学化、规范化具有基础性和开创性意义。这一系列成果，既是职教师资培养培训机构开展教师培训活动的专门教材，也是职业学校教师在职自学的重要读物，同时也将为各级职业教育管理部门加强和改进职教教师管理和培训工作提供有益借鉴。希望各级教育行政部门、职教师资培训机构和职业学校要充分利用好这些成果。

为了高质量完成项目开发任务，全体项目承担单位和项目开发人员付出了巨大努力，中等职业学校教师素质提高计划专家指导委员会、项目管理办公室及相关方面的专家和同志投入了大量心血，承担出版任务的11家出版社开展了富有成效的工作。在此，我们一并表示衷心的感谢！

编写委员会
2011 年 10 月

前　言

　　《国家中长期教育改革和发展规划纲要(2010－2020年)》提出要"以双师型教师为重点、加强职业院校教师队伍建设"，这就要求我们在开展职业教育师资培养培训时，既要注重提高教师的专业水平，又要注重提高教师的教育教学方面的理论素养与技能技巧。为此，中等职业学校教师培训包公共项目《职教教师培训教育类公共课程开发》(LBZD075)课题组，根据《教育部财政部关于实施中等职业学校教师素质提高计划的意见》(〔2006〕13号)文件相关精神，在教育部财政部及其专家指导委员会的指导下，组织进行了大量的调查研究，提出教育类公共课程开设的主要内容应包括四门：《职业教育学实用专题》、《职业教育心理学专题》、《现代教育技术》及《专业教学法》。前两门由湖南农业大学组织开发，后两门由同济大学组织开发。

　　课题组认为，教育类公共课程是贯彻党的教育方针、政策，反映国家教育改革历史经验和发展趋势，传播教育研究和教育实践领域理论和技术的重要渠道，是职业教育"双师型"教师培养的重要支柱。在教材编写中，力求让教师了解职业教育改革新动向、新政策、新理念、新技术；力求突出实践针对性，以专题的形式来呈现。其中的《职业教育学实用专题》和《职业教育心理学专题》各包含十一个专题。

　　本书由湖南农业大学屈正良教授担任执行主编，参加编写的作者包括湖南农业大学夏金星教授、唐朝华副教授、胡义秋副教授、杨青松博士，永州职业技术学院樊艳君副教授，湖南省劳动人事学校于元香高级讲师。另外，湖南农业大学职业技术教育学硕士研究生康勇军、肖凤玲、杜彦霖等也参与了部分章节的资料收集和编写工作。课题研究和教材编写过程中，得到了教育部财政部及专家指导委员会、各职业教育师资培训基地、以及各位培训学员的支持和指导，在此一并表示衷心的感谢！

　　由于我们水平所限，不妥之处敬请各位专家、同行和广大读者批评指正！

《职教教师培训教育类公共课程开发》课题组

2011年5月

目　录

专题一 职业学校学生的心理发展与教育

　　教育与人的心理发展之间存在着相互依存的辩证关系。一方面，心理发展的水平与特点是教育的起点与依据，是教育的前提；另一方面，个体的心理发展又依赖于教育，是教育的产物和结果。职业教育作为教育的重要组成部分，也毫不例外地遵守教育的规律。因此，正确地认识和理解职业学校学生心理发展的特点，掌握影响其心理发展的各个因素，在职业教育实践中具有非常重要的意义。

　　由于目前学术界对学生心理发展与教育的相关研究主要集中于普通教育领域，而在职业教育领域开展的研究寥寥无几。鉴于此，我们对于职业学校学生的心理发展与教育的理论也主要是借鉴于普通教育，并重点介绍与职业学校学生年龄阶段相对应的心理发展与教育理论。

　　本章将就发展和心理发展的含义、职业学校学生心理发展的过程、规律及其各种影响因素，职业教育与心理发展的关系等方面进行探讨，并介绍当前有关心理发展的一些重要理论。

第一节　职业学校学生心理发展概述

一、发展和心理发展的含义

　　人的发展是指人类从胚胎、出生、成熟、衰老直至死亡的整个生命进程中所发生的一系列身体和心理变化。这些变化是有顺序的、不可逆的，而且能保持相当长的时间。人的身心生长和变化，如同一条蜿蜒的长河，时而会激起奔腾的波涛，时而会静静流逝，循环往复，循规变化。人的心理发展是人类发展的一个重要部分。

　　心理发展是指个体从胚胎期到出生一直到死亡的过程中所发生的有次序的心理变化过程。这种变化与发展是逐渐、连续而有规律的。它不仅包括数量的变化，更重要的还包括质的变化；不仅指向推进的过程，同时也包括某些心理方面衰退、消亡的过程；不仅包括语言和认知方面的发展，也包括情感、个性、社会性等方面的发展。然而，并不是所有的心理变化都可以被称为发展，例如，由于病理原因而导致的心理上的变化就不属于发展。从发展的观点研究人的心理可分为过程和结果两方面，从过程来看，人的心理发展一般要经历许多性质不同的阶段；从结果来看，长期心理发展的结果便形成了个人稳定的心理特征。

　　个体的心理发展有广义和狭义之分。广义的心理发展包括人类个体从出生到死亡的整个一生的心理变化。狭义的心理发展一般指人类个体从出生到心理成熟阶段的变化。研究人的心理发展的实质及其基本规律，对我们的教育工作实践具有十分重要的意义。

二、心理发展的特征

　　个体心理发展是一个极其复杂的问题，表现出各种各样的特点，但又有其一般的规律和特性。

(一)心理发展是一个既有阶段性又有连续性的过程

　　心理发展根本的过程是连续的、不间断的过程。人的一生就是生理方面、认知方面和社会化等方面相互影响、不断生长变化的过程。每一心理过程和个性特征都是逐渐发展着的，由简单到复杂，由低级到高级，从个体出生开始，这种发展就已经相伴随，但是，由于不同的人所处的环境和自身素质的不同，发展的速度也各不相同。

　　在心理发展这一连续的过程中，"阶段"常常被视为一个重要的概念，每个阶段都是心理发展这一连续体的一个组成部分。阶段概念预示着在各个相继的发展阶段的连续性中有一个不连续的成分。每一阶段都以不同的速度从前一个阶段中预示出来和产生出来，然而，它又并入下一个阶段并对它起作用。在生命的一定时期，心理发展总会维持一个相对平衡和稳定的阶段，每个阶段都具有在性质上不同于其他阶段的可分辨的心理发展特点。不同的阶段具有各自质的规定性和相对一致的年龄区间。各个阶段的质的规定性或各个阶段的特征是由个体在生理、认知、个性和社会化等各方面的发展水平所决定的。

可见，心理发展是连续性与阶段性的辩证统一。

【相关链接】

心理发展阶段及其划分

心理发展阶段是按一定的标准（个体在一段时期内所具有的共同的、典型的心理特点和主导活动）将个体心理的发展划分为几个以不变顺序相继出现的、有着质的差异的确定时期。我国一般将个体的发展分为八个阶段：

乳儿期（0～1岁）　　　　　　　　婴儿期（1～3岁）

幼儿期（3～6、7岁）　　　　　　童年期（6、7～11、12岁）

少年期（11、12～14、15岁）　　青年期（14、15～25岁）

成年期（25～65岁）　　　　　　老年期（65岁以后）

（二）心理发展具有一定的方向性和顺序性

身心发展在一定条件下总是具有一定的方向性和顺序性，而且是不可逆也不可逾越的，并且在不同的文化背景下和不同的个体身上都表现出较高的一致性。譬如，在各种心理机能中，感知觉的发展最早，然后是运动机能、情绪、动机和社会交往能力的发展，而抽象思维的出现和发展最迟。根据有关研究，个体的思维发展表现出如下年龄特征：出生至三岁，主要是直观行动思维；三岁至六七岁（学前期），主要是具体形象思维；六七岁至十一二岁（学龄初期），主要是形象抽象思维；十一二岁至十四五岁（少年期），主要是以经验型为主的抽象逻辑思维；十四五岁至十七八岁（青年初期），主要是以理论型为主的抽象逻辑思维。

（三）心理发展具有不平衡性

心理发展的不平衡性表现在不同系统，在发展的速度、发展的起始与成熟时间有不同；也表现在同一机能特性在发展的不同时期（年龄阶段）有不同的发展速度。而从身心的总体发展来看，不同时期发展速度也不一样，如婴幼儿期和青春期发育较快，而成年期发展较为平稳和缓慢，表现出发展的不平衡性。

（四）心理发展具有个别差异性

尽管个体的心理发展遵循着颇为一致的规律，表现出与他人一致的共同性，但其发展又表现出相对特殊性，即个别差异。由于遗传素质、教育条件以及社会环境的不同，个体的心理发展也各不相同。各种心理机能开始出现和发展的具体年龄、发展的速度、各种心理机能发展所能达到的最终水平，以及各种心理成分在某一个体身上的结合模式都会有所不同。例如，有的个体言语能力较强，有的个体操作能力较强。可以说，每一个个体具体的心理发展曲线都是有所差异的。

(五)心理发展各个方面之间的相互联系和相互制约

无论是个体的各种心理过程还是个性心理，都是在相互联系和相互制约中发展的。例如，儿童感知觉的发展，为记忆、思维、想象的发展提供了基础，而记忆、思维、想象等方面的发展也使儿童的感知觉得到改造和完善，获得概括的性质。

(六)心理发展是逐渐分化和统一的过程

在个体发展的初期，身心各种机能还处于未分化的状态，随着身心的不断发展，各部位的机能就逐渐分化出来。这种分化随着身心的发展而趋向复杂，反过来又作为整体统一到有组织、有秩序的基础中去，并进一步向统一的方向发展变化。

三、心理发展的影响因素

关于人的心理发展的影响因素，一直以来是心理学的一个重要的理论问题。围绕着先天与后天、遗传与环境以及教育等问题，心理学界存在着激烈的争论，从而形成了不同的观点和理论。总的来说，影响人的心理发展的主要因素可以分为两大方面：遗传和环境。遗传是父母的特质通过基因向后代进行的生物性传递，而遗传因素就是指那些与遗传基因相联系的生物有机体内的因素，是以基因特质的展开为基础的，包括生物有机体的生理成熟；环境因素主要包括影响生物有机体发展的所有外部因素，如维持生物有机体生存所必须的自然环境和社会环境等，对人的发展来说，社会环境及教育则成为主要的环境因素。关于遗传和环境两者如何影响和制约心理发展的问题，主要有以下四种观点。

(一)遗传决定论

遗传决定论强调遗传因素在个体心理发展中的作用，主张心理发展是由先天的、不变的遗传基因所决定的，心理发展的过程就是先前遗传素质自我发展和自我暴露的过程，个体心理的发展主要是生理成熟的结果，外界环境和教育所起的作用甚微。持这种观点的人一致认为，个体的智力和个性品质在生殖细胞的基因中就已被决定了，环境的作用仅在于引发、促进或延缓先天素质的自我展开，而并不能改变其本质。

遗传决定论的创始人是英国的高尔顿(F. Galton)，他于 1869 年发表了著名的《遗传的天才》，明确地宣称："一个人的能力是由遗传得来的，它受遗传决定的程度，如同一切有机体的形态及躯体组织受遗传决定一样。"美国心理学的先驱之一、第一任美国心理学会主席霍尔(G. S. Hall)也认为人的心理发展主要由遗传决定。在进化论思想的影响下，霍尔提出心理发展的复演论，认为个体发展只不过是人类种族进化的复演过程。他的典型论调是"一两的遗传胜过一吨的教育"。格赛尔(A. Gesell)则通过自己的研究以及对儿童发展的观察，提出著名的"成熟论"，主张心理的发展是生物成熟的结果，成熟是影响发展的第一要素。他认为心理发展是由其内部所固有的不变的规律和顺序决定的，发展的个别差异正是反映了人的先天差异，强调先天优生的保健胜过后天环境的教养。他的观点于 20 世纪四五十年代在西方曾盛极一时，对当时的儿童教育产生过很大的影响。

遗传决定论者由于片面强调家庭出身，过分夸大先天遗传的作用，因而忽视了后天环境和教育在个体心理发展中的影响，这正是其观点的致命之处。

(二)环境决定论

环境决定论的观点与遗传决定论的观点恰恰相反，它片面和机械地强调教育和环境对心理发展的决定作用，认为儿童心理的发展完全是由环境决定的，极端重视环境和教育在人的发展中的影响，否认人的主观能动性以及遗传素质和儿童的年龄特征的作用。

环境决定论的哲学渊源可以追溯到英国经验决定论者洛克(J. Locke)的"白板说"。他认为人的心灵好比一块白板，人的一切观念都来自经验，根本就"没有什么天赋原则"。行为主义学派的创始人华生(J. B. Watson)可以说是环境决定论最典型的代表人物。他在引用巴甫洛夫经典条件反射学说的基础上，强调学习和环境在儿童行为形成中的中心作用，提出只要有适当的环境条件，多数行为都可以通过学习获得或消除，认为个体的心理发展便是在适当的环境中习得逐渐复杂化的刺激—反应链的过程。他的这种环境和教育是心理发展的唯一条件及教育万能的极端环境决定论观点在其如下名言中得以充分体现："给我一打健康和天资完善的婴儿，并在我自己设置的特定环境中教育他们，那我愿意担保，任意挑选一个婴儿，不管他的才能、嗜好、定向、能力、天资和他祖先的种族，都可以把他培养训练成我所选定的任何一种专家：医生、律师、艺术家、商界首领乃至乞丐和盗贼。"新行为主义心理学家斯金纳(B. F. Skinner)继承了华生的环境决定论观点，认为人的任何行为都可以通过外在的强化或惩罚手段来加以塑造、改变、控制或矫正。

受环境决定论影响的教育者在教育过程中往往会出现拔苗助长的现象，对个体的身心发展是有害无益的。环境决定论的根本错误在于否认心理反映的主观能动性，否认心理发展的内因作用，片面强调和夸大了环境和教育在个体心理发展中的作用，是一种机械主义的发展观。

(三)二因素论

针对遗传决定论与环境决定论都具有的明显片面性，一些心理学家提出了二因素论，主张心理发展由遗传和环境两个因素共同决定。

二因素论的代表人物德国心理学家斯腾(L. W. Stern)认为，心理发展并非单纯的是天赋本能的逐渐显现，也并非单纯地受外界的影响，而是个体内在的素质和外在的环境合并发展的结果。美国的心理学家吴伟士(R. S. Woodworth)也是二因素论的支持者。

尽管二因素论克服了遗传决定论和环境决定论单纯强调某一因素的片面倾向，但对遗传和环境两者关系的处理是比较机械的，未能看到两者的辩证和动态的关系，也没有看到个体的实践活动在其自身心理发展中的作用，只是把遗传和环境的效果简单地结合在一起，可以说是一种调和与折中的观点，缺乏实质意义上的理论发展。

(四)辩证唯物主义的观点

辩证唯物主义认为，遗传决定论、环境决定论和二因素论关于心理发展的观点都是失之偏颇的、不正确的。但这并不意味着在考虑心理发展问题上可以全然不顾这些因素的作用，问题在于如何摆正遗传、环境和教育三者的关系。

首先，遗传素质和生理成熟是个体心理发展必要的物质前提和基础。遗传素质主要是指那些与生俱来的、有机体的构造形态、感官和神经系统等方面的解剖生理特征，它们为人的心理发展提供了可能性，没有正常的遗传素质，人的心理就得不到正常发展。例如，无脑畸形儿生来不具有正常的脑髓，因而不能产生思维，最多只能有一些最低级的感觉；某些先天性色盲、聋哑儿童肯定无法成为画家和歌唱家。因此，遗传素质是儿童个体心理发展的重要前提条件。此外，生理成熟，特别是脑的发展成熟与心理发展的关系也非常密切。婴儿出生后，具有一定遗传素质的身体各部分及其器官的结构和机能并没有发育好，还需经过一个很长时期的生长、发展过程，才能达到结构上的完善和机能上的成熟。个体心理的发展在一定程度上受到生理发展的规律制约，与生理的成熟与发展直接相关。所以，如同遗传素质一样，生理成熟也是儿童心理发展的必要的物质基础。

其次，社会环境与教育在一定条件下对个体的心理发展起决定作用。众所周知，遗传素质与生理成熟仅仅为心理发展提供了某种可能性，但并不能决定心理的发展。这种可能性能否变为现实，主要取决于环境和教育的条件。心理的发展是在人的活动中实现的，离开了人类的生活条件，离开了人类社会，人们无从谈及社会实践活动，遗传素质也就不能发挥出来。可以说，社会生活条件不仅决定相应的心理内容，而且决定个体心理发展的水平、速度、方向和个别差异。值得特别指出的是，后天的环境因素中，教育在心理发展过程中起主导作用。

最后，个体心理发展动力是通过在活动中产生的心理矛盾运动发展的。心理发展是随着年龄的增长、个体内外各种条件相互作用而实现的。个体的生长和成熟，积极主动地学习是促进心理发展的内在因素，外界环境和教育是促进心理发展的外部条件。在内外因的关系问题上，辩证唯物主义认为，外因是变化的条件，内因是变化的根据，外因通过内因起作用。人的心理发展的内因或内部矛盾就是主客体相互作用过程中，由于外界环境和教育不断地向个体提出新的要求所引起的新的需要，与个体原有心理水平或心理状态之间不一致所导致的不平衡，是个体心理发展的根本动力。内外因始终处于一种不断变化的相互作用中。外界环境和教育作用于处在一定发展水平的个体，并只有转化为某个层次的内因，才可能促进个体的发展。例如，在教学活动中，教师向学生提出了一个新的要求，但是学生原有的心理水平还不能满足这种需要，这时学生就会与当前的学习环境产生不平衡，为了保持平衡，学生便产生新的需要，这个新的需要与原有的心理水平之间产生了矛盾，矛盾的发展和解决，就促进了学生心理的发展。

第二节 职业学校学生的认知发展与教育

认知发展是个体心理发展的一个方面。从职业学校教育的角度看，学生的认知发展是非常重要的一个层面，因为，知识和技能教学的心理学基础就是学生的认知发展。本节介绍认知发展的重要理论及相关研究，提供中职教师应有的知识和观念，使教师在教学生知识和技能时，收到事半功倍的效果。

所谓认知发展是指个体自出生后在适应环境的活动中，对事物的认识以及面对的问题情境时的思维方式与能力表现，随年龄增长而逐渐改变的历程。[①] 心理学家已经发现，学生(儿童)在吸收知识时的思维方式，与成年人不同，因此要教学生知识和技能，必须了解学生是如何思维的。那种不顾学生思维特点，以教师(成人)为中心的教育取向不是事倍功半，就是徒劳无功。

在认知发展的历程中，个体在认知思维上究竟是如何改变的，不同的心理学家有不同的观点。下面介绍两种主要观点。

一、皮亚杰的认知发展论

(一)皮亚杰的认知发展阶段观

瑞士心理学家皮亚杰(Jean. Piaget)认为，儿童从出生到成人的认知发展不是一个数量不断增加的简单累积过程，而是伴随同化性的认知结构的不断再构，使认知发展形成几个按不变顺序相继出现的时期或阶段。他认为逻辑思维是智慧的最高表现，因而从逻辑学中引进"运算"的概念作为划分智慧发展阶段的依据。这里的运算并不是形式逻辑中的逻辑演算，而是指心理运算，即能在心理上进行的、内化了的动作。经过一系列的研究与演变，他将从婴儿到青青期的认知发展分为感知运动、前运算、具体运算和形式运算四个阶段，见表1-1。

表 1-1　皮亚杰的认知发展阶段

阶　　段	年　　龄	基本功能特征
感知运动阶段	0～2岁	1. 凭感觉与动作以发挥其基模功能 2. 由本能性的反射动作到目的性的活动 3. 对物体认识具有物体恒存性概念
前运算阶段	2～7岁	1. 能使用语言表达概念，但有自我中心倾向 2. 能使用符号代表实物 3. 能思维但不合逻辑，不能见及事物的全面
具体运算阶段	7～11岁	1. 能根据具体经验思维以解决问题 2. 能理解可逆性的道理 3. 能理解守恒的道理
形式运算阶段	11岁以上	1. 能做抽象思维 2. 能按假设验证的科学法则解决问题 3. 能按形式逻辑的法则思维问题

---

① 张春兴主编．教育心理学[M]．杭州：浙江教育出版社，1998：84

【相关链接】

基模(或图式)(schema)：即基本行为模式，皮亚杰认为个体出生后不久就开始运用他与生俱来的一些基本行为模式对环境中的事物作出反应，从而获取知识。此等以身体感官为基础的基本行为模式，可以视为用以了解周围环境世界的认知结构。每当他遇到某事物时，他就用他的认知结构去核对、处理世界。皮亚杰将这种认知结构称为基模。皮亚杰将基模视为人类吸收知识的基本架构，将认知发展解释为个体的基模随年龄增长而产生的改变。

物体恒存性：看不见的东西是存在的(已形成表象)。

自我中心倾向：解释时只会从自己的观点着眼，不会考虑别人的看法，即只能主观看世界，不能客观地予以分析("三山"实验)。

不合逻辑(思维)：是指下面几种情况，一是知觉集中倾向(即顾此失彼，集中注意某事物的单一维度或层面，忽略事物的其他维度或层面)；二是思维的不可逆性；三是自我中心主义。

可逆性：即顺向和逆向兼顾的思维历程，是合乎逻辑的思维过程。指思考问题时，可从正面推出反面，也可从反面推出正面，可从原因推出结果，也可从结果推出原因。

守恒性：就是内化的、可逆的动作，即能在头脑中从一个概念的各种具体变化中抓住实质的或是本质的东西。它通过两种可逆性实现，一是逆反性，即否定性，如+A是-A的逆向或否定；二是相互性，如A大于B，则B小于A是它的互反。

很明显，职业学校学生的年龄阶段属于皮亚杰说的第四个阶段，也就是形式运算阶段(11岁以上)。这个阶段的认知具有以下三个特征：

1. 假设-演绎思维

假设-演绎思维指不仅从逻辑上考虑现实的情境，而且考虑可能的情境(假设的情境)进行思维。例如，"如果这是第9教室，那么它就是4年级。这不是第9教室，这是4年级吗?"回答这样的问题需要假设-演绎思维。有人请小学生以"是""不是"或"线索不充分"来回答这个问题。多数小学生回答"不是"。但正确答案应是"线索不充分"。

2. 抽象思维

抽象思维指运用符号的思维，也称命题思维。例如，学习中学代数就需要抽象逻辑思维。中学生已具有抽象逻辑思维能力，他们能解决如$(a+b)^2=a^2+2ab+b^2$这样的代数问题。

3. 系统思维

系统思维指儿童在解决问题时，能分离出所有有关的变量和这些变量的组合，一个典型例子是儿童解决钟摆问题。问儿童：决定钟摆的摆动速度的因素是什么? 这里涉及摆的长度、摆锤的重量、推动摆锤的外力和摆锤中心线升起的高度。处在前运算阶段的儿童不能系统操纵某一变量，同时控制其他变量去解决问题。只有形式运算阶段的儿童能通过系统探索解决这个问题。

大量研究表明，皮亚杰所揭示的思维发展的阶段性是普遍存在的。思维发展由低一级水平向高一级水平过渡，这种顺序是不可改变的。不可能设想，前运算水平的思维可以突然飞跃到形式运算水平的思维。

但承认思维发展阶段过渡的一般性，并不意味着在具体个体身上，或不同文化背景条件下不存在阶段过渡的特殊性。

研究表明，从前运算到具体运算的过渡和从具体运算到形式运算的过渡，在不同个体身上存在着显著差异。例如，多数6～7岁儿童能进行10以内的整数加减运算，但少数发展快的儿童能进行20以内，甚至100以内的加减运算，而一些发展较慢的儿童，上小学时还未完全掌握10以内的数概念，更不能进行加减运算。思维越是发展到高级水平，儿童之间的个别差异越大。皮亚杰的研究表明，11岁以上的儿童有可能达到形式运算水平。但据美国的研究，在美国学校中，只有13.2%的初中生、15%的高中生和22%的大学生达到了形式运算阶段。皮亚杰也认为，大多数人只能在他们有经验和有兴趣的少数领域运用形式运算。由此可见，职业学校的学生的形式运算水平也普遍不高，这也就是职业学校学生为什么对于学科性的理论知识的学习不感兴趣的原因所在。

同一个人在某一学科领域的思维可能达到形式运算水平，但遇到新的困难问题时，其思维又会退回到具体运算水平。而且，个人在某门经验较丰富的学科中能进行形式运算思维，并不意味着他在陌生的学科领域也能以同样的方式思维。研究表明，青少年一般先在自然科学领域出现形式运算思维，在社会科学领域的思维发展较慢。

(二)皮亚杰认知发展论的基本特征

1. 认知发展的历程受遗传与环境二者交互作用的影响

在皮亚杰的认知发展理论中，组织、适应、平衡、同化、调适等术语，是他用来说明儿童心智之所以成长的基本理念，这些理念所表达的中心思想就是：儿童的心智成长，既不像遗传决定论者所说的一切皆来自先天遗传的决定，也不像经验论者所说的一切得自后天环境的塑造，而是在先天遗传赋予他生存的条件下，以内发的与主动的反应向环境中各种事物去探索、思维、了解，从而获得认知。

2. 认知发展亦即智力成长

成长中的智力并非指个体所获知识在量上的增加，而是指个体在吸收知识时思维方式上的质的改变。不同阶段儿童所表现的认知差异，代表人类的认知行为随年龄增长而产生了质的改变。

3. 人类的认知发展具有顺序性与阶段性两大特征

四个阶段的前后顺序是固定不变的，所有个体的认知发展都是遵循四阶段的法则进行的，各阶段间的关系只有顺进，没有逆转。各阶段之间并非跳跃式的改变，而是连续中呈现阶段现象。对不同的个体而言，各阶段特征的出现，具有很大的个别差异，这表明有的人认知发展较快，有的人认知发展较慢。

(三)皮亚杰认知发展论对职业教育的启示

皮亚杰的认知发展理论，对各教育阶段的教学来说，在理论上的启示性大于在方法上的实用性。为什么这样说呢？原因是：皮亚杰当初之所以研究儿童的认知行为，其目的只是探究儿童在自然情境中对其周围环境中事物认知的心理历程。皮亚杰当时所观察的，只是儿童自己在对环境探索中学到知识，而不是在别人教导下学习知识。也就是说，皮亚杰的研究，本来并没有考虑教育的手段与目的的问题。皮亚杰对儿童自己经探索而获得知识过程的解释，也未采取"因教育而学习"的观点，而只是从生物生长的观点，解释个体因适应上的需要，而以同化与调适的交互作用而改变其基本行为模式，从而扩增其知识。皮亚杰本人从未强调他的理论是教学理论，他一向称自己的理论为发生知识论，其用意也在于此。

皮亚杰的认知发展理论虽然不容易直接用以解决认知教学的实际问题，但在教学理念上，不管是对基础教育还是职业教育都有重要的启示，表现在以下几个方面：

1. 根据学生的思维水平实施知识教学

皮亚杰研究的最大贡献是，通过实证观察研究，证实了儿童的思维方式与成人有别，而且在发展的各个阶段(婴儿期、幼儿期、儿童期、青少年期)也不相同。思维是人类了解环境、吸收知识的主要心理过程，儿童在环境中自行吸收知识时，其思维方式不同于成人，因此教师在提供知识要求学生学习时，应当符合学生的思维方式，否则，难于收到预期的效果。教师在教给学生知识时，必须具有设身处地从学生观点看问题的推理能力。具备这种理性移情能力的教师，在教学活动中才能与学生对话，才能懂得学生的心意，才能欣赏学生在学习过程中所表现出来的一切行为，包括正确的和错误的行为。

2. 遵循学生认知发展顺序设计教学内容

自从教育心理学成为教育学的基础学科之一以来，中小学的课程设计上就重视课程内容与学生能力配合的问题。但在皮亚杰之前，主要是从年龄与年级的观点考虑学生能不能学习的问题，没有进一步分析研究为什么有的学生能学习而有的学生不能学习的问题。皮亚杰的认知发展论不采用年龄与年级的观点来解释儿童学习能力的高低，而是采用认知发展的观念，从实际观察中发现儿童随年龄增长在思维方式上所表现的阶段性差异。即由感知运动阶段到前运算阶段，再经具体运算阶段到形式运算阶段，各阶段思维方式上存在根本差异。因此，学校在设计课程教材的难度时，必须配合学生心智发展的水平。

3. 针对个别差异实施个别化教学

教师在实施班级教学时，除了了解全班学生的学习情况之外，还必须兼顾每个学生的学习情况实施个别化教学。一般情形下，教师实施个别化教学的时机是在学生成绩考核之后，针对学生在试卷上所表现的错误，或批改、或要求学生重做，从而补救学生学习的不足。然而，按照皮亚杰理论所建议的个别化教学，其含义尚不仅如此。根据皮亚杰研究儿童认知思维的经验：如果发现数个儿童对同一问题的回答都是对的，可据此推论他们每个人的思维方式相同，但如发现数个儿童对同一问题的回答都是错的，则绝不可据此推断他们在思维上犯了同样的错误。因此，皮亚杰在与儿童面对面讨论问题时，总是对儿童的错误反应比正确反应看得更为重要。皮亚杰认为，面对问题情境时，儿童之所以反应错误，可能有两种原因：其一是他不了解问题的性质，不知道如何进行思维去解决问题。其二是他虽了解问题的性质，但他对问题持有异于成人的看法，致使他的回答与成人的标准答案不同。显然，前一原因是儿童认知能力不够，而后一原因则是儿童的认知与成人不一致。如果教师只根据儿童的行为表现，将不同原因所形成的错误给予同样的处理（如扣分或惩罚），其结果不仅丧失教师随机教学的机会，甚至因教师在批改学生作业上的疏忽，无形中挫伤了儿童认知发展的生机。

根据皮亚杰研究儿童认知思维的经验，在对学生实施个别化教学时，教师们要注意：其一，在实施个别化教学时，尽量与学生面对面沟通，让他用自己的话说出他对问题的看法以及解答时的思维过程。其二，对答对的学生，让他肯定自己的想法是正确的，并给予鼓励。其三，对答错的学生，让他在毫无恐惧的情境下，说出他对问题性质的了解以及思维的过程。特别是在与正确答案核对时，让他自由表达意见，使其有机会为他的不同思维方式做解释辩护。如此，当他发现教师的答案比他所想的更好之后，他才会对教师的改正心悦诚服。

【相关链接】

基于皮亚杰认知发展理论的教学方法[①]

根据皮亚杰的认知发展理论，教育界提出了几种行之有效的教学方法，其中包括活动法、自我发现法、认知冲突法和同伴影响法。

• 活动法

从前面内容已知，皮亚杰认为智慧（思维）发端于动作，而主体的活动（动作）既是连接主客体的桥梁，也是智慧的根本来源。在教学过程中实施活动原则，就应该放手让儿童去动手、动脑子去探索外物，获得丰富的逻辑——数理经验，通过反省抽象，逐步形成、发展自己的认知结构。活动越多，认知结构同化外来信息的功能就越强。对教师来说，强调活动就意味着应着眼于儿童认知结构的发展，而不必拘泥于某一事物的精确记忆。

• 自我发现法

根据皮亚杰理论，儿童自我发现的东西才能积极地被同化，进而产生深刻的理解。对于某些学习内容，较之于"呈现学习的材料，强化正确答案"的传统学习方法，自我发现法的学习效果要好得多。皮亚杰曾指出："每次过早地教给一些儿童自己日后能够发现的东西，会使他不能有所创造，结果也不能对这种东西有真正的理解。"要实施自我发现教学，教师要根据儿童的认知发展水平来创设适当的教学情境，给予儿童自我探索、自我发现的机会，使儿童通过积极的同化和顺应，获取对外界事物的认识。

• 认知冲突法

认知冲突法（或认知失衡法）是让儿童学习那些与自己已经具有的知识有所不同的新事物。前面论及的平衡化思想可以说明这一点。平衡化是一种动态平衡过程，它是影响发展

---

① 胡谊主编，吴庆麟主审．教育心理学［M］．上海：华东师范大学出版社，2009：31～32

的重要因素。处于某一发展阶段的儿童具有一定水平的认知结构，儿童运用这些结构去同化输入的信息，有些能同化，有些则不能。于是，在能够同化与企图同化的两种信息之间就有了矛盾，导致认知结构内部的不平衡。这种内部的不平衡接着又可能引起认知结构的变化（即顺应作用），这样就使结构得到发展。

运用认知冲突法，要注意材料引发的认知冲突的适当性，即材料的适度新颖原则，这样才能激起儿童求知的欲望，增强学习的动机。新旧知识的衔接、承启、组织，从激发学生学习动机的角度来说，是十分重要的。欲望、动机、兴趣，甚至意志，都是认知活动不可忽视的重要方面，都是教师在教学中应当注意和加以利用的。

- 同伴影响法

皮亚杰一贯重视儿童之间的互教和相互影响。儿童之间彼此看法的交流，可以使他们不断了解他人的观点。在同一认知水平上的其他儿童似乎比成人更能够促进儿童从自我中心解脱出来。因此，鼓励儿童多与自己年龄相仿的同伴一起活动、一起游戏、一起学习，可以有效地促进儿童认知水平的发展。

二、维果茨基的认知发展理论

(一)维果茨基认知发展论的基本内容

维果茨基(L. S. Vygotsky，1896－1934)是苏联早期的著名心理学家，他从文化发展论语言内化论出发，从种系和个体发展的角度分析了个体和心理发展的实质，认为心理发展是在与周围人的交往过程中产生和发展起来的，受人类社会文化历史的制约，提出了著名的心理发展的文化历史观。这一观点后经列昂节夫、鲁利亚等人进一步完善，形成了社会文化历史学派，又称"维、列、鲁"学派。

1. 社会文化是影响认知发展的重要因素

维果茨基认为，在个体心理（行为）的发展过程中，融合了两类心理机能：低级的心理机能和高级的心理机能，这两类心理机能分别依赖于生物进化和人类发展的历史。维果茨基强调，研究儿童心理的发展，必须依据历史的观点，在社会环境中去考察儿童高级心理机能的发生发展过程，特别是心理结构的质变过程。

维果茨基提出了著名的"两种工具"说，即"物质生产工具"和"精神生产工具"（心理工具）。精神生产工具也即心理工具，是指人类社会特有的语言和符号，它能使人的心理机能发生质的变化，使人在低级心理机能的基础上上升到高级阶段，从而形成各种高级心理机能。由于语言符号是人类社会文化历史发展的产物，它必然受社会文化历史发展规律的制约，从而个体心理尤其是人的高级心理机能的发展，也必然受社会文化历史发展的制约。

在维果茨基看来，由于儿童自出生以来就处在其周围特定的社会环境的影响之中，其成长过程中必然伴随着在所处社会文化环境中语言文字符号的学习，在学习和运用语言文字符号的过程中，以其所掌握的心理工具为中介，高级心理机能逐步从低级心理机能的基础上得到发展。在整个认知发展过程中，虽有生物成熟的影响，但成熟更多的是对低级心理机能(如各类感知觉)的制约作用,而对高级心理机能而言,主要是社会文化环境的影响。

总之,个体心理(认知)发展,是在特定社会文化环境的影响之下,以各种逐步掌握的心理工具为中介,在各种低级心理机能的基础上,逐步发展其高级心理机能的过程。而在整个儿童认知发展过程中,社会文化环境因素的影响可谓举足轻重。

维果茨基认为,心理发展是个体的心理在环境和教育的影响下,在低级心理机能的基础上,逐渐向高级心理机能转化的过程。心理机能由低级向高级的发展主要表现为如下四个方面:(1)心理活动主动性、随意性的不断发展;(2)心理活动的抽象概括性的提高;(3)间接的、以符号或词为中介的心理结构的形成;(4)心理活动的个性化。

关于心理发展的原因,维果茨基强调了三点:

第一,是受社会文化与历史发展以及社会规律制约的结果,儿童生来就处在一定的社会文化环境之中,在社会文化环境的影响下,在物质生产活动中,在与人的交往中,儿童才逐步发展起新的行为系统(高级心理机能)。所以,个体行为(心理)起源于并受制于社会文化历史的发展,心理的发展是在物质生产过程中发生的人与人之间的关系和社会文化历史发展的结果。

第二,是儿童在与成人交往的过程中,掌握了能对高级心理机能起中介作用的工具——语言、符号——的结果。通过与社会环境(包括组成社会的人)的相互作用,儿童逐步掌握了心理工具(语言符号),即获得了向高级心理机能发展的工具。一旦掌握了这种心理工具,就为低级心理机能向高级心理机能的转化提供了可能。

第三,是高级心理机能本身不断内化的结果。维果茨基是"内化"学说的最早提出者之一。他指出,教学能够激起和推动儿童一系列内部的发展过程,从而使儿童把人类经验内化为儿童自身的内部财富。他认为,儿童早年的心理活动是"直接的和不随意的、低级的、自然的",只有掌握语言这个工具以后,才能转化为"间接的和随意的、高级的、社会历史的"心理机能。所有高级的、社会历史的心理活动形式,都首先是作为外部活动的形式,而后内化为在头脑中进行的内部活动。

2. 认知思维与语言发展有密切关系

语言是维果茨基认知发展理论的核心,他特别强调语言发展与认知发展的关系。语言在发展中的作用体现在三个方面:

第一,语言:作为发展的媒介与思维的工具。

维果茨基认为,语言在儿童认知发展中起关键作用。他相信,拥有高度发展语言的人,可以完成那些文盲所不能完成的复杂任务,这是因为人们在学习语言时,不仅仅在学习语词,同时还在学习与这些语词相连的思想。因此,语言是儿童用以认识与理解世界的一种中介工具,也是一种思维的工具。

语言使得人们能够向其他人学习,并为人们提供了获得其他人已有知识的途径。所以,语言为学习者提供了认知工具,使得他们能够对世界进行思考并解决问题。同时,语言作为一种中介物,不仅能促进儿童认知的发展,还能帮助儿童建构自己有关世界的知识，并对这一知识进行检验、精制和反思。此外，语言也提供了分享观念、精练想法的机会。

第二，语言：作为社会交往与活动的工具。

语言在发展中还有另外一种功能，即使得儿童能与他人进行交往，从而开始人与人之间的文化交流或观念交换。维果茨基认为，文化在发展过程中起到重要的作用，而社会交往是文化得以分享并传递的主要途径。

成年人（尤其是父母亲和其他照顾孩子的人）以及同伴，在文化的传递过程中均起着重要作用。成年人进行解释，给予指导，提供反馈并引导交流。而同伴则在游戏与课堂情境中，通过对话来促进儿童之间的合作。所以，社会交往一方面可交换信息；另一方面也提供了各种有关观念有效程度的反馈。

"活动"这一概念也是维果茨基理论的一个重要因素。儿童在"做"中学，即通过与更有能力的人一起进行有意义的活动来学习。活动提供了使对话可能发生的情境。通过活动来进行对话，个体之间相互交流思想，个体便得以发展。

第三，语言：作为自我调控与反思的工具。

语言在发展中还有第三个作用，即为人们提供了对自己的思维进行反思与调控的工具。

所有的人都会自言自语，但维果茨基认为，这种"自言自语式"的外在言语是个人言语内化的先兆。个人言语能引导个体思维与行为的自我谈话。皮亚杰在年幼儿童中也观察到了这种现象，他称个人言语为"自我中心式言语"。皮亚杰认为，这种形式的言语只是思维的一种副产品，它还缺乏指向性，因而它是认知发展不成熟的一种表现。

但是，与皮亚杰的自我中心式言语观点不同，维果茨基对个人言语作了不同的诠释。他认为，这些仿佛没有目标的"咕哝"，其实是个人内部言语的开端，而且这种语言在自我调控的发展中起着重要作用。个人言语，最初是大声咕哝出来的，然后逐渐被内化，进而成为复杂认知技能的基础，这些技能包括保持注意（"我得注意了，这很重要"）、记忆新信息（"如果我重复说这个数字，我就能记住它"）和问题解决（"我应该先做什么呢"）。

3. 从实际发展水平延至可能发展区

在维果茨基的认知发展理论中，最受重视的是他倡议的可能发展区（或最近发展区）（zone of proximal development）的理念。所谓可能发展区，按维果茨基的说法，是介于儿童自己实力所能达到的水平（如学业成就）（实际发展水平或现有发展水平），与经别人给予协助后所可能达到的水平（即将达到的水平），两种水平之间的一段差距，即为该儿童的可能发展区。而在此种情形下别人所给予儿童的协助，即称为支架作用（scaffolding）（意指协助对发展具有促进作用）（Vygotsky，1978）。

维果茨基提出的"最近发展区"理念，说明在教育与发展的关系问题上，教学一方面要适应学生的现有水平，但更重要的是发挥教学对发展的主导作用，走在儿童发展的前面。维果茨基认为，教育要促进儿童的心理发展，教育者必须把着眼点放在儿童心理发展的第二个水平上，因而教师在教学过程中应不断地向儿童提出新的、比儿童原有水平稍高一点的课题和任务；儿童在教师的帮助下，通过自己的努力能够达到这个目标，以激发儿童内部矛盾的发展，这样不断地把最近发展区的水平转化为现有水平，不断发展，从而推动儿童向更高的心理水平发展。

综上所述，维果茨基的心理发展观与他的社会文化历史理论是密切联系在一起的。他强调个体的心理发展是在特定的社会文化历史条件下，借助语言符号而进行人与人之间的相互交往、相互作用，致使其心理活动逐渐由外部向内部转化，心理机能逐渐由低级向高级发展的过程。从维果茨基对儿童心理发展的界定和阐述可以看出，他与皮亚杰一样也是一个建构主义者。所不同的是，皮亚杰强调儿童主要是自己建构有关周围世界的认知地图，维果茨基却认为儿童的心理发展具有社会性。他的独树一帜的心理发展观在西方心理学界引起强烈反响，已经成为当今建构主义思潮的重要理论基础，对建构主义的学习理论和教学理论产生了深远的影响。

(二)维果茨基认知发展论对职业教育的启示

1. 教学的最佳效果产生在可能发展区

传统学校教育的最大缺点是，只求如何教学生学习知识，不重视在教学活动中发展学生的潜力。维果茨基所提倡的可能发展区理念，正可用以改进传统教学在这方面的缺失。维果茨基认为，一般学校教学，都是由教师讲解之后，留给学生作业，让他自己去完成。这种做法的效果是，即使作业难易适中，学生能够独立完成，完成之后得到高分，但对学生认知能力的发展，仍然没有帮助。因为在这种情况下，学生的学习仍然局限在他的实际发展水平之内，未能因学习而扩展了他的智力。

维果茨基所指的可能发展区，在理念上就是超越靠已知基础求知的境地，将学生置于"由接近全知而又不能全知"的境地，在教师辅助下从事新知识的学习。在可能发展区内的教学，除了带领学生在已有知识上学到新知识之外，更因面对新知识时需要新的认知思维方式，从而启发了学生的智力。按维果茨基的说法，在学生学习新知识时，如教师在最适当时间助他"一臂之力"，即可使学生的能力提升一级。因此，教学的最理想的效果只有在可能发展区内才会产生。

2. 适时辅导学生是教学的不二法门

显然，维果茨基的可能发展区理念，在教育上的含义，只能视之为原则，不能视之为方法。根据此一原则实施教学时，教师能否适时给予学生必要的辅导协助，自然是教学成败的关键。如果只将学生置于可能发展区内让他独自学习，则面对新知识的困难，反使学生退缩不前。维果茨基倡议可能发展区的本意，也是把辅助学生学习视为必要条件。在其所著《思想与语言》一书中，他说："今天我们辅助儿童学习，明天他就会自己学习。是故，有效教学的不二法门，乃是超越儿童实际发展水平，领先一步，带领并辅助他们学习新的知识。……教育必须面向未来，不能只顾现在。"(Vygotsky，1962)

维果茨基所特别强调的在可能发展区内教学的理念，在原则上对传统学校教育具有很大的启示性。职业学校教师在实际应用时，必须考虑下面的三个问题：(1)可能发展区所指者是"可能的发展水平"，而非"实际的发展水平"，可能发展区的界限用什么方法认定？

(2)学校教育分科教学，自小学起即有语文、数学、自然、社会等各科之分，每类科目的教学，都是以学生既有的知识为基础实施新知识教学，不同科目学习的可能发展区又当如何认定？(3)在班级教学的情境下，即使单一科目的教学，学生们之间也必然有很大的个体差异，如何针对学生在智力、性向、知识经验以至性格等方面的差异，从而认定他们各种科目的可能发展区而分别给予合适的辅助呢？这些问题，维果茨基的理论中并没有提供确切答案。作为教师，只能根据自己的教学经验，根据学科的性质，并根据对各个学生能力、经验、性格等各方面的了解，综合分析后作出他自己认为适当的抉择。

【相关链接】

维果茨基的"最近发展区"观点在课堂教学中的运用[①]

作为教师，应当尽力弄清每个学生的最近发展区。在个别教学过程中，通过提问或者提出一些建议，来促使学生向他们认知发展的潜在水平方向发展。此外，还应营造合作性的学习情境使学生们相互指导和帮助。也就是说，教师应当通过教学或合作性学习情景的创设，来促进儿童跨越其最近发展区，从而促进儿童认知的成长与发展。

以下就是一个运用"最近发展区"来教授百分数的教学实例：

在百分数教学中，教师与小林、小丽和小亮一起进行小组学习。小林很快作出来答案；小丽还在自言自语，埋头苦做；小亮已经放弃努力，在四处张望了。此时教师没有和往常一样对小丽和小亮讲解如何做题，他让小林说一说解题的过程。

"我是这样想的，要求卖掉的书的百分比，我先要得到一个分数，有了一个分数，我就把它化成小数，然后就得到百分数了。你们看，我第一步是这样的……"

小林在说的时候，小丽和小亮一直在跟着小林的思路。

接下来，教师就对小丽和小亮说："现在你们两个帮我来解这道题目，芳芳有 12 颗糖，送给小明 9 颗，那么芳芳送掉的糖的百分比为多少？"

"首先，"教师接着说，"我们要找到一个分数，然后就能得到一个小数，接着就知道百分数了，小丽，我们为什么需要一个分数？"

"因为，……如果……如果我们有了一个分数就能得到小数，然后是百分数。"

"很好，那么芳芳给小明的糖是几分之几呢，小丽？"

"12 分之 9。"

"太好了，小亮，我们怎么把这个分数化成小数呢？"

……小亮还是在摇头。

"再看看这个分数，怎么化呢？"

此时教师就看到小丽很快就得出了答案 0.75，而小亮仍不知道如何去做。

从这个教学实例可以看出，学生从教学中得益的程度是有差异的。同样是百分数问

---

① 胡谊主编，吴庆麟主审．教育心理学[M]．上海：华东师范大学出版社，2009：37

题，对小林而言，完全在其实际发展水平之内，他不需要额外地帮助就能解决问题，小亮则处于潜在发展水平之外，即使有教师的帮助仍不能解答这类问题，小丽恰位于这个"最近发展区"之内，在教师和同伴地帮助下学会了解题方法。可见教学应该瞄准儿童的"最近发展区"，在师生的共同合作之下促进学习潜在水平地发展。

第三节　职业学校学生的社会化发展与教育

职业学校的学生的心理发展，除了前面所述的认知发展之外，还包括社会发展（social development）。社会发展是个体在成长阶段，受社会文化影响使其社会行为（对待自己和对待别人的一切行为）随年龄增长而改变的历程，[1] 又称人格发展（personality development）或人格成长（personality growth）。社会发展的历程称为社会化（socialization）。

人格的发展总是伴随着儿童社会化过程而实现的。由于这个过程极其复杂，目前尚无一个理论能够合理而全面地解释社会化和人格发展的过程。本节将撷取各种学说中的有关内容，力求能涵盖社会化和人格发展的各个方面。

一、人格的发展

（一）人格的含义

人格（personality），又称个性，源于拉丁语 persona，意指古希腊时代戏剧演员在舞台上戴的假面具，以代表剧中人物的身份。人格已被广泛地应用于心理学文献中，但至今无公认的适当定义。著名美国人格心理学家阿尔波特（G. W. Allport）曾统计了有关人格的50 个不同定义。许多人接受米谢尔（W. Mischel，1980）的定义，他认为人格是指决定个体的外显行为和内隐行为并使其与他人的行为有稳定区别的综合心理特征。从这一定义看，人格首先不是指个别心理特征，而是个体全部心理特征的综合。其次，个体的人格特征不是偶然的现象，而是一贯的稳定特征。最后，每个人都有不同于他人的一组人格特征，也就是说，人格主要是与他人相区别的个人特征。

（二）人格的发展阶段——埃里克森心理社会发展阶段理论

不同的心理学家对人格的发展有不同的看法，这里仅介绍较有代表性的埃里克森（E. H. Erikson）人格发展理论。埃里克森和弗洛伊德同为精神分析学派中的两位大师，他本人还受过弗洛伊德精神分析的训练。后来，他通过对美洲印第安人部落、第二次世界大战中的士兵以及儿童精神病患者的研究，逐渐加深了对影响个体发展的社会文化因素的认识，逐渐扬弃了弗洛伊德过分强调性本能冲动的局限，强调个体与社会文化、外界环境的

---

[1]　张春兴主编. 教育心理学[M]. 杭州：浙江教育出版社，1998：124

相互影响，因而其学说被称为心理社会发展理论。

1. 基本内容

第一，人格发展是一个逐渐形成的过程，贯穿人生全程，整个发展经历 8 个顺序不变的阶段（时期）。表 1-2 是这些发展阶段的概要。

表 1-2　埃里克森心理社会发展的八个阶段①

阶段	年龄	发展危机	发展顺利者的心理特征	发展障碍者的心理特征
1	0～1 岁	信任对不信任	对人信任，有安全感	面对新环境时会焦虑不安
2	1～3 岁	自主行动对羞怯怀疑	能按社会要求表现目的性行为	缺乏信心，行动畏首畏尾
3	3～6 岁	自动自发对退缩愧疚	主动好奇，行动有方向，开始有责任感	畏惧退缩，缺少自我价值感
4	6～青春期	勤奋进取对自贬自卑	具有求学、做事、待人的基本能力	缺乏生活基本能力，充满失败感
5	青年期	自我统合对角色混乱	有了明确的自我观念与自我追寻的方向	生活无目的无方向，时而感到彷徨迷失
6	成年期	友爱亲密对孤僻疏离	与人相处有亲密感	与社会疏离，时感寂寞孤独
7	中年期	精力充沛对颓废迟滞	热爱家庭关怀社会，有责任心有义务感	不关心别人与社会，缺少生活意义
8	老年期	完美无缺对悲观绝望	随心所欲，安享晚年	悔恨旧事，徒呼负负

第二，每一个时期（不同的年龄阶段）都有一个发展危机。

每一阶段都有一个由生物学的成熟与社会文化环境、社会期望之间的冲突和矛盾所决定的发展危机。所谓发展危机是指个体与社会环境的互动中，一方面由于他自我成长的需要，希望从环境中（特别是在人际关系上）获得满足；另一方面又不得不受社会的要求（要求他必须遵守社会规范）与限制（禁止他不许率性而为），使他在社会适应上产生一种困难。埃里克森称此心理困难为发展危机（developmental crisis）。危机因发展而产生，是正常现象，故称为发展危机，也称常性危机（normative crisis）。

第三，将人生的每一个时期，视为一个"危机与转机"的关键，即每一时期，各有其特色的问题与困难，困难未解决之前，心理危机将继续存在；困难解决，危机化解，危机变为转机，就会顺利继续发展。

第四，成功而合理解决每一时期的危机，将导致个体形成积极的人格特征，有助于发展健全的人格；否则，危机没有得到解决或解决得不合理，个体就会形成消极的人格特

① 张春兴主编．教育心理学[M]．杭州：浙江教育出版社，1998：129

征，导致人格向不健全方向发展。个体解决发展危机的成功程度一般都处在从积极到消极连续过程中的两个极端之间的某一点上。

第五，人格发展的各阶段之间是相互联系的，即任一阶段的身心发展，其顺利与否，将与前一（或前多）阶段的发展有关，前一（或前多）阶段发展顺利者，将发挥良好的基础作用，有助于后一阶段的发展。即每一阶段都从它的前一阶段中开始和发展起来，然后又并存于后继各阶段之中。后期阶段的成功依赖于早期阶段危机解决的程度，而后期阶段仍有可能产生先前已解决的冲突。

很明显，职业学校学生正处于心理社会发展的第五个阶段，即青年期，其发展危机是自我同一性对角色混乱，该阶段的发展任务是形成自我统合（又称自我同一性），此阶段为八阶段中最重要的时期，是人格发展历程中多个关键中的关键。

自我统合是指个体尝试把与自己有关的多个层面统合起来，形成一个自己觉得协调一致的自我整体。此一心理过程，称为统合形成（identity formation）。自我同一性的形成要求谨慎地选择和决策，尤其体现在职业定向、性别角色等方面。如果青少年不能整合这些方面和各种选择，或者他们根本无法在其中进行选择，就会导致角色混乱。

埃里克森认为，统合形成对青年的自我成长而言是一种挑战，有较大困难。多数人在青年期（甚至很多成年人），都不能顺利无阻的达到此一境界。正因如此，或多或少的自我统合危机，对一般青年人来说是无法避免的。这也是现实生活中青年问题特别严重的主要原因。

【相关链接】

青年自我统合过程中考虑的六个层面

(1)自己的身体状貌
(2)父母（包括教师）对自己的建议与期望
(3)自己以往的成败经验
(4)自己目前的情况（如学习、人际关系）
(5)现实环境的限制（如家庭经济状况等）
(6)自己对未来的展望

在"我希望做一个什么样的人？"的主题之下，将这 6 个层面联在一起，统而合之，形成一个包括 6 面的整体，这样的过程就是自我统合。

同一性并不是在青春期才出现的。儿童在学前期已经形成了各种同一性，但是进入青春期后，早期形成的同一性已不能应付眼前必须作出的种种选择和决断了。因为青春期儿童身体迅速发展，性成熟开始以及新的指向未来的思维能力的出现，加之即将面临的种种社会义务和种种选择，如异性朋友、职业理想，等等，就使儿童对原已形成的自我同一性发生怀疑。此时儿童迫切要求了解自我，以形成一个真正独立的自我。如果儿童在前几个阶段中形成了积极的人格品质（信任感、自主感、主动感、勤奋感），他解决同一性危机的机会就较多；反之，同一性危机将持续到其人生发展的后继生活之中。

Marcia 研究表明，青少年在探求自我同一性实现的过程中，可能存在四种情况。这四种情况来源于对两个问题"是否做"的两种回答的结合，这两个问题是：个体积极参与寻找同一性的活动吗？个体已经确定自己的选择了吗？

同一性成功，又称获得或定向型，指通过对各种现实选择的考虑，个体已采取决定并追求目标的完成（对上述两问题的回答均为"是"）。高中时期的学生中很少有人能达到该阶段，绝大多数人要持续几年后才能作出选择。

同一性拒斥，又称过早自认或早闭合型，指的是个体过早地停止对同一性的探求，而认同于他人（主要是父母）的目标、价值观及生活方式对上述两问题的回答分别为"否"和"是"。他们一般缺乏反思和主见，过分尊重"权威"，对传统价值观感兴趣。

同一性混乱，又称扩散或迷失型，个体没有形成清晰的自我同一性，他们没有确定的人生取向，对自我价值、人生观及职业选择等问题往往采取逃避的态度，不肯加以认真思考（对上述两问题的回答均为"否"）。

同一性延迟，又称未定型，指青少年广泛尝试各种价值观念、人生取向及职业选择，而把对自我确定的生活方式的思考与选择推迟一段时期（对上述两问题的回答分别为"是"和"否"）。这种延迟现象是很普遍的，特别是现代社会中，它有助于个体通过亲身体验而形成更为牢固的、积极的、更富有创造性的同一感。

四种同一性状态中同一性获得似乎是最好的状态。实际上，在强调个人成就和责任的西方社会里，心理学家认为同一性延迟和同一性获得要比同一性扩散和过早自认反映出更多的发展上的成熟。而在非西方文化的国家，因为更加注重家庭和社区成员的相互依赖，许多重要决策不是依据个人的期望，而是基于群体的讨论而作出的。过早自认被认为比同一性延缓或同一性寻求更为成熟。

【行动研究】

请你同学生一起探讨：你获得自我同一性了吗？如果答案是肯定的，那么你是怎么寻找的？职业学校学生自我统合过程中面临的问题有哪些？

2. 埃里克森心理社会发展阶段理论对职业教育的启示

第一，发展期中危机重重，自我成长不易

埃里克森的心理社会发展阶段理论指出人生的每个发展阶段都有一个发展危机，这种危机是普遍性的，是人人都会体验到的。在这危机重重的人生历程中，个人所能为者以及教育所能为者，不是避免危机的产生，而是尽可能将危机转化为转机。因此，职业学校的教师一方面要理解学生所面临的各种冲突，理解学生需要大量的机会来体验各种职业选择和社会角色，从而采取相应的措施，因势利导，对症下药；另一方面要教会学生在面对各时期的人生逆境时，善于适应危机及提升其自我发展能力的方法，提供机会让学生了解社会，了解自我。通过讨论的形式使他们解决自身所面临的问题。在这当中，教师要始终给学生有关其自身状况的真实的反馈信息，以便学生能正确认识自己，确定合理的、适当的自我同一性。

第二，教育是发展的动力也可能是发展的阻力

按照埃里克森的心理社会发展阶段理论，在人生全程的八个阶段中，自出生到青年期的前20年，就占了五个阶段。这五个阶段正是学前接受家庭的非正式教育与入学接受学校的正式教育的阶段，家庭和学校教育的适当与否，必然会影响个体的人格发展。目前职业学校学生心理适应问题严重，我们不得不承认，这种现象与家庭和学校教育不当而形成学生人格发展的阻力有关。作为父母或职业学校的教师，如何改变教育理念，使教育对人格发展的阻力转化为动力，无疑是值得大家深思的问题。

第三，全人教育思想贯穿心理社会发展始终

表面看来，埃里克森的理论重在解释个体的社会发展或人格发展，事实上，在其对各时期发展危机的解释中，包含着全人教育中知、情、意、行四层面的心理历程。

（1）埃里克森所指前五个时期的发展危机，无论危机的后果是转向积极的（危机化解）或是消极的（危机留存）方向发展，都会由个体的行为表现出来，例如对他人信任或不信任等。由此推论，儿童在家庭或学生在学校的一切行为，均可视为其人格发展的指标。

（2）在个体成长阶段，前五个时期的发展危机，无一不与认知学习时成功或失败所带来的快乐或痛苦经验有关。由此推论，目前家庭与学校过分重视知识教学而造成学生失败经验过多的事实，是我们现行中小学教育的最大的败笔，也可能正是目前青少年问题严重的主要原因。

（3）在认知学习时，无论是因成功经验而使危机化解或是因失败经验而使危机加重，均将导致学生心理上情感与意志的回应。单以小学阶段（第四期）的发展危机为例，无论是因在校学习成功的激励而勤奋进取，或是因学业失败而导致自贬自卑，其心理上除了苦乐的情感之外，一定也带有自立自强或消极沮丧的意志。

（4）从教育（包括家庭与学校教育）与发展危机的关系看，适当的教育环境固然可以培养学生适应能力以化解其面对的危机，不适当的教育环境则可能因未养成学生适应能力，甚至养成不良习惯，因而造成其更多的发展危机。这也正是前文所指的，教育是发展的动力，也可能是发展阻力的问题。由此推论，如能改进教育环境，真正配合学生心理需求，使他在求知中得到快乐，在学习中健康成长，即可在人格发展历程中实现全人教育的理想。

【相关链接】

青春期的自我同一性整合——性别角色的建立

性别角色是特定社会所认为的适于男性和女性的一整套行为特征。在西方社会，一般认为男性应该是自我控制的、有竞争力的和理智的，而女性是温和的、自然的、情绪化的。在东方社会，尤其在日本、朝鲜和中国，男性应该是坚强的、有事业心的、在家庭中占主导地位的，而女性应该是温柔贤惠的、容忍的、专注于家庭的。可以看到，无论是在

西方还是在东方社会，除了极少数的社会文化状态以外，在大多数社会形态中，男性是构成社会文化的主体。男女两性选择着不同的职业，甚至在家庭中也有不同的工作分工；男女两性有着不同的智力发展进程和特点，分别有人们可以接受的角色行为并表现出不同的人格特点。

是什么使得男女有别呢？一个可能的原因是生理上的差异：遗传的不同与性激素的不同。遗传使男女首先在生理结构和体能上就有差异，例如，新近的一项研究（Kolb 等，1996）表明，刚刚出生的婴儿中，男性与女性在脑结构方面就存在差异：首先，颞叶的不对称性（左侧大于右侧），男性大于女性，男性的左颞叶比右侧大 38％，而女性的两侧颞叶是对称的；其次，男性左半球的西尔维厄斯裂的水平成分较女性大，因而表现出更大的不对称性。而这些差异可能与语言发展有关——女性倾向于更快地习得语言。

毫无疑问，许多性别角色特点都带有社会文化特征的烙印。儿童首先从父母、然后从同伴身上学习到怎样做一个"男孩"或"女孩""男人"或"女人"，男女两性的行为准则深深地融入社会文化规则中，潜移默化地影响我们的生活。康德赖（Condry & Condry，1976）等的研究得到了有趣的结果：给大学生被试看一段婴儿在啼哭的录像带，当被试认为婴儿是男孩时，大多数被试认为他的啼哭表示"愤怒"，而当被试认为婴儿是女孩时，多数被试认为她的啼哭表示"害怕"。

父母对不同性别的孩子寄予不同的期待，并以不同的行为标准约束孩子，对性别角色的形成也有重要影响。例如父母希望男孩子坚强、控制自己的感情、具有竞争性，而女孩子应该温柔、有修养、具有"淑女"风范。父母倾向于给男孩、女孩不同的玩具，而且以不同的行为方式与他们交往。当孩子开始与同伴到处玩耍的时候，同伴的作用开始影响到儿童和青少年的性别角色定向，他们互相鼓励支持并模仿同性的行为。在同性小团体中，与性别角色相吻合的行为得到鼓励支持，相反的行为受到批评和嘲笑。

（资料来源：彭聃龄．普通心理学［M］．北京：北京师范大学出版社，2004：528～529）

二、自我意识的发展

(一)自我意识的含义

自我意识是作为主体的我对自己以及自己与周围事物的关系，尤其是人我关系的意识。一般认为，自我意识包括三种成分：一是认识成分，个体对自己的心理特点、人格特征、能力及自身社会价值的自我了解与自我评价；二是情感成分，个体对自己的自我体验，如自尊、自爱、自豪、自卑及自暴自弃等；三是意志成分，属于对自己的控制，如自我检查、自我监督、自我调节和自我追求等。

在上述三种心理成分中[①]，自我意识有积极和消极之分。积极的自我意识对"现实我"有比较清晰客观的认识，而且"理想我"的确立比较现实，既不好高骛远又具有一定挑战

---

① 胡谊主编，吴庆麟主审．教育心理学［M］．上海：华东师范大学出版社，2009：48

性；对自我的情感体验是健康、向上的；在实际生活中能自觉地自我控制，不断地完善自己。而消极的自我意识则恰恰相反，它对自我的认识是不准确的，是否定的或歪曲的；情感体验是消极或虚妄的；面对所发生的事情往往感到无所适从。

值得注意的是，在自我意识中，自我概念（self-concept）相当重要。自我概念通常是指"由个体对自身的观念、情感和态度组成的混合物"。在很多场合，自我概念和自我意识可以互换使用。自我概念不是永恒、统一或不变的，它随着情境和年龄阶段的不同而不断变化。有研究者总结出英语国家学生自我概念的层级结构，如图 1-1 所示。

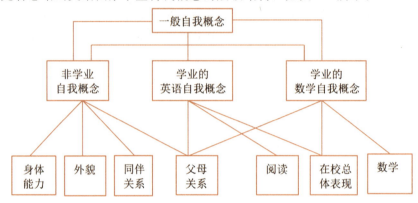

图 1-1　自我概念的结构

可以看出，对自我的总体知觉可以分为非学业方面的和学业方面的。其中学业的自我概念至少包括两部分——英语的和数学的。这种分法比较适合小学阶段的学生，随着年龄增长、学业课程的增加，学生可能形成其他的学业的自我概念，如对社会科学、自然科学等的自我概念。这些位于第二层的自我概念本身又是由更为具体而独立的自我概念组成的，如对身体能力、外貌、与同伴的关系、与家庭（尤其是父母）的关系等方面的认知。这些概念是在日常经历及体验（例如体育运动表现；对身体、皮肤或头发的评价；友谊；对群体作出的贡献等）的基础上逐渐形成的。

自我意识具有组织性、多维性和层次性等特征。

1. 组织性

个体在生活中获得有关自我的大量信息，并将这些有关自身的具体信息加以概括，组织成对自己总体的、比较一般的认识与态度。

2. 多维性

自我意识不是单维的，个体会将自我意识划分为几个领域，如社会接受性、身体吸引力、运动能力等领域。各领域虽相互联系，但又相互独立。一个在学术能力上自我评价较低的学生，很可能在身体吸引力、同辈关系等方面却有较高的自我评价。因此，应避免仅就一个方面来判定学生总体的自我意识。

3. 层次性

具有多维结构的自我意识可按某维度的概括程度划分成若干等级。整体的自我意识可能由几个比较具体的概念组成，这几个比较具体的概念各自又由更为具体的、独立的自我意识所组成。

(二)自我意识对人格发展的影响

自我意识是指个体对自己的认识和态度，是人格的重要组成部分，是使人格各部分整合和统一起来的核心力量。同时，一切社会环境因素对人发生影响，都必须通过自我意识的中介而发挥作用，因而自我意识在人格的形成和发展中起着不可缺少的重要作用。

1. 自我意识的水平制约着个人对自己的人格形成和发展进行调节的能力

儿童的自我意识水平低，其人格发展主要受外界因素的制约，处于他律状态。随着自我意识水平的提高，青年的人格发展较多地受到自我意识的调节，逐渐达到自律。

2. 自我评价的性质决定人格发展的方向

个体若不了解自己人格的短处和长处，就无法自觉地调节人格发展的方向。若个体自认为自己品德高尚，就会在生活中自觉维护真理和正义，拒绝自以为不正义的事情。反之，个体自认为能力差，解决问题时就会优柔寡断，稍遇障碍便停滞不前。当自我评价与他人评价矛盾时，或坚持自我评价，或放弃自我评价，这都会对人格的发展方向产生深刻的影响。

3. 自我调控能力制约着人格的发展

首先，个体的自我调控受环境的影响，他们主动接受环境的积极影响，拒绝环境的消极影响。其次，个体的自我调控制约人格发展目标的确定。最后，个体的自我调控影响人格发展目标能否最终实现。

从自我意识影响人格发展这个角度看，我们可以说，自我意识是人格发展的内部动因，人格是自我塑造的产物。

【相关链接】

在教育中如何引导学生自我意识的三种心理成分[①]

1. 引导学生正确评价自我

向儿童展示规范行为的榜样，提供评价行为的参考信息，并创造有利的环境，使他们通过活动反馈形成正确的自我评价。例如，教师首先应以身作则，通过自己良好的言行为学生树立自我评价的榜样。教师的模范行为，对学生起着潜移默化的作用。同时，在集体中有意识地树立"小模范"作为儿童的学习榜样，或者用学生熟悉的模范人物的思想和事迹去启发他们，为他们找到自我评价的生动具体的标准。此外，由于教师和家长的评价对儿童的成长具有指导性，教师和家长的评价一定要正确、适当且及时。孩子做了好事，有了成绩应给予表扬；做了错事，出现问题要给予批评。通过评价引起儿童自我教育、自我完善的一种需要，从而促进其自我意识的发展。

---

① 胡谊主编，吴庆麟主审.教育心理学[M].上海：华东师范大学出版社，2009：50

2. 引导学生产生积极的自我体验

激发学生的成就动机，不断创造条件增加学生的成功体验。具体来说，教师应注意发现学生身上的闪光点，从多方面挖掘学生的潜能，使其在某些领域取得成功和进步，这些措施都有利于唤起学生的自尊、自重、自强的良好体验。当然，帮助学生确立符合实际的理想，对于培养学生的自信心也是十分必要的。例如，有些学生争强好胜，常常在给自己确立目标时好高骛远，当努力失败、境况不如愿时，极易产生自暴自弃、悲观消沉等不良体验。遇到这样的学生，教师应首先引导学生明确其所努力的目标。

3. 引导学生学会自我控制

应注意培养学生良好的意志品质，提高学生调节、控制情绪的能力。引导学生从多个角度全面地看待和理解问题，避免因片面看问题而导致消极情绪地产生，同时指导他们恰当、适度地表达情绪，这有助于达到心理的相对平衡状态。此外，为充分发挥学生的自我调节和控制能力，真正实现自我教育，教师应协助学生制订计划，并在实现目标的活动中，不断给予鼓励、指导和反馈，直至其目标实现。学生的自觉性和能动性一旦被激发，他们就能坚持不懈地努力实现既定目标，在此过程中逐渐培养和发展自觉、果断、自制等良好的个人品质。

(三)职业学校学生自我意识的发展特点和问题[①]

1. 思想认识上的偏差导致自我意识模糊

进入职业学校的学生开始考虑自己的人生道路，自己的前途，但是由于学习、就业认识出现偏差，使他们内心无法获得平衡，不明白"我是谁?""我要做什么?"既想将来能出人头地，又缺乏努力、进取的认识和动力。

(1)学习认识方面。首先，学习目的不明确。很多职业学校学生没有考虑学习的目的，认为学习只是为达到家长老师的要求，而对学习的意义没有产生更高的认识。另外，社会就业压力形成的"读书无用论"也影响着职业学校学生安心学习知识和技能，使部分学生有一种混日子的消极心态，习惯了"做一天和尚撞一天钟"的生活，缺乏进取心。其次，学习动力不足。职业学校的培养目标是为振兴当地经济培养初、中级应用型人才，毕业生除少数进入对口高等职业院校深造外，绝大多数没有了升学的压力。新生在不了解职业学校学习的情况下，易于受"学技术不过百日之工"的传统认识影响，大多数学生抱着"学好专业技术就行了"的打算，缺乏高起点、高标准的目标理想，不自觉地放松自己，缺乏上进的动力。再次，学习习惯不良。职业学校学生由于在初中阶段就没有形成良好的学习习惯，致使其基础较差、能力没有较好地训练和发展。一些学生的意志品质的发展不成熟，这一点在自觉性、坚忍性和自制性方面尤为突出，具体表现为不能长时间地保持精力与意志于自己的行为上，不善于控制和支配自己的行为。在长期的行为过程中，消极一面得到强化和巩固，形成不良的行为习惯。

(2)就业心理失衡。大部分职业学校学生既有升学的愿望，又有对求职的担忧。有一

---

① 李凯. 试论农村职高生自我意识发展与培养[J]. 安阳工学院学报，2007(6)：108～111

部分学生希望继续升学，但又担心自己成绩差而考不上大学，少数学生自信经过努力升学有望，却又顾虑家贫无力负担日后的读书费用，许多同学同时还担心上了大学毕业后找不到好工作，因而显得忧心忡忡。相当多学生最大的困惑与烦恼是就业的困惑，农村的学生不愿意在农村从事农业科技工作，希望能留在城里找到其他工作，但面对激烈的竞争，又表现出信心不足，认为自身素质差，社会不重视职校毕业生，无法与他人竞争。

2. 自我探索中的迷惑导致消极的自我体验

青年初期的学生在心理上把自我分成了"理想中的自我"和"现实中的自我"两部分，他们能够按照"理想中的自我"去调控"现实中的自我"。职业学校的学生由于在个性品质发展上的不良，如意志力薄弱、自控力差和易冲动等使他们在追求"理想中的自我"的过程中屡屡受挫。为了建立一个连续稳定、内在一致的自我形象和明确的生活目标，却因自我探索失败而产生自身角色认识混乱，逐渐导致畏难心理加重，自信心下降，出现消极的自我体验。

3. 强烈的自尊和深深的自卑

自我意识中独立意向的发展使他们意识到自己是一个独立的个体，他们拥有强烈的自尊心。但是，初中毕业生面对高中阶段不同学校的升学选择，最后被录取进入职业学校的学生是各类初中阶段学校中成绩差的学生，他们中的很多人是带着怀疑和不解走入职校的，这也导致了他们对自己的学习生活、交往、成长不自觉的缺乏信心。在自信心不足而竭力维护自尊的同时，部分学生陷入深深的自卑之中，他们只看到自己的短处，而看不到自己的闪光点，自卑和焦虑的心理使他们不能很好的认识自己。

4. 不适当的自我概念导致自我评价不稳定

自我概念主要指一个人对自身的态度，包括对自己品质和特征的认识，对自身品质的评价及与此相关的自尊体验。一个人是否具有一个适当的自我概念，对其个性的发展至关重要。生理状况、个体认知水平及父母的自我概念倾向都会对青少年自我概念的形成产生影响。职业学校学生由于受成长环境、认知水平的影响，形成了不适当的自我概念，如有的学生经常上课迟到，顶撞老师，却认为这是自己勇敢的表现，有的学生在学校抽烟、喝酒，和校外人员交往，认为这样自己更有面子等。他们没有能力全面、客观、辩证地看待自己，所以部分学生出现自我评价偏高的倾向，表现出自负、听不进去别人的意见、遇事易偏激等行为。

5. 自我控制和自我教育能力发展滞后

自我控制是个体对自己心理活动和行为的操纵，是自我调节的最基本手段，其着眼点是"克制自我"以服从既定目标。自我教育是个体按照社会和时代要求进行自我设计、自我调节和自我完善的最高形式，其着眼点是"发展自我"以实现自我价值。青少年阶段的自我控制和自我教育能力应有明显提高，应逐渐摆脱对外部的依赖，开始主动、自觉地控制自己的心理和行动。职业学校学生由于成长、教育环境等因素影响，在这方面的能力比较弱。他们普遍自控力差，意志力薄弱，明辨是非的水平低，又加上职业学校教育的开放性，导致有些职业学校学生，遇事易偏激，容易走极端，有些会出现某些越轨行为，但事

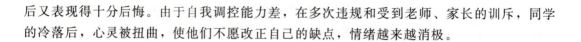

后又表现得十分后悔。由于自我调控能力差，在多次违规和受到老师、家长的训斥，同学的冷落后，心灵被扭曲，使他们不愿改正自己的缺点，情绪越来越消极。

三、个体社会化与人格发展

许多心理学家认为，人格的发展和自我意识的形成、完善，都是在个体社会化过程中逐渐实现的。

(一)个体社会化的含义

个体凭借其生理特点在社会实践中通过学习获得符合特定社会要求的知识、技能、习惯、价值观、态度、理想和行为模式，成为具有独特人格的社会成员并履行其社会职责的过程，叫个体社会化。这个过程实质上是个体反映社会现实的过程，即社会现实内部化的过程。社会化的目的不仅是使人获得语言、思想、情感，掌握基本生活技能，学会一定的生产技能，懂得社会规范，明确生活目标，适应社会，成为社会的一员，而且使上一代人的思想、技能和经验传给下一代，使人能继承和发展文化遗产，维持代际关系，在适应社会的基础上改造社会，并不断推动社会前进。

(二)个体社会化的过程

个体社会化一般经历儿童社会化、青年社会化和继续社会化的过程，对某些人来说还要经历再社会化的过程。

1. 儿童社会化

儿童在社会化的过程中，动作的沟通逐渐被语言代替，在掌握语言的基础上，学习生活技能和社会规范。

2. 青年社会化

青年在社会化过程中，来自成人对社会化控制的范围和强度明显缩小和降低，外在强化的方式逐渐转化为由个人对环境的认识等内在因素调节，主动地模仿成人的行为和选择榜样，而且社会化的媒介越来越广泛。

3. 继续社会化

经历前两个社会化过程后，个体社会化尚不完全，还要不间断地社会化，主要是适应社会发展变化中的生活环境和新的社会角色。

4. 再社会化

再社会化是指个人原来的思想、生活方式以及行为模式与社会环境不协调，甚至发生冲突，必须断然改变，形成全新的思想、生活方式和行为模式。

(三)影响社会化的因素

个体社会化进程主要依赖于三个因素：

1. 自然基础

其中最重要的是健全的神经系统，这是个体社会化所必需的自然前提。

2.社会基础

包括社会生产方式、政治和经济制度、社会规范、价值体系、信仰体系、风俗、种族和民族、家庭、学校、友伴等特定的生活条件。这些因素是个体社会化的外部条件。

3.实践活动

这是个体社会化的内因，只有正常参加社会实践和社会交往，才能获得正常的社会化。

(四)影响人格发展的社会化因素

人格是每个具有独特生物学基础的个体在各种不同的社会环境中，在学习和掌握社会行为的过程中逐步形成的。也就是说，人格的发展是个体社会化的结果。虽然每个社会使儿童达到社会化目标的方式各不相同，但实现社会化目标的途径和动因却基本上是相同的。不管什么社会，影响儿童人格发展的社会化动因基本上都是家庭、学校、同伴以及电视、电影、文艺作品等社会宣传媒体。这里仅分析家庭、学校和同伴等三个社会化动因对儿童人格发展的影响。

1.家庭教养模式

鲍姆宁(D. Baumrind，1967)曾根据控制、成熟的要求、父母与儿童的交往、父母的教养水平等四个指标，将父母的教养行为分成专制型、放纵型和民主型三种教养模式，研究不同的教养模式对儿童人格发展的影响。结果发现，专制型的父母总是企图控制儿童的行为和态度，迫使子女符合严格的行为标准，强调子女的绝对服从。当儿童的行为不能达到其预期目标时，他们更多地使用惩罚措施。他们不喜欢和儿童讨论标准问题，与其他父母相比，他们更缺少情感上的关怀。这种教养模式下的儿童不太知足、不安全、忧虑、退缩、怀疑、不喜欢与同伴交往。放纵型的父母很少对儿童提出什么要求，完全放手让他们自己约束自我行为，甚至对儿童的错误行为也不予惩罚。他们奖惩不明，从不培养儿童的独立精神和自力更生的能力。这种教养模式下的儿童是最不成熟的，他们缺乏自我控制和探索精神，有较强的依赖性，遇到新奇事物或紧张的事情就会退缩。民主型的父母通过建立明确的规则和标准来引导儿童的活动，同时也乐于与儿童讨论各种规则背后的原因。这类父母温和，具有一致的态度，尊重儿童独立的选择。这种教养模式下的儿童是最成熟的，他们有能力，独立性强，自信，知足，爱探索，善于控制自己，喜欢交往，自我肯定。总之，儿童人格的发展并非由父母的某个行为维度所决定，而是受到父母整个行为模式的影响。

【相关链接】

帮助父母采取正确的教养方式[①]

教师可以建议学生家长采用如下措施来促进儿童的学业成绩、自我价值感和心理

[①] 胡谊主编，吴庆麟主审．教育心理学[M]．上海：华东师范大学出版社，2009：57

健康：

1. 及时沟通

当子女遇到不顺心的事情时，父母应多从子女角度考虑，给予理解，使其感受到父母的支持与鼓励。

2. 体贴入微

父母作为家庭生活的主导，子女健康成长的监护者，应该细心关注孩子成长过程中的情绪、行为的微妙变化，给孩子以理智的爱和适度的控制。

3. 适当要求

对子女提出知识和社会能力方面的要求，同时提供各种便利条件。

4. 监督学习

先了解子女的学习状况，制订学习计划，随时检查每一内容的理解和掌握程度，并以此作为调节进度的依据。

更为重要的是，家长应慎用各种惩罚措施。有研究者曾专门研究了惩罚这一普遍性的教养方式对儿童社会化的影响。他们把惩罚分为强制和"爱的收回"两种。强制是指父母对儿童的体罚、冷漠的拒绝、剥夺以及威胁等。研究表明，强制方式会阻碍儿童道德规范的内化，同时也会阻碍儿童良知的发展。之所以会产生这样的结果，是因为强制会引发孩子的敌意，同时又向儿童提供了一个社会模仿的榜样。"爱的收回"是一种心理上的惩罚方式，它表现为父母不理睬、孤立儿童、对儿童表示失望等。这种惩罚方式会导致父母与儿童感情的破裂，使儿童体验到对自身安全的威胁和焦虑感。

而另一些研究则表明，那些有着强烈的亲社会行为和道德责任感的儿童，他们的父母对其惩罚常富有情感，并伴随着合理的解释，而且父母一般采用权威型的教养方式。有研究提出，对孩子的适当要求不仅可以促进儿童认知的发展，而且还能促进其社会能力的发展，特别是当要求与对儿童的支持和反应相结合时更有效。

2. 学校教育

学校教育在学生社会化中的作用主要是通过教师与学生的相互影响来实现的。教师的品德修养、知识经验、教育和教学技巧、对学生的态度等，对学生社会化与人格的发展都具有举足轻重的意义。可以说，教师以其全部行为和整个人格影响学生的社会化和人格的发展，这种影响主要通过教师的言传身教来实现。同时，学校教育按照一定社会的教育目标，有计划、有步骤的对青少年学生施加影响，因而直接制约着学生人格发展的方向和基本质量。

3. 同辈群体

儿童最初几年主要囿于家庭小圈子内与父母相互作用，将父母作为社会化的模式。上学后，儿童有越来越多的时间与同伴一起度过。与同父母的关系相比，儿童与同龄伙伴的交往更加自由和平等。与同辈群体的交往使儿童能够进行人际关系和交流的探索，并发展人际敏感性，奠定儿童今后社会交往的基础，促进儿童的社会化和人格的发展。

一方面,同辈群体是儿童学习社会行为的强化物。帕特森(G. R. Patterson,1967)等人研究同伴的反应对儿童攻击性行为的强化作用。结果发现,当一个儿童猛冲过去抢另一个儿童的玩具时,若受害者作出哭、退缩或沉默的反应,攻击者还会以同样的方式去对付别的儿童。若受害者立即作出反击,或教师批评制止攻击者,攻击行为就有可能收敛。说明同伴的消极反应会强化儿童的攻击性行为,而同伴的积极反应则有可能抑制儿童的攻击性行为。

另一方面,同辈群体又为儿童的社会化和人格发展提供社会模式或榜样。与更为成熟的儿童在一起玩的儿童,就会变得更加合作。经常跟慷慨的儿童在一起的儿童也会变得大方起来。因为儿童习惯于将同伴的行为作为评定自己行为的参照系,这种社会比较过程是儿童建立自我形象与自我尊重的基础。随着年龄的增长,同伴的影响越来越强,在某种程度上甚至超过父母的影响。因为青少年们都面临着同样的问题,而且彼此的地位是平等的,因而有更多的共同语言。同时,青少年们渴望从同伴对自己的反应中发现自我、认识自我,进而完善自我。不过,同辈群体对儿童影响的大小,跟儿童与家庭、学校关系的性质紧密相关。那些受到学校、家庭过度监护或得不到家庭、学校温暖,失去童年快乐,感到生活空虚的儿童更倾向于参加同辈群体,更多地接受同伴的影响。一旦同辈群体的要求与标准同社会化目标相背时,就容易造成青少年角色冲突,导致人格发展障碍,出现社会化危机。

本章总结

1. 教育与人的心理发展之间存在着相互依存的辩证关系。一方面,心理发展的水平与特点是教育的起点与依据,是教育的前提;另一方面,个体的心理发展又依赖于教育,是教育的产物和结果。

2. 个体的身心发展既是一个连续的过程,也可以分为不同的阶段,个体的一生发展分为八个阶段,每一个阶段都有不同的发展任务。

3. 个体发展受到环境与遗传因素的共同影响,生理遗传因素包括与遗传基因联系着的生物有机体的内在因素;而环境因素包括物质环境与社会环境。

4. 个体的发展会表现出一些共同的发展状况和趋势,是发展的共同规律;同时,个体发展在功能特性和行为上会表现出多样性,即发展中的个体差异。

5. 皮亚杰关于儿童认知发展的理论——发生认识论认为,动作是感知的源泉和思维的基础,人类所有的行为归根结底都是适应,适应的发生有同化和顺应两种。他将儿童的认知发展分为感知运动阶段、前运算阶段、具体运算阶段和形式运算阶段。

6. 维果茨基(L. S. Vygotsky)是苏联早期的著名心理学家,他从文化发展论及语言内化论出发,从种系和个体发展的角度分析了个体和心理发展的实质,认为心理发展是在与周围人的交往过程中产生和发展起来的,受人类社会文化历史的制约,提出了著名的心理发展的文化历史观。维果茨基认为,心理发展是个体的心理从出生到成年,在环境和教育的影响下,在低级心理机能的基础上,逐渐向高级心理机能转化的过程。在说明教育与发

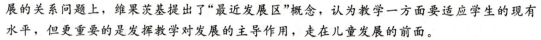

展的关系问题上，维果茨基提出了"最近发展区"概念，认为教学一方面要适应学生的现有水平，但更重要的是发挥教学对发展的主导作用，走在儿童发展的前面。

7. 埃里克森的心理社会发展理论强调社会和文化因素在每一个发展阶段对自我的影响。埃里克森将人格发展分为八个阶段，每一个阶段都有一个与某种重要的冲突有关的人格危机，如果冲突得到满意的解决，个体将形成健康的人格，否则将继续挣扎并妨碍自我的健康发展。

8. 自我意识是作为主体的我对自己以及自己与周围事物的关系，尤其是人我关系的意识。一般认为，自我意识包括三种成分：一是认识成分，个体对自己的心理特点、人格特征、能力及自身社会价值的自我了解与自我评价；二是情感成分，个体对自己的自我体验，如自尊、自爱、自豪、自卑及自暴自弃等；三是意志成分，属于对自己的控制，如自我检查、自我监督、自我调节和自我追求等。自我意识具有组织性、多维性和层次性等特征。

9. 人格的发展和自我意识的形成、完善，都是在个体社会化过程中逐渐实现的。个体凭借其生理特点在社会实践中通过学习获得符合特定社会要求的知识、技能、习惯、价值观、态度、理想和行为模式，成为具有独特人格的社会成员并履行其社会职责的过程，叫个体社会化。个体社会化一般经历儿童社会化、青年社会化和继续社会化的过程，对某些人来说还要经历再社会化的过程。影响儿童人格发展的社会化动因基本上都是家庭、学校、同伴以及电视、电影、文艺作品等社会宣传媒体。

思考题

1. 什么是心理发展？从广义与狭义两个方面予以说明。
2. 简述皮亚杰认知发展阶段论的主要内容。
3. 简述中职学生在形式逻辑思维和辩证逻辑思维方面发展的状况。
4. 举例说明认知发展阶段与教学的关系。
5. 简述中职学生自我意识发展的状况。
6. 简述并评价埃里克森的心理社会发展阶段理论。

（本章作者：屈正良 康勇军）

专题二 职业学校学生的个别差异与因材施教

　　职业学校学生的个别差异，与教育有密切的关系，对教育过程有很大的影响。职业教育中产生的许多问题，常常是由于对职业学校学生心理的个别差异认识不足而造成的。职业教育工作能否取得预期效果，决定于职业教育工作者能否从职业学校学生的实际出发，针对不同的特点采取不同的教育措施。"因材施教"是以承认学生心理发展的个别差异为基础的。职业学校实施因材施教，就是要承认职校生的个别差异，在教育教学过程中区别对待，有的放矢。只有既根据职校生心理的共同特点，又根据他们心理发展的个别差异，采取适当的教育措施，才能取得良好的教育效果。因此，了解和掌握职校生的个别差异，不仅为因材施教提供心理学依据，有利于职校学生个性的全面发展，而且还有利于发现人才，更好地培养人才。

　　在职业学校环境中，学生的个别差异主要表现为智力、学习能力、先前知识经验、家庭文化背景、性别、志向水平、成就动机、学习风格、性格以及气质等方面的差异，所有这些差异都直接或间接地影响着教育教学活动及其效果。其中有些差异是非常复杂多样的，如学生的先前知识经验；有些差异在全班集体授课制中是比较难于处理的，如学习能力倾向。而对有些差异，如多样化的智力、学习风格、性格和气质等，教师是完全有可能在教学中进行适当处理的。教师如果了解学生在这些方面的个体差异知识，就能够通过呈现不同形式的材料、展开不同类型的活动、实施不同形式的评价等，满足具有不同智力结构、学习风格、性格的学生的不同需求，促使每个学生得到全面和个性化的发展。

第一节　职业学校学生的智力差异及教育

什么是智力(intelligence)？通俗的说法，是指一个人的聪明程度，理论界尚无统一的定义，是一个颇多争议的概念。有关智力的理论很多，可以把它分为传统的心理测量学理论和现代的系统理论。由于智力是个体的先天因素和后天环境因素相互作用的结果，职业学校学生个体的智力发展存在着明显的差异。

一、智力的差异

智力的差异包括个体差异与群体差异。

(一)智力的个体差异

智力的个体差异主要表现为智力水平与智力结构的差异。

1. 智力的水平差异

智力的水平差异是指个人与其同龄团体的常模比较时所表现出来的差异。大量研究表明，人们的智力水平呈正态分布，即少数人智力发展水平较高，多数智力发展水平处于中等，还有少数人处于智力落后水平。在人数相当多的同龄人中，个人的智商分数出现率符合图 2-1 的分布。

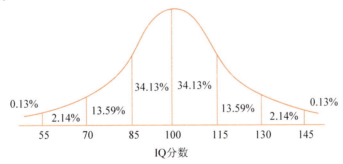

图 2-1　一般人口中的智商分布

(资料来源：皮连生主编. 学与教的心理学(第五版)[M]. 上海：华东师范大学出版社，2009：51)

图中的百分数表示一定智商分数之间的人数比率。从图 2-1 可见，68％的人的智商在85～115 之间。他们的聪明程度属中等。智商分数极高与极低的人很少。一般认为智商超过 140 的人属于天才，智商低于 70 的为智力障碍。

智力如何来确定呢？心理学家创造了许多测量工具，这些测量工具叫做智力量表，是标准化的测题。世界上最著名的智力量表是斯坦福—比纳量表(简称 S—B 量表)。该量表最初由法国人比纳(Binet)和西蒙(Simon，T.)于 1905 年编制，后被引入美国，由斯坦福大学的推孟(Terman，L. M.)做了多次修订而闻名于世。另一个有名的智力量表叫韦克斯勒智力量表，由韦克斯勒(wechsler，D.)编制。我国有这两种量表的修订版。

S—B量表为年龄量表，题目是按年龄由易到难编排的。早期的量表，每作出一道题目，获得2个月智力年龄，最后将所有作出的题目所获得的智力年龄累加起来。测验结果是用智力商数(intelligence quotient)来表示的，简称智商(IQ)。其计算公式为：

$$IQ = \frac{MA}{CA} \times 100\%$$

式中的 MA 为智力年龄，CA 为实足年龄。据此计算出来的智商是一种比率，故称为比率智商。

韦克斯勒智力量表，包括学龄前智力量表(WPPIS)、儿童智力量表(WISC)和成人智力量表(WAIS)，适用于6～16岁的儿童。智力量表由12个分测验组成，其中6个是语言测验，6个是操作测验。每个分测验中的测题是按难度排列起来的，当连续两道题目做不出时就不允许再做这个分测验下面的题目。当测量结束时累计出获得的总分。该量表仍然采用智商的概念，但这里的智商是以同年龄组被试的总体平均数为标准来确定的，称为离差智商。离差智商假定同年龄组测量成绩总平均数为100，用个人实际得分与总平均数比较，从而确定其测验分数在同年龄组内所处的相对位置来判断其智力水平。离差智商的计算公式为：

$$IQ = 100 + 15\left(\frac{X - \overline{X}}{S}\right)$$

式中的 X 为个体的测验分数，$\overline{X}$ 为同年龄组的平均数，S 为标准差。

不管是斯坦福—比纳量表，还是韦克斯勒量表，在选择测题时都经过严格的标准化，严格地控制了各种因素的影响，使测题对所有被试都具有同样的经验，因而被试在回答测题时的数量与质量便能够成为其聪明程度的可靠指标。

【相关链接】

对智力测验分数的正确认识

· 智力测验只是对一般学习倾向的评定

√ 可对学生之间的微小分数差异忽略不计。

√ 同一学生的不同分数，也会由于各种原因而发生变化，如测量误差等。

√ 由于总分代表在几类测题上的平均分，所以在中等或者平均水平以上的分数，既可能意味着这名学生在每类问题上的表现都处于中等或平均水平，也可能说明这名学生在某些领域表现非常好，而在其他领域表现差。

· 智力测验分数反映的是一名学生过去的经验与知识

√ 将这些分数视为对学生学业能力的预期，而不是对他们先天智力的测量。

√ 如果一名学生平时成绩不错，不要因为他某项分数偏低就改变对他的看法或者降低对他的期望。

√ 对少数民族学生以及母语不是中文的学生，在解释智力测验分数时要尤其小心。这是由于社会文化因素的差异可能使这些学生的测验得分较低。

（资料来源：吴庆麟主审，胡谊主编．教育心理学——理论与实践的整合观[M]．上海：

华东师范大学出版社，2009：65～66)

2. 智力的结构差异

智力的结构是指个人智力构成成分的差异。根据两类不同的智力理论，可以从不同视角来描绘职业学校学生个体的智力结构的差异。

(1)智力的心理测量学理论与个体智力结构差异

该类理论认为，智力是人脑的内部特征和有待发现的心理结构，因素分析法是建构这类理论的主要方法。所谓因素分析，是从一组变量或不同测验的实验数据中，找出其中潜含的起决定作用的共同基本因素。通过因素分析，研究者们得到的智力因素结构各不相同。

英国心理学家斯皮尔曼(C. E. Spearman，1927)提出智力的二因素论(two-factor theory of intelligence)。这种理论认为，智力存在着一般因素与特殊因素的差异，且一般因素的差异是根本性的。一般因素(general factor)，简称 g 因素，这是一种假想的、被用于许多不同任务之中的、单一的智力能力，影响个体在所有智力测验中的表现。特殊因素(special factor)，简称 s 因素，这些因素只影响个体在某一种能力测验(如词汇、算术计算或记忆测验)中的表现。他指出，每个人的 g 因素和 s 因素都不相同，即使拥有同一种 s 因素，但在水平上也会有所不同。如，人们在多种测验中的得分表现出正相关，有些人在几乎所有的测验中得分都很高，而有些人则总是居中，还有些人总是得分很低。这种不同测验得分之间所存在的一致性，为 g 因素提供了依据。有时，同一个人在有些测验上却比另一些测验上得分高，这又为 s 因素提供了依据。斯皮尔曼认为，一般因素与特殊因素是相互联系的，完成任何一项任务都必须依靠这两种因素，但一般因素是智力结构的关键和基础。

1963 年，斯皮尔曼的弟子，美国心理测量学家卡特尔(Catell，1963)以及后来的霍恩(John Horn，1998)根据对智力测验结果的分析，将人的智力分为两类：流体智力和晶体智力。流体智力(fluid intelligence)是指基本与文化无关的、与基本心理过程有关的能力，如空间关系认知、反应速度、记忆力以及计算能力等。它建立在脑发育的基础上，受遗传因素影响较大。这种智力在青少年成长过程中一直在增长，在 30 岁左右达到顶峰(Horn & Donaldson，1980)，然后随着年龄增长逐渐衰退。晶体智力(crystallized intelligence)是指应用从社会文化中习得的解决问题的方法的能力，是在实践(学习、生活和劳动)中形成的能力，是流体智力过去应用的结果。这种智力在人的整个一生中都在增长，因为它包括了习得的技能和知识，例如词汇、事实、烹饪等。人通过在解决问题时投入流体智力而发展晶体力，但是，生活中的许多任务(如数学推理)同时需要流体智力和晶体智力。这一理论的重要意义是，把人与生俱来的素质与后天通过学习而获得的东西区别开来，不仅在智力研究中给了人们很大启发，对适应学生的个体差异也具有一定的指导作用。

美国心理学家瑟斯顿(L. L. Thurstone)根据多因素分析的方法，于 1938 年提出一种智力七因素结构模型。他认为，存在 7 种"基本能力"：计算(N)、语词流畅(W)、语词理解(V)、记忆(M)、推理(R)、空间视觉(S)、知觉速度(P)。个体的智力的差异主要表现在这七个相互独立的因素上。他认为，斯皮尔曼的二因素理论过分强调 g 因素，达不到区分个体差异的目的。后来，瑟斯顿通过测验发现这些能力之间并非是独立的、彼此无关的，而是由不同程度的正相关，似乎仍可以提取更高级的心理因素，而这种因素很可能就是斯皮尔曼的 g 因素。瑟斯顿的智力理论成了后来多重智力理论的前身，从某种意义上讲，这一理论能说明职业学校学生在智力的某些方面表现出不足；但在另一些方面往往又很优秀的现象。

（2）智力的系统理论与个体智力结构差异

当代的一些理论家们倾向于将智力看作一个复杂的系统（Sternberg Williams，2003）。下面介绍两种非常流行的有关智力的系统理论。

①多元智力理论

美国哈佛大学心理学家加德纳（Gardner，1983）提出了多元智力理论（Multiple Intelligence Theory）。这种理论认为，不存在单纯的某种智力和达到目标的唯一方法，每个人都会用自己的方式来发掘各自的大脑资源，这种为达到目的所发挥的各种个人才智才是真正的智力，造就了人与人之间的不同。人的智力可以分为语言智力、逻辑数学智力、音乐智力、视觉空间智力、身体运动智力、人际关系智力和内省智力七种智力，后来他又在其模型中加入第八种智能——自然智力，即识别自然界中的各种生命模式，识别和区分植物、动物、矿物以及在耕作、守林等实践中运用这些知识的能力。这八种智力的解释和教学应用见表 2-1。

加德纳认为，每个人身上都同时或多或少地拥有这 8 种智力，不同的人在有些智力上表现出高水平，而在有些智力上表现出低水平，这八种智力在每个人身上以不同方式不同程度组合，从而使每个人的智力各具特色。每一种智力都是一种真正的单独的智力，是相对独立的，是一个独立的功能系统，有各自不同的符号使用系统，但各系统可以相互作用，从而产生整体的智力活动。

在多元智能的理念基础上，加德纳提出了一个新的教育观——"以个人为中心的教育"，强调人与人的差别主要在于人与人所具有的不同智力组合，我们必须承认并开发各式各样的智力和智力组合，必须对每个学生的认知特点都能给予充分的理解并使之得到最好的发展。这对课程设置、教学内容、教学方法以及评价方法都提出了新的挑战。

传统的教育只重视言语、数理－逻辑智力，忽视和较少关注其他类型的智力。而职业学校的学生在这两方面的智力略显劣势，因此，加德纳的多元智力理论对我国的教育教学改革，特别是重新正确认识职业学校的学生提供了重要的理论依据。

表 2-1　加德纳的多元智力理论

智力维度	定　义	代表职业	教学应用举例
逻辑数学智力（logical—mathematical intelligence）	运算和推理等科学或数学的一般能力，以及处理较长推理、识别秩序、发现模型和建立因果模型的能力	侦探、律师、工程师、科学家和数学家	帮助学生学会用数字、逻辑以及模型来量化和阐明一个思想观点

续表

智力维度	定　义	代表职业	教学应用举例
语言智力（linguistic intelligence）	运用语言达到各种目的的能力以及对声音、韵律、语意、语序和灵活操纵语言的敏感能力，包括听、说、读和写的能力	诗人、记者、编辑、作家、演讲家和政治领袖	让学生流畅地表达出某个思想观点
音乐智力（musical intelligence）	感受、辨别、记忆、理解、评价、改变和表达音乐的能力	作曲家、指挥家、歌唱家、演奏家、乐器制造者和乐器调音师	帮助学生理解和欣赏环境声音或者将思想观点以音乐旋律的形式表达出来
空间智力（spatial intelligence）	准确感受视觉—空间世界的能力。包括感受、辨别、记忆、再造、转换以及修改物体的空间关系，并借此表达思想和情感的能力	画家、雕刻家、建筑师、航海家、博物学家和军事战略家	帮助学生以空间形式将一个思想观点表述出来
身体运动智力（bodilykinesthetic intelligence）	控制自己身体运动和技术性地处理目标的能力	运动员、舞蹈家、外科医生、赛车手和发明家	帮助学生协调整个身体的动作或掌握一些动作技能
人际关系智力（interpersonal intelligence）	与人相处和交往的能力，表现为觉察体验他人情绪、情感、气质、意图和需求的能力并据此作出适当反应的能力	教师、律师、推销员、临床治疗学家、公关人员、谈话节目主持人、管理者和政治家	开展一些团体活动来帮助学生掌握人际交往技能
内省智力（intrapersonal intelligence）	认识、洞察和反省自身的能力，并在正确的自我意识和自我评价的基础上形成自尊、自律和自制的能力	哲学家、小说家、律师	让学生反思其能力和人格，从而使其更清楚自己是怎样的一个人并如何完善自己
自然智力（natural intelligence）	认识物质世界的相似和相异性及动物、植物和自然环境其他事物的（如云、岩石等）能力	猎人、农民、生物学家、人类学家或者解剖学家	提供一些材料让学生进行分类并且分析自己是如何分类的

（资料来源：转引自陈琦，刘德儒主编．教育心理学［M］.北京：高等教育出版社，2005：62～63）

② 三元智力理论

美国耶鲁大学的斯腾博格在大量研究的基础上于1985年提出了三元智力理论（Triarchic Theory of Intelligence），强调智力是一套相互关联的加工过程。

斯腾博格的三元智力理论认为，智力包括三个相互关联的方面——分析能力（analytical ability)、创造能力(creative ability)和实践能力(practical ability)(表 2-2)。

表 2-2　斯腾博格的三元智力理论

内容	分 析 能 力	创 造 能 力	实 践 能 力
定义	抽象思维、信息处理的能力；语言能力	阐明新思想、联合非相关事实的能力；处理新异情境以及自动提出新的解决方案的创新能力	适应改变了的环境的能力；改造环境以最大限度利用机会的能力；在特殊情境中解决问题的能力
举例	类推或演绎，学习词汇	诊断汽车发动机的问题；为一项新方案找到资源	将电话筒从电话机上取掉或在门上贴一个"请勿打扰"的条子，在学习时避免或减少干扰

（资料来源：转引自陈琦，刘德儒主编．教育心理学[M]．北京：高等教育出版社，2005：65）

智力的这三个方面分别对应着不同的成分亚理论、经验亚理论和情境亚理论。成分亚理论(componential subtheory)解释影响智力水平的基本信息加工过程或成分（元成分、操作成分、知识获取成分）。经验亚理论(experiential subtheory)将智力与经验关联起来，解释与信息加工成分相关的不同水平的先前经验（相对新异情境和自动化）。情境亚理论(contextual subtheory)将智力与个体日常生活情境联系起来，解释个体与周围环境相互作用的基本方式（适应、塑造和选择环境）。图 2-2 总结了这三种亚理论以及它们之间的关系。

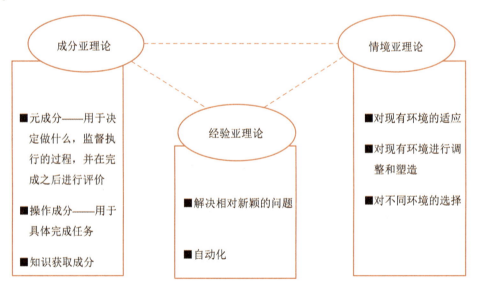

图 2-2　斯腾博格的三元智力论

（资料来源：转引自陈琦，刘德儒主编．教育心理学[M]．北京：高等教育出版社，2005：66）

斯腾博格的三元智力理论对职业教育教学提供了很多启示。一方面，教师需要关注每一种学习行为对发展智力三个方面的作用，使所有学生都能得到智力的全面发展。教师不仅要强调智力的学术性方面，也要强调其实践性方面，还要考虑学生的文化背景的影响。例如，社会研究课可以鼓励学生使用情境智力；生物学老师可以组织学生比较人类与其他动物适应、塑造和选择环境的方式。职业学校学生所处的文化更加重视实践能力与社会技能，而课堂重视学术能力。教师最好鼓励学生在两种环境中都努力做到最好。另一方面，教师需要帮助学生认识、利用并发挥自己的智力优势。有的学生分析能力很强，有的学生创造能力很强，有的学生实践能力很强，教师可以让每个学生明白自己擅长智力的什么方面，从而充分地利用它们，也明白自己不擅长智力的什么方面，从而改进或者回避它们。教师还可以让学生在学校中进行合理选择，以充分利用自己的智力，最终实现自己的目标。

（二）智力的群体差异

智力的群体差异是指不同群体之间的智力差异，包括智力的性别差异、年龄差异和种族差异等。目前研究比较多的是智力的性别差异，尽管研究的结论各异，但在以下两方面则基本一致：

第一，男女智力的总体水平大致相等，但男性智力分布的离散程度大于女性。也就是说，很聪明的男性与很笨的男性都比女性多，智力中等的女性要比男性多得多。

第二，男女的智力结构存在差异，各自具有自己的优势领域。一般认为，男性的视知觉能力较强，尤其是空间知觉的能力，男性明显优于女性。女性的听觉能力较强，特别是对声音的辨别和定位，女性明显优于男性。男性偏于抽象思维，喜欢数学、物理和化学等学科。女性长于形象思维，喜欢语言、历史、人文地理等学科。女孩的口语发展通常比男孩早，在言语的流畅性及读、写、拼等方面均占优势，但男孩在言语理解、言语推理等方面又比女孩强。

二、智力对学习的影响

反映一个人智力水平高低的智商，常常被看作预测学生成绩的一个重要的变量。对此，许多心理学家就智商与学习成绩之间的关系进行了研究。

美国心理学家普鲁克特和推孟收集了初中一年级学生学习成绩与智商的有关数据。结果表明，就总体而言，智商高的学生成绩也好。

也有心理学家研究发现，智商与学生成绩只有中等程度的相关，且这种相关程度会随不同的智力测量量表、学科性质、学生年级而有所不同。就智力测验量表而言，在几个常用的量表中，斯坦福－比纳智力量表和韦克斯勒智力量表所测得的智商与学生成绩的相关最高；就学科而言，阅读、作文等学科与智商的相关最高（中学阶段达到0.6～0.7），数学和自然科学等学科次之（0.4～0.5），而写字、图画、手工和体育与智商相关最低（0.2左右）。

智商与学业成绩之间的关系还表现在随学生年级升高而降低的趋势，两者的相关系数在小学阶段为 0.6~0.7，中学阶段均为 0.5~0.6，大学阶段约为 0.4~0.5。导致这种教育层次越高，智商与学业成绩相关越低的原因很多。当今的教育是一种淘汰式教育，随着教育层次的提高，智力较差者逐渐被淘汰，学生之间的智力差异越来越小，智力因素对学习的影响也相对减弱，而其他因素，如非智力因素对学习的影响却逐渐增强。

智力对学习的影响还表现为个体通过不同的智力活动方式影响学习过程及其成效。视觉型、听觉型、动觉型等不同类型的人，分别擅长通过视觉、听觉、动觉等方式接受、储存、加工信息，当所从事的学习活动或任务的要求与其智力活动的方式相一致时，就表现出较好的学习成效。擅长分析的人，在解决诸如理工学科的具体问题时成效显著；而综合型的人，更能胜任人文社会科学等宏观领域的学习。因此，不同的智力类型对学习的影响，还表现为在不同领域取得不同成效。如艺术型的人，在艺术方面发展更好；而思维型的人则可能在数学、哲学、物理、语言学等学科的学习成绩更为出色。

最后，智力并不影响学习是否发生，即智力不是影响某一知识是否能够被学生学会的因素，它主要影响学生学习的速度、数量、巩固程度和学习的迁移，进而影响学习的成绩。

三、职业学校学生智力差异与教育

长期以来，人们把智力当作智力测验所测量的数学逻辑和语言逻辑方面的能力，而忽视人们指向有目的地适应、选择、塑造与人生活有关的现实世界环境的心理活动与行为表现。这种理论和思想深深地影响着广大的教育工作者，认为只有掌握书本知识好的学生才是优秀的人才。各级各类学校招生选拔时，书本知识掌握的程度是选拔学生的唯一标准。职业学校的学生被认为是考不上高中或考不上大学的末流学生，属于朽木不可雕的"劈柴"。这种思想对职业教育的发展有消极作用和影响。智力多元理论提出每一个人都在一定程度上拥有其中的多种智能。虽然职业学校的学生在现行的学习能力倾向测验中不是成功者，但他们必然具有其他不同的认知能力，具有与社会职业有密切关系的其他智能方面的优势，只是没有被发现而已。职业教育就是要创设出一种环境，使每个学生先天或后天所具有的智能强项能够充分地显现，明确自己未来最适合担任的职业角色，并为此不断完善自我。多元智力理论为职业教育实现这一目标奠定了坚实的理论基础。职业教育依据智力多元化理论应着眼于创设一种学校环境，帮助"学习失败"的学生充分认识自身的智力层面的强项和弱项，使他们在学校学习以及毕业以后的职业生涯中走向成功。为此，职业教育必须在以下几个方面进行探索和实践。

(一)基于多元智能理论，建立"以学生个体为中心"的教育体系

我国职业教育的发展面临极大的挑战和发展的机遇。长期以来，我国职业学校的教育实施一种"统一"的教育模式，所有的学生都接受相同的教学方法，学习相同的课程，都接受标准化试卷考试的评价。这种教育是只重视一般知识技能的教育，而忽视了学生的个性特长。来自许多学科的强有力的证据表明，人的心理和智能是多层面、多要素组成的。特

别是近年来，人们对脑科学和神经科学的研究，证明了人类的神经系统高度分化，有较大的差异。由于这种智能差异的存在，职业教育就应该依据每个人的优势，采用不同的方法，最大限度地开发其智能的潜力，将大量不同智能的角色安排得更合适。即使在营销这样一个学科里，也可以发现在语言、逻辑、人际关系等智能的范畴内，需要每个人所具有的强项的组合并不完全相同。人与人的心理智能也存在着较大的差异，职业学校的教育就应该反映这种差异，针对每个人的智能状况选择相适应的课程内容、教学方法、实验与实习、评价形式等，即基于多元智能理论，将这些不同的要素组成一个系统的教学计划，实施"以学生个体为中心"的教育体系，使教育在每个人身上得到成功，取得最佳的效果，不断提高教学质量。

(二)加强学校的职业指导，充分了解学生

多元智能理论告诉人们，每个人都拥有多种智能。个体差异只是表现为每一个体所拥有智能的程度和组合不同。要使学生充分显现其所拥有智能的强项，首先就要充分了解学生所拥有的智能是什么。经验证明学校的职业指导课是充分了解学生潜力的有效途径。职业指导的具体内容为了解个体、了解社会与职业，帮助学生进行职业的选择与职业生涯设计，以及进行创业的准备。职业指导的具体方法有心理测试、社会实践与调查、职业活动的模拟等，最后为学生建立具有整个信息的档案，为其职业生涯设计提供科学的依据。

1. 心理测试

心理测试的内容主要从职业适合性的层面考虑确定。职业指导专家萨帕曾在20世纪70年代提出职业适合性的主要构成元素，其基本内容如下图(图2-3)所示：

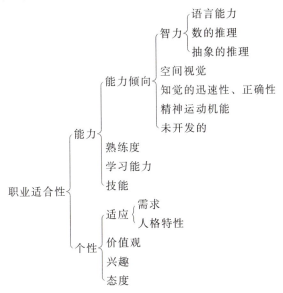

图 2-3　职业适合性的主要构成元素

在职业适合性的主要构成元素中，能力倾向与多元智能理论有密切联系。其中智力为

智力结构的基本能力(言语能力、数学逻辑能力、抽象的推理能力);空间视觉知觉为空间智能;精神运动机能为身体运动智能。在职业指导中对人际关系能力和其他特殊能力(如音乐能力)都进行过较深入地研究,同时对这些智能方面所表现出来的能力的测试也有比较深入的探索和研究,并开发出职业心理倾向测评系统,在职业学校中产生了一定的影响。如,天津经济技术开发职专、天津北洋职专等职业学校运用"测评系统"帮助学生规划职业生涯,取得了很好的经验。

2. 社会实践与调查

职业指导注重课堂教学与社会实践相结合。经常组织学生到社区、企业去参观和调查,了解社会、企业组织岗位情况及用人的制度,参加企业的生产活动。通过这种社会实践与调查活动,让学生亲自了解社会,了解组织对用人的标准要求;让学生在实践活动中展示自己的智能,从而不断发展强项,弥补弱项;引导学生发现实践中需要研究的课题,培养学生发现问题和解决问题的能力。学生通过社会实践与调查,可以更全面地展示自己的智能,更深刻了解自我,也使学校全面地了解学生。

3. 职业活动模拟

使学生通过扮演不同的职业角色,模拟各种不同的职业活动,来展现其智能,发展其职业能力。

4. 组织兴趣小组,开展课外科技活动

智能是通过对理想的职业和业余爱好的追求来表现的。学校要组织多种兴趣小组,为学生提供展现自己的舞台。学生可根据自己的智能特长和兴趣,参加课外科技活动,既可以充分发挥自己的特长,同时也可以得到多方面的锻炼和提高。总之,职业指导可以运用多种方式了解学生所拥有的智能状况,对于实现建立"以学生个体为中心"的教育体系有重要的意义。今后,职业学校需要在加强职业指导的基础上,更广泛深入地进行探讨和研究,将多元智能理论与职业指导密切联系,在全面充分地了解学生个体,指导学生适应未来职业进行适宜教育方面,作出有益的尝试。

(三)改革课程与教学方法

基于多元智能理论,智能既可以是教学的内容,也可以是教学内容沟通的方法和手段。为了发展学生不同的智能倾向,职业学校除为学生提供必要的统一课程,即必修课程外,还要为学生提供多种选修课程。既然我们知道了每个人都有不同的智能状况,那就没有理由再坚持让所有的学生以相同的学习方法学习相同的课程。职业学校应力求寻找与学生智能相匹配的课程内容和教学方法,找到适合学生智能组合的学科和方法,最大限度地发挥学生的智力潜能,发展适合其智能状况的职业能力。

(四)改革评价方式,培养学生的创新能力

人们对学生进行评价,多是运用纸笔对问题回答,根据对问题回答的具体情况给予相应分数,依分数的高低对学生作出评价。这种评价只能说明学生在课堂教学中学习知识的情况,而较难判断在未来职业活动中的成败。从目前情况来看,用人单位的需求与毕业生实际状况的矛盾较突出,用人单位普遍感觉毕业生的职业能力较差,缺乏实践活动能力和

创新精神，与用人单位的实际需要有较大的差距。这种状况的改变需要对现行的评价方式进行改革。基于多元智力理论、三元智力理论和职业教育的目标，职业学校对于学生评价方式除运用传统方式外，应注重在更接近他们未来的"实际工作情况"条件下进行，即在情境中评价。这种评价能够对学生在未来职业中的最终表现作出较好的预测。学生智能技巧是在具体情境中开发和培养出来的。实施情境评价的具体途径有专题作业、作品制作、课题研究等。如，服装专业的学生，可以通过设计制作服装评价学生的专业能力。香港明爱白英奇中等专业学校各专业、各年级学生的服装都是由本校服装专业学生设计制作的。在作品设计制作过程中每个学生都可以及时得到评价的反馈，这种评价不只是来自教师，更重要的是能得到同学对自己的评价反馈，从而更快地提高自己的专业能力。同时，通过作品的研究和制作能够不断地培养学生的创新能力。为了激发学生参与的积极性，学生在各种智能领域中所从事的工作，应该获得一定的学分。

情境中的评价不是一门课程结束或任务完成后才进行的评价，而是学习环境中的一部分，是在个体参与学习过程中轻松进行的，是在学生之间、学生与教师之间自然进行的，这种评价的目的是帮助学生，为学生提供有益的反馈，识别他们的强项和弱项领域，提出应该继续学习有关领域的建议或为他们今后的就业提出有用的建议。同时，在整个过程评价中，随时记录评价信息，为学生建立档案并及时反馈评价信息。

(五)改革招生录取方法

职业学校在录取新生时，多是依据一张试卷的分数，即依据学生学业成就测验成绩进行录取。这种录取方法的依据与职业教育培养目标的一致性值得探讨。职业教育主要是培养生产第一线的实际工作者。他们完成工作任务不仅需要书本知识，更需要将书本知识与实际工作具体的任务或情境相联系，这就需要其他方面的智能。只有将多种智能进行很好的组合才能胜任工作。如，乐器演奏者需要音乐智能、身体运动智能和人际关系智能的综合运用。今后职业学校录取新生时，应注意多元智能的证据。学校需要从学生所参加过的大规模专题作业和所完成的作品中收集信息，作为录取的依据。记录专题作业的信息，在预测学生学习期间的学习成绩方面与现行的标准测验具有同样的效果，而且在预测职业成就方面也是有效的。

(六)提高教师的素质

职业学校要使以上的理想成为现实，就必须对教师提出更高的要求。教师除具备一般的职业能力外，还应拥有以下的素质：①具有观察和区分学生个体差异的能力。多元智能理论给我们的重要启发就是每一个体都拥有不同种类和不同程度的智能。教师应该成为区分学生智能分布状态独具慧眼的人。教师只有能够充分辨认每个学生的智能强项和弱项，才能进行有针对性的教学，帮助每个学生发展自身的能力。②具有激发学生强项的能力。发现学生强项只是第一步，更重要的是教师必须具有利用多种教学策略、手段和方法激发学生的强项，并使其强项不断地得到发展。"优秀的教师应该是能够就一个概念打开多扇窗户的人"，能够根据学生个体表现出来的独特的学习模式，运用相应有效的教学方法，以取得成功。③具有多种评价的能力。职业学校运用标准化考试作为唯一评价方式存在诸多问题，学校应该为学生创造出使评估自然进行的环境，即运用专题作业、作品制作等设计课程实体形式，在学生从事学习或创作活动的情景中进行评价，为学生反馈其强项与弱项领域，并为学生提出切实可行的建议。这就需要教师具有多种评价的能力，克服过去用同一尺度和判据评价学生。④具有较强的人际关系能力。多元智能理论提出职业学校要为学生个体展现和发展其智能强项创设一种环境，提供一个舞台，这就需要教师在复杂的"学生—— 课程—— 社区、企业——评价"之间保证恰当的平衡。将学生引向社会，让社会参与教学，使教学内容生动、应用性强，教学方法形式多样并突出与学生个性结合，这一切都需要教师做大量的沟通工作，需要较强的交往能力。①

第二节　职业学校学生的学习风格差异及教育

职业学校的每个学生具有不同的学习方式，例如，有的人能够轻易记住写在纸面上的名字，而有的人则能够轻易记住听人说过的名字，前者擅长利用视觉学习，后者擅长利用听觉学习。一般来说，每个人都是通过多种学习方式来学习的，但是，有些人惯于采用某种方式学习，而不惯于采用其他方式学习，有些人可能刚好相反。这种差异属于学习风格的差异。

学习风格(learning styles)指学习者在完成学习任务时所表现出来的一贯的、典型的、独具个人特色的学习策略和学习倾向。在这里，学习策略指学习者在完成学习任务或实现学习目标中采取的一系列步骤、方法。学习倾向指学习者的学习情绪、态度、动机、坚持性以及对学习环境、学习内容等方面的偏爱。并非所有的学习策略和学习倾向都属于学习风格范畴。有些学习策略和学习倾向会随着学习任务、学习环境的不同而有所变化。有些则表现出持续一贯性，即能够稳定地维持相当长的时间(持久性)，在完成类似的任务时始终表现出这种稳定性(一致性)。正是这些稳定、持久、一致而独特的学习策略和学习倾向，构成了学习者的学习风格。学习风格是学生个别差异的重要内容之一。

每个教师面对的都不可能是两个发展完全相同的学生，学生都是独特的，他们在各个方面都存在差异。当教师们思考为什么有的学生学得又快又好，而有的则学得又慢又差时，许多教师更愿意从智力因素上去分析，而较少从学习风格这个角度去考虑。实际上，如果我们能对学生的学习风格作出准确的诊断，以此帮助教师调整教学策略，促进教与学的相互适应，就更有利于帮助每个学生充分发挥他们的学习潜能，提高学习效果。学习风格是学生在长期的学习过程中逐渐形成的，一经形成，就具有持久性和稳定性的特点。它们与智力或能力不同，智力或能力可以有高低、好差之分，而学习风格则无高低、好差之分。我们不能说某种学习风格就好于另一种学习风格，学生是以不同的方式进行学习的，任何一种学习风格都有其优势与不足。根据学生在学习风格上的差异进行因材施教，就是要采取相应的教学方法和策略去"扬长"和"补短"，真正做到个别化教学。学习风格可以分

---

① 杨金梅．多元智能理论对职业教育的启示[J]．天津职业技术师范学院学报，2003：6(73)

为生理因素、心理因素和社会因素三个层面。其中，心理因素又可分为认知、情感和意动三个方面。本节将根据这一结构来介绍个体的学习风格差异。

【相关链接】

学习风格的分类理论

奈欣斯（Nalions，1967）把学习方式描述为感觉定向、反应方式和思维模式这三者的结合。①感觉定向，指学习者主要是依赖于视觉、听觉还有与环境的触觉接触来学习。②反应方式，指学习者是适合单独工作，还是适合在一个组里工作，是一个主动的参加者还是一个观察者；是喜欢依赖教师，还是倾向于自主行动：对一个结论、作业、建议，指导是支持的，还是质疑的。③思维模式，指学生是首先收集、积累许多细节材料然后把它们组织到一种形式中，还是首先有一个总的轮廓然后再去收集有关信息去证明这个概念；是喜欢深思熟虑的有条有理地收集信息，还是喜欢作出巨大的直觉式的跳跃。

普赖思和邓恩（Price，Dunn，& Dunn，1982）夫妇认为，学习方式有四大类，每一类又包含4～6种因素，从而构成20种影响学习过程的学习方式的特征。雷诺等人（Reynolds，J，& Gerstein，M. 1992，转引自 Eggen & Kauchak，2001）以他们的理论为基础，提出了多维度的学习方式分类模式。这一模式包含六个维度：知觉偏好、物理环境需要、社会环境偏好、认知方式、最佳时间以及动机和价值观等（图2-4）。这六个方面构成了一个人独特的学习方式特征。

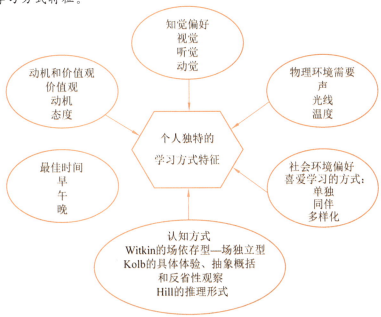

图 2-4　雷诺等人的学习风格分类模式

（资料来源：陈琦，刘儒德．当代教育心理学［M］．北京：北京师范大学出版社，1997：278～279）

一、学习风格的生理因素与个体差异

学习风格的生理因素，包括个体对外界环境生理刺激（如声、光、温等）、对一天内时间节律以及在接受外界信息时对不同感觉通道的偏爱。

（一）生理刺激

1. 声音。学习者对学习的背景声音（或噪声）的偏爱或承受能力是不同的。有的学习者学习时需要绝对的安静，而有些则需要伴随背景声音（如音乐、广播）才能集中注意。这两种倾向在阅读中所表现的差异是：前者喜欢默读，而后者则爱朗读。有人曾对这两类学习者在不同的声音背景下进行阅读理解测验，结果发现，在相对安静的环境中，前者的阅读理解力优于后者，而在有噪声背景的情况下，后者优于前者。

2. 光线。由于生理结构和功能上的差异，个体对光线的感受性有高有低，因而对光线的明暗要求不等。有的需要光线明亮，有的需要光线柔和。强光会导致偏爱弱光的个体情绪紧张，而弱光使偏爱强光的个体提不起精神学习。有人研究发现，当光照条件满足个体需要时（分别给偏爱强光者以强光，偏爱弱光者以弱光），各类学习者的阅读速度和准确性均得到提高。

3. 温度。不同个体对同样的温度会产生不同的感觉：或合适，或太冷，或太热。而太冷太热均会影响学生集中注意力学习。每个学习者的适宜温度略有差异，有的需要室内温暖，有的需要室内凉爽。

（二）时间节律

每个个体对一天之中学习时间的偏爱是不同的，不同个体在不同时段的心理状态各不相同，有的人在早晨（被称为百灵鸟型）学习效率高，有的人在晚上至深夜（被称为猫头鹰型）学习效率高；有的人在上午易于集中注意力，而另一些人则在下午学得更好。

（三）感觉通道

依据识记材料时对某种感觉通道的偏爱而产生最好效果，可分为视觉型、听觉型与动觉型。视觉型擅长于通过自己读或看来学习，这样的学习者对视觉刺激敏感，习惯从视觉接受学习材料，例如景色、相貌、书籍和图片等。这样的学习者喜欢通过自己看书和记笔记来学习，而不适于听取教师的讲授和灌输。

听觉型则善于通过听来学习，这样的学习者对听觉刺激敏感，对语言、声响、音乐的接受力和理解力强。他们在学习时甚至喜欢戴着耳机听音乐。当学习外语时，他们喜欢的方式是多听多说，不太关心具体单词的写法或者句型结构。

动觉型则以动手、动口来学习，效果最好。他们喜欢接触、操作物体，对自己能够动手参与的认知活动感兴趣，而教师用手拍拍他们的头表示赞赏所产生的效果要比口头表扬好。

（四）大脑的单侧化

这是指左侧或右侧大脑半球何者占优势的问题。右侧脑与直觉、艺术等倾向相联系，其加工方式是视觉的、平行的、整体的、模拟的。左脑则与逻辑和系统思维相联系，其加工方式是言语的、系列的、数字的、几何学的、理性的和逻辑的。每个人单侧化优势不同，在学习的有关材料上就会有差别。

【相关链接】

感觉通道偏好量表[①]

想想以下各项是否在你身上适用，然后按符合程度估分（常常＝3分/有时＝2分/从不或极少＝1分）

听觉通道

1. 解答问题时，我自言自语或是与朋友说话或是哼歌
2. 在听老师讲课时，我不必看着老师也能对其讲课内容集中注意力
3. 我通过对自己作口头复述来记忆学习内容
4. 学新知识的时候，我喜欢听口头讲解、录音
5. 我偏好使用记忆术或记忆工具来帮助自己记住课堂上的学习内容
6. 我最喜欢做课本中的对话阅读练习

视觉通道

1. 当解答问题时，我采取一种有序有系统的方法
2. 上课听讲时，我尽量坐得离老师近一些，并集中注意力看老师及其讲解的内容
3. 我通过在心里画图画的方式记住上课内容
4. 当学新知识时，我喜欢先看它的演示内容
5. 我发现当我学习的时候，画重点最有助益
6. 我最喜欢浏览课本中大量的描述性插图

触觉通道

1. 当解答问题时，我喜欢四处走动
2. 上课听讲时，我喜欢做笔记
3. 我通过手头实践记住上课内容
4. 当学新东西时，我喜欢亲手试验一番
5. 我喜欢有活动计划分派的课
6. 我喜欢看有活动场景的故事

评分：

给每项打分并把总分相加，哪一项的得分最高，就表明你是哪个感觉通道偏好的学习风格。你也有可能是双通道或多通道偏好。

---

① 陈琦，刘儒德主编．教育心理学［M］．北京：高等教育出版社，2005：70

二、学习风格的心理因素与个体差异

(一)学习风格的认知要素

学习风格的认知因素主要涉及对信息和经验进行组织加工的方式和特征。这就是心理学家们所倾向于使用的认知风格。认知风格(cognitive styles)指个体感知、记忆、思维、问题解决、决策以及信息加工的典型方式。下面只介绍几种经典的认知风格。

1. 场独立型和场依存型

场独立者对客观事物作判断时，倾向于利用自己内部的参照，不易受外来因素的影响和干扰；场依存者对物体的认知倾向于以外部参照作为信息加工的依据，难以摆脱环境因素的影响。场独立者善于运用分析的知觉方式，而场依存型者则偏爱非分析的、笼统的或整体的知觉方式。

早在 20 世纪 40 年代，美国心理学家赫尔曼·威特金(Herman Witkin)对空军飞行员靠什么线索来确定自己是否坐直的问题感兴趣。他设计了一种可以倾斜的房间，让被试坐在一张椅子上，椅子可以通过转动把手与房间同向或逆向倾斜。当房间倾斜后，要求被试转动把手使椅子转到事实上垂直的位置。结果发现，有些被试在离垂直差 35°的情况下，仍然坚持认为自己完全是坐直的；而有些人则能在椅子与倾斜的房间看上去角度明显不正的情况下，仍能使椅子非常接近于垂直状态。威特金由此提出，有些人知觉较多地受他所看到的环境信息的影响；有些人则较多地受来自身体内部的线索的影响。他把受环境因素影响大者称之为场依存型(field dependence)，把不受或很少受环境因素影响者称之为场独立型(field independence)。前者是"外部定向者"，基本上倾向于依赖外在的参照(身外客观事物)；后者是"内部定向者"，基本上倾向于依赖内在的参照(主体感觉)。场依存型的人不能将一个模式分解成许多部分，或者只能专注于情景的某一个方面。场独立型的人善于分析和组织(Witkin, Moore, Goodenough, & Cox, 1977)。

场依存型与场独立型这两种认知风格与学习有密切关系。一般说来，场依存型者对人文学科和社会学科更感兴趣，而场独立型者在数学与自然科学方面更擅长。所以，在学习中，凡是与学生的认知风格相符合的学科，学生的成绩一般会好些。场依存型的人的社会定向特征使他们在学习社会材料时较场独立型的人好，而场独立型的人在学习未经充分组织好的材料时较场依存型的人好。但场依存型的人和场独立型的人的区别不是在学习能力上，而是在学习的过程上。有人给被试显示按某种次序排列的词单，词单上的词有由种概念到属概念排列的(如动物、脊椎动物、人)，也有由属概念到种概念排列的(如人、脊椎动物、动物)。词语的系列从开始就有内在的结构，但当排列顺序颠倒时，有助于学习的结构就没有了，需重新组织结构。研究发现，在回忆由种概念到属概念排列的词单时，场依存型和场独立型的被试没有显著差异，但在回忆由属概念到种概念排列的词单时，场依存型的被试回忆得较少。

场定向很可能在职业选择中是一个因素。如果其他条件相等，那些场独立型的人们相对地在领航员、建筑师、工程师以及在涉及数学和自然科学的职业上，就会做得比较好；而场依存型的人的趋势则是在社会科学的教学、精神病护理、涉及人的职业上就会做得好些。

2. 冲动型和沉思型

冲动型与沉思型的认知风格反映了个体信息加工、形成假设和解决问题过程的速度和准确性。沉思型风格者在碰到问题时倾向于深思熟虑，用充足的时间考虑，审视问题，权衡各种问题解决的方法；而冲动型风格者则倾向于很快地检验假设，根据问题的部分信息或未对问题作透彻的分析就仓促作出决定，反应速度较快，但易发生错误。

卡根等人（Kagan，1966；Kagan，Pearson，& Welch，1966）曾对认知速度进行过深入研究。卡根在对儿童的分类风格进行研究时发现，一些儿童反应得很快，而另一些儿童并不急于反应，会用更多的时间思考。

卡根编制了匹配相似图形测验，以考察儿童的认知速度。通过这类测验，可以识别出两种不同的认知风格。冲动型（impulsive）学生一直有一种迅速确认相同图案的欲望，他们急忙作出选择，犯的错误多些；沉思型（reflective）学生则采取谨慎小心的态度，作出的选择比较精确，但速度要慢些。

认知速度的差异与智力分数无关，但与在学校中的学习成绩有关。有人（Messer，1970）发现，不能顺利升级的儿童更具有冲动性。沉思型的儿童在中等难度的知觉与概念性的问题解决任务中的成绩比较好，在概念获得和类比推理任务中能作出更成熟的判断（Shipman & Shipman，1985）。沉思型与散文阅读、系列回忆和空间透视有正相关（Sigel & Brodzinsky，1977）。与沉思型儿童相比，冲动型的儿童更容易分心，急于求成，成绩较差，掌握性动机比较弱（Sternberg & Grigorenko，1997）。

鉴于认知速度与教育的关系，许多研究者建议，训练儿童以减少其冲动性。有人研究发现，自我指导训练能减少冲动型儿童的错误。给冲动型儿童呈现沉思型学习的榜样，让他们进行练习并给予反馈，似乎是一种有效的方法。

3. 深层加工和表层加工

学生对信息进行加工的深度存在两种方式，一种是深层加工，另一种是表层加工。深层加工（deep processing）指深刻理解所学内容，将所学内容与更大的概念框架连续起来，以获取内容的深层意义。表层加工（surface processing）指记忆学习内容的表面信息，不将它们与更大的概念框架联结起来。例如，当学生在学习"中心"（centration）这一概念时，是否注意到它是皮亚杰理论的内容，并将其与其他诸如"自我中心"（egocentricity）、"守恒"（conservation）、"前运算思维"（preoperational thinking）等概念联系起来？是否会将它与成人常常表现出自我中心的事实联系起来？尽管它属于幼儿思维方式的内容。如果是这样，那他就是在使用深层加工方式。相反，如果他只是记住其定义和确认一到两个中心主义的例子，那他就是在使用表层加工方式。深层加工有利于侧重理解的考试，表层加工有利于侧重事实学习和记忆的考试。

4. 整体型和系列型

英国心理学家帕斯克（Pask，1976）曾经让学生对一些想象出来的火星上的动物图片进行分类，并形成自己分类的原则。在学生从事完分类任务后，要学生报告他们是怎样进行这项学习任务的。帕斯克发现，学生在使用的假设的类型以及建立分类系统的方式上，都表现出一些有趣的差异。有些学生把精力集中在一步一步的策略上，他们提出的假设一般说来比较简单，每个假设只包括一个属性。这种策略被称为系列性策略（serial strategy），就是说，从一个到下一个假设是呈直线的方式进展的。而另一些学生则倾向于使用比较复杂的假设，每个假设同时涉及若干属性。这种策略被称为整体性策略（holistic strategy），就是指从全盘上考虑如何解决问题。

采取整体性策略的学生在从事学习任务时，往往倾向于对整个问题中可能涉及的各个子问题的层次结构以及自己将采取的方式进行预测，而且，他们的视野比较宽，能把一系列子问题组合起来，而不是一碰到问题就立即着手一步一步地解决。采取系列性策略的学生，一般把重点放在解决一系列子问题上。他们在把这些子问题联系在一起时，十分注重其逻辑顺序。由于他们通常都按顺序一步一步地前进，所以，只是在学习过程快结束时，才对所学的内容形成一种比较完整的看法。如果他们要使用类比或图解等方法，也是比较谨慎的。

5. 分类风格

分类风格（classifying style）是指当个体知觉彼此相似的物体时所采用的标准（Sigel&Brodzinsky，1977）。它反映了个体组织信息的个人偏好，可以用分类任务加以评定。

分类风格有三种：相关的、描述的和类别的（Kagan，Moss，&Sigel，1960）。相关的（或情境的）分类风格是根据事物的主题或功用分类（如空间的、时间的）；描述的（或分析的）分类风格指根据事物的一些细节或物理特征进行分类；类别的（或推论的）分类风格是将具体事件归属于一个上位概念。例如，在对动物图片分类时，个体将猫、狗和兔子等分为一类，因为它们都是哺乳动物、有毛皮、会跑等。这三种分类方法分别反映了类别的、描述的和相关的分类风格。

分类风格和学业成绩是相关的，但是因果关系还不清楚（Shipman & Shipman，1985）。例如，阅读要求分析性知觉（如发现细微区别），但是所区分出的类型与作出这种区分的能力是同样重要的，学生被教授的是前者。分类风格和成绩之间可能是彼此交互影响的。某种分类风格产生了较高的成绩，而进步、奖励和自我效能感的提高又会促使个体继续使用这种分类风格。

(二)学习风格的情感因素

学习风格的情感因素是学习者在学习过程中的态度与体验。下面就与学习动机有关的内控型与外控型、焦虑水平高低展开讨论。

1. 内控型与外控型

具有内部控制特征的学习者相信自己所从事的活动及其结果是由自身的内部因素决定的，自己的能力和所作的努力能控制事态的发展；具有外部控制特征的学习者则认为自己受命运、运气、机遇和他人的摆布。对内控型的学生匹配的教学策路是鼓励独立学习，采用分析性教学与个别教学，有意失配教学策略是讲授法教学，集体教学，教师可提供需合作完成的任务，在任务完成中提高学生的集体意识与合作意识。此外，为自控性学生提供测验成绩反馈也是必要的教学手段。外控型学生的成就动机是由外铄而不是内发，对分数与奖励敏感，他们的学业成就发展弹性空间大，因此，教师的肯定与鼓励非常重要，匹配教学策略是集体教学、讲授法，教师监控学习过程，提供视听资料，纸笔测验并及时提供反馈，适时奖励等。

2. 焦虑水平

焦虑是指对当前或预计对自尊心有潜在威胁的任何情境具有一种担忧的反应倾向，按焦虑的性质，可分为正常焦虑和过敏性焦虑。正常焦虑是客观情境对个体自尊心可能构成威胁而引起的正常的焦虑；过敏性焦虑不是因客观情境对自尊心构成威胁而引起，而是由遭到严重伤害的自尊心本身引起的。学生的焦虑水平的高低取决于学生已有的能力水平，同时与学生的成长经历密切相关，对于某些学生，他们在成长过程中没有得到外界的认可，从而导致缺乏内在的自尊心和价值感，当他们遭受失败和挫折时，就极易引发过敏性焦虑。在这种情况下，教师要做的与其说是教学策略选择，不如说是教学态度的转变，教师要正确认识自己的职业角色，不仅是传道授业者，也是学生心灵的呵护者。面对过敏性焦虑者，有意提供偏低难度的学习任务或是机械学习内容，确认学生已形成相关知识后采取课堂提问法，帮助学生树立信心，然后逐渐提高任务难度，在反复练习中提高学习能力。

3. 学习风格的意动因素

学习风格的意动因素是指学习者根据学习目的的支配、调节自己的行动，克服各种困难，从而完成学习任务的心理过程。我们常用学习的坚持性来衡量个体为完成学习任务而持续地克服困难的能力，具有高坚持性的学习者在完成一项较困难的任务时，能够坚持不懈，克服困难，直至最终完成任务；而学习坚持性较差的学习者则遇到挫折容易灰心退缩，以致不能完成规定的任务。对低坚持性的学习者来说，增强他的学习坚持性是提高学业成绩的一个重要途径。学习者坚持性的高低受到学习情境、学习任务的吸引程度、学习者的态度、动机水平以及成人榜样等多种因素的影响。教师可采用的有意失配教学法是：小组教学、提供视听刺激、角色扮演、模仿等操作型教学，调动学生学习积极性与主动性。

三、学习风格的社会性因素与个体差异

学习总是在一定的社会环境中进行，或多或少受到同伴、师长的影响而具有社会性。学生在学习的社会性因素方面存在着不同的风格。

(一)独立学习与结伴学习

有些学习者喜欢独立学习，与其他人在一起时不易集中注意力或注意力持续时间短，从而使学习效率下降，导致社会干扰现象；而有些学习者则相反，喜欢与他人一起学习，在集体的环境中相互激励、相互督促，增进学习效率，这被称为结伴效应。为了满足所有学生的不同需要，有经验的教师既会提供小组或合作学习的机会，也会给学生留出独立学习的机会。

(二)竞争与合作

个体在动机激发上表现出的不同倾向，竞争和合作都是动机激发的主要手段，有些学生更倾向于通过竞争激发学习动机，而有些学生则喜欢合作学习，觉得在合作的情境中学习更有安全感。一个班集体是一个微型的社会，需要合作也需要竞争，提倡结伴交流也鼓励自主自立，所以，相应的匹配策略与有意失配策略应当整合起来，整合的结果即结合个别指导的合作学习，教师指导学生创建能够形成合作的学习小组，要求教师对教学活动精心设计，进行教材加工与活动组织，诱发合作行为，帮助学生形成良好的合作行为，同时，有针对性地进行个别指导，团结、紧张、活泼、有序的课堂氛围有利于每一个学生的成长。

(三)成人支持

有的学生学习时寻求成人支持，有的只要有人陪伴就好。

四、适应职业学校学生学习风格的教学设计策略

学习风格是在自然遗传的基础上，在社会环境的共同作用下形成的，它相对稳定，体现了教育对象的多样性。职业学校教师必须了解学生的个体学习风格特点，因材施教，选择扬长的匹配教学策略；但是也要看到，学习风格具有可塑性，这就需要教师以动态的、变化的、发展的观点看待学习风格，选择补短的有意失配教学策略，鼓励职校学生走出个人狭小的偏好，尝试不同的学习风格，为学生的终身学习打下坚实的基础。

邓恩(Duan)研究发现，当一个学生的学习风格与教师的教学风格及学习过程中的其他因素较好地吻合在一起的时候，这个学生的学习成绩就更好(effective management of learning styles promotes successful academic development)。如果教师风格与学生的学习风格失配而又未及时调整，则容易导致风格冲突(style war)，学生会逐渐产生厌学情绪、听讲不专心、考试成绩差并最终对课程失去兴趣，师生感情和双方信心均会受到影响。

目前，职业学校实行班级授课制，每个学生都有其不同的学习风格，他们的学习效果往往也不一样。为使教学活动对每一个学生更加有效，就有必要对学生的个别差异进行分析。由于班级人数多而教师精力有限，教师不可能对每个学生逐一进行个别化教学，只能尽可能地在学习风格分析的基础上针对不同的学习风格类型采取有效的教学策略。

应当注意，任何一种学习风格，既有其长处，也有其不足。教育的最终目的是要扬长补短。因此，职业学校教师适应学生学习风格差异的教学设计应包含两方面的内容：一是采用与学生学习风格相一致的"匹配策略"；二是针对学习风格中的短处实施弥补性的"故意失配策略"。匹配策略固然有利于学生的学习，但却无法弥补学生学习机能上的不足；有意识的故意失配策略在实施之初可能会在一定程度上影响学习的效率，但坚持使用可以

弥补学习方式上的不足，使学生的心理机能得到全面提高，有利于学生以后的学习和发展。

如，根据场独立型与场依存型学习者的特点，可选择以下的教学策略：

表 2-3 两种类型学习者的不同策略

策略 风格类型	匹配策略	失配策略
场独立型	独立学习，分析性教学，个别教学，演示、实习、实验、角色扮演、模仿等操作性教学，动手操作测验，抽象演绎等方式	讲授法，整体性教学，集体教学，小组合作讨论法，教师监控学习过程，归纳总结等方式
场依存型	讲授法，教师监控学习，提供严密教材，提供视听刺激，集体教学，小组合作讨论法，笔纸测试等方式	独立学习，分析性教学，个别教学，动手实验，抽象演绎，列提纲，提问背诵等方式

针对这个问题，在具体的实施过程中，我们要做到：

(1)能识别并帮助学生识别自己的学习风格，可通过借助量表测试和日常行为观察分析两种途径识别。要提醒学生认识到每个人往往不是单纯的一种类型的学习者，而是属于两种或多种类型，无论你属于哪种，都无优劣之分，关键在于对自己有一个清楚的了解。

(2)对有不同学习风格的学生要均衡地实施教学影响，避免顾此失彼。

(3)采用有意识的失配策略鼓励学生以灵活多样的方式学习，使他们适应不同的学习任务和学习情境。

(4)每一位教师均有其独特的教学风格，但还须尽可能掌握多种教学方式，以根据不同的教学目标、教学内容以及学生的学习风格自如地加以选择和运用。

第三节 职业学校学生的性格、气质差异及教育

职业学校的学生，除了智力、学习风格方面存在差异外，每个学生都有自己独特的性格和气质，它们也是职业学校教师教学中必须考虑的学生个别差异的重要组成部分。

一、职业学校学生的性格差异与教育

(一)什么是性格

性格(character)一词源于希腊语，原意为"标记""特征"等。在现代心理学中"性格"是指个体在生活中形成的对现实的稳固的态度以及与之相适应的习惯化的行为方式。首先，性格表现在个体对现实的态度和行为方式中。人对事物的态度不同，由态度所支配的行为

方式自然也不同，因而性格也就不同。其次，性格是一个人独特的、稳定的态度和行为方式。这些态度与行为方式代表了个体的基本行为倾向，而那些一时性、情境性和偶然性的态度和行为方式不属于性格。最后，尽管有许多性格特征与道德无关，但也有不少性格特征还是与个人的世界观和道德修养紧密相关的，这使得性格具有社会意义，因而性格往往被视为人格的核心，成为人与人之间相互区别的主要方面。有的心理学家甚至还视性格为狭义的人格，将性格等同于人格。

(二)性格的个别差异

性格的个别差异表现在性格的特征差异和类型差异两个方面。

1. 性格特征与个别差异

性格是一个十分复杂的心理结构，由很多方面的特征所构成。这些特征主要有以下四方面：

(1)表现人对现实态度的性格特征。在现实生活中，人接受现实生活的影响，以一定的态度反映现实生活。现实的对象是多种多样的，人对现实的态度也是多种多样的。现实生活的多方面的影响，则形成人对现实生活的态度体系，这种态度体系即构成人对现实的性格特征，表现人对现实的态度的性格特征，主要是指如何处理社会各方面的关系的性格特征，包括对人、对事、对己、对集体、对劳动、对工作的态度等诸方面。比如：对人是热情、诚恳，还是冷淡、虚伪；对劳动是勤劳、认真，还是懒散、粗心；对自己是谦虚、自信，还是骄傲、自卑；对集体是热爱、关心，还是熟视无睹、漠不关心；对工作是积极负责、富有创造性，还是消极回避、墨守成规，等等，这些都属于人对现实的态度的性格特征。

(2)性格的意志特征。性格的意志特征是指人对自身行为的调节、控制水平。自觉地调节自身行为的心理过程是意志过程，与此相应的性格特征，称为性格的意志特征。它突出表现在意志的自觉性、自制力、果断性、坚定性等品质上。意志的自觉性表明一个人是否具有明确的行为目标，并使行为受社会规范约束的意志特征，如：是主动、有目的性、独立还是被动、盲目、依赖、易受暗示；意志的自制力表明人对自己的行为能够自觉控制的水平，如是自制、守纪律，还是任性、好冲动；意志的果断性表明人在紧急和困难的条件下表现出来的意志特征，如是坚决、敏捷、果断、勇敢，还是优柔寡断、三心二意、顾虑重重；意志的坚定性是表现在持续的工作中的意志特征，如是坚定、顽强、不屈不挠，还是摇摆、见异思迁、虎头蛇尾、脆弱、妥协等。

(3)性格的情绪特征。性格的情绪特征是指人情绪活动的特点，可以分为情绪活动的强度、稳定性、持久性及主导心境四方面。情绪的强度特征，是指个人受情绪影响的程度和情绪受意志控制的程度，如，有的人情绪活动强烈、深沉，有的人情绪活动微弱、短暂；情绪的稳定特征，是指个人情绪起伏波动的程度，如有的人情绪容易激动、起伏，波动大，有的人情绪比较稳定，很少起伏、波动；情绪的持久性特征，是指个人受情绪影响的时间跨度，如有的人能很快地从一种情绪中走出来，而有些人则长时间地沉溺于一种情绪之中；情绪的主导心境特征，是指不同的主导心境对个人的影响程度，如有的人经常表现的是活泼、愉快的，有的人则整天看上去是忧郁、低沉的。

（4）性格的理智特征。性格的理智特征是指个人认识活动的特点与风格。比如，在感知方面，有的人属主动感知型，即在感知事物时，能根据自己的任务和兴趣来判断，而不易为环境刺激所干扰；有的人则属被动感知型，即在感知事物时，明显地易受环境刺激的影响；有的人特别注意事物的细节，观察详细、全面，有的人则多注意事物的整体、轮廓，概括性较强；有的人敏锐精细，有的人则迟缓、马虎；在思维方面，有的人敢思敢想，善于独立地提出问题，而有的人则盲从权威，喜好利用现成答案。在记忆活动中，有的人擅长形象记忆而有的人擅长逻辑记忆。在想象中，有的人好幻想，而有的人重现实；有的人想象广阔，而有的人想象狭隘。以上这些都是性格特征在认知方面的体现。

性格是一个非常复杂的综合体，它包含着多个侧面，包含着多种多样的性格特征。它们的有机统一，就构成了性格。同时，性格中的各种各样的性格特征，总是不可分割地互相联系着，它们之间存在着密切的内在联系。例如对工作、学习认真负责的人，在性格的意志特征方面往往表现出有较好的坚持性、自制力，在性格的理智特征方面往往表现出更多的主动观察、善于思考的特点。所以，我们分析性格的特点时，必须把性格的诸方面特征联系起来加以考察。

2. 性格类型与个别差异

性格的类型是指在一类人身上所共有的性格特征的独特结合。许多心理学家都试图划分性格的类型，有的以血型为标准，有的以体型为标准，有的以食物为标准，也有的以排行为标准。目前比较流行的意见有以下几种。

（1）机能类型说

19世纪英国心理学家培因（Bain, A.）根据智力、情感和意志等三种心理机能在性格结构中所占优势的不同，将人的性格区分为理智型、情绪型和意志型。以智力机能占优势的理智型，以理智衡量周围发生的事情，并以理智支配自己的行为。以情感机能占优势的情绪型，情绪体验强烈，其行为容易受情绪所左右。以意志机能占优势的意志型，目标明确，自制力强。

（2）向性说

1913年，瑞士的精神分析心理学家荣格（Jung, C. G.）认为，"力必多"（libido）是个体的全部生命力，是人类一切行为的原动力。"力必多"的活动可以指向外部世界，也可以指向内部世界。据此可以将性格分成内向型和外向型两大态度类型。外向型性格的人，心理活动倾向于外部，关心外界事物，心情开朗，活泼好动，善于交际。内向型性格的人，心理活动倾向于内部，很少关心外部事物，反应迟缓，沉静，孤僻，适应困难。当然，极端的外向与内向的人比较少，大多数人的性格都处于内外向之间的某一个位置。1921年，他又在《心理类型学》中将心理活动划分为感觉、思维、情感和直觉四种基本机能。感觉告诉人存在着某种东西；思维告诉人它是什么；情感让人体验到是否令人满意；直觉则告诉人它来自何处以及向何处去。荣格将两大态度类型与四种心理机能组合起来，成为8种性格类型（见表2-4）。

表 2-4　性格的类型

	内　倾	外　倾
感觉	远离外界，爱沉浸于自己的感觉世界，艺术性强。	头脑清醒，寻求刺激与享乐，情感浅薄。
思维	爱思考自身的精神世界，但情感压抑，固执幻想。	以客观资料为依据，但冷淡与傲慢。
情感	情感深藏不露，易抑郁，思维压抑。	情感外露，好交际。
直觉	从内部发现各种可能性，爱脱离实际的幻想。	从外部发现各种可能性，寻求新的可能性，但不能坚持到底。

（3）独立—顺从说

奥地利的心理学家阿德勒（Adler，A.）也是以精神分析的观点来划分人的性格类型的。但他认为每一个人都有一种求权的意志，表现为个体的竞争性，于是便将性格划分为优越型和自卑型。而其他的心理学家则不同意以个体的竞争性为标准，主张以个体的独立性来划分性格类型。如果善于独立发现问题和解决问题，在紧急或困难的情况下表现沉着镇静，易于发挥自己的力量，甚至喜欢将自己的意见强加于人，其性格属于独立型。如果独立性差，易受暗示，容易不加分析地接受他人的意见，在紧急和困难的情况下表现出惊慌失措，其性格就是顺从型。

（4）两维分类说

英国心理学家艾森克（Eysenck，H.）根据内倾—外倾和稳定—不稳定两个维度对性格作出分类（见图 2-5）。这种意见，实际上是将性格的类型与性格的特征结合起来了。如主动、善交际、开朗属于外倾的一端；被动、孤僻、沉思属于内倾的一端；镇静、顺应、可信赖属于稳定的一端；心情易变、焦虑、易激动属于不稳定的一端。

（5）社会生活方式说

德国的教育学家和哲学家斯普兰格（Spranger，E.）以不同的社会生活方式为出发点，将性格区分为理论型、经济型、审美型、社会型、权力型和宗教型六种类型。理论型的人以追求真理为生活目的，根据自己的知识体系来判断事物的价值，冷静而客观地观察事物。经济型的人以追求利润、获得财产为生活目的，用经济观点看待一切，以实际效果判断事物的价值。审美型的人从美的角度来判断事物的价值，不大关心实际生活。社会型的人有志于增进他人或社会的福利，重视人际关系，以爱他人为最高价值。权力型的人重视权力，并努力去获得权力，总是想指挥他人。宗教型的人相信宗教，有感于圣人相救之恩，坚信永存的绝对生命。

图 2-5 希波克拉特和艾森克因子分析

(资料来源：引自叶奕乾等. 图解心理学［M］. 南昌：江西人民出版社，1982)

【相关链接】

性格类型自测表

本测验共有 50 道题，请根据自己的实际情况作出回答。符合的，则把该问题后面的"是"圈起来；难以回答的，则把"?"圈起来；不符合的，则把"否"圈起来。

1. 我与观点不同的人也能友好往来。	是	?	否
2. 我读书较慢，力求完全看懂。	是	?	否
3. 我做事较快，但较粗糙。	是	?	否
4. 我经常分析自己，研究自己。	是	?	否
5. 生气时，我总不加抑制地把怒气发泄出来。	是	?	否
6. 在人多的场合我总是力求不引人注意。	是	?	否
7. 我不喜欢写日记。	是	?	否
8. 我待人总是很小心。	是	?	否
9. 我是个不拘小节的人。	是	?	否
10. 我不敢在众人面前发表演说。	是	?	否
11. 我能够做好领导团体的工作。	是	?	否
12. 我常会猜疑别人。	是	?	否
13. 受到表扬后我会工作更努力。	是	?	否

14. 我希望过平静的生活。　　　　　　　　　　　是　?　否
15. 我从不考虑自己几年后的事情。　　　　　　　是　?　否
16. 我常会一个人想入非非。　　　　　　　　　　是　?　否
17. 我喜欢经常变换工作(学习)内容。　　　　　是　?　否
18. 我常常回忆自己过去的生活。　　　　　　　　是　?　否
19. 我很喜欢参加集体娱乐活动。　　　　　　　　是　?　否
20. 我总是三思而后行。　　　　　　　　　　　　是　?　否
21. 使用金钱时我从不精打细算。　　　　　　　　是　?　否
22. 我讨厌在我工作(学习)时有人在旁边观看。　是　?　否
23. 我始终以乐观的态度对待人生。　　　　　　　是　?　否
24. 我总是独立思考回答问题。　　　　　　　　　是　?　否
25. 我不怕应付麻烦的事情。　　　　　　　　　　是　?　否
26. 对陌生人我从不轻易相信。　　　　　　　　　是　?　否
27. 我几乎从不主动制订学习和工作计划。　　　　是　?　否
28. 我不善于结交朋友。　　　　　　　　　　　　是　?　否
29. 我的意见和观点常会发生变化。　　　　　　　是　?　否
30. 我很注意交通安全。　　　　　　　　　　　　是　?　否
31. 我肚子里有话藏不住，总想对人说出来。　　　是　?　否
32. 我常有自卑感。　　　　　　　　　　　　　　是　?　否
33. 我不太注意自己的服装是否整洁。　　　　　　是　?　否
34. 我很关心别人对我有什么看法。　　　　　　　是　?　否
35. 和别人在一起时，我的话总比别人的多。　　　是　?　否
36. 我喜欢独自一个人在房间休息。　　　　　　　是　?　否
37. 我的情绪很容易波动。　　　　　　　　　　　是　?　否
38. 我看到房间内杂乱无章，我就静不下心来。　　是　?　否
39. 遇到不懂的问题我就问别人。　　　　　　　　是　?　否
40. 旁边若有说话声或广播声，我就无法静下心来学习。　是　?　否
41. 我的口头表达能力还不错。　　　　　　　　　是　?　否
42. 我是个沉默寡言的人。　　　　　　　　　　　是　?　否
43. 在一个新的环境里我很快就能熟悉。　　　　　是　?　否
44. 要我同陌生人打交道，我常感到为难。　　　　是　?　否
45. 我常会过高地估计自己的能力。　　　　　　　是　?　否
46. 遭到失败后我总是忘却不了。　　　　　　　　是　?　否
47. 我感到脚踏实地地干比探索理论原理更重要。　是　?　否
48. 我很注意同伴的工作和学习成绩。　　　　　　是　?　否
49. 比起读小说和看电影，我更喜欢交游和跳舞。　是　?　否

50. 买东西时，我常常犹豫不决。　　　　　　　　　　　　　　是 ？ 否

计分与评价：

题号为单数的题目，每圈一个"是"，计 2 分；每圈一个"?"，计 1 分；每圈一个"否"，计 0 分。题号为双数的题目，每圈一个"否"，计 2 分；每圈一个"?"，计 1 分；每圈一个"是"，计 0 分。最后把各题的分数相加，其和即为你性格倾向性指数。性格倾向性指数在 0～100 之间。由性格倾向性指数的数值（即测验得分），查看性格倾向评价表（表 2-5），就可了解自己的内向或外向程度。

表 2-5　性格倾向评价表[①]

总　分	性格倾向性
0～19	内向
20～39	偏内向
40～59	中间型（混合型）
60～79	偏外向
80～100	外向

（三）性格的性别差异

人们除了用生理差异来区分性别之外，还会根据性格和行为表现的特征来确定性别。不管在生理上是男性还是女性，具有男性或女性行为特征的程度叫性度。具有男性行为特征的程度叫男性度，具有女性行为特征的程度叫女性度。从行为表现上看，世界上没有绝对的男性和女性，男性度和女性度总是混合交织在个体身上。只是在通常情况下，男性具有较多的男性度，女性具有较多的女性度。也就是说，性格应该具有性别差异。可是对性格性别差异的具体表现，目前却没有一致的看法。1974 年，美国的麦考比和杰克林（Maccoby，E. E. & Jacklin，C. N.）出版了《性别差异心理学》一书，通过对 1600 项研究的分析和概括，阐述了是否存在性别差异、性别差异的程度以及性别差异的成因，被认为是性别差异心理学发展的一座里程碑。他们认为，最显著的性别差异是男性更具有攻击性，其次是女性比男性更好社交，更容易受暗示，自信心比男性差，更倾向于解决简单的、墨守成规的问题，而男性则更倾向于解决复杂的、需要摆脱定势的问题。

当然也有人批评麦考比等人缩小了性格的性别差异。他们认为男性的情绪更容易烦躁和愤怒，在挫折情境中比女性更多地出现消极的反应；而女性又比男性更容易焦虑和恐惧，更容易产生同情心。此外，还有人发现女性比男性更容易支配同性伙伴，甚至更容易对男性发号施令。

---

① 朱宝荣主编. 应用心理学教程[M]. 北京：清华大学出版社，2004：219

(四)针对职校生的性格差异进行教育

现有的研究表明,性格虽然不会影响学习是否发生,但它却会影响学生的学习方式。性格外向者通常对学习新的难度较大的教材感兴趣,能够迅速举手要求回答教师的课堂提问,但课后不爱认真复习,作业马虎。性格内向者在课堂里反应缓慢,课后常花时间复习,作业认真,遵守纪律。性格独立者爱参与竞争性学习,性格顺从者常等待教师的布置,依赖同学的帮助。

性格也作为动力因素而影响学习的速度和质量。良好的态度、情绪、意志和理智等性格特征有助于增强学生的学习信心,获得情感上的满足,提高对未来学习的志向水平,学习更加勤奋,因而有助于学业成功。而不良的性格特征则容易使学生产生消极、羞愧、恐惧、沮丧的情绪体验,产生退缩行为,导致学业失败。性格差异还会影响学生对学习内容的选择。国外的研究发现,男性性格的学生对生理健康、安全、金钱和性问题感兴趣。女性性格的学生对人生哲学、日常生活、心理健康和家庭关系更感兴趣。我国的研究发现,男中学生对数学、物理的兴趣大于女中学生,女中学生对语文、外语的爱好大于男中学生。男中学生喜欢看科技书刊,参加科技小组活动,女中学生爱读少年文艺和童话故事。此外,也有研究表明,性格差异会影响学生的社会性学习和个体社会化。

因此,为了促进职校生的健康发展,了解其性格差异是前提。职校生的性格,既是职业教育的结果,也是进一步做好职业教育工作的依据。针对他们的性格差异,教师要采取适当的方法,培养好的性格,克服不良性格。例如,某个职校生懂得要学好本领,因而学习刻苦、遵守纪律,兴趣爱好广泛,但却不太关心集体;另一个职校生对人热情大方,喜欢帮助同学,但办事常常虎头蛇尾,不够踏实等。面对这些情况,教师要有针对性地帮助他们,使之扬长避短。例如,有经验的教师会有意识地委托前一种类型学生帮助班集体办事,逐步培养他的集体观念和集体主义精神;让后一种类型学生多做一些需要耐心细致的工作,使他逐步养成一丝不苟的习惯。对于不同性格类型特点的职校生,教师教育的方式方法必须适当。一般来说,对于有自卑感或自暴自弃倾向的职校生,教师应通过多加表扬、鼓励,或通过启发、暗示,使其看到自己的能力和优点,以增强其信心。对自尊心强或自高自大的职校生,批评时要顾及其情面,留有余地,既要保持其上进心,又要设法使其在学习和工作的成败中看到自己的缺点与不足。

在教育内容的选择和组织上,教师应该更好地适应职校学生的性格差异。首先,学校应该考虑开设各种类型的选修课,如面向高一级学校的提高性选修课、面向生产部门的职业性选修课、拓展学生科学视野的拓展性选修课和发展学生技艺特长的发展性选修课,供不同性格、兴趣爱好和能力特长的学生选择。其次,提倡非指导性教学。美国心理学家罗杰斯强调以学生为中心,教师注重创造促进经验学习的课堂气氛,以真诚的情感对待学生,给学生以无条件的关注,并能设身处地的为学生着想,产生移情。学生则进行自我指向的学习,学会如何解决他们所面临的各种问题。最后,倡导合作学习。学生们以主动合作的学习方式,共同参与设计学习步骤,分工合作实施学习计划,共同整理获得的资料,以小组为单位向全班报告学习的结果,并以小组的成绩作为全组学生的最终成绩。这样的学习使不同性格的学生相互包容，求同存异，共同负责，从而增进集体感与友谊感，发展人际沟通能力。更重要的是，合作学习能够促进意义的建构。因为合作过程中的交流、争议和意见综合有助于学生建构新的、更深层次的理解；由于个人的思路在合作过程中被外化，有助于对自己思维的监控；合作与交流使学生达成对问题的理解，建立更完整的表征，促进问题的解决。

二、职业学校学生的气质差异与教育

(一)什么是气质

气质俗称"脾气""性情""秉性"，它是个人心理活动的稳定的动力特征，是表现在心理活动的速度(如知觉的速度、情绪与动作的反应快慢)、强度(如情绪强弱、意志的紧张程度)、灵活度(也即稳定性，如注意集中时间的长短、情绪的起伏变化))与指向性(如倾向于外部事物，或倾向于自身的情绪与思想、经常体验自己的情绪)的一种稳定的心理特征。

气质是指人格中最稳定的、在早年就表现出来的、受遗传和生理影响较大而受文化和教养影响较小的那些层面。人的基本气质特点在一岁左右就表现出来并保持终生。

【请你思考】

日常生活中经常用的"气质"一词，等同于心理学中的"气质"概念吗？

(提示：前者与"风度"相近，指的是心理学中的"素质""素养")

(二)气质的类型

气质类型是指在一类人身上共有的或相似的心理活动动力特征的有规律的结合。有关气质的类型说有如下几种：

1. 体液说

古希腊医生希波克拉底(Hippocrates，约公元前460—前377)认为人体内有四种体液，即血液、黏液、黄胆汁和黑胆汁，不同的人体内占优势的体液不同。后来古罗马医生盖伦(Galen，130—200)用这种体液学说来解释气质，认为某种占优势的体液决定一个人的气质。多血质的人血液占优势；胆汁质的人黄胆汁占优势；抑郁质的人黑胆汁占优势；黏液质的人黏液占优势。这种分类方法虽然缺乏科学依据，但人们在日常生活中确实能观察到这四种气质类型的典型代表。所以，这四种气质类型的名称为许多学者所采用，并一直沿用至今。

2. 高级神经活动类型说

高级神经活动类型说是巴甫洛夫(Ivan Pavlov，1849—1936)提出来的。他认为，人的气质是由人的高级神经活动类型决定的。

巴甫洛夫用条件反射方法研究动物高级神经活动时发现，大脑皮层神经活动的兴奋与抑制过程具有三个基本特征：(1)神经过程的强度，即神经细胞和神经系统的兴奋与抑制的工作能力和耐力。兴奋与抑制能力强，其神经活动就是强型；兴奋与抑制能力弱，其神经活动就是弱型。（2）神经过程的平衡性，即兴奋与抑制在强度方面的相对均势或优势。兴奋与抑制的能力基本接近，就是平衡型；兴奋能力明显高于抑制能力，就是不平衡型。（3）神经过程的灵活性，即兴奋与抑制过程相互转化的速度。抑制与兴奋转换迅速的，叫灵活型；抑制与兴奋转换慢的，叫不灵活型。巴甫洛夫根据神经系统的这三个基本特性的相互组合的特点，把高级神经系统活动划分为四种基本类型：强、不平衡型（兴奋型）、强、平衡、不灵活型（安静型）、强、平衡、灵活型（活泼型）和弱型（抑制型）。巴甫洛夫认为，上述四种神经系统的基本类型是动物和人共有的，因此，称之为一般类型。神经系统的一般类型就是气质的生理基础，气质是神经系统一般类型的心理表现。每一种高级神经活动的类型都对应着一种气质类型。神经活动的兴奋型对应的气质类型是胆汁质；神经活动的安静型对应的气质类型是黏液质；神经活动的活泼型对应的气质类型是多血质；神经活动的抑制型对应的气质类型是抑郁质。具体见表 2-6。

表 2-6　神经活动类型与气质类型的对应关系

高级神经活动类型	强度	平衡性	灵活性	气质类型
兴奋型	强	不平衡		胆汁质
活泼型	强	平衡	灵活	多血质
安静型	强	平衡	不灵活	黏液质
抑制型	弱			抑郁质

3. 活动特性说

气质的活动特性说是由美国心理学家巴斯（A. H. Buss）1975 年提出来的。巴斯用活动性、情绪性、社交性和冲动性等反应活动的特性为指标，区分出四种气质类型。活动型，这类人总是抢先迎接新的任务，爱活动，不知疲倦；情绪型，这类人觉醒程度和反应强度大；社交型，这类人渴望与他人建立密切的联系；冲动型，这类人缺乏抑制能力。

4. 血型说

血型说是日本学者古川竹二提出来的。他认为人的气质与血型有关。古川竹二根据人的血型将气质分为 A 型、B 型、AB 型、O 型四种类型。他认为，A 型的人温和、稳重、顺从；B 型的人感觉灵敏、善于社交；AB 型兼有 A 型和 B 型的特点；O 型的人志向高远、好胜心强，比较霸道。事实上，并没有证据证明气质与血型有必然的联系。

5. 激素说

气质的激素说是由英国心理学家柏尔曼（L. Berman）提出来的。柏尔曼认为，人的气质是由甲状腺、肾上腺、脑垂体、副甲状腺和性腺等内分泌腺的活动水平决定的。例如，甲状腺型的人若甲状腺分泌多，则精神饱满、意志坚强、任性急躁；若甲状腺分泌少，则精神易疲劳、反应迟钝。研究表明，内分泌腺的活动对人的心理和行为有重要调节作用，因而对人的气质有一定的影响。但内分泌腺的活动受神经系统的调节，因此，不能孤立讨论内分泌腺对气质的影响。

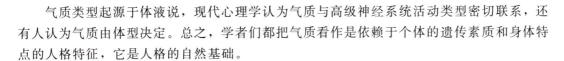

气质类型起源于体液说，现代心理学认为气质与高级神经系统活动类型密切联系，还有人认为气质由体型决定。总之，学者们都把气质看作是依赖于个体的遗传素质和身体特点的人格特征，它是人格的自然基础。

（三）鉴定气质类型的心理指标

用以区分气质类型的心理指标有六项：感受性、耐受性、反应的敏捷性、可塑性、情绪的兴奋性、外倾性与内倾性。

感受性是指个体对外界刺激的感觉能力。它可以用人产生某种感觉所需要的最小刺激量来衡量。感受性是心理活动强度的重要指标。

耐受性是指个体耐受刺激作用的能力。它可以从个体耐受刺激的强度或作用时间两方面进行衡量。耐受性也是心理活动强度的重要指标。

反应的敏捷性是指心理活动的灵活性。它一方面表现为在不随意活动中能否迅速指向一定的对象；另一方面表现为随意性心理活动的速度或不同活动相互转换的速度。

可塑性是指个体根据外界事物的变化情况而改变自己适应性行为的可塑程度。可塑性强的人较容易对自己的思想、态度、行为进行改变，而较少出现不愉快的情绪反应；可塑性弱的人较难改变自己的思想、态度、行为，在改变时经常出现不愉快的情绪反应。

情绪的兴奋性是指行为中表现出来的情绪的兴奋程度。情绪的兴奋性不仅能反映出个体神经活动的强弱，还能反映出个体兴奋与抑制的平衡性。例如，神经活动强的人，如果兴奋与抑制平衡，其强烈情绪就不会表现出来；如果抑制水平低，其强烈情绪就会表现出来。

外倾性与内倾性。外倾性是情绪兴奋性强的体现，其心理活动和行为反应都倾向表现于外；内倾性是情绪的抑制过程占优势的反映，其心理活动和行为反应都不轻易表现出来。

（四）典型气质类型的心理特征

较有代表性的气质类型有四种，即多血质、黏液质、胆汁质和抑郁质。每一种气质类型都具有独特的气质特征。

多血质的气质特征是感受性低而耐受性高；不随意反应性强，易受外界刺激的影响；具有较高的可塑性；情绪兴奋性高，反应迅速而灵活；外倾性明显。具有这种气质的人像春风一样，富有朝气。这种人乖巧伶俐，惹人喜爱；情绪丰富而外露，表情多变；活泼、乐观、好动、灵活，喜欢与人交往，有种"自来熟"的本事，但交情粗浅；语言表达力强而且富有感染力，思维灵活行动敏捷，对各种环境适应力强，但往往缺乏耐心和毅力，稳定性差，见异思迁。《水浒传》中的浪子燕青就是这种气质的典型人物。

黏液质的气质特征是感受性低而耐受性高；不随意反应性低，不易受外界刺激的影响；可塑性较差；情绪兴奋性低，反应速度慢，具有稳定性；内倾性明显，外部表现较少。具有这种气质的人像冬天一样冰冷耐寒且缺乏生气。这种人安静稳重，沉默寡言，喜欢沉思，表情平淡，情绪不外露；自制力很强，不怕困难，忍耐力高；与人交往适度，朋友少但却知心；思维灵活性略差，但考虑问题细致而周到，这往往弥补了思维的不足。这

65

种人平时总是四平八稳的，所以有时"火烧眉毛也不急"，行为主动性比较差，经常是别人让做某事才会去做。《水浒传》中的豹子头林冲就是这种气质的典型人物。

胆汁质的气质特征是感受性低而耐受性高；不随意反应性强，易受外界刺激的影响，反应迅速但不灵活；可塑性较低；情绪兴奋性高，抑制能力差；外倾性明显。具有这种气质的人像"夏天里的一把火"，是种火暴脾气。这种人精力旺盛，争强好斗，做事勇敢果断，为人热情直率，朴实真诚；但思维活动常常粗枝大叶、不求甚解，遇事常欠思量、鲁莽冒失，常常感情用事、刚愎自用，但表里如一。《水浒传》中的黑旋风李逵就是这种气质的典型人物。

抑郁质的气质特征是感受性高而耐受性低；不随意反应性低，不易受外界刺激的影响；可塑性较差，具有刻板性，不灵活；情绪兴奋性高，情绪体验深刻，反应速度慢；具有严重的内倾性。具有这种气质的人给人以"秋天落叶"般的无奈、忧愁的印象。这种人情绪体验深刻、细腻而又持久，主导心境消极抑郁，多愁善感，给人以温柔怯懦的感觉；聪明而富有想象力，自制力强，注重内心世界，不善交际，孤僻离群，软弱胆小，委靡不振；行为举止缓慢而单调，虽然踏实稳重，但却优柔寡断。《红楼梦》中的林黛玉就是这种气质的典型人物。

现实生活中，人是十分复杂的，仅具有某种气质类型的人很少见。一般人都具有几种气质类型的特点，只是其中某种气质类型的特点较为突出而已。通常我们不能说某人具有某种气质类型，而只能说某人符合某种气质类型。

【相关链接】

表 2-7　典型气质类型的中学生的行为特点

气质类型	特　　点
胆汁质	1. 在学习、工作和与人交往中热情高，做事带有强烈的感情色彩，高兴时什么都肯干，不高兴时拒绝一切。 2. 精力旺盛，积极倡导参加各种活动，喜欢热闹，但容易作出越轨的事。 3. 好胜心强，上课反应快，理解快，但不细心，不求甚解，作业完成迅速，但缺乏耐心和计划性。 4. 办事果断，有魄力，敢负责，但容易暴躁，控制不住自己的情绪。
多血质	1. 学习、工作和劳动中较善于计划，有条理，不盲从，有教养。 2. 精力充沛，积极参加各项活动，但思想感情不够深刻稳定，变化无常，办事不够沉着、冷静。 3. 上课活跃，注意力集中，但坚持性差，发散思维能力强，思考问题灵活，但易动摇和受暗示。 4. 善于交往，易与人成为好朋友。

续表

气质类型	特　　点
黏液质	1. 善于思考比较，以寻求最佳方案，比较听话。 2. 吃苦耐劳，有恒心，有较强的自制力，组织纪律性强，不逞强。 3. 上课注意力集中，从不打扰别人，也不易被别人打扰，喜欢对有把握的问题作出自己的回答，作业认真，不拖拉，但缺乏应变能力。 4. 情感不外露，说话平缓。
抑郁质	1. 在学习、工作和劳动中细心、规矩，不求迅速而求质量，很有耐心 2. 很少表现自己，喜欢安静，较害羞，在生人面前常不知所措 3. 上课守纪律，肯动脑筋，喜欢默默思考但很少发言 4. 情感敏感而深刻，多愁善感，体验深而持久 5. 与人交往缺乏主动性，小心谨慎，不易流露内心情感

（资料来源：郭亨杰等. 心理学——学习与应用[M]. 上海：上海教育出版社，2001：50）

【请你思考】

4 个不同典型气质的人去剧院看戏，都迟到了。他们会怎么处理？

提示：不同气质的人，对同一件事情的反应是完全不同的。

苏联的一位心理学家曾形象地描绘了 4 位不同气质的人对同一情景所表现出来的不同行为。例如，这时，多血质的人看到楼下检票员很严，马上会想到设法另寻门路，结果他从楼上的门进去了；胆汁质的人会和检票员争吵，并不顾阻拦闯入剧院；黏液汁的人会很规矩的等在大门外，等幕间休息时再进去，并自我安慰"第一场戏总是不太精彩的"；抑郁质的人则会叹息自己走霉运，接着便掉头回家。由此可以看出，不同的气质类型会使人在学习、工作、生活中，对于同样的事情作出不同的决定。

(五)针对职业学校学生的气质差异进行教育

在职校生中，四种气质类型的人都有，但典型气质类型的人不多，更多的人属于混合型。职业学校教师了解职校生的气质类型差异，对于做好教育教学工作，具有重要意义。

1. 相信不同气质类型的职校生都能成人、成才

每一个职校生的气质类型都有优缺点，都有可能掌握知识技能，形成健康人格，成为有价值的社会成员。气质是天赋的特征，只能使人的心理活动染上某些独特的动力色彩，但不能决定个体活动的社会价值和成就高低。在职业学校的优秀生中，四种气质类型的人都有。因此，职业学校教师要正确认识和对待不同气质类型的学生，不要以自己情感的好恶，亲近或疏远某种气质类型的学生；要相信任何一种气质类型的学生都可能培养成品学兼优的学生。任何一种气质类型都有积极的一面，也有消极的一面，都有可能形成某种优良的品质或不良的品质。但不可否认不同气质类型特点在形成某种个性品质上的难易程度上是不同的。如胆汁质的人比抑郁质的人容易形成勇敢的品质，但不易形成稳重、自制的

品质。

因此，教师要善于帮助学生分析和认识自己的气质特征中的长处和短处，有意识地利用其积极方面，塑造优良的个性品质，以防止个性品质向消极方面发展。

2. 针对不同气质类型的职校生，教育方法要个性化

在教育过程中教师要充分考虑职校生气质类型的差异，针对职校生不同的气质特点，采取相应的教育方法。例如，对于胆汁质的学生，要锻炼他们的自制力，严格要求他们遵守纪律，但不要轻易地去激怒他们；对于多血质的学生，应给予更多的活动机会和任务，防止其产生潦草、轻浮和见异思迁的弱点；对于黏液质的学生，应当冷静、耐心地指出其问题，并给予考虑问题和准备行为的足够时间；对于抑郁质的学生，要更多地关心体贴他们，避免在公共场合批评他们，要鼓励他们积极参加活动，增强他们的自信心。

同时，由于气质特征影响智力活动的特点、效率以及智力活动的方式，因此，在教学过程中应针对职校生的不同气质特征，在学习途径、方式和方法上，贯彻个别对待的原则。例如，对胆汁质学生应充分发挥其思维敏捷、学习热情高、刚强等特点，克服其粗枝大叶和急躁的缺点；对多血质学生要发挥其机智、灵敏、兴趣广泛、善于适应环境的特点，控制其烦躁、不踏实的学习方式；对黏液质学生要以其刻苦、踏实、认真的良好学习作风，补偿其迟缓、不够灵活的缺点；而对抑郁质学生则应发挥其谨慎、细心、思维的深刻性的特点，以弥补其犹豫、迟缓、精力不足的缺点。只要遵循上述教育教学原则，无论何种气质类型的学生都可以从不同途径，用不同的学习风格取得好成绩，提高其智力水平。

3. 指导职校生根据自己的气质类型选择职业

研究表明，气质特征往往为一个人从事某种工作提供了有利条件。胆汁质的人喜欢不断创新的活动，喜欢热闹，适合从事需要反应迅速、动作有力、应急性强、冒险性大、难度较高而费力的工作，如导游、勘探工作者、推销员、节目主持人、讲演员、外事接待人员以及监督员等工作。多血质的人适宜从事要求反应迅速、灵活的工作，如外交人员、管理人员、驾驶员、服务员、医生、律师、运动员、冒险家、新闻记者、演员、侦探、干警等。黏液质的人容易养成自制、镇静、有条不紊等品质，适合从事医生、法官、管理人员、出纳员、保管员、话务员、会计、播音员等工作。抑郁质的人谨慎、细心、稳重，可胜任持久而细致的工作，如校对、打字、排版、检查、化验、雕刻、刺绣、保管、机要秘书等工作。根据上述情况，教师在指导职校生在进行生涯规划和职业选择时，应考虑自己的气质类型差异，以利于发挥自己之所长，更好地提高工作效率。

值得注意的是，气质的各种特征之间可以起互补作用。黏液质的注意力稳定补偿了其注意转移困难的缺陷，而多血质的注意力易转移可补偿其注意易分散的缺陷。因此，在一般的职业活动中，某种气质类型对工作效率的影响并不显著。只要我们能扬长避短，同样能做好工作。

4. 关注不同气质类型职校生的身心健康

脾气秉性直接影响人的身心健康，这种情况越来越为人们所认识，科学家们也在探讨

这一问题。美国得克萨斯大学的科学研究人员证实，在紧张状态下，人体防御机制的免疫功能会降低。人体的防御系统的主力军——血液的白细胞具有一种能够接受激素 ACTH 的受体，这种激素在人体紧张时可以大量释放，从而与白血细胞相结合，削弱人体的免疫力，使人体抵抗力下降。这一机制正好解释了一个人在紧张或抑郁以及心理失去平衡的情况下会产生疾病的道理。

临床研究也表明，胆汁质和抑郁质气质的人，往往容易发生心理健康问题。强烈的愿望，过度的紧张与劳累等，往往会使胆汁质的人兴奋过程增深，抑制过程减弱，出现神经衰弱等心理健康问题，严重的甚至可发展为躁狂抑郁症；困难的任务，社会的冲突，生活中的挫折等可能会使神经过程本来就较脆弱的抑郁质类型的人感到无法承受，引起诸如高度焦虑、忧郁、恐惧等心理问题，严重的可能发展成为精神分裂症。因此，对于这两种神经过程不平衡的气质类型的职校生，教师应当格外给予关心和指导。

【相关链接】

气质测量 60 问

陈会昌"六十"气质量表。该量表是由山西省教科院陈会昌等同志编制，共 60 题，每种气质类型 15 题，测量出 4 种气质类型：胆汁质、多血质、黏液质和抑郁质。

下面 60 道题可以帮助你大致确定自己的气质类型。在回答这些问题时，你认为：

A. 很符合自己的情况记 +2 分

B. 比较符合自己的情况记 +1 分

C. 介于符合与不符合之间记 0 分

D. 比较不符合自己的情况记 −1 分

E. 完全不符合自己的情况记 −2 分

1. 做事力求稳妥，一般不做无把握的事

2. 遇到可气的事就怒不可遏，想到心里话全说出来才痛快

3. 宁可一个人干事，也不愿意很多人在一起

4. 到一个新环境很快就能适应

5. 厌恶那些强烈的刺激，如尖叫，噪声，危险镜头等

6. 和人争吵时，总是先发制人，喜欢挑衅

7. 喜欢安静的环境

8. 善于和人交往

9. 羡慕那种善于克制自己感情的人

10. 生活有规律，很少违反作息制度

11. 在多数情况下情绪是乐观的

12. 碰到陌生人觉得拘束

13. 遇到令人气愤的事，能很好地自我克制

14. 做事总是有旺盛的精力

15. 遇到问题总是举棋不定、优柔寡断

16. 在人群中从不觉得过分拘束

17. 情绪高昂时，觉得干什么都有趣；反之，又觉得什么都没有意思

18. 当注意力集中于一事物时，别的事很难使自己分心

19. 理解问题总比别人快

20. 碰到危险情景，常有一种极度恐怖感

21. 对学习、工作、事业怀有很高的热情

22. 能够长时间做枯燥、单调的工作

23. 符合兴趣的事情，干起来劲头十足，否则就不想干

24. 一点小事就能引起情绪波动

25. 讨厌做那种需要耐心细致的工作

26. 与人交往不卑不亢

27. 喜欢参加热烈的活动

28. 喜爱感情细腻、描写人物内心活动的文学作品

29. 工作、学习时间长了，常感到厌倦

30. 不喜欢长时间谈论一个问题，愿意实际动手干

31. 宁愿侃侃而谈，不愿窃窃私语

32. 别人总是说我闷闷不乐

33. 理解问题常比别人慢些

34. 疲倦时只要短暂的休息就能精神抖擞重新投入工作

35. 心里话宁愿自己想，不愿说出来

36. 认准一个目标，就希望尽快实现，不达目的誓不罢休

37. 学习、工作同样一段时间后，常比别人更疲倦

38. 做事有些莽撞，常常不考虑后果

39. 老师讲授新知识时，总希望他讲得慢些，多重复几遍

40. 能够很快忘记那些不愉快的事情

41. 做作业或完成一件工作总比别人花时间多

42. 喜欢运动量大的剧烈体育运动或参加各种文艺活动

43. 不能很快地把注意力从一件事情转移到另一件事情上去

44. 接受一个任务后，就希望把它迅速解决

45. 认为墨守成规比冒风险强些

46. 能够同时注意几件事物

47. 当自己烦闷时，别人很难使自己高兴起来

48. 爱看情节起伏跌宕、激动人心的小说

49. 对工作抱认真严谨、始终一贯的态度

50. 和周围人的关系总是相处不好

51. 喜欢复习学过的知识，重复做熟练做的工作

52. 希望做变化大、花样多的事

53. 小时候会背的诗歌，自己似乎比别人记得清楚

54. 别人说我"出语伤人"，可我并不觉得这样

55. 在体育活动中，常因反应慢而落后

56. 反应敏捷，头脑机智

57. 喜欢有条理而不甚麻烦的工作

58. 兴奋的事常使自己失眠

59. 老师讲新概念，常常听不懂，但是弄懂后很难忘记

60. 假如工作枯燥无味，马上就会情绪低落

评价：

将每题得分填入下表相应得分栏内，计算每种气质类型的总分。

胆汁质：2、6、9、14、17、21、27、31、36、38、42、48、50、54、58

得分

多血质：4、8、11、16、19、23、25、29、34、40、44、46、52、56、60

得分

黏液质：1、7、10、13、18、22、26、30、33、39、43、45、49、55、57

得分

抑郁质：3、5、12、15、20、24、28、32、35、37、41、47、51、53、59

得分

第四节　职业学校学习困难学生及其教育

在职业学校教育中，从学业角度来看，存在一些学习困难的学生，表现为学习成绩差、行为习惯差等。职业学校的学生大多数是初中阶段的分流学生，基础比较差，在初中时多被冷落，学生心理上存在自卑感，加上传统应试教育影响，导致职业学校学习困难的学生(以下简称"学困生")较多，给职业教学带来了不少的困难。

一、学习困难学生的含义及特点

(一)学习困难学生的含义

在我国，学习困难是指智力正常，但学习效果低下，达不到国家教学大纲要求。该定义有两层含义：一是学习困难学生的智力是正常的，即使有些学生的智力偏低，但仍在正常范围之内，另外心理发展的进程也是正常的；二是由于种种原因，学习成绩长期达不到

教学大纲所要求的水平，而且这种学习困难不容易被克服。因此，判断一个学生是否学习困难，至少要符合以下三个条件：(1)个体的智力可能接近正常，也可能在正常水平之上，其潜能和成就之间有严重的差距，取得的成就低下；(2)学习困难不是由智力落后、感官障碍、情绪和行为障碍等因素造成的；(3)学习困难的学生无法在正常的学习条件下从事有效的学习活动，必须接受特殊教育服务，学习才能取得成功。[①]

随着高校扩招引发的普高热，中等职业学校生源越来越紧张，加之部分职业学校入学政策的开放，生源质量呈明显下降趋势。现进入职业学校学习的学生大多思想素质偏低，学习成绩较差，自我约束能力不强，他们在以前的学校往往是常被教师批评的"落后分子"。加之职业教育的社会性，使那些"免疫"能力低下的学生很容易受社会不良风气的污染，在学生群体之中又相互传染，故中职学校往往是"学困生"绝对数偏大。为了这类学生的转变和进步，教师付出的心血代价是难以计算的。然而他们的不良行为造成的社会恶果往往超出了家庭和学校的范围，致使社会上一度流行这样的顺口溜："职中、职中，差生集中；职中、职中，调皮捣蛋，学习放松，教师辛苦，劳而无功。"因此，就职业学校的"学困生"问题进行探讨是十分必要的。[②]

(二)学习困难学生的特点

1. 缺乏自信心，自卑心理严重

"学困生"由于经常受到接二连三的考试失败的打击与刺激，觉得成功对自己十分渺茫，长期以来便造成了悲观情绪，形成自卑心理，常对自己的能力持全盘否定态度，再加上成绩差而经常受到家长的埋怨与训斥、教师的指责与批评、同学的歧视与嘲笑，使他们的心理思想包袱很重、情绪低落、意志消沉、精神颓唐，完全对自己丧失了信心，对学习失去兴趣。

2. 学习动机不强，意志不坚定

"学困生"一旦形成，他们在学习上的依赖性和学习上的惰性也就随之而来。平时他们大多由外在动机促使他们学习，而自己学习的主动性不稳定，内在动机作用不明显。他们在学习上缺乏坚持性，做作业不爱动脑筋，不求进取，遇到稍微难的习题连看都不看，更别说求解，他们只是把答案抄一下以求应付检查，就这样轻易放弃本属于自己上进的机会。

3. 非智力水平低下，被动性较强

智力是影响学习的重要因素，但并不是唯一的制约学习成绩的因素，而"学困生"的学习成绩低下，并不完全因为他们的智力水平低下，而是因为他们自身的非智力因素没有充分发挥与利用。孔子说："知之者不如好之者。"兴趣是最好的老师，而且浓厚的学习兴趣会使学生产生积极的学习态度，并为之付出更多的精力，主动去排除学习上的困惑，克服学习上的种种困难，最后有所收获。而"学困生"在学习上缺乏内在的学习动机，依赖心理较强，缺乏自己的主见，更不会迎难而上，学习一直都处于被动状态，被动地接受知识，极少

---

①　吴庆麟主审，胡谊主编．教育心理学 理论与实践的整合观[M]．上海：华东师范大学出版社，2009(6)：91
②　唐秀玲．中等职业学校学困生问题初探[J]．河南煤炭卫生学校教育研究，2005-11-23 第7期

有成就感，更难以有争强好胜的欲望。①

二、职业学校"学困生"的成因及表现

职业学校大部分学生都存在厌学的现象，这是因为他们缺乏正确的学习动机，对学习产生畏难情绪，看不到目标与希望。学习上采取应付的态度，得过且过。这些"学困生"到底是怎样产生的呢？归纳起来，"学困生"之所以形成不外乎两大原因：一是外在客观原因；二是学生自身的主观原因。

(一)职业学校"学困生"的成因

1. 外在客观原因

表 2-8　形成"学困生"的客观因素

家庭环境的不良因素	学校教育环境不良的影响	社会环境的不良影响
教育方法不当：或骄纵，或失控，或棍棒教育。 家庭结构不全：造成精神受挫，心理状况不良。	教育方法不当；教育与教学相脱离；学校教育与家庭教育相脱离；校园不良风气的传染。	新旧体制转换期的混乱和不良风气的影响；成年人教唆、引诱；不良出版物、刊物、音像等的影响；结交坏朋友、陷入落后团伙、不能自拔。

应该指出，以上三大因素并非平均起作用的。在少年时期，家庭的影响最大。之后，学校方面的一些不良影响才成为越来越重要的原因。而社会的不良影响也在这一过程中逐步渗入后进生的主观意识，并且逐渐增强。到了职中阶段，由于学习压力不大、社交活动增多，就有了接触不同社会人的机会，也更加容易染上一些消极落后的意识。对许多反面的东西，往往一拍即合，而且特别起作用。但是，作为教育者，更要看到，最关键的是学校的教育，只要学校实施正确、积极、有效的教育，如已形成的优良校风、正确的集体舆论、班主任责任心强、教育水平高、学校管理有方、奖惩得当等，即使家庭和社会因素不利，学生掉队的概率也会大为降低，"学困生"的转化也是大有可能的。反之，则"学困生"会不断产生，甚至于形成"乱班"或不良校风。因此，学校的教育，对学生的成长是起主导作用的。

2. 内在主观原因

(1)职中学生思想、学业素质偏低，追求狭隘，理想浅近，人生标准较低，故自我要求不严，感情放松，学习松弛，把物质和生理上的刺激作为主要追求，这样就易于产生各种不道德的行为。

(2)缺乏正确的道德观念和法制观念，缺乏辨别是非的能力，往往以错为对，而造成一错再错。例如：把"友谊"理解为"讲义气"，又为"哥儿们义气"而去打群架等。

(3)职中学生正处于青春发育的高峰时期，他们貌似大人，内心却很幼稚。生理与心

① 毕家春. 洞察"学困生"的心理特点及其补救措施[J]. 教育科学研究，2007(9)

理发展很不平衡，常使他们易于动感情，行为冲动；易于受坏人教唆和"朋友"引诱；在黄色出版物的刺激下不能控制自己而产生坏念头；在打击和挫折面前易于失望和消沉等。由于以上内因的存在，加上各种不良的外部影响，外因通过内因而起作用，逐步的潜移默化，就容易使学生退步为"学困生"。

尤其是当前，我国正处在向社会主义市场经济过渡的转换时期，在学校教育与现实之间、新旧体制之间、新老观念之间存在着激烈的冲突。职中学生由于识别能力差、心理承受力弱，面对复杂纷呈的社会现象和各种思潮往往不能自持，不少人随风倒，有的甚至把那些消极和腐败的东西当作正确的目标去追求。同时由于社会上分配不公、不正之风的存在，在用人问题上尚未做到公平竞争，择劣汰优现象时有发生。职中学生对此十分敏感，失落感随即产生，"读书无用"论重又抬头，不少"学困生"便由此产生。[①]

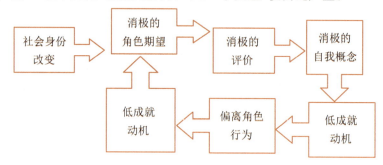

图2-6 "学困生"的恶性循环机制

(二)职业学校"学困生"的表现

职业学校"学困生"通常指的是品行和学习都差的学生，在他们身上有许多不良行为，这些不良行为始于小学、初中阶段的不良习惯，由于初期被忽视，未能及时得以纠正，所以经过多次重复后，逐渐养成一种自觉行为。这些行为有一定的深度，给矫治带来困难。他们进入职业中学后，由于调皮的人相对较多，原先较为分散孤立的状态变得相对集中，联系面增大，能量加强而日趋活跃。这些不良行为主要有以下几种表现：

1. 逆反性行为：对一再重申的班规校纪，经常随意违反，如：迟到、早退、旷课、打架骂人、恶作剧、乱起哄、有意损坏公物等；

2. 发泄性行为：受批评或遇挫折后，则采取暴怒、顶牛、报复、迁怒等行为；

3. 自私性行为：如不负责任、不承担义务、损人利己、小偷小摸、妒忌他人等；

4. 懒惰性行为：如懒散拖沓、怕学习、不动脑筋、不完成作业、厌恶劳动等；

5. 逃避性行为：为逃避教育和处理，而撒谎、欺骗、逃夜、甚至出走；

6. 攻击性行为：如与老师班干部作对、寻衅闹事、动辄斗殴、打伤他人等；

7. 纵欲性行为：如乱花钱、吸烟、大吃大喝、赌博、男女关系混乱等；

8. 团伙性行为：结拜兄弟、组织帮派、伙众滋事、称王称霸等。

---

① 唐秀玲 . 中等职业学校学困生问题初探[J]. 河南煤炭卫生学校教育研究，2005-11-23 第7期

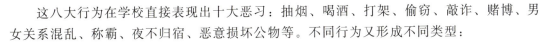

这八大行为在学校直接表现出十大恶习：抽烟、喝酒、打架、偷窃、敲诈、赌博、男女关系混乱、称霸、夜不归宿、恶意损坏公物等。不同行为又形成不同类型：

1. 自卑型

自卑型学生表现为自信不足，自卑有余，外表对人、对事漠不关心，内心却渴望友谊、理解、尊重、支持和信任。他们在课堂上不敢发言，或发言低声低气，和教师谈话吞吞吐吐，参加各类活动畏首畏脚，反应迟钝，拒绝交友，喜欢独处。这类学生有极度的自卑心理。这种自卑心理一方面来源于社会的偏见。社会上部分人对职业学校缺乏正确的认识，歧视职业学校学生；另一方面则是来自家庭的影响。家庭认为让他们上职业学校是不光彩的事情，上职业学校就是混个文凭，对孩子并不抱多大希望。还有个别学生由于父母离异、家庭变故而得不到家庭温暖；还有一方面是来源于以前的教育，由于受应试教育的影响，在初中阶段由于成绩不好而被遗忘，很少得到关爱，心理自卑。在自卑心理的驱使下，整天担心自己的言行会受到他人的讥笑，担心遭受老师的批评和指责，学习成绩明显下降，有的从此一蹶不振。

2. 义气型

这类学生经常三五成群，整日厮混在一起，像一群"古惑仔"。在所有的打群架事件中，无一起不是哥们义气在作祟。他们在一起吃喝玩乐，打架斗殴，以强欺弱。他们缺乏判别能力，好坏不分，片面模仿、追求他们心目中"英雄"的行为方式，在盲目模仿心理的支配下，产生了有"拳"走遍天下的极端错误思想。

3. 厌学型

厌学型学生平时不用功，不愿学习，学习成绩差，上课时打瞌睡，但一到课余时间，立刻显得生龙活虎。这些学生不仅自己经常违反校纪校规，还给周围同学造成一定的消极影响。究其原因，这些学生有的是由于学习基础差，底子薄，上课时听老师课时犹如听天书一般，还有的学生适应能力差，面对生活环境、学习条件、人际关系等变化，无所适从。这类学生精神空虚，缺乏生活热情，以冷漠、不屑一顾的态度对待一切。

4. 放任型

这类学生表现为组织纪律、时间观念极差，又缺乏自我控制能力，学习上、思想上没有奋斗目标，行为上放任自流。在生活上好享受、高消费、有及时行乐的思想。他们对教师的教育充耳不闻，我行我素，知错不改，屡教屡犯。思想上怕苦、怕累，对一切都抱着无所谓的态度，思想品德水准低，学业成绩差。[①]

三、职业学校"学困生"的转化与管理

在大力倡导素质教育的今天，如何全面提高"学困生"的综合素质，培养学生自我教育、自我管理、自主学习的能力，最终引导学生走上成功之路，成为职业学校亟待解决的

---

① 夏集，李金贵，吴箫剑．职业学校不良学生的类型、成因、教育对策初探［EB/OL］．［2011-5］．http：//www.qsnsy.com/jin2 _ details.asp？id＝61&Menuid＝70

问题。

(一)爱是"学困生"转化的前提

无独有偶，中外许多教育家用他们的教育实践为我们揭示了一个同样的道理：教育的一切奥秘都在爱生，一个不爱学生的老师，就完不成育人的任务。爱的内涵很丰富，它不单单是同情关怀、宽容，无私奉献，对"学困生"的爱更应体现出理解、尊重和信任。

1. 理解"学困生"

"学困生"并非从一开始学习就困难。许多学生在小学甚至初中也曾有过辉煌的历史，但由于受家庭、社会或自身主观因素的负面影响，导致了对学习冷淡、逃避。譬如，学生由于过分贪玩，成绩下降后，尤其是与优等生拉大差距后，逆反心理更强，干脆放弃了学习；有的因父母离异再婚等家庭因素的干扰，心理出现障碍，成绩一落千丈，还有的因不慎结交了一些不好的朋友，以至于逃学，厌学。可见影响"学困生"成绩的大多数原因并非智力因素，而是非智力因素，如思想、情感、意志、习惯等。"学困生"对自己的现状也很苦恼，他们也有成功的愿望和要求。

2. 尊重"学困生"

虽然大多数"学困生"没有明确的奋斗目标，没有良好的学习习惯，意志薄弱，懒惰涣散，有着种种不尽如人意的地方。但他们也是学生，有着独立的思想和人格。尊重"学困生"的人格，不单单要求教师不歧视学生，不体罚学生，更重要的是把学生当作与自己一样平等的人。当学生"反抗"你时，你要设身处地为学生想一想，若是受了委屈，就要真诚地向他表示歉意；当学生犯错误时，不要批他个体无完肤，而是用宽容的心态想"人非圣贤，孰能无过"，他还是个孩子，应该多引导他——没有教育痕迹的交流，会让学生更乐意接受你，没有心理距离的对话，会让师生心灵碰撞出火花。

3. 相信"学困生"一样能成功

老师对学生没了信心，放任自流只会加剧学生的自暴自弃，所以老师不能对"学困生"丧失信心。我们要相信"学困生"同其他学生一样，有很大的发展潜力，他们的困难是暂时的，是可以克服的。他们需要老师的理解和尊重，引导和帮助。"锲而不舍，金石可镂"，只要我们有坚定的信念、顽强的意志和科学的管理方法，"学困生"一样能走向成功。

(二)科学、灵活的管理方法是"学困生"转化的途径

作为一个教育者，不仅要爱学生，而且要会爱学生，会运用教育学、心理学的知识，在调查研究的基础上，把握学生的思想脉搏，掌握学生的心理活动规律，创造性地开展工作。

1. 正确对待"学困生"的反复，培养学生的意志力和学习习惯

从事教育的我们都清楚，激发学生的学习兴趣和热情并不太难，难的是如何让学生保持住这种兴趣和热情。学生毕竟是学生，就像你生火一样，点着容易，要想一直保持旺盛的火势，就需要我们教育者不断添"柴"。当"学困生"出现反复时，教师不仅要有清醒的认识、充分的心理准备，更要及时调控学生的情绪。例如有的老师工作中，主要采用表

扬、鼓励的方式为学生加"油"，收效甚为显著。如每月根据学生的心理波动规律，设立"勤奋学习奖""持之以恒奖""学习标兵奖"等，奖项名称不一，但目的只有一个：培养学生的意志力和学习习惯，最终使学生偶然出现的良好表现逐步转化为稳定的习惯性行为。

2. 实施鼓励性评价，通过目标引导，培养"学困生"自主学习的能力

"数子十过，不如奖子一长"，对自卑感和自尊心同样强的"学困生"，一定要实施鼓励性评价。若学生有了进步，哪怕是极微小的，也要给予表扬。有了信心，还要有目标，才会有成功的动力。对"学困生"的目标引导一定要"细"，切忌流于形式。如指导学生制定目标时，先让学生结合自己的实际，制定出经过努力就可以达到的目标，而且有为达到这个目标而采取的措施。这些方法都要细化、量化。等学生有了发展，再不断制定新的目标，直至达到远期目标。这种具体、细致、系统的目标引导体系，使学生感到有信心、有能力学习，非常有助于学生自我引导能力和自主学习能力的形成。

3. 通过班级常规建设，培养学生自我管理、自我教育的能力

一个有良好班风的班集体，对班级成员具有巨大的约束力量和教育力量，所以班主任一定要重视班级常规建设。如重视班级的环境建设，购置淡雅窗帘，摆放时令鲜花，定期更新板报，保持教室的整洁，达到环境育人的目的，重视班级的制度建设，制定切实可行的班规，并严格落实班规，坚决杜绝对学生操行评定凭印象、凭感觉的模糊化管理，使班级管理做到制度化、规范化、科学化，从而引导学生养成良好的文明习惯和行为规范。

此外，在班风、学风建设中注意培养学生自我教育、自我管理的能力。如抓典型、抓时机，把学生中出现的问题交给学生讨论，用学生身边的事例教育学生，充分发挥学生相互教育、自我教育的作用。还可以推行"值日班长制"，让每一个学生都有机会参与班级管理，并从管理中提高自警、自诚、自励、自律等能力。而学生一旦拥有了自我教育、自我管理的能力，就获得了一种不断自我"增值"的能力，学生就有了长远发展的不竭动力，成功还会远吗？

总之，我们有理由相信，只要广大教育工作者切实转变教育观念，并因人而异、创造性地开展工作，职业学校的素质教育一定会开展得更红火，"学困生"一样能有美好的前途。

本章总结

1. 智力通常是指一个人的聪明程度。由于智力是个体的先天因素和后天环境因素相互作用的结果，职业学校学生个体的智力发展存在着明显的差异。智力的差异包括个体差异与群体差异。智力的个体差异主要表现为智力水平与智力结构的差异：智力的水平差异是指个人与其同龄团体的常模比较时所表现出来的差异，智力的结构差异是指个人智力构成成分的差异。智力的群体差异是指不同群体之间的智力差异，包括智力的性别差异、年龄差异和种族差异等。

2. 智力的心理测量学理论主要有：英国心理学家斯皮尔曼提出智力的二因素论；美国心理测量学家卡特尔以及后来的霍恩的流体智力和晶体智力；美国心理学家瑟斯顿于

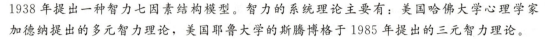

1938 年提出一种智力七因素结构模型。智力的系统理论主要有：美国哈佛大学心理学家加德纳提出的多元智力理论，美国耶鲁大学的斯腾博格于 1985 年提出的三元智力理论。

3. 智力并不影响学习是否发生，即智力不是影响某一知识是否能够被学生学会的因素，它主要影响学生学习的速度、数量、巩固程度和学习的迁移，进而影响学习的成绩。职业教育就是要创设出一种环境，使每个学生先天或后天所具有的智能强项能够充分地显现，明确自己未来最适合担任的职业角色，并为此不断完善自我。为此，职业教育必须建立"以学生个体为中心"的教育体系；加强学校的职业指导；充分了解学生、改革课程与教学方法；改革评价方式；培养学生的创新能力；改革招生录取方法；提高教师的素质，从而来帮助"学习失败"的学生充分认识自身的智力层面的强项和弱项，帮助他们在学校学习以及毕业以后的职业生涯中走向成功。

4. 学习风格指学习者在完成学习任务时所表现出来的一贯的、典型的、独具个人特色的学习策略和学习倾向。学习风格是学生在长期的学习过程中逐渐形成的，一经形成，就具有持久性和稳定性的特点。学习风格可以分为生理因素、心理因素和社会因素三个层面。生理因素包括个体对外界环境生理刺激（如声、光、温等）、对一天内时间节律以及在接受外界信息时对不同感觉通道的偏爱。心理因素又可分为认知、情感和意动三个方面。学习风格的认知因素主要涉及对信息和经验进行组织加工的方式和特征，经典的认知风格有：场独立型和场依存型；冲动型和沉思型；深层加工和表层加工；整体型和系列型；分类风格。情感要素是指学习者在学习过程中的态度与体验，主要从学习动机有关的内控型与外控型、焦虑水平高低展开讨论。学习总是在一定的社会环境中进行，或多或少受到同伴、师长的影响，而具有社会性，学生在学习的社会性因素方面存在着不同的风格：独立学习与结伴学习；竞争与合作；成人支持等。职业学校教师必须了解学生的个体学习风格特点，因材施教，选择扬长的匹配教学策略；也要看到，学习风格具有可塑性，这就需要教师以动态的、变化的发展的观点看待学习风格，选择补短的有意失配教学策略。

5. 性格是指个体在生活中形成的对现实的稳固的态度以及与之相适应的习惯化的行为方式。性格的个别差异表现在性格的特征差异和类型差异两个方面；性格的性别差异是指根据性格和行为表现的特点来确定性别。性格虽然不会影响学习是否发生，但它却会影响学生的学习方式，性格也作为动力因素而影响学习的速度和质量。为了促进职校生的健康发展，了解其性格差异是前提；在教育内容的选择和组织上，教师应该更好地适应职校学生的性格差异。

6. 气质俗称"脾气""性情""秉性"，它是个人心理活动的稳定的动力特征，是表现在心理活动的速度、强度、灵活度与指向性的一种稳定的心理特征。气质类型是指在一类人身上共有的或相似的心理活动动力特征的有规律的结合，气质类型说主要包括体液说、高级神经活动类型说、活动特性说、血型说、激素说。用以区分气质类型的心理指标有六项：感受性、耐受性、反应的敏捷性、可塑性、情绪的兴奋性、外倾性与内倾性。较有代表性的气质类型有四种，即多血质、黏液质、胆汁质和抑郁质，每一种气质类型都具有独特的气质特征。职校教师应针对学生不同气质差异进行教育：相信不同气质类型的职校生都能成人、成才；教育方法要个性化；指导职校生根据自己的气质类型选择职业；关注不同气质类型职校生的身心健康。

7. 学习困难学生是指智力正常，但学习效果低下，达不到国家教学大纲要求，这类学生具有以下特点：缺乏自信心，自卑心理严重；学习动机不强，意志不坚定；非智力水平低下，被动性较强。职业学校"学困生"的成因可以归纳为外因和内因两个方面，通常的表现是逆反性、发泄性、自私性、懒惰性、逃避性、攻击性、纵欲性、团伙性，这些行为又表现为不同的类型：自卑型、义气型、厌学型、放任型。职业学校教育要想提高"学困生"的综合素质，首先应该做到理解、尊重、相信学生，其次是采取科学、灵活的管理方式。

思考题

1. 职业学校学生的个别差异表现在哪些方面？有什么特点？教育教学中应如何因材施教？
2. 谈谈你对职业学校"学困生"的认识。

（本章作者：夏金星　樊艳君）

职业学校学生学习概述

　　"学习"是一个越来越被重视的话题。在我国的教育研究和教育实践中，历来都只重视如何"教"的问题，相对来说，对学生如何"学"这一问题的研究和关注却较为缺乏，直到近些年来才日益重视起来。学习的定义、学习的本质、学习的意义、学习的过程、学习的方法、学习的动机、学习迁移以及学习理论等问题，现已成了教育理论工作的热门话题。这些理论的不断成熟与丰富，对我国教育的发展起到了重要的指导作用。

　　当前，对职业学校学生学习的研究已经是国内外职业教育研究领域的一个重要内容。近年来，随着我国对职业教育的日益重视与大力支持，我国的职业教育正在蓬勃发展，职业教育改革的步伐也越来越大。此时，更需要将学习理论和职业学校的实际结合起来，把握住职业学校学生学习的特点，教师教学的特点以及职业教育发展的规律。因此，本章在根据前人的研究成果基础上注重探讨了学习的几个基本问题和几个典型的学习理论，结合当前职业学校的特点探讨了职业学校学生心理特点以及学习特点。

第一节　学习及其意义

一、什么是学习

学习是一个永久性的话题，也是一个国际性的话题。早在 1972 年，联合国教科文组织国际教育发展委员会就发表了著名的研究报告——《学会生存》，把学习同生存直接联系在一起，可见学习与人类生存的重要关联。

随着时代的变化，学习被不断赋予新的意义和内涵。当前，人类社会正在进入一个"学习社会化、社会学习化"的时代。中共十六大明确提出创建"全民学习、终身学习"的学习型社会，把"形成全民学习、终身学习的学习型社会，促进人的全面发展"作为全面建设小康社会的奋斗目标之一，学习——这一人类的基本行为在我国也被赋予了崭新的时代意义。

(一)学习的定义

在心理学和教育学中，学习都是一个非常重要的研究范畴。学者们对学习本质的研究由来已久。在我国，学习这个词，是把"学"和"习"复合而组成的词。最先把这两个字连在一起的是春秋时期著名的大教育家孔子。《论语·学而》开篇就说："学而时习之，不亦说乎?"意思是说，研学之后及时、经常地进行温习，不正是一件很愉快的事情吗? "学习"这一复合名词，也由此得以确立。按照孔子和中国古代其他教育家的看法，"学"就是闻、见，是获得知识、技能，主要是指接受感性知识与书本知识，有时还包括思的含义在内。"习"是巩固知识、技能，一般有三种含义：温习、实习、练习，有时还包括行的含义在内。所以学习就是获得知识，形成技能，培养聪明才智的过程。实质上就是学、思、习、行的总称。这是依据中国文化传统中对学习的理解，从辞源和字义上解释"学习"的概念。

对"学习"的另外一种理解是依据西方各派心理学家对心理学的研究和界说来定义的。由于研究的角度不同和历史发展阶段不同，对学习的定义也就千差万别。心理学家鲍尔和希尔加德就认为："学习是一种主体在某个现实情境中的重复经验引起的、对那个情境行为以及行为潜能变化。"教育学家杜威认为学习即经验的改造和改组的历程。心理学家山内光哉认为学习是由于过去的经验而获得，它不依赖于暂时的疾病、疲劳或药物等心身状态的变化，而是比较持久的行为和行为的可能性的变化[①]。而早期行为主义者则认为学习是指刺激－反应之间联结的加强。在这个过程中，个体学到的主要是可以观察、测量到的外显反应，而该反应之所以成为习惯是因为后效强化所致，学到的个别反应经组合之后而成整体行为。认知心理学家认为学习是指个体经由练习或者经验引起的认知结构相对持久的

[①] 莫雷，张卫主编.学习心理研究[M].广州：广东人民出版社，2005：9

变化。他们强调将"认知结构是否发生改变"作为衡量学习是否发生的标志。人本主义心理学家认为学习是指个体经由练习或经验引起的自我概念的变化。

长期以来，教育学家和心理学家从不同的角度对学习有着不同的理解。素普(Thorpe，1963)，鲍尔和希尔加德(Bower，Hilgard，1981)，潘菽(1980)，张春兴(1994)，陈琦(1997)等人都一致认为学习是由于经验而引起的个体行为或者思维产生变化的过程。而金布尔(Kimble，1961)，温非尔德(Wingfield，1979)等人则认为除了经验能引起个体行为变化外，他们还着重强调强化练习的作用，认为学习是由强化练习引起的有关行为潜能的持久性变化。威特罗克(Eittrock，1977)认为学习是描述那种与经验变化过程有关的一种术语，是在理解、态度、知识、信息、能力以及经验技能方面学到相对恒定变化的一种过程。加涅(Gagne，1965)则把这种变化归结于能力或者倾向的变化，他认为学习是人的倾向或能力的变化，这种变化能够保持而不能单纯归因于生长过程。皮连生(1997)从个体与环境的相互作用角度来理解学习，他认为学习是机体通道与其环境相互作用导致能力或倾向相对稳定变化的过程。

以上这些定义虽然表述方式和侧重点各有不同，但它们之间的共同点是都强调学习是行为或行为倾向相对持久的变化，所以说学习不是一蹴而就的，而是有机体为了生存与适应，不断改变自己的行为，从而不断积累经验引起行为倾向的变化过程。

较为广泛被大家所接受的观点是把学习定义为：学习是指学习者因经验而引起的行为、能力和心理比较持久的变化。这些变化不是因为成熟、疾病或药物引起的，而且也不一定表现出外显的行为。我们可以从三个方面理解该定义的含义：

(1)学习源于经验

学习是学习者适应环境的活动，是逐渐积累经验的活动。学习并非随意的和随机的，而是个体在经验的引导下产生的。这种经验既包括外部环境的刺激、个体的练习，又包括个体在与周围环境的相互作用过程中所产生的经验。

不学习就会被社会淘汰，适者才能生存，人只有通过不断地学习，不断地积累经验，又从经验中不断地思索、学习，这样才能与外界环境形成动态的平衡。

(2)学习是一种持久的、稳定的变化

不能认为凡是行为的变化都意味着学习的存在。有机体的行为变化不仅可以由学习引起，也可以由本能、疲劳、适应和成熟等所引起，由这些情况引起的行为变化就不能称为学习的行为变化。学习的行为变化是比较持久的，而由疲劳、创伤、药物、适应等所引起的行为变化都比较短暂，并使得行为水平降低。成熟虽然也能带来行为的长期变化，但成熟与学习相比，它所带来的行为变化要慢得多，而且成熟往往与学习相互作用而引起行为的变化[①]。

(3)学习是指在主体身上产生的倾向或能力的变化

学习会使主体产生变化，这种变化不一定是外显的，或者不总是明显的表现出来，而

---

① 王国华，刘合群主编．职业教育心理学[M]．广州：广东高等教育出版社，2004：54

是作为一种倾向或能力潜在主体内部，例如，一个人有绘画的知识与技能，已习得了绘画的能力，但当前他并不绘画，就可以说绘画的能力是潜在的，只有当他产生绘画的动机时，才会表现出绘画的外显行为[①]。

【请你思考】

下列行为中，哪些是学习，哪些不是学习？

◆一个婴儿在牙牙学语"嗒—嗒—嗒—嗒—嗒"；

◆一个学步儿童在唱歌，"两只老虎跑得快"；

◆突然听到门"砰"的一声响，托儿所的一个孩子跳了起来；

◆一只小狗冲过来，幼儿园的一个孩子尖叫起来。

提示：学步儿童唱歌和幼儿园孩子的尖叫是学习的例子，婴儿牙牙学语和托儿所的孩子跳起来不是。为什么？

学习与非学习的例子区别是什么？区别就在于经验。也就是说，学步儿童的行为是其经验的结果，她不是生来就会唱"两只老虎"的。学习是获得知识的过程，它是生物体经历的持久变化，而非基因预设的。它也是基于练习基础上的行为相对持久的改变。

(二)人类学习和学生的学习

学习有广义和狭义之分，广义的学习是指包括人和动物的学习。狭义的学习则是指人类的学习。

人类学习除了具有广义学习的一般特点外，还与动物学习存在本质区别。对动物来说，学习仅是一种有生物意义的活动，而对于人类来讲，学习就不是简单地适应环境的活动，而具有其社会意义，这是人类学习与动物学习的本质不同。与动物学习相比，人类的学习具有如下特点：首先，人类学习除了要获得个体的的行为经验外，还要掌握人类世世代代积累起来的社会历史经验和科学文化知识(间接经验)；其次，人类的学习主要是在社会生活中通过语言的中介作用而进行的；最后，人类的学习是一种有目的、自觉的、积极主动的过程。而动物的学习是为了适应环境，基本上都是被动的，学生的学习是人类学习的一种。学生的学习是在教育情境中的学习，与日常情境下的学习不完全相同，它是人类学习的一种特殊形式。学生的学习可以定义为：在教育情境中和在教师指导下，主要凭借掌握间接经验而产生的比较持久的能力或倾向的变化的过程。它有几个主要特点：

首先，学生的学习是在教育情境中，在教师有目的、有计划、有组织的系统指导下进行的；

其次，学生的学习是以系统掌握间接经验为主要任务的过程；

最后，学生的学习是在相对集中的期限内发展认识能力和培养品德的过程。

此外，学生的学习还有年龄的差异性。

---

① 崔景贵主编．职业教育心理学导论[M]．北京：科学出版社，2008：103

二、学习的分类

学习是一种非常复杂的现象，它涉及不同的对象、内容、形式和水平。为了更深入地对学习进行探讨，对其分类是十分必要的。学习分类研究的思想起源于第二次世界大战期间，即19世纪三四十年代。当时许多心理学家被征调入伍，从事军事人员训练。他们利用那时建立起来的行为主义学习理论来指导军事人员训练，结果许多训练计划的效果并不理想。从此，许多心理学家开始认识到，人类的学习是极其复杂的，在一定条件下心理学家研究的学习，只是十分复杂的学习现象的某个侧面或某个局部，决不能以偏概全，用这些局限的理论来解释一切学习现象。这种认识对教学论研究的启示是：如果人们想利用学习论原理来改进教学，则首先必须注意研究学习的类型，因此产生了一种被称为任务分析教学论的教学论思想。任务分析教学论的基本观点是：人类的学习有不同类型，不同类型的学习结果、学习过程和有效学习的条件是不同的，必须根据不同类型的学习规律来进行教学过程和教学方法的设计以及教学结果的评价。

心理学家根据不同的标准对学习进行了不同的分类。例如，心理学家林格伦根据学习内容的不同，把学习分为技能和知识的学习、概念的学习和态度的学习。霍兹兰根据学习进化水平的不同，把学习分为反应性学习、联结性学习、综合性学习和象征性学习。除此之外，根据学习主体的不同，可以将学习分为人类的学习、动物的学习和机器的学习；依据学习主体所得经验的来源，可以将学习分为接受学习与发现学习；依据所获得的经验的性质可以将学习分为意义学习和机械学习。

在对学习进行分类的各种理论当中，以加涅的学习结果分类影响较大，他根据学习所得到的结果的不同，把学习分成如下五类：

言语信息的学习　即学生掌握的是以言语信息传递的内容，包括对字词的学习、简单和复杂陈述性知识的学习等。

动作技能学习　又称为运动技能，它是指为学会完成有目的的动作而协调自身骨骼和肌肉活动的能力。例如打球技能、开车技能、写字技能等。

智力技能学习　言语信息学习是要帮助学生回答"是什么"的问题，智力技能是帮助学生回答"怎么做"的问题。加涅认为每一个复杂智力技能动作都是由许多简单的动作组合起来形成的。

认知策略　这是用来调节和控制自己的注意、学习、记忆和思维过程的技能。认知策略就是控制过程，它能激活和改变其它的学习过程。认知策略与智力技能不同之处在于智力技能定向于学习者的外部环境，而认知策略则支配着学习者在对付环境时其自身的内在行为。

态度学习　态度的学习就是通过学习获得一种相对稳定的影响个人行为选择的内部状

态的过程。这种态度可以从各种学习中得到，但更多的是从校内外活动中和家庭中得到。[①]

当代中国的教育学者借鉴了以上各种关于学习分类的理论，考虑到学生的课堂学习具有间接性、接受性和发展性的特点，据此把学生的学习分为意义学习和机械学习、接受学习和发现学习。

(一)意义学习和机械学习

儿童在入学前后，就开始学习语言，先口头后文字。这些语言文字和其他符号，不仅代表客观的事物和现象，而且也反映前人抽象和概括出来的概念和原理原则，都有其意义。口语学习和文字符号学习，都离不开意义，对它们的学习，是字音、字形、字序与字义的结合过程。所以，学生在学习过程中，一方面要掌握一整套符号体系；另一方面要掌握符号所代表的事实、概念和原理。文字也是符号，其中，尤以掌握符号所代表的概念最重要。以后，当语言文字或其他符号一出现，能在学习者的头脑中唤起它们所代表的认知内容时，这些文字或符号，对于特定的学习者来说，就是获得了意义，就是个体经过精确分析而能清楚表达出来的意识内容了。所以它是"作为有意义符号学习的结果而产生的"。这里的意义，按奥苏贝尔的观点，指的是心理意义。

什么是意义学习？通过符号、文字使学习者在头脑中获得相应的认知内容的学习，就是意义学习。例如儿童学习"球"一字，开始是符号的意义化，而后是符号表征的抽象化。前者学到赋予"球"一字的特定意义，指他所见到特定的球，后者超越最初学到的特定意义，抽象并扩大为概念，不再是它所见到的特定的"球"了。这样，他学到了"球"的概念，新知识获得了心理意义，这就是意义的学习。因此，意义学习的实质，就是符号所代表的新知识与学习者认知结构中已有的适当观念建立实质性和非人为性的联系。实质性联系和非人为性联系，这是意义学习的两个密切相关的指标。所谓实质性，指表达的词语虽不同，但却是等值的。如等边三角形，是"三条边相等的三角形"或"等边三角形有三条等边"，用词不同，其概念的关键特征未变。所谓非人为性，是指有内在的联系，不是任意的联想、联系，指"这些观念与学习者认知结构中原有观念的适当部分"的关联。如等边三角形概念与学生认知结构中已有的三角形概念形成的联系，是特殊与一般的关系。这两点，也是有别于机械学习的。

与意义学习相反，机械学习是符号所代表的新知识与学习者认知结构中已有的知识建立非实质性和人为性的联系。学生并未理解由符号所代表的知识，仅仅记住某些符号的词句或组合，就是一种机械学习。例如儿童能熟练地背出乘法九九表口诀，但背出"六八四十八"，未必能回答"八六是多少"的问题。"八九"与"九八"都是数的相乘，与乘法法则相联系。由于儿童没有清晰的数概念和没理解乘法法则，即不理解这些符号所代表的知识，只能依靠字面上的联系，进行机械的联想来学习。这就是机械学习的实质。

课堂学习的性质是有意义的语言接受学习，满足意义学习的条件，接受学习完全是可以有意义的。教学法得当，机械学习是可以避免的。以上，是从意义学习上讲的。作为机

---

① 汪凤炎，燕良轼．教育心理学新编[M]．广州：暨南大学出版社，2006：43～44

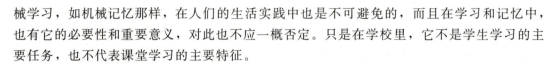

械学习，如机械记忆那样，在人们的生活实践中也是不可避免的，而且在学习和记忆中，也有它的必要性和重要意义，对此也不应一概否定。只是在学校里，它不是学生学习的主要任务，也不代表课堂学习的主要特征。

（二）接受学习与发现学习

接受学习是教师引导学生接受事物意义的学习，也是课堂学习中教师讲、学生听的学习方式。教师讲授，学生接受，这是课堂学习的主要形式。

接受学习有以下一些特点：

（1）从学习内容上说，事物的意义是由语言和符号来表达的。代表学习、概念学习和命题学习，都是现成的、已有定论的、科学的基础理论材料。

（2）从学习内容呈现的方式说，一般是用定义的方式，或通过上下文的方式直接呈现给学生。

（3）学生学习的主要任务是接受事物的意义，即反映事物的符号、概念和命题的意义。

（4）从学习过程说，是将新的符号、概念和命题整合于已有的认知结构之中，使新旧学习材料的内容有机地结合起来，即信息内化，融为一体而储存下来，以便日后可以再现并运用。

（5）从发生上说，它较发现学习为晚。因为学龄前儿童知识贫乏，缺少应有的适当观念，所以它不能成为学习的主要方式。但在入学后，知识日益丰富，同化逐渐可能，才逐渐取代发现学习而转为学习的主要方式。

发现学习是教师启发学生独立发现事物意义的学习。作为启发式教学，日本学者大桥正夫把它概括为"以培养探究性思维的方法为目标，以基本教材为内容，使学生通过再发现的步骤来进行的学习"。发现，指学习者知道了以前未曾认识的各种关系、法则的正确性和各种观念的类似性，以及对自身能力的自信。

发现学习和接受学习各有其主要的作用，也有其限制。因此，在教育实践中，在综合应用两种学习方式时，应遵循以下的原则：

第一，以意义学习的理论为指导。课堂学习的意义学习理论，对发现学习，同对接受学习一样，都有指导意义。为此，不论采取哪一种学习方式，都应该以意义学习论为指导，这样对学生的学习才有效益。

第二，在两种方式相互为用中要分清主辅。接受学习对学生获得系统的科学知识来说，是一种经济实惠的主要途径。但它并不是课堂学习的唯一方式，还需要发现学习和其他方式为辅助手段。所以，两种方式可以相互为用。但作为学生的课堂学习，还应该明确：接受为主，发现为辅，互相补充，相得益彰。

第三，在具体实施中要灵活机动。综合应用这两种学习方式，必须结合教材的性质、学生心理发展的特点以及教师具有的各种心理品质，灵活机动，从事创造性活动，才能收到预期的效果。接受学习如此，发现学习也如此，两种的结合更是如此。这就要靠师生在意义学习理论的指导下，总结两种学习方式相结合的经验，来推动学校的课堂学习。

【请你思考】

　　四个朋友请你帮忙：第一个朋友想向你学习如何拒绝垃圾食物，请你给出建议和鼓励；第二个朋友想学习西班牙语，请你当他的家庭教师；第三个朋友曾经听过你的公开辩论，非常佩服你的辩论才能，希望你能帮他提高辩论技巧；第四个朋友正在学习物理，想让你帮他解释一下爱因斯坦理论。

　　请问：这四种学习类型是一样的吗？采用的学习策略是一样的吗？

　　提示：这四个个案所涉及的学习类型是不同的。在第一种情况中，你是帮助别人改变习惯；在第二种情况中，你是帮助别人记住讯息；在第三种情况中，你是教朋友一项新颖而且复杂的技能；在第四种情况中，你是教导非常抽象的东西。这些个案你将要使用不同的学习策略，如果用教朋友拒绝垃圾食物的方法来教朋友如何提高辩论技巧，那将是无助的。机械式学习用来学习外文是有用的，但对于爱因斯坦理论的学习则徒劳无功。所以，不同的学习内容，适合不同的学习类型，应采用不同的学习策略。

　　（资料来源：［美］菲立浦（D. C. Philips），索提丝（Jonas F. soltis）. 透视学习［M］. 崔云译. 兰州：甘肃文化出版社，2005(9)）

三、学习的意义

(一)学习对人类生存的意义

　　动物和人的生活都离不开学习。越高等的动物，生活的方式越复杂，本能行为的作用也越小，学习的重要性就越大。在低等动物中，习得的行为很少，获得的速度也很慢，学习对其生活可以说不起什么作用。例如原生动物刚出生不久，其一生中的大部分动作就已出现了，后天所需要的反应也已大都具备。它们学习的能力很低，保持经验的时间也很短，因而学习的结果对它们生活的作用是很小的。人是最高等的动物，生活方式极为复杂，固定不变的本能行为最少。人类行为的绝大部分是后天习得的，学习的能力以及学习在人类个体生活中的作用也就必然是最大的。人类婴儿与初生的动物相比，相对来说，独立能力低，天生的适应能力也低。

　　人类要想生存就必须适应不断变化的周围环境，这就需要人类通过不断的学习来适应社会并且改造社会，才能在自然界立足。美国著名民族学家，原始社会历史学家摩尔根认为，人类社会的历史可概括为三个时代，即蒙昧时代、野蛮时代和文明时代。在蒙昧时代，人类世代生活在热带或亚热带的森林中，以野生果实、植物根茎为食，还有少部分栖居在树上。随着地壳的变化，气候的改变，人类不得不从树上移居地面，学会了食用鱼类、使用火、打制石器、使用弓箭、磨制石器等生存的本领，并将这些本领世代相袭。到了野蛮时代，人类又学会了制陶术、动物的驯养繁殖和植物的种植。这一时代的后期，还学会了铁矿的冶炼，并发明了文字，从而使人类历史过渡到文明时代。由此看来，人类文明的延续和发展，就如同一场规模宏大而旷日持久的接力赛：前代人通过劳动和生活获得维持生存和发展的经验，不断总结，不断积累，不断提高，形成知识和技能，传给后人；

后辈人在学习前人经验的基础上，进行进一步丰富和提高，以适应时代与环境的变迁。如此代代传递，便形成了一部人类文明延续发展的历史。

由此可见，学习是人类生存发展的基本手段，在某种意义上来说，一部人类发展史就是一部人类学习史，只有通过学习，人类才能不断得到全面发展，社会才能不断进步。在当今激烈竞争的时代，学习的作用更为突出，不进则退，如果一个人不学习，那么他就会被社会所淘汰，也就无法生存。尤其值得注意的是，由于人类文明在一定意义上体现加速发展的趋势，学习活动对人类社会的作用更加明显。

(二)学习对发展的意义

1. 学习可以影响成熟

个体生理的发展，受生物学规律支配。生理的结构和机能为学习提供了可能性，在个体发展的一定阶段上，学习什么，从何开始，都要以学习者的相应成熟为基本条件。但是，如果个体的身体机能得不到应用的话，也就是不经常学习的话，他的机能就会消退。理森(A. H. Risen)对猩猩做的"剥夺研究"就证明了这一点。在实验中，猩猩被放在黑暗中，不到 16 个月，猩猩的视觉器官就出现了异常。这说明了没有外界环境的刺激作用，个体的器官得不到使用，就会慢慢地消退，从而影响个体正常的成熟[①]。

有人研究聋哑人死后的大脑皮层，发现控制视听器官的部位趋于萎缩；对先天盲人复明后进行测验，发现他们眼运动不规则，难以集中注意于一点，不能精确地区分圆形和正方形。印度狼孩卡玛拉回到人类社会时虽然大约已七八岁了，但智力水平仅相当于 6 个月的婴儿；她死时大约 16 岁，可能只相当于三四岁幼儿的智力水平。而心理学家怀特发现，经过训练的婴儿，平均在 3.5 个月时便能举手抓取到面前的物体，其眼手协调的程度相当于未经训练的 5 个月的婴儿的水平。这就说明了学习、训练对成熟的促进作用，学习促进了潜能的表现和能力的提高。

2. 学习能开发人的智力，促进个体心理的发展

在我们的生活中，有一部分人先天性智力一般，但经过自己不断刻苦努力的学习，在后天环境的影响下却成为了人才。也有一部分人在小时候很聪明，被誉为天才，但由于后天的不努力，最后变得和普通人一样。这些都说明学习能帮助个体开发智力，提高个体的能力，促进个体心理健康发展，不努力学习的个体只会被社会淘汰或者心理发展较慢。

正因为学习的意义如此重大，联合国教科文组织成人教育科科长保尔·朗格朗于 1965 年在联合国教科文组织召开的第三届促进成人教育国际委员会会议上，提交了"终身教育议案"，重新认识和界定了教育，不再将教育等同于学校教育，而视教育为贯穿整个人生的、促进个体"学会学习"的全新概念，从而打破家庭教育、学校教育、社会教育之间彼此隔离的状态，构筑起民主化的终身教育体系。为此，终身教育思想被誉为"可以与哥白尼日心说带来的革命相媲美"，被誉为是"教育史上最惊人的事件之一"。

有学者将学习的意义概括为一句话，即学习与生命并存。学习是生命中必不可少的成

---

① 王国华，刘合群主编．职业教育心理学[M]．广州：广东高等教育出版社，2004：55～56

分，区别在于形式而已，因而我们提倡终身学习，终身教育。吴咏诗在《终生学习——聚焦于面向 21 世纪的重大发展》中阐述"终身学习是通过一个不断地支持过程来发挥人类的潜能，它激励并使人们有权利去获得他们的终身所需要的全部知识、价值、技能与理解，并在任何任务、情况和环境中有信心、有创造性地应用它们。"1972 年，联合国教科文组织国际教育发展委员会主席埃德加·富尔（EdgardFaure）在《学会生存——教育世界的今天和明天》中再次表明："未来的文盲不再是目不识丁的人，而是没有学会学习的人。"自此，"学会学习"成为国际社会公认的教育目标，并相继出现"学会生存""学会关心""学会做事"等命题。尽管朗格朗认为，"学会学习"这句话已是人们用俗了的套话，但是，它的意义是名副其实的。人们明确意识到人的一生应不断地学会认识、学会做事、学会共同生活，实现人的全面整体的发展。终身学习的观念决定了教育应该是终身的，即终身教育。现代社会的高速发展与信息技术的日渐成熟为我们的终身教育更是提供了一个良好的平台，我们应最大化地利用这个平台，促成终身教育的发展从而为社会发展服务。

第二节 关于学习的几种重要理论

学习的实质是什么？学习是通过什么发生的？用什么样的方式才能取得更好的学习效果？这些问题牵引着心理学家和教育学家们去思索研究，这些也就构成了我们的学习理论。概括地说，学习理论是揭示人们学习活动的本质和规律、解释和说明学习过程的心理机制，以指导人们学习的理论。

心理学家们坚持不懈地在寻找探析学习现象的新方式，由于个人的立场、视野和研究方法各不相同，因而也就形成了学习理论的各种流派。到目前为止，还没有凝聚成一种统一的、综合的、大家普遍认同的学习理论。施良方所著《学习论》对学习理论进行了系统研究，列出了 15 种学习理论。

虽然学习理论流派繁多，但研究的基本问题是相同的，都包括学习的本质、学习的动机、学习的过程、学习的迁移和学习的风格等。在教育教学的实践过程中，经常被运用与探讨的是行为主义学习理论、认知主义学习理论、建构主义学习理论与人本主义学习理论。本章将着重阐述一下这几种学习理论的主要观点。

一、行为主义的学习理论

从 1913 年华生创立的古典行为主义到 20 世纪 30 年代以赫尔等人为代表的新行为主义，行为主义者对传统内省法进行了无情的批判，他们通过动物实验等客观研究的方法，奠定了其在学习理论领域的长期"霸主"的地位。行为主义学习理论的代表人物有桑代克、巴甫洛夫、格思里、赫尔、斯金纳、托尔曼、班杜拉等人。下面以桑代克、斯金纳和班杜拉为代表简单阐述行为主义的主要观点。

（一）桑代克的试误学习理论（也称联结主义学习理论）

1. 实验内容

桑代克将一只猫关在自己设计的迷箱里，外边放着一盘猫爱吃的食物，箱内有一种能打开的门闩的装置，另一头安有一个踏板，猫只要一按踏板，门就会被打开，猫就能吃到食物。猫被人放进箱里后，一般先表现出不安感，四处抓咬栅栏，想要逃跑。在乱抓中可能无意中踩到了踏板，门被打开，猫吃到了食物……渐渐地，猫排除了其他动作，牢记了踩踏板的动作。直到多次尝试以后，把猫放进去以后，它就会采用正确的方式把门打开，吃到食物。至此，桑代克认为这只猫已产生了学习[①]。

2. 核心观点

学习的实质就是形成一定的联结。个体所学到的就是一连串刺激－反应联结的组成。而获得这种联结的方式就是不断的尝试错误，也就是说学习是一个过程，不是一蹴而就的，是个体在不断积累错误经验，最终获得成功的过程。此外，桑代克还提出在试误学习过程中刺激与反应能否建立的三大学习定律：准备律、练习律和效果律。以此来说明这三大学习定律对个体学习产生的重大作用。

3. 简单评价

桑代克的学习理论有一定的合理性，但也有很多不足之处，最大的不足就是把复杂的学习过程简单化和机械化，将学习看作是一种纯机械、被动的、没有一定目的的行为。人和动物不一样，人的学习方式也和动物有很大差别，将动物实验得出的学习规律完全复制到人身上是不科学的，他忽视了人的内心复杂性和人具有主观能动性等人的基本特性。

（二）斯金纳的操作条件作用学习理论

1. 实验内容

斯金纳把一只小白鼠装在自己设计的箱子里，箱的一面内壁上安有一个操纵杆，操纵杆与一个提供食物的装置相连，只要操纵杆一被压动，一颗食物便滚进盘里，小白鼠就能吃到食物。把饥饿的小白鼠放进箱里，当它在箱里乱爬时，无意中按压了操纵杆，食物变落进了盘里，让它吃到。小白鼠就这样经过多次尝试，逐渐学会了吃到食物的方法。当然，小白鼠还能学会一些更为复杂的行为[②]。

2. 核心观点

斯金纳认为，行为之后给予奖励能使个体感到满足，个体感到满足是一种主观性的解释，个体主观的满足不能用科学上客观的方法予以测量。斯金纳用"强化"一词来代替，强化物分两类：一类是正强化，是指刺激的出现有助于该反应频率的增加。一类是负强化，是指在个体反应后已有刺激的消失有助于该反应频率的增加。此外，斯金纳还提出将强化物做不同时间的安排，会导致实验设计不同，最终导致不同的结果。

---

① 汪凤炎，燕良轼主编. 教育心理学新编[M]. 广州：暨南大学出版社，2006：150
② 汪凤炎，燕良轼主编. 教育心理学新编[M]. 广州：暨南大学出版社，2006：158

根据实验结果斯金纳归纳出两条操作性条件反射最基本的规律：

（1）习得律

斯金纳认为任何一个操作发生之后，接着再给予一个强化刺激，那么这一类操作在以后发生的概率就会增加。这和桑代克的练习律是有区别的。他认为练习固然重要，但关键的变量是强化，因为练习本身并不提高速率，而是为进一步的强化提供机会。

（2）强化律

斯金纳对强化的解释与巴甫洛夫不同。他把凡是能增强反应概率的刺激均称为强化物。斯金纳认为强化很重要，指出行为之间发生行为变化是由于强化的作用，直接控制强化物就是直接控制行为。

强化分为正强化和负强化。如果刺激增加了所期望的行为，那么这种强化物就是正强化。如果行为伴随着消除一种抑制刺激，那么这种强化物就是负强化。对于实施强化者，不管是正强化还是负强化，最终目标都是一致的，那就是增加所期望的行为。

3. 简单评价

斯金纳的强化理论对直接经验的重视有一定的意义，但只重视直接经验显得不够全面，间接经验在个体学习中也发挥着很大的作用。斯金纳的强化理论最大的不足是过于强化外界环境的作用，而忽视了个体的内在作用。没有把个体的主体性、兴趣和已有经验、知识与外界结合起来综合考虑。

【请你思考】

一名平时表现不错的女学生，不愿意参加课堂讨论，作为老师的你希望她能够参与这些，也就是说你希望加强她的参与行为，该如何做呢？

提示：1. 正强化：增加满意刺激。抓住她参与的机会，立即给予表扬等令她满意的结果。2. 负强化：撤销令她厌恶的刺激。如"没谁笑话你，你可以……！"

（三）班杜拉的社会学习理论

美国著名心理学家班杜拉是新行为主义学习论—社会学习论的代表人物。其观点介于行为论与认知论之间，将学习看作是个体模仿别人行为的过程。

1. 实验内容

实验过程分成两个阶段，第一阶段是让三个（A、B、C）不同班级的学生看三段录像，录像中的一部分内容是相同的，都是一个大孩子在一间屋子里击打一只充气玩具。接着，屋子里出现了一个成人，三个班级的学生随后所看录像的内容就不一样了，A班学生看到的镜头是成人不满地在孩子的脑袋上拍打了几下，以示对孩子这种行为的惩罚；B班学生则看到进来的成人亲昵地摸了摸孩子的头，似乎是对孩子这种行为的赞许；C班学生看到成人进屋以后，既没有对孩子表示惩戒，也没有对孩子表示赞赏，只是若无其事地招呼孩子离开那间屋子。

看完录像以后，实验者让三个班级的学生分别待在不同的教室里，里面都放有一只充气的玩具，观察者则在教室外观察学生的行为反应，结果看到B班学生主动攻击玩具的次

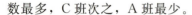

数最多，C 班次之，A 班最少。

2. 核心观点

对学习实质的看法，班杜拉和斯金纳有较大的差别，他认为学习的产生是由于观察与模仿别人而产生的，而不是强化。个体可以通过对榜样的观察而模仿他们进行学习，也可以通过观察来改变自己原来的行为。这种学习不同于通过刺激获得反应的直接学习，而是一种间接的学习。他认为人们学习的榜样有两种。一种是真实的榜样，在人们生活中实实在在存在的榜样；另一种是符号性榜样，即通过传播媒介来呈现的榜样。在班杜拉看来，人们生活中不好的和好的道德行为都是通过观察和模仿榜样产生的。

模仿学习的方式有四种类型：一是直接模仿。这是最简单的模仿学习方式。二是综合模仿。它是一种较为复杂的模仿学习方式，学习者是经过多次模仿而形成的行为。三是象征模仿。它是指学习者模仿的是榜样行为所代表的意义，比如，果断、正义等性格。四是抽象模仿，是学习者学到的抽象的原则，不是具体的行为。

此外，班杜拉于 1977 年还提出了自我效能理论。自我效能是个体对自己能否成功完成某项任务的主观判断、评价和信念。自我效能有两层意思：一是自我效能知觉，指对自己能否胜任某项工作的评估；二是自我效能感，指对自己胜任某项工作的体验。班杜拉通过研究发现，人们选择投入某项工作的关键因素不是能力或水平，而是对能否胜任的评估，自我效能影响个体的行为选择与努力程度。他认为有五种因素影响自我效能感，分别是过去行为的成败经验、通过观察示范行为获得替代性经验、语言说服、情绪与身体状态和归因[①]。

3. 简单评价

班杜拉的学习理论注重了社会因素对学习的影响，改变了传统学习理论以个体为中心的看法。但是他坚持环境论的观点，低估了个体自身发展的重要性。他的理论过于强调间接学习，相对而言比较轻视直接学习的重要性，这是不足之处。

（四）行为主义学习理论对职业学校教学的启示

纵观桑代克、斯金纳、班杜拉等行为主义学习理论代表人物的主要观点，可以看出他们的学习理论都以行为主义心理学的基本假设为依据，即学习者的行为是他们对环境刺激所作出的反应，所有行为都是习得的。他们否认人的意识作为心理学的研究对象而存在，认为心理学的研究对象必须是可见、可测量的实际行为，在他们看来，心理学是一门行为科学，而一切复杂的行为，都可以用环境的作用加以说明，由环境的结果养成各种习惯。

行为主义学习理论认为，在相应的刺激与反应之间形成巩固的联系时，学习便产生，学习的过程是渐进的反复尝试的过程。随着错误的反应逐渐减少，正确的反应逐渐增加，终于形成了固定的刺激反应。这对职业学校实践技能教学有较大的理论指导作用。在职业学校的技能教学中，教师应坚持整体与分解示范相结合，待学生对操作有一个整体的认识

---

① 汪凤炎，燕良轼主编 . 教育心理学新编［M］. 广州：暨南大学出版社，2006：167～172

后再进行分解示范。在示范中，要特别注意提醒操作中的难点和易出错的地方，然后让学生通过反复演示操作动作，并通过自检和他检来反馈信息，这样可以充分调动起学生的积极性，通过不断地试误和实践逐步形成熟练的动作，才能达到较好的效果。

【请你思考】

"好的，现在练习弹奏和弦……拍子不对，拍子要抓准！好，现在增加有收的旋律。好，等等，拍子又错啦！再来一次，拜托。好……好，加上一些感情……好……好！非常好！再来一次……这就对了！再一次，全靠你的手指。继续弹，别想它。继续，太棒了！下周我们要练习一首乐章。运用相同的技巧，先练习和弦，再加入旋律。"

问题一：我们能否用行为主义的某些理论来解释这类学习？

问题二：这类学习对职业学校的技能学习有何启示？

提示：用桑代克的试误学习理论和斯金纳的强化学习理论进行解释。这类学习本身就是一种技能学习，这种学习方法对职业学校学生的技能学习有一定的启示作用。结合上述两种理论来解释题目。

二、认知主义的学习理论

认知主义者主张将学习看作是个体对事物经认识、辨别、理解从而获得新知识的过程，在这个过程中，个体所学到的是思维方式，即认知结构。认知主义学习理论分为三个阶段：以格式塔心理学的学习理论和托尔曼的符号学习理论为代表的早期认知学习理论阶段、以布鲁纳和奥苏贝尔为代表的传统认知派学习理论、以信息加工学习理论和建构主义学习理论为代表的新的认知派学习理论。下面着重对布鲁纳和奥苏贝尔的学习理论进行介绍。

(一)布鲁纳的认知结构学习理论

1. 主要观点

布鲁纳是美国著名的认知心理学家和教育改革家。20 世纪 60 年代，面对人才培养难以适应未来生活需要的现实，以美国和苏联为代表掀起了名为"教会学生学习与思维"的教育改革，布鲁纳与苏联著名的教育家赞可夫等人，引领此次教育改革，成为改革的急先锋。布鲁纳提出"课程改革论"成为此次改革的核心内容之一，其主要观点包括四个方面：任何学科都必须使学生掌握该学科的基本结构；任何学科都可以用适合儿童的方式及早地教给儿童，使儿童有学习的准备；提倡发现学习；培养和激发学生的学习兴趣，靠内部诱因支持学生的学习。布鲁纳尤其对儿童认知发展与学习等方面的研究卓有成效，并形成了其独立的认知结构学习理论和教学论思想，对当时的教育改革起了推波助澜的作用[①]。

---

① 李勇．试析布鲁纳认知结构理论[J]．安顺师范高等专科学校学报，2005(1)：38～39

2. 评价

(1)布鲁纳提倡"发现学习"，所谓发现是指学习者独自遵循他自己特有的认识程序亲自获取知识的一切方式。认为这种形式的学习可以激发学生的智慧潜能，获得发现的经验和方法。而且这种发现的经验和方法对将来从事科学发现和技术发明是十分重要的。但是布鲁纳过于强调学生的发现学习。因为发现学习确有费时费力的缺陷，而且，完全独立的发现学习实际上也是不存在的。因此，应该强调发现学习与接受学习的相互配合和发现学习是接受学习有效的补充。

(2)布鲁纳学习理论的核心概念是"编码系统"。布鲁纳认为，编码系统不仅能够接受信息和组织信息，而且"能够超越一定的信息，即产生创造性行为，或者是有所创造"。这种提法和思想观点在其他学习理论中是不多见的。这体现了布鲁纳把学生创造性能力的培养看得十分重要。布鲁纳提出"编码系统"可以产生出新的创造性信息，这是符合实际的。但是，对新信息产生的心理机制却没有进行深入地探讨和研究。这使得我们对学生创造条件的培养仍然是无所适从，成为可信而不知如何使之然的事情。[①]

(二)奥苏贝尔的认知－同化学习理论

1. 主要观点

(1)学习类型的划分

奥苏贝尔根据学习的内容，把学习分为机械的学习和意义的学习。他认为，意义学习就是以符号为代表的新概念与学习者认知结构中原有的适当概念建立实质性的、非人为性的联系的过程。实质性是指本质的而非字面的联系，非人为性是指新旧知识的结合应具有客观合理的基础。学习者要进行有意义的学习还必须具备两个条件：一是学习者必须具备有意义学习的心向；二是学习材料必须对学习者具有潜在的意义。奥苏贝尔还根据学习进行的方式将学生的学习分为接受学习与发现学习，并详细地论述了接受学习和发现学习的外部条件、内部心理过程以及在认知活动中的作用等差异。其一，外部条件不同，在接受学习中，学习内容是直接呈现给学习者的；而在发现学习中，所呈现的只是一些线索。其二，心理过程不同。在接受学习的条件下，学习者只需把以结论形式呈现的学习内容加以内化；在发现学习中，学生则需要进行独立的发现，然后才能将发现的结论"内化"到认知结构中。其三，在认知活动中的作用不同。大量的教材知识主要是通过接受学习获得的，而各种问题的解决则主要是通过发现学习完成的。

(2)组织的原则及先行组织者策略

塑造学生良好的认知结构是教学的首要目的。奥苏贝尔认为，在实现这一目的的过程中，新旧知识相互作用必须贯彻两条原则，即逐渐分化的原则和整合协调的原则。所谓"逐渐分化"是指在教学过程中，按照知识的概括程度由高到低、自上而下的教学程序。奥苏贝尔认为，这种教学内容的呈现顺序不仅与人类习得认知内容的自然顺序相一致，而且与人类认知结构中表征、组织和贮存知识的方式相吻合。"整合协调"原则是指如何对学生

---

① 汪凤炎，燕良轼主编. 教育心理学新编[M]. 广州：暨南大学出版社，2006：211

认知结构中现有要素重新加以组合。奥苏贝尔认为，所有导致整合协调的学习，同样会导致学生现有知识的进一步分化。因此，整合协调是在意义学习中发生的认知结构逐渐分化的一种形式。

先行组织者策略是贯彻"逐渐分化"和"整合协调"原则时的一种具体应用模式和方法。奥苏贝尔认为，先行组织者有助于学生认识到：只有把新的学习内容的要素与已有认知结构中特别相关的部分联系起来，才能有意义地习得新的内容。先行组织者的主要功能是在学生能够有意义地学习新内容之前，在他们"已经知道的"与"需要知道的"知识之间架设起桥梁，使新知识得到充分的理解和掌握，使接受学习成为有意义的学习。

（3）学习中的成就动机驱动力

奥苏贝尔认为学生最主要的学习动机就是学业成就动机，所谓成就动机就是指想要很好地完成困难的工作、在竞争的条件下获得优良成绩的动机。它主要由三个方面的驱动力所组成，即认知内驱力、自我提高内驱力和附属内驱力。

（4）认知结构同化理论

认知结构是指学生现有知识的数量、清晰度和组织方式，它是由学生眼下能回想出的事实、概念、命题、理论等构成的。奥苏贝尔用"同化"以探索学生内部的心理机制，同化是指个体把客体纳入已有的图式之中，从而引起图式的量的变化。奥苏贝尔认为认知结构同化理论的核心是：学生能否习得新信息，主要取决于他们认知结构中已有的有关概念；意义学习是通过新信息与学生认知结构中已有概念的相互作用才得以发生的，这种相互作用的结果导致新旧知识的意义同化。[①]

2. 简单评价

奥苏贝尔区分了接受学习和发现学习、机械学习和有意义学习，并在此基础上阐明了意义接受学习的准则和条件，对于我们反思传统的教学方法具有借鉴意义。他肯定了学生的学习主要是意义接受学习，并用同化理论从学生内部心理过程的角度作了深入的探讨，揭示了在学生学习过程中通过新旧知识的相互作用使得它们都获得了意义。奥苏贝尔对知识在认知结构中组织过程的观点，为我们提供了一种较有说服力的解释。奥苏贝尔与其他一些心理学家相比，更加关注课堂教学实践。他对意义学习进行了层次、类型的划分，并相应地提出了一些学习模式，使得教学工作更加具体化。而且，奥苏贝尔对先行组织者、逐渐分化和整合协调等原则的分析，有助于教师设计教学内容、安排教学序列，以适合于学生认知结构的组织特点，从而有助于学生对知识的学习、保持、迁移和运用。

（三）认知主义学习理论对职业学校教学的启示

认知学派强调心理结构，通常被认为适宜于解释较为复杂的学习方式（推理、问题解决、信息加工）。在对教学内容的分析上，加涅提出了学习层级说，认为知识是有层次结构的，教学要从基本概念、子技能的学习出发，逐级向上，逐渐学习到高级的知识技能。因此，职业学校在进行教学进程的设计时，首先要对学习的内容进行任务分析，逐级找到

---

① 郝路军. 奥苏贝尔认知结构同化学习理论对我国教学改革的启示[J]. 教学研究与课程改革，2008(5)：38～39

应该提前掌握的知识，而后分析学生既有的水平，确定合适的起点，设计出向学生传递知识的方案。在技能操作教学时，让学生从低级的基本的知识技能出发，逐级向上，直到最终的教学目标。教学策略的选择要突出信息的有效加工策略。在制定教学策略时，认知主义者把学习者原有的知识经验、学习态度和学习策略等作为影响学习的重要因素。另外的关键要素还包括学习者注意、编码、转换、复诵、贮存和提取信息，学习者的信念、思想、态度、价值观等都会影响信息加工过程。在技能教学中教师要注意学生的各方面素质和学习的各个过程①。

【相关链接】

按结构教学观教《孔雀东南飞》一文

一个老师在教学生学习《孔雀东南飞》一文时，若按如下步骤来教，就是结构教学模式。

第一步，找出课文的基本结构，并要求学生用符号将此文的基本结构表达出来。

第二步，以回忆的方式达到触类旁通的效果。请学生回忆自己所学或所接触的课文，看看其中有没有与此结构相类似的课文。

第三步，请学生根据这篇文章的结构，将《孔雀东南飞》中的三个主人翁换成别的人物角色，尝试写一篇与这篇课文相类似结构的小作文。这是通过练习进一步巩固学习结果，并增加感性经验。

第四步，请学生变换基本结构，写一篇与这篇课文基本结构不完全相同的作文，以起到举一反三的结果。这其实是通过变式练习来进一步提高学生写这类作文的能力。

（资料来源：汪凤炎，燕良轼. 教育心理学新编[M]. 广州：暨南大学出版社，2006（6）：208）

三、建构主义学习理论

建构主义是 20 世纪 90 年代以来兴起于当代欧美国家的一种庞杂的社会科学理论，随着心理学家对人类学习过程认知规律的深入研究而产生的，是认知学习理论的一个重要分支。它是以学生为中心，在整个教学过程中由教师起组织者、指导者和促进者的作用，利用情境、协作、会话等学习环境要素充分发挥学生的主动性、积极性和首创精神，最终达到使学生有效地实现对当前所学知识的意义建构的目的。

---

① 叶增编. 教学的心理学基础之比较——谈行为主义、认知学派、建构主义学习理论对教学的影响[J]. 洛阳师范学院学报，2007(6)：166～168

（一）主要观点

1. 学习观

建构主义指出学习的实质是学习者积极主动地进行意义建构的过程。意义建构是双向的。一方面，对新信息的理解是通过运用已有的经验，超越所提供的信息而建构成的；另一方面，从记忆系统中提取的信息本身，也要视具体情况的变异进行重新建构，而不是原封不动地被提取。建构主义还倡导学习者的主动性、学习的情境性、学习的社会性、学习的反思性，以及学习的创新性。

2. 教学观

建构主义者从他们独有的理论视角出发，对教学原则、教学方法、教学模式和教学评价等方面进行了论述，有着独到的见解，具有一定的深刻性和合理性。建构主义的教学观与传统教学观在教学观念、教学目的、对教学环境的认识上都有所不同。建构主义者在教学目标方面强调发展学生的主体性，在教学观念上首先强调教学的理解性；其次是重视教学的情境建构；再次是重视活动与主体的交往；最后是在师生观上建构主义认为学生必须树立经验世界的丰富性和差异性，善于建构知识，要充分认识到自己具有发挥主体性的潜力，应学会自我管理，培养自我控制学习过程的技能和习惯。而教师的职责与任务是提供给学生现实世界复杂的真实问题，在于为学生提供一定的辅导，在于为学生创设良好的学习环境，其角色从权威角色转变为学生学习的辅导者或高级合作者。同时在教学设计上要充分考虑学生的认知主体作用，要求发挥学生的主体性。教师在课堂教学的过程中也可以结合学习过程中的"做—反思—学习—应用"四个环节的内容，通过设计一定的活动来促进学生的学习。[①]

3. 知识观

建构主义学习理论试图超越外部世界（物质实体的）和内部世界（心里世界、认知的、主观的）"二元论"的方式重新看待知识。对"知识"的客观性和准确性提出了质疑，强调"知识"不是对现实的准确表征，而是对客观世界的一种解释和假设。知识的本质是发展的、内在建构的，是以社会和文化的方式为中介的，学习者在认识、解释、理解世界的过程中建构自己的知识。

（二）简单评价

从教育理论与实践来看，建构主义学习理论的许多观点和主张具有合理性。它提出了新的知识观，影响了我们对知识观念的重新建构；它提出的教学观，使人们从强调教师中心、教材中心和课堂中心的传统教育教学观的束缚中解放出来，促使教学观念的不断更新；它提出的学习观，切中了传统学习的要害，提出了更符合人的学习规律和社会对教育的要求，促使了学生学习方式的转变，促进了学生的学习动机的最大限度的激发；它提出的学生观有利于培养学习者的创新思维和创新能力。这些主张和观点的提出开阔了人们的

---

① 杜鹏东. 建构主义学习理论评述［J］. 文教资料，2008（1）：66～67

视野，符合时代发展对教育提出的迫切要求，因而对教育改革实践具有借鉴意义。

但是它仍存在着一些缺陷，主要有：（1）建构主义理论过于强调知识结构的重要性和对知识的意义建构。由此而导致往往忽视实际知识内容的教学和那些常识性的、系统性的知识的传授，这样学习者通过自身意义建构学到的东西很大程度上会带有一定的片断性、不连贯性，甚至出现知识断层现象。（2）虽然建构主义提出了一系列的教学模式、教学方法，但它的教学设计没有具体的可操作因素，不易于实施操作，充满了不可把握和不可知的因素，而且在教学过程中更多地关注教学过程而不是对个人的学习结果[①]。

（三）建构主义学习理论在职业学校教学中的应用

建构主义认为个体的认知发展与学习过程密切相关，因此较清楚地说明了人类学习过程的认知规律，即学习如何发生、意义如何得以建构、概念如何形成，以及什么是理想的学习环境，等等，并在建构主义思想指导下形成了比较有效的认知学习理论，对我们的教学实践具有重要意义，尤其对职业学校的教学有着重要的借鉴意义。

职业学校的学生，更加注重实践。在动手操作的过程中，学生发挥的空间很大，因此，在教学活动中，教师要充分发挥学生的积极性、主动性，注重创造性，同时教学理论的采用、教学策略的实施、教学方法的设计、教材的选定等都要有利于学生生发挥积极性，调动主动性，要有利于学生创造能力的培养[②]。

【相关链接】

建构主义学习理论认为，教学活动应该是在教师指导下的学生主动建构知识的过程。那么，在具体的教学实践中教师应该如何指导学生去建构知识并得到发展呢？我们来看看下面两个在历史教学中如何运用建构主义理论的例子。

案例 1

帮助学生从人文和社会的角度，理解美国由农业社会转入工业社会这一变化所产生的影响。教学中通过对 20 世纪初期装配线生活的模拟，让学生设想如果他们身为那时的工人，自己将作出什么反应。

活动开始时让每个学生画一幅完整的人体，然后全班学生分成两个对等组，要求每组将组内成员中画得最好的一幅作品进行复制，学生们移动课桌排成两个长排，准备大批量生产。随着图纸从一个学生传到另一个学生，每个学生专门画人体的一部分，如头、鼻子、腿或躯干。教师以"工头"的身份，敦促"工人"加快速度、集中精力、更卖力气地来制造装配线上那种紧张气氛。教师还可以通过提高室内温度、调暗灯光或让学生彼此坐得更近，使环境最大限度地接近工厂的恶劣条件。这种经验练习帮助学生对装配线工人所经历的体力、精神和情绪上的紧张产生移情，并要求他们将手工作坊和装配线生产手段进行比较。活动最后让学生在他们的笔记本上画一个题为"作为一种生产手段的装配线的两分

---

① 杨红梅．试析建构主义知识观及对教育的启示[J]．中国职业技术教育，2008(2)：45
② 孔宪遂．试论建构主义理论对教学的启示[J]．清华大学教育研究，2002(1)：132

表"，在表的一端学生列出"积极作用"，如标准化、高速度、高效率；另一端列出"消极作用"，如单调、缺少个性投入、工人的异化等。

通过这样的教学过程，不仅让学生亲身体会到了社会化大工业生产条件下工人的生活工作情况，而且在教师的引导下，学生很容易就能理解所要掌握的知识点。

上述案例是运用"再现历史"的方法进行教学的。"再现历史"是让具有不同风格的学生们"体验历史"的一系列活动，活动旨在使学生在建构历史学科知识的同时，培养学生的多种能力。在美国，"再现历史"法已经成为运用建构主义思想指导学科教学改革的典范。

从上述例子可以看出，"再现历史"教学突出了教学过程中学生的主体性，学生真正的成为学习的主人。学生的活动由被动的接受知识变为积极主动的建构知识、探索知识，学生的个人经验、学习风格得到了尊重，自我发现精神得到了鼓励。教师不再充当知识的传授者、真理的奉送者，而成为学生学习的帮助者、促进者、合作者。

传统的班级教学往往是一名教师面向全班教学，课堂里的相互作用多半发生在教师与全体学生之间，虽然有时也采用全班或小组讨论的形式，但往往少数学生垄断发言，学生个体参与程度不高。"再现历史"法充分发掘了学生之间相互作用这一能源，采用了全班活动与小组活动相结合的办法，并且建立了完善的小组内的协作关系。学生们在合作性学习中互相学习、互相启发，不仅促进了认知，也学会了合作。

案例 2

在学习有关美国"经济萧条"这一单元的内容时，学生通常难于体验大萧条对个人生活的影响。为了让学生去体验 20 世纪 20 年代末、30 年代初美国经济崩溃所造成的个人损失，教学采用了学生们观看并解释投射到教室前方大屏幕上的大萧条时代的照片，并通过扮演照片中的人物再现当时的情景的方法。借助于一个特殊调焦镜头，教师在教室前方的大屏幕上放映一幕关于 1933 年银行提款浪潮的幻灯。让几个学生站在屏幕旁，指出他们所看到的一切：人们站立的姿势，穿着打扮，街道和店铺的标牌上写着什么，建筑物看上去如何。然后教师提出一系列问题，帮助学生从投影片上获得信息：

1. 你从图片中看到了什么建筑？

2. 人们在干什么？

3. 他们为什么这样？

4. 你认为这照片是什么时候拍的？

5. 美国大萧条期间银行倒闭可能对整个国家有什么影响？

随着讨论的展开，教师补充历史信息，并在透明胶片上列出纲要，用投影仪投到另一个小屏幕上。学生们了解到银行如何给投机者大数额贷款，而后当 1929 年股票市场崩溃时这些人无以偿还。他们了解到美国在 20 世纪 30 年代初，上千家银行倒闭加剧了大萧条的严重性，以及银行倒闭所造成的千家万户分文皆无的灾难性后果。看图像的同时，结合书面材料阅读，使学生了解并牢固地掌握传统课堂上可能遗忘的要点。

接着教师让学生扮演银行的存款人。几个学生出来站在幻灯前，把身体置于站在银行外面等候的人的位置上，老师则站在投影中进行现场采访的记者的位置上向学生提问：

1. 你们在这儿干什么？

2. 你认为你能从银行提出存款吗？

3. 如果不能从银行提取存款，你将怎么办？

4. 解决这一问题可以采取的措施？

随着课程的进展，让学生们观看更多的反映当时美国经济崩溃的幻灯片：一座被遗弃了的农舍；一个失业者在卖苹果；一处失业工人居住的简易木棚群；一列买面包的长队；白宫中的赫伯特·胡佛总统；1932年竞选集会上的下一届总统富兰克林·罗斯福。

接下来再让其他学生重复这一过程。

这样的教学把被动的以教师为中心的讲授活动，变为富有刺激性的互动性学习，让学生在各人的经验和背景的基础上，在与教师、与同学的互动学习中去感受、体会，进而主动地思考，从而建构起自己的关于"经济崩溃"的知识结构。这样做不仅使学生较好地掌握了历史知识，而且培养了学生分析问题、解决问题的能力。

（资料来源：http：//blog. kxsy. net/user1/498/archives/2007/5433. html）

四、人本主义的学习理论

人本主义心理学是20世纪五六十年代在美国兴起的一种心理学思潮，其主要代表人物是马斯洛（A. Maslow）、罗杰斯（C. R. Rogers）和凯利等。这些心理学家反对把对白鼠、鸽子、猫和猴子的研究结果应用于人类学习，主张采用个案研究方法。人本主义心理学学习理论主张将学习看作是个体因内在的需求而求知的过程，在此过程中个体所学到的不仅仅是知识或良好的行为方式，更重要的是要促进学习者人格的健全发展与完善。人本主义的学习与教学观深刻地影响了世界范围内的教育改革，是与程序教学运动、学科结构运动齐名的20世纪三大教学运动之一。

（一）人本主义学习理论的核心内容

1. 重视"自我概念"的发展

自我概念指个人的信念、价值观和基本态度。罗杰斯认为自我概念对学生学习有重要的影响。个人学习内容的选择，期望达到的目标，往往取决于他对自己的看法。个人通常根据事物与自我概念是否一致而表现出不同的行为和学习方式。当自我概念及经验与自我实现的目标相一致时，会产生积极的体验，学习就会取得进展。

2. 强调"学生中心"的教育理念

罗杰斯认为，人天生就有寻求真理、探索秘密和创造的欲望以及自我主动学习的潜能。学习过程就是这种潜能自主发挥的过程。因此，必须把学生看作"完整的人"，相信学生的本性是积极向上的；相信学生能进行自我教育，发展自己的潜能，最终达到"自我实现"。教学必须以学生为中心，把学生视为教学活动的主体。尊重学生的个人经验，创设环境，设法满足学生渴望学习的天性。

3. 主张有意义的学习

罗杰斯把学习分成两类，一类学习是类似于心理学上的无意义音节的学习。罗杰斯认为这类学习只涉及心智，是一种"在颈部以上"发生的学习。它不涉及感情或个人意义，与完整的人无关。另一类是意义学习。是指一种使个体的行为、态度，个性以及在未来选择行动方针时发生重大变化的学习。这不仅仅是一种增长知识的学习，而且是一种与每个人各部分经验都融合在一起的学习。罗杰斯主张有意义的学习，他指出，当学生觉察到主题线索与他们的目的的关系时，就会产生有意义的学习。

4. 促进学生学习能力的发展

人本主义学习论者建议教育和教学都应促进学生学会适应变化和如何学习。他们认为教育目标应培养"充分发挥作用的人"；能充分激发个人的潜能；在现实中能自我提高；行为恰当，能适应社会；有创造性，不断变化和发展，经常发现自己并时刻在自己身上发现新东西；富于自信、能够自尊也尊重别人。因此，培养目标应使学生成为"学会如何学习的人""会如何应变的人""从而成为能适应社会要求，充分发挥作用的人"。[①]

（二）简单评价

人本主义提出了"以人为中心"的核心理念，肯定了学生的主体地位，改变了以往教育者是主体，受教育者位于从属地位的局面，极大地提高了受教育者学习的积极性。这对于挖掘受教育者的学习潜力，发挥他们的创造性，都具有重要的指导意义。

但是，人本主义也过于强调个人主义的重要性，过于强调"自我实现"的重要性，甚至把它凌驾于社会团体法则之上，相对忽视了社会环境对个体的积极影响。

（三）人本主义学习理论对职业学校教学的启示

人本主义学习理论强调以学生为中心，突出学生学习的主体地位和作用。职业学校的学生实践性较强，每个学生都有自己独立的个性，学生的知识经验相异，兴趣、爱好有差别，在技能训练中更应注重学生的个性和创新能力，以学生为中心，尊重学生的学习选择。在某些教学的环节上变教师的指令性为学生的选择性，在学习内容、方法上给学生更大的自由选择空间，使学生的个性得到充分发展，从而促进学生全面发展。

罗杰斯认为，学生在相当程度上是受本能驱动的，环境中的许多因素都在向他们挑战，他们对此感到好奇，并渴望发现、渴望认识、渴望解决问题。职业学校的学生兴趣广泛，又直接面临就业压力，它们学习的好奇心、愿望、求知欲，特别对技能学习的渴望都很强烈，教学中教师要注意培养和爱护学生的好奇心，另外要关注学习者的需要和兴趣，可以让学生参与课程设计、课题研究等。教师应鼓励学生并提供一些挑战的学习机会，不断地激发学生的学习动机，更要帮助学生维持学习动机，使学生在学习中有持久的动力。[②]

① 张印全. 人本主义学习理论对教育教学的启示[J]. 新课程，2009(5)：22
② 金荷香. 浅析人本主义学习理论对教学的启示[J]. 当代教育论坛，2006(2)：38～39

第三节　职业学校学生的学习特点

　　职业学校学生的学习具有学生学习的一般特点，但由于职业学校学生就学背景和学习目标的不同，与普通中学学生的学习相比，职业学校学生的学习又有着自己的特点。

一、职业学校学生的学习特点

（一）学习目的的职业性

　　职业学校的学生一进入学校就选择了自己要学的专业，他们在很大程度上都认为自己毕业后就会从事自己所选的职业，再加上他们主要的目的是为了就业，因此，他们就会不断的在自己所选择的这一行业进行有针对性的技术训练和相关理论知识学习。例如，选择学医的学生就会很早建立起对医学的兴趣，并积极投入到有针对性的医学知识学习中，他们认为自己将来的职业就是医生；学电子技术的，认为自己将来的职业就是做工程师，诸如此类。因此，职业学校学生学习的一个重要特点是学习目的的职业性，即学习的目的就是为将来就业作准备，学习的内容就是掌握一定的专业知识和专业技能，养成一定的职业习惯和职业品德。

（二）学习要求的全面性

　　职业教育要求职校生能得到全面发展，全面发展的实质是个性发展，它不是包罗万象的一切方面，应是基本方面的发展。职校生不仅要习得知识，形成职业技能，发展智力，还要增强体质，培养正确的思想道德素质和审美素质；职校生不仅要识记和理解知识，还要分析和运用知识，并在此基础上加以评价；职校生不仅要手与脑、身与心的全面发展，而且要促进知、情、意、行的全面发展。因此，职校生的学习要求具有全面性的特点。

（三）学习过程的实践操作性

　　"学以致用"是职校生学习的最终目的。职业学校根据培养目标，按照不同专业的特点，组织职校生参加大量的社会生产生活实践活动，培养职校生的动手操作能力和实践应用能力，使职校生在操作知识解决问题的过程中，巩固知识，形成技能。学习过程的实践操作性是职校生学习的显著特点之一。

（四）学习方式的半自主性

　　随着职校生学习内容选择范围的增大，专业发展方向的变化和自我支配时间的增多等因素，要求职校生能动地选择适合自己的学习内容、方法和策略，能动地计划、实施、调节和评价学习，不断优化知识结构，适应自身与社会发展的需要。在学习过程中，学生必须自己教自己，因为只有他们自己才晓得哪种方法最适合自己。这样，他们在面临种种情境和问题时才能及时能动地作出反应。但是，由于职校生的生理、心理特点所限，他们的

学习不可能具有较强的自主性，还需要教师的指导和监控，因而只能达到半自主性[①]。

(五)学习范围的开放性

由于学习目的的职业针对性、学习过程的实践操作性和学习内容的专业性等特点，职业教育打破了单纯的课堂教学形式，学习的范围具有开放性的特点。这样，课堂和教材不再是职校生学习的唯一资源，职校生的学习还必须通过"产学结合"，边学习、边实践、边工作，课堂学习仅仅只能够满足职校生系统接收知识的需要，职校生在课堂以外的学习空间里，可以拓展视野，了解社会需求和专业发展现状，使学习更具有目的性和针对性；可以广泛接触不同人群，面向社会生产生活实践，应用和创新所学知识，不断发展和提高专业技能和素养。

二、职业学校学生学习中存在的问题

(一)学习准备不足

"职业学校学生学习准备"指职业学校学生有效进行学校课程学习所必需的知识、能力、态度等心理条件在学习过程开始前的准备状态；"职业学校学生学习准备"是职业学校学生那些促进或妨碍学习的个人心理特点的总和[②]。

【相关链接】

学习准备的要素与结构

根据教育心理学学习模型以及学习过程一般条件的理论，职业学校学生的学习准备包括三个方面五个要素。三个方面是：在学习过程中承担信息加工处理操作的原有认知结构、为学习过程注入动力的学习积极性和对整个学习过程进行监控调节的学习自控能力。其中的"原有认知结构"又包含作为接纳信息生成新知的基础的原有知识基础、交流工具的运用能力以及对信息进行加工处理的思维能力三个主要因素。因而职业学校学生的学习准备可以具体分解为五个要素。其结构如下：

```
                   ┌ 学习积极性(要素1)
                   │ 学习自控能力(要素2)
        学习准备 ──┤ 原有知识基础(要素3)
                   │ 原有认知结构  交流工具运用(主要是语言)能力(要素4)
                   └ 思维能力(要素5)
```

五个要素在学习过程中各具功能，而决定其功能水平的则是各个要素的内在因素及结构。五个要素可以归为三类：知识(原有知识基础)、能力(交流工具运用能力、思维能力、

① 崔景贵主编.职业教育心理学导论[M].北京：科学出版社，2008：106～107
② 陈丹辉主编.职业学校学生学习准备特点研究[M].北京：气象出版社，2004：9

学习自控能力)和态度(学习积极性)。"原有知识基础"中的"知识"概念是广义的，既包括陈述性知识，也包括程序性知识；既包括从"物理性"认知学习得来的知识，也包括广泛的"社会性"认知学习得来的知识；这些知识都是学生个人在以往的学习中建构起来的个体知识。学习准备中的各个能力要素都是在一定的知识基础上形成的，又都表现为一定的活动技能(其中许多属于内部的心智技能)；因而知识和技能是学习准备要素的主要构成成分。同时，情感和体验也是学习准备要素的重要构成成分，它们集中体现在学习自控和学习积极性的构成中。

(资料来源：陈丹辉. 职业学校学生学习准备特点研究[M]. 北京：气象出版社，2004 (6)：9～10)

当前职业学校的新生不同程度地存在学习准备不足，具体表现为：由于学习兴趣缺乏、学习自信不足、学习目标不明、对学校教育的有效性缺乏信任等深层原因，导致学习积极性偏低；没有形成有利于在校学习的起码的规范行为，而且不能在遵循起码的行为规范方面进行有效的自我调控，甚至缺乏自我调控的意识；由于各种必要知识的缺漏，已拥有的知识又欠准确、清晰、稳固、系统，致使知识结构不良，因而读、写、算、思维等基本能力水平低下。不改善这种知识结构缺损不良的状态，学生难以形成应对职业学校学习所必需的学习能力。多数准备不足的学生读、写、算水平偏低与思维水平偏低互为因果。

职业学校新生的学习准备不足主要是以往学习不足造成的。职业学校新生初中时多就读于城区的二三类学校或郊区、农村地区的学校，以往学校的教育教学客观上没有帮助学生进行充分的认知学习，没有形成良好的认知结构，没有阻止并扭转学生学业上节节败退直至落后于同龄人的趋势，造成了当前学生知识积累和学习能力方面的准备不足。这样的学习经历使学生由于缺乏成功体验而无法建立起学习自信，同时，由于没有感受到学校教育足够的关注、爱护和帮助，而对学校学习丧失兴趣和积极性，对学校教育的有效性缺乏信任。

这些学生多为中低文化水平、中低就业水平、中低收入水平的社会中下层普通劳动者子弟。大多数学生的家庭整体条件良好，学生在家庭中得到较好的抚育、供养和基本品质教养，但由于家长能力和家庭条件有限，学生在家庭中无法得到职业学习方面具体的指导和帮助，同时在学习费用上能够得到的进一步支持也很有限。

以往无论是在学校学习中还是在其它生活中，学生都没有得到职业生涯方面的启蒙，没有形成职业学习的思想准备。少部分(约10%)职业学校新生学习准备的不足不能排除智力发展滞后的原因。

(二)学习目标不够明确

不少职校学生对进入职业学校学习自信心不足，对三年的学习目标几乎没有什么周详的考虑，甚至没有学习的近期目标，因而学习态度不够认真，只求能够过得去，甚至是得过且过。引导职业学校学生形成明确的学习目标，这是十分重要的，如果没有明确的目标，学生的学习行为就较为随意、散漫，没有针对性，一般效率也低下，久而久之，就会形成恶性循环。

(三)学习动力不足

当前职业学校学生学习动力不足具体表现为:

1. 学习动力差异较大,动机层次不高

当前职校学生学习动机的现状可以分为三种情况:(1)智力因素较好,非智力因素较差的学生。这类学生比较聪明,接受知识能力强,但无毅力,学习不刻苦,没有较好的学习动机,知识掌握不够牢固,而且行为习惯不太好。(2)智力因素一般,非智力因素较好的学生。这类学生学习踏实,行为习惯较好,有较好的学习动机,但对问题反应迟缓。(3)智力因素和非智力因素都一般的学生。这类学生不仅理解能力差,而且无较好的学习动机,学习不够深入,行为习惯一般[①]。

不少职校学生对学习的认知内驱力不足,对学习提不起内在的兴趣,学习的实用化倾向十分明显,过分追求学习上的急功近利和"短平快",对学习文化基础知课和思想品德课很不情愿,觉得学了将来没有用等于在浪费时间,还不如不学。

2. 自我提高为学习动机主导,但对"享受学习乐趣"的追求不强烈,承担家庭责任是主要的外部动机

进入职业学校后,自我满足、自我提高需要导致的内部动机是学生的主导学习动机。其中为了自己长远发展、在社会生活中实现自我价值的远景动机均在80%以上。但是"享受学习乐趣"的近景动机却不如前者强烈,选择比例低于前者10个百分点以上,但是教学心理学研究表明享受学习乐趣的近景动机对于具体学习活动的推动作用常常更为明显。人际交往需要导致的外部动机近60%,低于内部动机约20个百分点,在人际交往需要中他们更看重家庭交往的需要,此项比例高于与老师、同学的交往需要约20~30个百分点。"免受责罚""打发时间"这样的消极动机约占20%[②]。

(四)学习方法不当,学习习惯不良

中等职业学校的学生都希望能多学些知识和技能,但很多学生在初中阶段就没有养成良好的学习习惯,不知道怎样学更科学、更有效,没有掌握基本的学习策略,因此,学习习惯和方法还存在一些问题,学生在课前的准备、课中的学习、课后的复习和完成学习任务等方面还有不足,这些都影响了学生的学习效果。因此,教师在教学中应重视对学生进行帮助和指导,注意培养学生良好的学习习惯,帮助学生掌握文化课、专业课、技能课的学习方法,引导学生们积极、主动、有效地进行相关课程的学习和专业技能的训练,组织学生开展学习经验交流,提高学习实效[③]。

(五)对学科用途的认识较主观,学习重点的确定缺乏足够的理性

进入职业学校后,职校生认为通用的文化基础课科目和专业技能训练课对于自己毕业

---

① 白薇. 浅谈职校学生的学习现状[J]. 科教论坛,2008(25):24
② 《职业学校学生学习效率问题研究》子课题组. 职校生学习状态总体水平欠佳水平差异显著[J]. 职业技术教育,2006(15):38~43
③ 向才毅,肖箐. 中等职业学校的学习现状调查[J]. 中国职业技术教育,2004(10):21~22

和长远发展更为有用，而对于形成职业能力和职业发展能力十分重要的其他科目如专业理论课、德育课等重视不足。学生除了对计算机、体育、专业技能训练课和心理健康课产生兴趣外，对于其他职业学校的主要科目却没有表示出应有的学习兴趣。

在自己学习重点的选择确定方面，据调查，学生虽然强调"学习兴趣"是自己以往取得好成绩的重要原因，但在当前的学习中只有 20.73％的学生凭兴趣选择"比较喜欢"的学科作为学习重点，多数学生在学习重点的选择上已经不是从兴趣出发了。但是，值得注意的是多数学生在选择中没有明显表现出"有用的"就一定要学好的倾向，反而表现出避难就易、随心所欲的态度[①]。

(六)学习上自信不足，自我肯定不足

职业学校学生不仅学业成绩不尽如意，而且学习上自信不足。对于取得好成绩，学生认为原因主要有：自己的学习兴趣、学习的努力程度、老师的教学方法、教材的有趣程度、班里的环境气氛等；而对于学习成绩不理想，学生主要强调的原因有：自己的学习自控能力、自己的努力程度、自己的学习方法、班里的环境气氛、学习内容的难度等。这种把取得好成绩归因于外部因素，而把得到坏成绩归咎于自身能力的归因方式反映出样本学生在学习上自信不足的特点。

据调查，20％～30％的学生在其他方面也比较缺乏自信。比如在自己解决日常生活问题的能力、与人交往的能力、动手操作的能力、热心参与社会公众活动的态度等方面，自我肯定的学生人数有 60％～70％。而在广泛阅读、大量摄取社会文化信息方面，自我肯定程度更是低至 47％[②]。

职业学校学生大部分是成绩较差的学生，他们学习的目标不太明确，学习状态较差，学习生涯规划严重缺乏，导致他们不知道怎么学，不知道该如何有计划地安排自己的学习以及进行人生规划，这需要老师及时把握他们的学习特点以及性格特点，进行合理的疏导。而现在很多老师和学生之间出现了一种恶性循环现象，即老师不愿意教，学生不愿意学，双方都得过且过，如何改变这种现状，是很值得我们思考的问题。

(七)学习效率水平不高

职校生进入职业学校后总体学习效率水平不高[③]，表现在：一是与国家职业学校课程教学的计划大纲要求相比，学生总体的学习效率水平不高；二是与学生以往学校学习中的学习效率相比，总体来说学习效率水平提高不明显。根据是：

(1)虽然学生在有些科目上的考试分数并不低，但是如果排除学校的考试方法和学生的应试措施的影响，按学生对课程内容的实际掌握水平评量，目前学生在学校主要学科的

---

① 《职业学校学生学习效率问题研究》子课题组. 职校生学习状态总体水平欠佳水平差异显著[J]. 职业技术教育，2006(15)：38～43

② 《职业学校学生学习效率问题研究》子课题组. 职校生学习状态总体水平欠佳水平差异显著[J]. 职业技术教育，2006(15)：38～43

③ 陈丹辉. 职业学校学生学习特点研究[M]. 北京：气象出版社，2006

学业成绩不高。

(2)学生学习的积极性水平没有显著提高：超过半数的学生认为自己不属于"乐于学习"或"愿意学习"的良性积极性水平。

(3)半数学生将自己的学习自控水平评为"较差"或"很差"类型。

(4)超过半数学生学习行为习惯欠规范，日常学习表现不佳；缺乏对学习目标的主动追求，不能通过自我调控高质量的完成任务；在课堂上不能将注意力长时间集中到学习内容上，不能专注持续有效思维的过程，不能运用适合自己的学习策略方法进行学习，课下不能主动进行复习巩固，拷贝复习题应付考试；学习被动依赖教师的外部调控等。

(5)近20%学生存在其他日常行为习惯不良的现象。

【相关链接】

影响技校学生学习效率因素的调查与分析

1. 学生学习动机

教育心理学家认为：学习动机是影响学习行为，提高学习效果的一个重要因素。调查结果如下：

表 3-1　你到职业学校的学习目标是(只选 1 项)　有效样本：68

选项内容	百分比/%
先就业再找机会上学	26.47
拿文凭、就业挣钱，不再上学	25.00
就业、努力成为高级技工或技师	16.18
考高职或成人高校	14.71
其他	10.29
考普通高校	7.35

表 3-2　到职业学校后，你愿意学习主要的原因　有效样本：68

选项内容	百分比/%
将来成为对社会有用的人	91.3
提高自己的能力	89.8
为了找个理想的工作	88.0
为了自己长远发展打基础	86.5
获得知识充实自己	86.5
享受学习活动的乐趣	76.0

选项内容	百分比/%
为自己挣口气免得别人瞧不起	69
为报答父母的养育之恩	55
为了离开家庭独立生活	47
为了在同学中获得赞许	28.9
为使老师满意	27.9
为了打发时间	23.5

从以上调查结果看出：有67.65％的学生希望能在职业学校学习到一门技能，毕业后能上岗工作；有22％的学生有继续深造的愿望，但是不能忽视的有10％的学生学习目的并不清楚，或说和职业学校学习的总目标并不太一致。从学生主观愿望愿意学习这个角度看，有90％左右的学生表示是要提高自己的能力、为了找个理想的工作、将来成为对社会有用的人。这和67.5％的学生希望学一门技能就业工作，22％的学生希望能继续学习深造的学生总数的和基本吻合。虽然技校学生大部分是因为没有进入高中学习才被动进入技校学习，但学生对自己进入技校学习基本上是认可的，他们的理想是现实的，正确的，从中看出大部分学生是自信的，和我们中等职业学校学习的总目标基本是一致的。从愿意学习的理由分析，学生的学习理由并不是单一的，因为是多选，从中看出学生愿意学习的多种动机。有76％的学生的学习动力来自认知内驱力的因素，也就是学习本身的需要，他们希望在学习中得到快乐。这个数字说明，不管是学习成绩好还是学习成绩差，不管是非常努力还是不太努力，大多数学生还是喜欢学习，喜欢学校的生活，能从学习中得到乐趣、并希望得到这种乐趣。从这点提示我们教师，并非在我们眼里差学生就一定是厌恶学习、不喜欢学习的。还有69％的学生学习的一个外部动机是要争口气，不要让人看不起，说明学生从内心里愿意做得好些，有自尊心和上进心，他们希望成功，被人尊重。

从学生对自己学习目标的认识看，学生总的主观愿望是正面的、积极的，是和技校培养目标基本相一致的，这个结果给我们教师在教学中调动学生积极性，提高学生学习效率建立了信心和基础。

2. 学习现状

（1）学习习惯

没有学习计划的占22.3％，偶尔有学习计划的55.4％，表明大部分学生对自己的学习安排比较随意，缺少对学习活动的自控。上课经常睡觉的27.4％，有时睡的65％，两部分相加达到92.4％。上课有聊天习惯的16.3％，但"只要有人和我说话，我就说"的占到49.4％，这部分人可以被认为是没有聊天习惯，但属于不能控制自己的行为，被环境影响而经常说话的人。上课常常走神的14.5％，上课不做笔记和偶尔做笔记的占49.2％，以上5个方面负面数字较大，这说明技校学生学习习惯上存在较严重的不足，根据教学上的观察，有以上行为

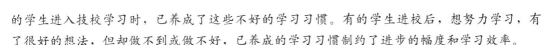

的学生进入技校学习时，已养成了这些不好的学习习惯。有的学生进校后，想努力学习，有了很好的想法，但却做不到或做不好，已养成的学习习惯制约了进步的幅度和学习效率。

（2）学习方法

只有12.8％的学生平时复习功课，41％的学生只有到考试时才会复习。考试背题、背答案的现象比较普遍，经常背题和有时背题的占到75.7％，反映出学生缺少独立思考、深入钻研的习惯。通过在教学中的观察了解，部分学生对这样的学习方法已习以为常，成为习惯。在考试之前，他们希望老师给出复习题，再作出答案，然后去背就行了，因为大多数学生不会自己系统复习，没有自己系统复习的习惯，完全依赖教师的组织安排。这一学习方法体现出学生机械记忆为了考试而考试，而并没有化成自己的知识，背完考完就忘了，这样的学习显然会降低学习效率。

3. 影响学习成绩的主要因素

（1）影响学习成绩的主观因素排第一位的前4种因素：（在多项选择中，由学生按重要程度排序）

表3-3　影响学习成绩的主观因素排序

顺　序	1	2	3	4
成绩好的因素排第一的顺序是	对学习内容有兴趣 45.0％	聪明程度 23％	基础知识 11.67％	努力程度 8.33％
成绩不理想的因素排在第一的顺序是	对学习内容的兴趣 26.9％	聪明程度 21.15％	努力程度 13.46％	基础知识 7.7％

从中看出：学生认为影响学习成绩最重要因素是学习兴趣。不管是成绩好还是成绩差的原因，都把学习兴趣排在第一的位置。

（2）影响学习成绩的客观因素被排在第一位的4个因素

表3-4　影响学习成绩的客观因素排序

顺　序	1	2	3	4
成绩好的因素排第一的顺序是	学习内容的难度34％	老师对学生的态度26％	学习内容是否吸引人12％	考试的难度10％
成绩不理想的因素排第一的顺序是	学习内容的难度27％	考试的难度19.2％	老师对学生的态度11.5％	班里的环境气氛9.6％

4. 学习自控力

根据《职业学校学生学习自控水平评估标准》及我校学生"自控能力状态""学习动力状况"调查，了解到50％的学生做完作业没有自我检查的习惯，37％的学生一旦发现老师留的作业有困难时就不做了，有37％的学生上课趁老师不注意干自己的事，16％的学生经常不做作业也不自己安排学习，而只有 12％ 学生上课时能自觉注意听讲，很少分心走神，10％的学生能按预习－听课－作业－复习环节进行学习。有 60％ 的学生认为学习自控能力差是学习效率低的主要原因。42％的学生表示"想好好学，但管不住自己"。

以上数据和前面调查结合分析，说明相当多的技校学生有良好的学习愿望却缺乏有效的学习自控能力和良好的学习习惯。学生自控水平低下，影响了学生学习效率的提高。

（资料来源：http：//www. lm. gov. cn/gb/training/2006－11/02/content _ 142025. htm)

三、提高职业学校学生学习水平的措施

针对目前职业学校学生学习的特点及存在的主要问题，要切实提高教学质量，就必须把职业教育特点放在首位，结合学生具体情况和各自的专业特色制订相应的教学改革措施。

（一）帮助学生树立自信心

毋庸讳言，目前职业学校学生的素质是令人担忧的。不少学生在学习上表现得无基础、无信心、无目标、无主动性。对于这样的学生来说，不改变他们的学习方式，就谈不上发展。所以，首先要树立学生的自信心。要树立学生自主学习的信心，教师首先就要打破学生"吃等食"的习惯。要充分相信学生，把学习的主动权交给学生，充分发挥学生个体学习的积极性、主动性、创造性、个体思维，让学生真正成为学习的主体，并逐步达到会学习的目的。正如新课改所提及的"倡导学生主动参与、乐于探究、勤于动手，培养学生搜集和处理信息的能力、获取新知识的能力、分析和解决问题的能力以及交流与合作的能力"[①]。

（二）培养学生主动学习的习惯

学校教育远远满足不了职业学校学生今后适应社会的需要，因此必须要培养学生主动学习的习惯。而职业学校多数学生没有养成主动学习的习惯，这将制约其自学能力的培养，尤其是职业学校学生的学习基础和独立学习能力较差，在走出校门之后难以继续学习，因此，在教学过程中教师有必要组织学生采用合作学习的方法，在相对较短时间内改善学习状态。学生在学习方法、思路、习惯上存在的问题，在合作学习中，由教师引导学生发挥主体能动性来改正。设法多给学生创造自主思考的机会，可以由教师提出问题或安排学生独立阅读后自行提出问题，组织学生讨论解答，教师最后总结。通过有目的的训练，可以有效养成学生主动学习的习惯。同时，合作学习还有助于学生之间加强沟通、团结互助，营造良好的学习氛围。

（三）激发学生的学习兴趣

"兴趣是最好的老师"，树立学习的自信心也离不开学生对所学内容的兴趣的激发，只有培养和激发了学生学习的兴趣，学生的自主性才可以得到发展。根据自主学习中自主、合作的原则，在课堂教学中改变单独的师生交往形式，为学生多提供畅所欲言的机会。在

---

① 于红. 如何转变职业学校学生的学习方式[J]. 中学校长，2007(5)：79

教学的关键之处、重点之处可根据学习内容、学习目标、学习环境以及学习者的人格特征，设计同桌交流、小组讨论、伙伴学习的环节，既可以打破教师"一言堂"，让学生取长补短、相互启发，增加课堂的信息量，还可以给学生提供展示个性的机会，增强他们团队的意识和竞争的精神。在学习内容上，从学生感兴趣的事物或知识入手。教学中让学生选择自己想学的内容先来学习，这样有助于调动学习的积极性。课余时间多鼓励学生自主学习自己想学的知识内容，然后利用自习或课前时间让学生汇报自己自主学习的内容，激发学生主动学习的欲望。学生在课堂中不仅要主动开展学习活动，还要对学习成果进行自我评价和互相评价，在自主学习过程中，学生能积极参与到对自己的学习成果的评价中去，即能从中体验到成功的乐趣，同时还能在评价的过程中发现知识、技能上的不足，并通过自己的行为去调整和矫正[①]。

【相关链接】

丹麦的职业教育非常注重根据学生的愿望、兴趣和原有知识基础进行教学。近几年，丹麦教学方法的改革集中在不断探求新的形式，每个新生都要求在学校的指导下，制订一份个人教育计划，内容包括完成整个学习过程所要学习的课程、进行的培训以及学习时间的安排等。个人教育计划可以使学校和企业在提供教学和培训师充分考虑学生的愿望和要求，更大程度实现因材施教。

为照顾学生个别差异，丹麦在职业资格评定也采取比较灵活的措施。对那些平时成绩差且又难以完成全部教学计划的学生，实行部分资格制度，即一个学期满，即可参加测试，合格者，即颁发资格证书。另一方面，对想要升学的学生，在基础学习阶段就加强普通文化教学。并在各学习院校根据大学入学要求开设大量文化补习课程。

（资料来源：吴雪萍．国际职业技术教育比较[M]．杭州：浙江大学出版社，2004(5)）

(四)激发学生的学习动机

如在入学初就设置课程向学生说明所学专业的培养目标、学习内容以及区别于初中时的学习方法、学习原理；又如在每门课之初就向学生说明本课程的学习目标、内容和特点等，以便于学生据此建立自己的学习目标，激发自己的学习动力[②]。

有关学习动机激发的详细内容，请参见本书专题八职业学校学生学习动机的培养与激发。

本章总结

1. 学习是一个永久性的话题，随着时代的变化学习被不断赋予新的意义和内涵，各个学派和心理学家对学习有不同的理解，因此所下的定义也不同。较为广泛被大家所接受的观点是把学习定义为：学习是指学习者因经验而引起的行为、能力和心理比较持久的变

[①]　于红．如何转变职业学校学生的学习方式[J]．中学校长，2007(5)：79
[②]　庄西真．职校学生的学习规律、学习原则和教师对学生的指导[J]．教学研究，2008(7)：30～31

化。学习还是一种非常复杂的现象，它涉及不同的对象、内容、形式和水平，因此，学习依据不同的标准可分为意义学习和机械学习、接受学习和发现学习等。学习对人类的生存、个体的发展有重要的意义，它可以影响个体的成熟以及智力发展的程度。

2. 由于各个学派和专家的立场、视野和研究方法各不相同，因而也就形成了学习理论的各种流派。主要分为行为主义学习理论、认知主义的学习理论、建构主义学习理论和人本主义学习理论等几种流派。

3. 行为主义主要的代表人物有桑代克、斯金纳和班杜拉等。桑代克认为学习的实质就是形成一定的联结，个体所学到的就是一连串刺激—反应联结的组成。斯金纳认为学习依赖于强化作用，强化有正强化和负强化，强化的手段不同，结果也会不同。班杜拉认为学习的产生是由于观察与模仿别人而产生的，而不是强化。个体可以通过对榜样的观察而模仿他们进行学习，也可以通过观察来改变自己原来的行为。

4. 认知主义包括三个阶段：以格式塔心理学的学习理论和托尔曼的符号学习理论为代表的早期认知学习理论阶段、以布鲁纳和奥苏贝尔为代表的传统认知派学习理论、以信息加工学习理论和建构主义学习理论为代表的新的认知派学习理论。布鲁纳强调任何学科都必须使学生掌握该学科的基本结构，提倡发现学习。奥苏贝尔根据不同的标准，把学习分为机械学习和意义学习、发现学习和接受学习，他强调认知结构的同化作用，认为学生能否习得新信息，主要取决于他们认知结构中已有的有关概念。

5. 建构主义学习理论是以学生为中心，在整个教学过程中由教师起组织者、指导者和促进者的作用，利用情境、协作、会话等学习环境要素充分发挥学生的主动性、积极性和首创精神，最终达到使学生有效地实现对当前所学知识的意义建构的目的。

6. 人本主义学习理论主要代表人物是罗杰斯，强调以学生为中心，把学生视为教学活动的主体，主张有意义的学习，充分激发个人的潜能。

7. 职业学校学生的学习具有学习目的的职业性、学习要求的全面性、学习过程的实践操作性、学习方式的半自主性、学习范围的开放性等特点。职业学校学生学习仍然存在着学习准备不足、学习目标不够明确、学习动力不足、学习方法不当、学习习惯不良、对学科用途的认识较主观、学习重点的确定缺乏足够的理性、学习上自信不足、自我肯定不足和学习效率水平不高等问题。针对目前职业学校学生学习的特点及存在的主要问题，我们要通过实施帮助学生树立自信心、培养学生主动学习的习惯、激发学生的学习兴趣、激发学生的学习动机等措施来改变目前职业学校学生学习的现状。

思考题

1. 学生的学习对于个体发展和人类发展的意义。
2. 组织学生就现实中的例子讨论态度学习是非常重要的一种学习。
3. 结合实例，比较"发现学习"和"接受学习"的不同。
4. 奥苏贝尔学习理论的核心是什么？这一理论对于教育者有何启发？

（本章作者：屈正良　唐朝华）

专题四　职业学校学生知识的学习

知识就是力量；知识就是智慧；知识就是财富；知识改变命运……诸如此类关于知识的格言太多了。那么，到底什么是知识？职业学校学生如何才能有效地学习知识呢？这是本章要重点介绍的内容。

第一节　知识概述

一、知识的概念

我们经常说某人很有知识，但具体什么是知识呢？这确实不是很好回答的问题。其实关于知识的研究，很早就开始了。自古希腊以来（苏格拉底以后），人们一直在对知识进行不停的探讨，但至今并没有一个关于知识的精确定义。由于人们所处文化不同，所以不同的人给出的知识定义也不相同。通常人们所说的有知识的人，是指他们对事物有一个透彻、全面和可靠的掌握。

表 4-1　关于知识的定义

	定　　义
哲学	知识是经过证实了的真的信念。（柏拉图）
	知识是一套对事实或思想有系统的阐述，提出合理的判断，通过某种交流手段，以某种系统的方式传播给他人。（丹尼尔·贝尔）
	知识是意识的唯一行为。（马克思）
	知识是通过实践、研究、联系或调查获得的，关于事物的事实和状态的认识，是对科学、艺术或技术的理解，是人类获得的关于真理和原理的认识的总和。《韦伯斯特词典》
	知识是人们在改造世界的实践中所获得的认识和经验的总和。《现代汉语词典》
	知识是人们在实践中积累起来的经验。从本质说，知识属于认识的范畴。《辞海》
	知识是经验、信息——工具、逻辑和思想创意的数字符号系统。知识是符号系统，是符号的符号系统。（宋太庆）
心理学	知识是客观事物的特征与联系在人脑中的能动反映，是客观事物的主观表征。（朱文彬、赵淑文）
	知识是用言语符号来标志某种事物或表述某些事实。（加涅）
	知识是个体通过与其环境相互作用后获得的信息及其组织。（皮连生）
	知识是个体为适应生活环境所拥有的一切信息。（张春兴）
	知识是"对具体事物和普遍原理的回忆，对方法和过程的回忆，或者对一种模式、结构或框架的回忆"。（布鲁姆）

综上所述，我们可以发现，尽管不同的人对知识有不同的理解，但这是因为他们认识的角度不同，仔细研究可以发现其中有一些共同点。比如，知识的人类特有性，人与环境之间的相互性，后天性，条理性等。在此，我们试着给知识下定义：知识就是人类自身发

展过程中关于世界、人类社会的认识经验的集合体，并随着人类发展而发展。而职业教育学中所说的知识应该包括一切为人们职业终身发展所需的规律、经验、技能等。

二、知识分类

人类发展至今，知识越来越丰富，尤其是工业革命后，知识增长更快，而信息革命的潮流更是使人类进入"知识爆炸"的时代。如此多的知识，人们利用起来很不方便，就需要按照一定的标准把它们分类。现介绍几种常见的知识分类：

(一)经合组织(OECD)的分类

知道是什么的知识(know-what)，指关于客观事实的知识。

知道为什么的知识(know-why)，指自然规律和原理方面的知识。

知道怎么做的知识(know-how)，指技术诀窍、技能和能力方面的知识。

知道是谁的知识(know-who)，指知道何人具有何种知识和能力的知识，涉及社会关系等方面[①]。

(二)杜威的分类

第一类是"理智地获得技能这一意义上的知识"，是"如何做的知识"；

第二类是"了解这一意义上的知识"；

第三类是"从别人那里获得的知识、通过向别人学习而间接得到的知识"；

第四类是"理性的知识或科学"，这类知识是源于理性基础、源于逻辑顺序和体系的知识。而且，杜威还认为，第一类和第二类知识虽然在发生学上和心理学上是更为原始的，但不能因此而低估其价值[②]。

(三)现代认知心理学的分类

知识可以分为陈述性知识、程序性知识和策略性知识。

陈述性知识是描述客观事物的特点及关系的知识，也称为描述性知识。陈述性知识主要是解释事物"是什么"的问题，是个人有意识地提取线索。如：中华人民共和国的首都是北京。

程序性知识是一套关于办事的操作步骤和过程的知识，也称操作性知识。这类知识主要用来解决"怎么做"的问题，可用来进行操作和实践。它是个人无意识地提取线索，只能借助某种操作形式间接推测其存在的知识，即传统上说的技能，解决"如何做"的问题。如：如何发动汽车？

策略性知识是关于如何获得新知识的知识，即个体如何运用原有的知识包括陈述性知识和程序性知识去学习，是通过思维解决问题的一切方法和技巧。从本质上看，策略性知识也是程序性知识，其与一般程序性知识不同的是，一般程序性知识是指向事物本身的，策略性知识是指向信息加工过程本身的，是关于学习策略、自我调节、元认知的知识。

---

① 联合国经济合作与发展组织. 以知识为基础的经济[M]. 北京：机械工业出版社，1997

② 李渺. 教师的理性追求[D]. 南京：南京师范大学出版社，2007(5)

如：怎样写作文才会得高分？

【相关链接】

表 4-2 分类标准与知识分类

分类标准	知识分类
知识的来源	直接经验知识和间接经验知识。
反映事物的深浅	感性知识和理性知识。
反映事物的范围	一般知识和特殊知识。
是否易于传递	编码化知识和隐含经验类知识。
解决问题的功能	陈述性知识和程序性知识。
繁简水平不同	连锁、辨别、具体概念、抽象概念、规则及高级规则六类。
不同表征方式和作用	陈述性知识、程序性知识和策略性知识。

三、知识表征

知识表征是指信息在人脑中的储存和呈现方式，它是个体知识学习的关键。同一事物，如"汽车"，在人的记忆系统中可能有以汽车的视觉表象或关于汽车的定义的命题等多种形式表征。在此，不同表征形式被称为编码，它们所代表的共同信息被称为表征的内容。根据现代认知心理学，不同类型知识的表征方式不同。

(一)陈述性知识的表征

心理学家认为陈述性知识主要以命题、命题网络和图式为表征。

1. 命题

命题这个术语来自逻辑学，指表达判断的语言形式。例如，"计算机是一种能够按照事先存储的程序，自动、高速地进行大量数值计算和各种信息处理的现代化智能电子设备。"这个句子就是一个命题。在心理学中，命题是指语词表达意义的最小单位。一个命题由两部分组成：关系和主题。关系一般由动词、副词和形容词等其他关联词表达；主题通常由名词或代词表达。例如：①机电工程系同工商管理系进行了一场非常精彩的篮球赛。这个句子可以分解成两个句子。②机电工程系同工商管理系进行了一场篮球赛。③这场篮球赛非常精彩。句子②③各表达一个命题。句子②里的主题是"机电工程系、工商管理系、篮球赛"，关系是"同"。句子③的主题是"篮球赛"，关系是"非常精彩"。因此句子①是由两个命题构成的。可见，命题虽用句子表达，但命题不等于句子，命题只涉及句子所表达的意义[1]。

2. 命题网络

命题网络是指几个有相同成分的命题，通过共同成分而形成的网络结构。心理学家运

---

① 汪凤炎，燕良轼主编. 教育心理学新编[M]. 广州：暨南大学出版社，2006：269

用自由回忆法和反应时法，证实了命题网络是知识表征的主要形式，而且这些命题通常是按一定层次结构储存在人脑中的。一般来说，较为抽象、概括的知识处于高层，较为具体的知识处于低层。如柯林斯和奎练的一个经典实验所发现的有关动物、鸟、鱼方面的知识是按下图的层次结构在人脑中组织和储存的。

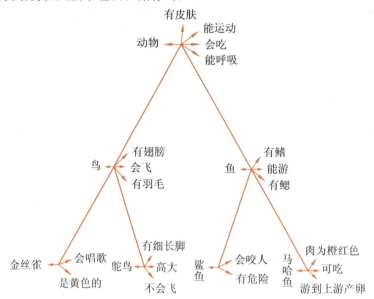

图 4-1　有关动物、鸟、鱼方面的知识在人脑中组织和储存的层次结构

3. 图式

认知心理学家安德森认为，命题适合于表征较小的意义单元，但对于表征已知的、一般性和抽象性的信息组合就不合适。如关于房子的表征[①]：

图 4-2　房子

房子的图式表征如下（安德森）：

上位集合：建筑物

组成部分：房间

材料：木头、砖头、石头

功能：供人居住

---

①　张大均主编. 教育心理学[M]. 北京：人民教育出版社，2005：242

形状：直线形或三角形

面积：10～1000平方米

【相关链接】

　　图式（schema）在心理学史上是一个颇具争议又经常被心理学家提到的概念，它的内涵也在不断地变化和发展。在不同时代、不同心理学家眼里，图式有不同的含义。皮亚杰最早提到图式，他认为："图式是一种内化的动作。"英国心理学家F. C. 巴特利特将图式看作过去的反应或经验的一种积极的组织。现代图式理论的一个主要代表人物D. E. 鲁梅哈特认为，图式是表征储存在记忆中的一般概念的数据结构，这种结构具有网络形式，人在记忆中储存的一般概念的各个成分是相互联系的。图式具有一般性和抽象性，而不是具体的或特殊的。现代认知心理学将图式分为两类：一类是关于客体的图式；另一类是关于事件的图式或做事的图式。前者如人们关于酒店、植物、文物等的图式，后者如人们进酒店用餐、去医院就诊、上电影院看电影的图式[①]。诺曼认为，图式是表征记忆中已经储存的有关概念的资料结构。安德森认为，图式是对范畴的规律性作出编码的一种形式，这些规律性既可以是知觉性的，也可以是命题性的。大多心理学家认为，图式是人们对客体和事件有关属性组合的知识储存方式。加涅认为图式具有三个基本特征：第一，图式中含有变量；第二，图式可按层次组织起来，并可嵌入其他图式当中；第三，图式有助于推理。

(二)程序性知识的表征

　　程序性知识是关于怎样做的知识，其在头脑中的表征是通过产生式和产生式系统来完成的。

　　1. 产生式

　　产生式这个术语来自计算机科学。一个产生式就是一个"如果—那么"规则。如下表：

表4-3　产生式规则

如果	目标是要强调中职阶段学习对高职阶段的重要性 在中职阶段认真学习了
那么	在高职阶段学习就很轻松了

　　一个完整的产生式必须具备如下三点特征：第一，它的结构特征是"如果—那么"形式。第二，条件与行为的内外表达。这就是说，我们可以不以外部动作表现出来，而是在头脑中进行操作。第三，目的性。任何一个产生式的执行都必须有一定目标，否则就可能成为无头苍蝇，难以系统地完成所需解决的任务[②]。

　　2. 产生式系统

　　简单的产生式只能完成单一的活动。有些任务需要完成一连串的活动，因此，需要许

---

① 汪凤炎，燕良轼主编. 教育心理学新编[M]. 广州：暨南大学出版社，2006：270

② 吴庆麟主编. 教育心理学——献给教师的书[M]. 上海：华东师范大学出版社，2003：170～171

多简单的产生式。经过练习，简单产生式可以组合成复杂的产生式系统。这种产生式系统被认为是复杂技能的心理机制。如果说，若干命题通过其共同的观念而形成命题网络，那么产生式通过控制流而相互形成练习。当一个产生式的活动为另一个产生式的运行创造了所需要的条件时，则控制流从一个产生式流入另一个产生式。当产生式经过练习达到十分熟练的程度，甚至达到自动化的程度，就能变成一种产生式系统，实际上也就成为人们所说的一种技能了[①]。

四、知识的信息加工过程

根据信息加工心理学的观点，知识学习就是一个信息加工的过程。那么，知识是怎样进入人脑的？人又怎样从记忆中提取所需要的知识呢？为了便于理解和说明人脑内部的信息加工过程，心理学家在与计算机类比的基础上，根据大量的研究结果，提出了有关知识学习的信息加工过程的模型。下面介绍由加涅等人提出的一个信息加工模型：

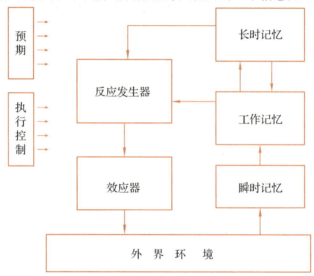

图 4-3　人类学习的一般心理机制

该模型包括三个主要部分：

第一个部分是信息贮存，这是一些资料库，用来保存信息，相当于计算机硬盘。信息加工模型中的信息贮存库包括感觉记忆、工作记忆和长时记忆。

第二个部分是认知加工过程，即将信息按照一定属性进行分类管理，相当于计算机中用来发布指令、转换信息的各种程序。这个过程包括注意、知觉、复述、编码和提取等。

第三个部分是元认知，是对认知过程的认知。元认知控制并协调着个体将信息从记忆的一个贮存库转移到另一个贮存库的各种认知加工过程。

---

① 汪凤炎，燕良轼主编. 教育心理学新编[M]. 广州：暨南大学出版社，2006：275

第二节　陈述性知识的学习

职业教育教学中陈述性知识的学习主要是文化基础、操作原理、技能原理等相关理论知识。这些知识的掌握与否，关系到能否更好地掌握一门技术，更好地利用"工具"创造财富，创新改革。

一、陈述性知识的学习过程

现代认知心理学认为，陈述性知识的学习可以分为三个阶段：第一阶段是新知识或信息的获得。这一阶段的学习实质是新知识或信息进入短时记忆，与长时记忆中被激活的相关知识建立联系，从而出现新的意义的建构。第二阶段是新知识或信息的保持或遗忘过程。这一阶段的学习实质是新建构的意义储存于长时记忆中，假如没有复习或新的学习，这些意义会随着时间的推移而出现遗忘。具体地说，新知识的获得也就意味着意义的获得。新意义获得以后，新旧观念的相互作用的继续。保持的反面是遗忘，遗忘是指已经获得的意义的可利用性的下降。第三阶段是意义的提取与运用。也就是在必要的时候将储存于大脑中的陈述性知识提取出来并加以利用的过程[1]。

皮连生根据奥苏贝尔的同化理论和安德森的激活理论，提出了陈述性知识的学与教的模型，把陈述性知识的学习过程分出六个阶段[2]：

第一阶段：注意与预期（心向）

任何有目的的学习的发生都以学生有意识的注意为先决条件。当学生有意识地注意某目标时，教师应应用灵活的教学风格、有趣的语言故事、丰富的肢体动作等刺激学生对知识的兴趣，使其把注意维持到知识内容上；教师也可以通过提问或告知教学目标，使学生产生预期。职业学校教师教学生知识时可以让学生预习课本，找出其中的难点与重点，或拿一些器械模型，使学生对将要学习的知识形成期待。

第二阶段：激活原有知识（认知结构变量）

奥苏贝尔认为，新知识的学习与原有知识要发生同化作用。为了使学生能更好地获得新知识，达到预期教学目标，职业学校教师应在讲授新知识之前，引导学生复习相关的旧知识，激活学生脑中的原有知识，促进和完善学生的认知结构。

第三阶段：选择性知觉

人们在获取知识的过程中并不是所有的知识都吸收，而是有选择性地吸收。人们总是容易学习那些与原有认知相关的知识，对于那些一点印象都没有的新知识则不易记忆，即使暂时记住也会很快忘记。一般来说，职业学校知识背景没有普通学校的积累多，所学新

---

① 汪凤炎，燕良轼主编. 教育心理学新编[M]. 广州：暨南大学出版社，2006：271～272
② 莫雷等主编. 教育心理学[M]. 北京：教育科学出版社，2007：99

知识更不易长久保存在大脑里。因此，职业学校教师在讲课时应以多种方式呈现教学内容，多把文字的描述与直观的形象相结合，如图片、实物、声音等，更可以配以抑扬顿挫的对白，加强学生对知识的理解。

第四阶段：新旧知识的相互作用

人在学习知识时，如果所学知识不能进入长时记忆，则很快就会忘记。如何保持新知识不被遗忘呢？促进新知识与旧知识的发生联系就是最好的记忆方法。这不但要求在新旧知识之间发生联系，而且要区别它们之间的不同。在这一阶段，教师应关注学生对新知识的获取情况，并及时提供反馈信息。教师的作用就是帮助学生在新旧知识间建立内在联系。

第五阶段：认知结构的改组与重建

知识的命题网络并不会在形成后就不再发生改变，相反，它是随着人们知识的成长而变化，当原有认知结构不能接受新知识时，人们倾向于建立新的认知结构。认知结构经过不断地改组与重建，使所学知识都能纳入一定结构中，方便记忆与保持。在此阶段，教师要引导学生对知识进行复习整理，掌握正确的策略，促进学生形成良好认知结构。职业学校教师在教学中，要使学生既掌握工作原理，又会实务操作，使学生能在脑海中把理论与实际结合在一起。

第六阶段：根据需要提取信息

学校不能也不可能把所有知识都教给学生，学生要学会根据不同的环境提取有关知识来解决问题。此阶段教师的任务就是测量和评价学生认知结构的特征，如学生是否能灵活运用所学知识等。职业学校所教知识一般都是普遍性的原理，能使学生了解某一类工作的基本流程、工作原理等。在此阶段，教师就要检查学生能否在不同的情境中应用知识，灵活解决工作情境中的问题。

教学过程

学习过程

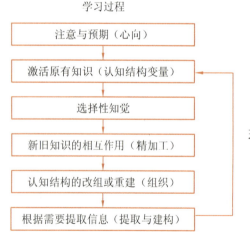

1. 引起与维持注意：告知教学目标
2. 提示学生回忆与巩固原有知识
3. 呈现经过组织的新知识
4. 阐明新旧知识的各种关系，促进新知识理解
5. 指导学生复习与记忆策略
6. 测量与评价认知结构的特征

图 4-4　学习过程

二、陈述性知识的教学策略

奥苏贝尔将知识学习分为机械的学习和有意义的学习两类，强调学生接受学习。他认为，学生学习主要是在于有意义的学习，即符号所代表的新知识与学习者认知结构中已有的适当观念建立非人为的和实质性的联系。所谓非人为的和实质性的联系是指新的符号或符号代表的观念与学习者认知结构中已有的表象、已经有意义的符号、概念或命题的联系。因此，职业学校的学生学习知识时应避免死记硬背，要寻找知识与知识间的本质联系。这里介绍几种教学策略：

(一)头脑风暴法

职业学校学生一般课本知识准备不足，不能很好地吸收知识，因此这就要教师传授知识时具有一定技巧。教师在讲新知识前，可以提出一个问题，让学生自由发言，无所谓对错，最后教师总结，一一列出同学观点。如在课堂上，教师让学生描述"计算机的用处"时，学生甲的回答是："上网、查文献、文档处理"；学生乙的回答是："玩游戏、听音乐、看影碟"。每个学生都会对问题有自己的看法，老师应尊重学生的意见，在他们的观点中引出新知识，传授完新知识，还要回到学生观点，让学生能主动把知识与自己的观点建立联系，增强他们对知识的理解，并保持记忆。

(二)比较法

知识学习只有比较才能发现其中的联系与区别，只有比较新旧知识才能巩固旧知识，理解新知识。职业学校教师教学中要善于使用比较法，让学生学会分辨，找到联系。比较的方法可以分为同类比较和异类比较。同类比较就是同类事物之间的比较，寻找它们共同的特征。异类比较就是不同类事物之间的比较，主要是寻找它们的区别与联系。

(三)精加工法

精加工通俗地讲就是对知识进行补充、推论等。常用的精加工方法就是做笔记。做笔记不是简单的记录老师所说的内容，而是有选择性地记自己未能理解的和重点内容。它包括摘抄、评价、总结概括等。研究表明，笔记不但有助于学生控制注意力，而且能帮助学生发现知识的内在联系，从而建立新旧知识的联系。

(四)先行组织者

奥苏贝尔认为，先行组织者是新旧知识发生联系的桥梁，是一个先于学习材料呈现的概括与包容水平较高的引导性材料。这样，在新知识的学习中，学生会感到一种熟悉的感觉，易于与旧知识形成联系，有利于新知识的组织和系统化。

【相关链接】

促进陈述性知识学习与保持的策略

1. 提高学生对陈述性知识的理解力

学习陈述性知识的关键虽是一个记忆问题，但是不能将陈述性知识的学习过程简单地理解为仅是一个背诵的问题。就陈述性知识本身而言，既有简单的陈述性知识，也有复杂的陈述性知识；既有本身没有任何意义的陈述性知识，也有本身有丰富意义的陈述性知识。这样，如果在教学或学习过程中能采用一些得力措施增强学生对陈述性知识的理解力，自然有助于提高学生学习陈述性知识的效果。依据奥苏贝尔等人的学习理论和大量的实践经验，机械记忆的效果不如意义识记的效果好。那么，怎样提高学生对陈述性知识的理解力呢？这里有几个策略供大家参考。

第一，关键特征策略。概念的本质特征被称作关键特征或标准特性。例如，一切圆的正例都包含了圆这一概念的关键特征，一切反例都不会完全包含圆的所有关键特征。但是，概念的正例除了包含关键特征外，还包含无关特征，如圆的大小、颜色等都是无关特征。概念的反例虽然不具有概念的所有关键特征，但概念的正例和反例在无关特征方面可能有许多相同。研究表明，关键特征和无关特征的数量与强度影响对学习材料的理解，学习材料中无关特征的数量和强度越大，越容易造成概括时的困难；相反，关键特征越多、越明显，理解知识就越容易。这样，通过告诉学生怎样注意关键属性，怎样减少无关属性的干扰，可以使学生较容易地习得概念；同时，让学生自己用语言来表述概念的相关属性，能更好地习得概念。而在具体概念的教学中，学生若能用手摆弄或操作实物或模型，比只让他们观看更容易习得概念。另外，既然有大量实在属性的概念问题比缺乏实在属性的概念问题更容易解决些，那么，教师在进行陈述性知识的教学时，就要尽量多地给予学生有关概念的实在属性，而不要孤立地教概念。

第二，对比策略。在学习某一陈述性知识时可以适当地向学习者提供一定数量的肯定例证与否定例证，以便于学习者通过比较一些典型的肯定例证与否定例证，从而顺利进行分化，以提高对概念认识的准确性。肯定例证，也叫正例，指一切包含概念的本质特征和符合规则的事物。否定例证，也叫反例，指一切不包括概念的本质特征、不符合规则的事物。如对于植物而言，松树和杉树就是正例，而鸡和鱼就是反例。研究表明，在学生学习某一概念的过程中，当正面事例与反面事例有明显的区别时，在正面例子都非常一致的情况下，最容易习得概念。学生从正面事例中获取的信息比从反面事例中获取的信息多些，在一般情况下，同时呈现若干正面例子似乎更有利于学生学习概念。再者，并排地呈现正面和反面例子，学生更容易看出概念的本质属性和非本质属性，进而易于习得概念。

第三，变式策略。变式指只是概念的非本质特征发生了变化，而保留了概念的本质特征的事物。例如，对人而言，中国人、美国人、男人、女人、老人、小孩都是它的变式。在学习某一概念时若能及时向学习者提供一些典型的、特殊的变式，有助于学生理解这一概念的本质特征，自然有助于学生对此概念的识记与保持。

第四，反馈策略。在学生学习陈述性知识时，教师给予学生的反馈越完整、越及时，学生的学习效果越好。

第五，同化策略。在学生学习概念时必须为他们提供足够的时间来同化给予他们的信息，这样，学生对于所学的知识就有足够的时间进行心智加工，学习效果一般也比较好。

2. 提高学生对陈述性知识的记忆力

学习陈述性知识的关键说到底是一个记得牢不牢的问题。一个人对其所接触的陈述性知识若记得牢，即记得既准确，又能保持时间长，那么在需要运用时自然能有效地提取出来；反之，若记得不牢，那么在需要运用时也难以有效地提取出来。那么，怎样提高学习者的陈述性知识记忆力呢？关键是要掌握一些好的记忆方法或高效记忆策略。所谓高效记忆策略，其标准为记得快、记得准、记得久，包括自然语言媒介法、地点法、联想法等。心理学家把陈述性知识大致分为两类：一类是简单陈述性知识，它主要由机械性的、彼此无逻辑联系的材料构成；另一类是复杂陈述性知识，它主要由合乎语文法则的意义性材料所构成。促进这两类陈述性知识的记忆与保持的策略是不同的。

3. 促进简单陈述性知识的学习与保持的策略

简单陈述性知识主要符号表征的学习和概念的学习。这类学习的难点不在于理解而在于保持，因为他们的遗忘速度快，而且遗忘率高。这样，促进简单陈述性知识学习与保持的常用策略主要有四种：①动机性策略。它指老师在教学过程中运用各种手段去激发学生的学习动机，使其明确新知识的意义与价值，这样，学生学习起来才有内在动力。②复述策略。复述指为了保持信息而对信息进行多次重复的过程。复述若想达到提高记忆的效果，最好采用复述与结果检验相结合的办法。同时，在讲授新知识点之前让学生复述或回忆已学过的旧知识，能够有效地激活旧知识，为学习新知识提供有效的"先行组织者"，这往往有利于新知识的学习。从这个意义上说，新课中的导言、讲解中的知识穿插，以及检验学生是否真正掌握了已学过的知识等都是有效的复述策略。③精加工策略。精加工指对要记忆的材料补充细节、举出例子、作出推论，或使之与其他观念形成联想，以达到长期保持的目的。记忆术是典型利用精加工的技术，如根据遗忘先快后慢的规律，新学习的材料要及时地复习；根据分散学习的效果优于集中学习的效果的规律，宜采用分散学习与记忆的策略；根据先后两种相似材料的学习易于相互干扰的规律，采取先前的材料过渡学习的策略，等等。④组织策略。组织指发现部分之间的层次关系或其他关系使之带上某种结构以达到有效保持的目的。组织策略的实质是发现要记忆项目的共同特征或性质，而达到减轻记忆负担的目的。

4. 促进复杂陈述性知识的学习与保持的策略

在复杂陈述性知识的学习中，学习的实质是习得言语材料中的意义。假如意义以命题网络或认知图式储存，则能持久保持且易于提取和应用。在复杂知识学习里同样利用上述策略，不过，除动机性策略外，其他策略应用的目的与条件是不同的。①复述策略。在复杂知识学习学习里，复述策略包括边看书边讲述材料；在阅读时做摘录、画线或圈出重点等。②精加工策略。在复杂知识学习里，精加工策略包括释义、写概要、创造类比、用自己的话写出注释、解释、自问自答等技术。研究表明，做笔记有助于指引个人的注意，有助于发现知识的内在联系，有助于建立新知识与旧知识之间的联系。③组织策略。在复杂知识学习里，可以采用列课文结构提纲与画网络图的方法对材料进行组织。

（资料来源：汪凤炎，燕良轼．教育心理学新编［M］．广州：暨南大学出版社，2006（6）：272～274）

第三节　程序性知识的学习

职业学校的教育具有职业性、实践性的特点，所以更加强调学生"如何做"的知识，也就是程序性知识的传授是职业学校的重点，要让学生在"做中学"，把"做"与"学"结合统一起来。

一、程序性知识的学习过程

程序性知识的学习过程也分为三个阶段：

第一阶段，陈述性阶段。学习者首先要理解有关的定义、原理、规则和行动步骤等的含义，并纳入自己的认知结构中。在教学中，学生所学的程序性知识就是它的陈述性形式，掌握过程与陈述性知识的一样。但是，职业学校的学生往往容易不重视这一个环节的学习，认为只要看看别人怎么做就可以，从而忽视一些基本知识，导致后面环节的学习要花费过多的精力和时间来弥补。

第二阶段，程序化阶段。通过练习使规则的陈述性形式向程序性形式转化。在这个过程中应注意以下几个方面。首先，精讲要与多练相结合。"精讲"就是教师上课要突出重点、难点，讲关键、讲主干、讲方法；"多练"不是搞题海战术，而是通过典型变式的练习或操作等学习活动，增加学生灵活应用知识的机会。其次，练习形式多样，注意举一反三。通过适量变化的练习，引导学生概括出一类问题的共同特征和共有的一般方法，使学生掌握其原理和规则，把所学的陈述性知识转化为程序性知识，达到自动化。再次，练习要适量适度，循序渐进。练习量太少，不足以使程序性知识达到自动化；练习量太大，由于练习曲线有"高原期"会使学生事倍功半，练而无功甚至带来负面影响。因此，练习要从易到难地进行，要适合学生认知发展水平。最后，要注意引导学生对练习的思路和方法进行反思和总结[①]。

第三阶段，自动化阶段。这是程序性知识发展的最高阶段。在此阶段，人的行为技能完全由无意识支配，达到相对自动化的程度。要使程序性知识的学习过程顺利进入这一阶

---

① 汪凤炎，燕良轼主编．教育心理学新编［M］．广州：暨南大学出版社，2006：276～277

段，在教学中，职业学校的学生要经常使用所学的程序性知识，使技能达到自动化；同时，教师也应该多给学生提供机会，反复练习，达到熟能生巧。

二、程序性知识的分类

根据程序性知识的性质和特点，可以把程序性知识分为智慧技能、动作技能和认知策略三类。

(一)智慧技能

智慧技能一般是指运用概念和规则对外办事的能力。加涅将智慧技能分为 5 类：(1)辨别：区别事物的差异；(2)具体概念：识别具有共同特征的同类物体；(3)定义性概念：能理解以命题表达的事物的本质；(4)规则：运用规则办事；(5)高级规则：同时运用几条规则办事，解决复杂问题。

(二)动作技能

动作技能是指在练习的基础上形成的按某种规则或程序顺利完成身体协调任务的能力[1]。动作技能的形成一般分为三个阶段：(1)认知阶段。动作技能形成初期为认知阶段。动作技能越复杂，认知阶段越长。在此阶段，学习者经常出现忙乱、紧张、动作速度慢、呆板等特点。(2)联系阶段。学习者通过练习把已局部掌握的、个别的动作联系起来，形成比较连贯的动作。(3)自动化阶段。在这个阶段，各个动作联合成为一个完整的自动化动作系统。学习者的紧张状态消失，并能根据情境变化而迅速调整动作。

(三)认知策略

认知策略是个体自主控制其内在心理活动而获得新知识的方法和技巧。从本质上讲，认知策略是一种特殊的程序性知识。

一些心理学家对认知策略进行了广泛研究，提出了不同的认知策略。如怀特和维特罗克通过研究提出了问题解决过程中的四种认知策略：(1)运用原理解决问题，寻找深层意义的策略；(2)把问题中的许多小目标连成一串目标，采用逐步接近，承认局部目标的策略；(3)不受一种思维方法局限，灵活探索策略；(4)将部分综合成整体的策略。加涅对个体信息加工中的认知策略进行研究后认为，认知策略主要可分为注意、检索、编码和思维等几种。但更多的心理学家将认知策略扩展到一切认知过程，凡是涉及人们的感知、记忆、思维和想象等一切认知领域的策略都是认知策略。如李伯黍(1995)认为，认知策略主要有知觉策略、机械记忆策略、目标递归策略和模式策略[2]。

---

① 张大均主编．教育心理学[M]．北京：人民教育出版社，2005：246
② 张大均主编．教育心理学[M]．北京：人民教育出版社，2005：246～247

三、程序性知识的学习

(一)智慧技能的学习

1. 辨别技能的学习

辨别是指对刺激的不同物理特征作出不同反应的能力，它是智慧技能学习的基础。学生能辨别刺激的不同并给予不同的反应，或是从众多刺激中辨别出相同的刺激，学习才会达到准确精密的程度。依照加涅的观点，影响辨别学习的内在条件是，个体必须经由感官觉察到刺激，而且能辨别各刺激之间相同或相异的特征。这种内在特征虽不能直接观察，但可由个体表现的外显反应来确定。教师在教学过程中安排外在条件时，可以按照两个原理来处理：一是当学生回答准确时，立即给予适度的强化；二是让正确的反应多练习几次，防止遗忘。吉布森的知觉实验表明，在没有外部反馈信息或强化的条件下，单纯反复观察图片，有时也能提高知觉辨别能力。

2. 概念学习

概念是对具有共同关键特征的一类事物的概括性认识。所谓概念学习就是能概括出同类事物的共同本质特征。辨别是反映事物的差异，概念是反映事物的共同点。所以，习得一个概念不仅要求学生学习与掌握一类事物的共同本质特征，而且要求他能排除非本质特征。概念在生活中使用极广，对思维过程尤为重要，早期研究者试图根据简单的联想来解释概念的学习，提出了联想理论；当代认知心理学则把人们看作是一个积极的信息加工者，通过提出和检验各种假设来解决种种问题的，包括概念问题，这就是假设—检验理论；罗斯则认为，记忆中的种种概念是以这一些概念的具体例子来表示的，而不是以某些抽象的规则或一系列相关特征来表示的，这就是他的范例理论。具体概念的学习是以辨别能力为基础，先能辨别事物的特征，才能根据特征归类成为共同属性而形成概念；同时教师要提供具体事物让学生按属性进行辨别。对于定义概念，教师要使用规范的语言，使学生理解其意义，并尽可能提供具体活动作为示范。程序性知识中的概念作为一种智慧技能的本质特征，在于它们能在不同于原先的学习性情景中应用，这样促进程序性知识中的概念学习的关键一步是，通过变式练习，在不同情景中灵活应用这个概念，从而使概念由陈述性知识转化为支配人的行为的程序。

3. 规则的学习

规则是指将整个概念合在一起作为一个完整意义的表达。加涅认为，规则包含两类概念：一类是情境性的，它们代表情境的某个方面；一类是转移性的，它们代表操作或运算。规则作为一种智慧技能，其学习的实质是学生能在体现规则变化的情境中适当应用规则，使规则由陈述性形式转化为支配人的行为的程序。

按照现代认知心理学的观点，规则学习主要有两种形式：一是从例子到规则的学习。从例子到规则的学习也叫样例学习。样例学习是指从具体事例中找出解决问题的条件，根据条件采取"行动"。这样，通过所蕴含的"条件—行动"产生式的一步步学习，最终形成解决问题的产生式系统。样例学习是通过阅读样例题，认识其中蕴含的产生式系统的过程来实现。通过样例学习，学习者可以创造出新的、适应性产生式系统，在解决相似问题方面，智力技能的操作水平有较大提高。当然要使学习者的智力技能内化，也同形成动作技巧一样，必须通过一定时间与次数的练习，才能从试练发展到熟练。二是从规则到例子的学习。这是下位学习的一种形式，就是先为学习者提供解决问题的产生式系统，即解决问题的方法和步骤，然后让学习者根据这个产生式系统解决具体问题。其教学法简称规—例法。

(二)动作技能的学习

关于动作技能的学习，本书专题五有专门论述。

(三)认知策略的学习

现代社会是知识爆炸的时代，一个人如果期望凭借记忆学会渊博的知识那是痴人说梦，所以职业学校在教学生知识的同时，要重点教会学生如何自主学习，如何发现问题、解决问题，这就是认知策略的学习。

认知策略是指由个人自主控制其内在心理活动历程从而获得新知识的方法和技巧。认知策略的学习过程一般包括三个阶段：第一阶段是陈述性知识阶段，即学习一些有关认知策略的知识。第二阶段是变式练习阶段，即通过变式练习，学会在不同情境下如何使用恰当的认知策略。第三阶段是反省认知阶段，即在大量变式练习的基础上，体会到不同认知策略适合运用于不同的条件，从而能在新情境中迁移。

学习认知策略需要一定的内外部条件。它所需的内在条件有四个方面：一是学生要有一定的知识储备；二是反省认知要发展到一定的水平；三是学生的动机水平要保持在一个恰当的水平；四是要具备一定的智慧技能。外在条件也有四个方面，一是教师所提供的教材要适合学生的能力和经验；二是教师要适时提供练习机会且给予指导和反馈，让学生通过练习掌握认知策略，灵活运用不同变式；三是要采用适当地分解性策略；四是适当使用条件化策略。要使所学的认知策略在需要时能迅速、顺利、准确地提取和执行，就必须为所学的认知策略建立一个"触发条件"，使之随时处于良好的备用状态。

(四)认知策略的学习过程

学习认知策略的根本目的就是学习者不仅能在学习环境中应用某种认知策略，而且能在其他环境中应用、解决问题。认知策略的学习过程，大致分为两类：一是自上而下的学习，即学习者有目的、有意识地通过对相关认知策略的含义、作用的感知、理解，并在特定的问题解决情境中进行具体的练习，进而掌握该策略并能迁移到其他情境中；二是自下而上的学习，即学习者在大量解决具体问题的过程中，通过不断积累经验，最后归纳、概括出具有一定抽象程度的相关认知策略，作为今后解决问题的一般方法[1]。

---

① 张大均主编.教育心理学[M].北京：人民教育出版社，2005：252

【相关链接】

学生需要掌握的认知策略

1. 组织知识的策略

当代世界是一个知识爆炸的世界，各种各样的知识每天都在以几何级数快速增长，在这样一个时代里，任何人都不可能成为一个百科全书式的通才学者。若想提高自己的学习效率与智慧水平，最有效的方法是学会组织知识的策略。那么，组织知识的策略有哪些呢？对于这个问题，学术界还没有一个共识，主要是停留在理念上，具体操作性不强。不过，如果一个人理解了这个理念的价值，一定会根据自己的实际情况与所学知识的具体特点，自觉地、有效地去组织自己的知识。

2. 元认知的策略

在学习的信息加工系统中，存在着一个对信息流动的执行控制过程，它监视和指导认知活动的进行，负责评估学习中的问题，确定用什么学习策略来解决问题，评价所选策略的效果，并且改变策略以提高学习效果。这种执行控制功能的基础是元认知。元认知是对认知的认知（Flavell，1985），具体地说，是关于个人自己认知过程的知识和调节这些过程的能力，它具有两个独立但又相互联系的成分：对认知过程的知识和观念与对认知行为的调节和控制。元认知知识是对有效完成任务所需的技能、策略及其来源的意识——知道做什么，是在完成任务之前的一种认识；元认知控制则是运用自我监视机制确保任务能成功地完成——知道何时、如何做什么，是对认知行为的管理和控制，是主体在进行认知活动的全过程中，将自己正在进行的认知活动作为意识对象，不断地对其进行积极、自觉的监视、控制和调节。因此，元认知控制过程包括对目前认知任务的认识、制订认知计划、监视计划的执行以及对认知过程的调整和修改[1]。

（1）元认知知识

元认知知识就是有关认知的知识，即人们对于什么因素影响认知活动的过程与结果、这些因素是如何起作用、它们之间又是怎样相互作用等问题的认识。

元认知知识主要包括以下三方面的内容：

①有关个人作为学习者的知识。即有关人作为学习者或思维者的认知加工者的一切特征的知识。这方面的知识可以再细分为以下三类：关于个体内差异的认识（比如，正确地认识自己的兴趣、爱好、学习习惯、能力及其限度，以及如何克服自己在认知方面存在的不足等）；关于个体间差异的认知（比如，知道人与人之间在认知方面以及其他方面存在的种种差异）；关于主体认知水平和影响认知活动的各种主体因素的认识（比如，知道记忆、理解有不同的水平、知道注意在认知活动中的重要性、知道人的认知能力可以改变）。

②有关任务的知识。在有关认知材料方面，主体应当认识到，材料的性质（如图形材

---

[1] 陈琦，刘儒德．元认知策略［EB/OL］．［2011-5］http：//www.dabuluo.com/blfd/ShowArticle.asp？ArticleID=3327

料与文字材料)、材料的长度(如一段短文与一篇长文)、材料的熟悉性(如熟悉的材料与不熟悉的材料)、材料的结构特点(如论说文与叙述文)、材料的呈现方式(如听觉呈现与视觉呈现)、材料的逻辑性(如有组织的材料与无组织的材料)等因素都会影响我们认知活动的进行和结果;在有关认知目标、任务方面,主体是否知道不同认知活动的目的和任务可能是不同的,有的认知活动可能有更多、更高、更难的要求。比如,要求回忆一篇文章的大意要比要求回忆该文章的准确词序的任务困难得多。

③有关学习策略及其使用方面的知识。这方面涉及的内容很多,比如,进行认知活动有哪些策略、各种认知策略的优点和不足是什么、它们应用的条件和情境如何、对于不同的认知活动和不同的认知任务,什么样的策略可能是有效的,等等。

(2)元认知控制

元认知控制是对认知行为的管理和控制,是主体在进行认知活动的全过程中,将自己正在进行的认知活动作为意识对象,不断地对其进行积极、自觉的监视、控制和调节。这种过程是在工作记忆中进行操作。

元认知控制包括检查是否理解、预测结果、评价某个尝试的有效性、计划下一步动作、测查策略,确定当的时机和努力、修改或变换策略以克服所遇到的困难,等等。概括起来,包括这样三个方面:

①计划。即根据认知活动的特定目标,在一项认知活动之前计划各种活动,预计结果、选择策略,想象出各种解决问题的方法,并预估其有效性。

②监视。即在认知活动进行的实际过程中,根据认知目标及时评价、反馈认知活动的结果与不足,正确估计自己达到认知目标的程度、水平;根据有效性标准评价各种认知行动、策略的效果。

③调节。即根据对认知活动结果的检查,如发现问题,则采取相应的补救措施,根据对认知策略的效果的检查,及时修正、调整认知策略。一般来说,元认知控制与认知目标、认知课题和情境等因素密切相联。

值得一提的是,有人认为元认知包括三个方面内容。一是元认知知识,即个体关于自己或他人的认识活动、过程、结果以及与之有关的知识;二是元认知体验,即伴随认知活动而产生的认知体验或情感体验;三是元认知监控,即个体认知活动进行的过程中,对自己的认知活动积极进行监控,并相应地对其进行调节,以达到预定的目标。在实际的认知活动中,元认知知识、元认知体验和元认知监控三者是相互联系的、相互影响和相互制约的。元认知过程实际上就是指导、调节我们的认知过程,选择有效认知策略的控制执行过程,其实质是人对认知活动的自我意识和自我控制[1]。

---

① 百度百科.元认知[EB/OL].[2011-5].http://baike.baidu.com/view/191915.htm

第四节　知识的迁移

任何教育都不可能把所有知识全部教给学生，所以需要学生举一反三，学会迁移。职业学校也不例外，学生必须学会把学校所学知识应用到各种相关场合，学会触类旁通。

心理学对迁移的定义是：一种学习对另一种学习的影响。在教学中，使学生所学的新知识与旧知识发生联系，培养学生举一反三、闻一知十、触类旁通的学习能力，有助于提高记忆和学习效率，也有助于发展学生的综合语言能力。

一、学习的迁移的分类

(一)根据迁移的先后来划分，可分为顺向迁移与逆向迁移

顺向迁移指先前的学习对后来的学习的影响；逆向迁移指后来的学习对先前学习的影响。例如，当学习者面临新的问题情境时，如果利用原有的知识或技能解决了新问题，这种迁移是顺向迁移；相反，学习者原有的知识技能不能助其解决新问题，需要对原有的认知结构进行调整，这种后来学习对先前学习的影响就是逆向迁移。

(二)从迁移的影响效果方面看，可分为正迁移与负迁移

正迁移是指一种学习对另一种学习的积极影响。如对三角形知识的掌握有助于四边形知识的掌握，现在教育界提倡的"为迁移而教"就是指正迁移在教育中的作用。

负迁移一般是指一种学习对另一种学习的消极影响。如反应定势对另一学习的效率或准确性产生了消极的影响，汉语拼音的学习对英语音标学习的干扰等，在教学中要注意消除负迁移的影响。

【相关链接】

教师如何帮助学生防止知识负迁移

1. 运用对比分析，减少负迁移

心理学研究表明：加强对易混知识的比较，找准分化点，有利于排除干扰。教师在教学中应帮助学生加深对某些相关概念的认识和理解，使易混知识在学生头脑中彻底分化。在教学中，常用的对比分析的方法有：新旧对比法、相似对比法、正反对比法、系统对比法、正误对比法、结果对比法等。当然，教师应根据不同的情况采用一种或几种方法综合进行，正确地引导学生对这类知识进行分析、比较，以帮助学生提高辨析能力。在教学中注意新旧知识异同的比较，通过对比，能透过表面现象，看清不同的事物的本质。在对比过程中，学生始终处于主动积极的探索状态，形成有意注意，促成了各种思维的交锋，这

样对完善旧知识，自觉完成从旧知识到新知识的迁移，巩固新知识，将产生积极的影响。

2. 组织实践观察，防止负迁移

积极组织以学生为主体的观察实践活动，通过教师与学生的信息交流，准确把握学生中错误观念产生的原因与特点，根据学生的认知规律，有的放矢，精心选择具有针对性的、对学生有强烈震撼的现象，使教材上的知识形象化和具体化。这样可以给学生创设一个观察、思考的广阔平台，从而培养学生发现问题、分析问题、解决问题的能力，形成正确认识，有效地解决难点。

3. 注重练习，克服负迁移

假如学生对课程概念和规律的理解程度不够，教师可在布置一些练习时，有意选编一些容易使学生做错的题目，从而使学生"吃一堑，长一智"，达到事半功倍的效果。对于一些可从多角度思考的问题，要从整体上把握，注意发散思维的训练。解题中注重加强一因多果、一果多因问题的研究，充分利用一题多变来训练解题思路，研究各种可能造成知识迁移的因素，促进学生对概念、原理、规律的理解。教师通过设计多种形式的练习，从不同的角度，如顺向的、逆向的、发散的、综合的等，来巩固知识，帮助学生克服思维定势的消极影响，有利于防止或消除知识的负迁移。

（资料来源于：陈兴国．地理教学中"知识负迁移"现象探析[J]．地理教学．2005(2)）

（三）根据迁移的方向来划分，可以分为横向迁移与纵向迁移

横向迁移是指处于同一抽象层次的学习间的相互影响。纵向迁移是指不同难度的两种学习之间的相互影响。纵向迁移有两种情况：一种是自上而下的迁移，即上位的较高层次的学习影响着下位的较低层次的学习。二是自下而上的迁移，即下位的较低层次的学习影响着上位的较高层次的学习。

（四）从迁移发生的内容上看，迁移又可分为特殊迁移和普遍迁移

特殊迁移是指学习迁移发生时，学习者原有经验的组成要素及其结构没有变化，只是将一种学习中习得的经验要素重新组合，用于另一种学习之中。普遍迁移则是指一种学习中所习得的一般原理、原则和态度对另一种具体内容学习的影响，即将原理、原则和态度具体化运用到具体事例中去[①]。布鲁纳认为一般的技巧、策略和方法有广泛迁移的可能性，他十分重视普遍迁移的重要性。

二、知识迁移理论

（一）形式训练说

形式训练说是一种早期的迁移理论，其代表人物是18世纪德国心理学家沃尔夫，他认为人的心理是由许多不同的官能所组成。这些官能包括：注意、记忆、知觉、想象、推理、判断等能力。该学说认为教学能对学生产生作用主要在于训练形式，而不在训练内

---

① 朱文彬，赵淑文主编．高等教育心理学[M]．北京：首都师范大学出版社，2007：87

容。例如学习拉丁文和数学，都具有记忆、推理、判断等心理能力训练的形式。人的心理的官能经过训练后，就具有一种普遍迁移的能力，可以用到解决一切与它有相同或相近属性的问题上。主张这种学说的人认为教学就是训练人的心理官能，无论学习能力的培养，知识的增进，还是人格的形成，都可以通过学习希腊语、拉丁语、数学等主要学科来达到目的。他们认为，学习要达到最大的迁移效果，必须经历一个痛苦的过程。

(二)相同要素说

这是20世纪初美国心理学家桑代克和伍德沃思首先提出的。他们认为学习是在刺激和反应之间形成联结。当前后两种学习存在着相同的要素时，前一种学习上的成功可以迁移到后一种学习上，使学习产生正迁移效果。相同要素即相同联结，学习迁移即相同要素的转移，因此，相同要素说实际上就是相同联结说。要素说的依据是桑代克的新联结主义心理学思想，是他在对动物进行实验研究的基础上提出的一种心理学理论。他所谓的相同联结，包括目的、方法、普遍原则与经验上的基本事实4个方面的相同联结；他进而解释所谓的相同要素，就其物质方面来说乃是共同的脑神经的联结。桑代克认为人和动物的联结只是复杂程度不同而已，学习的迁移过程只不过是把已有的联结简单地转移于新情境的结果，这样就把学习问题引向简单化的一种机械主义观点。同时，相同要素说由于所设想的生理机制缺乏生理心理学的科学实验依据，因而未被教育心理学界广泛接受①。

(三)经验泛化说

又称共同原则说，是由美国心理学家贾德提出的。贾德的经验泛化理论，主要是根据这样一个实验：以小学5、6年级学生为被试，根据教师的评定把他们分为能力相等的甲乙两个组，让他们射击置于水中的靶子。甲组在事前学习光学折射原理，乙组则不学。最初射击潜于水下1.2英寸的靶子时，这两个组的成绩基本相同，这说明理论不能代替实地练习。但当情境改变，把靶子置于水下4英寸时，学习折光原理的甲组学生，不论在速度上，还是在准确度上，都大大超过没有学过折光原理的乙组学生。贾德认为，甲组之所以能取得好成绩，是由于他们对折光原理已经概括化，并能运用到特殊情境中去，从而对水下不同深度的靶子可以作出更多适当的调整。由此可以看出，学习的迁移与其说依赖于专门技能的获得，不如说依赖于对一般原则的理解，以及这种理解在新、旧情境的相互关系中的作用，这一点可以说是经验泛化说比相同要素说优越的地方。该学说认为，只要学习者对他的学习经验进行了概括，就可以完成从一个情境到另一个情境的迁移。也就是说，学生掌握了原理、原则，就能对新学习情境产生迁移的作用②。

(四)分析概括说

由苏联心理学家鲁宾斯坦提出的一种学习迁移理论。他认为，学习的迁移在于通过综合的分析揭示出两种学习情境之间本质上相同或类似的条件，概括出两者之间本质上相同

---

① 互动百科．相同要素说[EB/OL]．[2011-5]．http：//www.hudong.com/wiki/％E7％9B％B8％E5％90％8C％E8％A6％81％E7％B4％A0％E8％AF％B4

② 互动百科．经验泛化说[EB/OL]．[2011-5]．http：//www.hudong.com/wiki/％E7％BB％8F％E9％AA％8C％E6％B3％9B％E5％8C％96％E8％AF％B4

和相似的条件。这种共同的因素既不是相同要素说所强调的泛泛的内容上的共同要素，也不是泛化理论所强调的原理和经验，而是一种学习反应发生条件的概括，这种综合的分析及其所导致的概括是学习迁移的本质①。

(五)关系说

又称转换说，是由德国心理学家柯勒提出的。他根据"认知—场论"于1929年用小鸡、黑猩猩和幼儿为被试进行寻找食物实验。让被试在两张纸中找食物，一张为浅灰色，一张为深灰色，食物总是放在深灰色纸上。被试必须学会只有在深灰色纸上才能拿到食物。然后，再用一张更深的灰纸代替浅灰的一张，看被试是到先前总是放着食物的那张纸上去找，还是到更深的灰纸上去找。柯勒认为，如果被试是到总是放着食物的那张纸上去(前后两个情境中的相同要素)，就证明迁移是由于相同要素。但实验结果是被试到更深的那张纸上去取食物，这就证明被试不是对相同要素作反应，而是对关系作反应。被试的选择不是比较刺激的绝对性质，而是由两种刺激的相对关系所决定。

(六)学习定势说

就学习而论，一个学生的学习迁移，往往受他的学习意图或学习心向的影响，这就是学习定势的作用。先行学习为后续学习准备了迁移的条件，或使后续学习处于准备状态中，这就有利于迁移。在先行学习中改进学习的一般方法，学会"如何学习"，也能起到定势的作用，有利于学习迁移。苏联心理学家曾做过这样一个经典的关于"心理定势"的实验：研究者向参加实验的两组大学生出示同一张照片，但在出示照片前，向第一组学生说：这个人是一个怙恶不悛的罪犯；对第二组学生却说：这个人是一位大科学家。然后他让两组学生各自用文字描述照片上这个人的相貌。第一组学生的描述是：深陷的双眼表明他内心充满仇恨，突出的下巴证明他沿着犯罪道路顽固到底的决心……第二组的描述是：深陷的双眼表明此人思想的深度，突出的下巴表明此人在认识道路上克服困难的意志……对同一个人的评价，仅仅因为先前得到的关于此人身份的提示不同，得到的描述竟然有如此戏剧性的差距，可见心理定势对人们认识过程的巨大影响！②

(七)能力说

1971年，克劳斯迈尔和里普在他们所著的《学习与人类能力》一书中提出了这一理论。他们认为，学习者在先行学习中已具备了何种能力，以及后续学习中需要何种能力，都是学习迁移的根据。如果后续学习所需要的能力已在先行学习中学到了，或只学到了一部分，都容易产生迁移的效果。例如，学驾驶专业的学生在学会驾驶小车后再学驾驶货车，就可以把学习小车时所掌握的技术运用到货车驾驶中来。前后两个对象虽然不同，但所需要的能力却是差不多的。

---

① 汪凤炎，燕良轼主编. 教育心理学新编[M]. 广州：暨南大学出版社，2006：296～297
② 百度百科. 心理定势[EB/OL]. [2011-5]. http://baike.baidu.com/view/374752.htm? fr=ala0_1

（八）迁移假设理论

莱文认为当一个人面临解决问题的情境时，他（她）首先要对问题的种类或范围作出决定，然后对该种类或范围内的问题作出假设性判断。如果第一种假设经实际证明是错误的，他就提出第二种假设，如果第二种假设也是错误的，就要作出第三种假设，以此类推。人们在解决问题的过程中，通过提出和检验一系列假设，形成了一种解决问题的思考顺序和假设范围。这种通过假设形成的思考顺序和假设范围会影响以后对类似问题的解决，即可以迁移到以后的问题解决的活动中去。这种理论被称为"假设理论"①。

三、影响知识学习迁移的因素

研究表明，学习迁移并不是在任何情况下都能发生，它受一系列主客观因素的制约。

（一）学习对象之间的共同因素

不同的学习对象具有某些共同因素，这是学习迁移发生的基本条件。所谓共同因素就是指学习者在知识、技能等方面具有相似的成分。桑代克的"共同因素说"表明，只有当问题情境与先前的学习情境存在相同成分或要素时，迁移才会发生。而且，两种情景存在的相同成分越多，迁移的作用越大。

（二）已有经验的概括水平

学习迁移是指一种学习对另一种学习的影响，或者说是新旧知识的协调与整合过程。根据贾德的概括化理论，产生迁移的关键在于学习者能够概括出两种学习的共同原理。因此，原有经验的概括水平必然会影响到迁移的效果。

（三）学习的心向

心向即定势，指一种先于一定的活动而又指向该活动的心理准备状态。学习定势是一种特殊的心理准备状态，是由先前学习引起的，对以后的学习活动能产生影响的心理准备状态，对学习具有定向作用。定势既可能产生积极作用又可以产生消极作用。这就要求人们必须注意建立哪种定势。教学中，既要考虑新知识与旧知识的一致性，利用积极定势帮助学生迅速掌握这类知识；又要变化课题，帮助学生具体问题具体分析，克服定势的干扰。

（四）教师的指导

教师有意识的指导有利于积极迁移的发生。教师在教学时有意地引导学生发现不同知识之间的共同点，启发学生去概括总结，指导学生监控自己的学习或教会学生如何学习，都会对学生的学习和迁移产生良好的影响。

---

① 朱文彬，赵淑文主编. 高等教育心理学[M]. 北京：首都师范大学出版社，2007：95

四、促进知识学习的迁移

(一)精选教材

要想使学生在有限的时间内掌握大量解决问题的有用知识，教学内容必须精选。精选必须以迁移的规律为标准，即选择那些具有广泛迁移价值的材料，包括基本原理、基本概念、法则、方法等。当然，所选教材必须能随着时代的发展不断更新，使之符合社会发展的需要。

(二)采取灵活多样的教学方法

教学过程中，应采取多视角、多种方法结合的教学手段。人是发展变化的，方法也必须变化。原来有效的方法，如果永不变化，也会引起学生的厌烦，成为无效的方法。知识迁移离不开主体——人的参与，知识学习离不开主体的主动建构。各种教学方法都有其可利用的一面。因此，在教学中，要结合多种方法培养学生的多种知识迁移能力，要学会使用现代化的教学手段提高学习效率。当前网络技术、多媒体技术和计算机技术综合地应用于教学之中，为知识迁移提供了突破时空限制的广阔空间，任何人只要掌握该方面的操作规程就可通过网络自由地学习。它为学生提供了教室所不能提供的学习情境，为学生提供了图文并茂、丰富多彩的交互式人机界面。可以模拟现实情境，易于激发学生自主学习的兴趣，培养学生创新精神和实践能力，真正达到了让学生主动建构知识的意义，实现学生自己获取知识、知识更新、甚至创新知识的理想境界，使知识获得更有效地广泛迁移。

(三)课内、课外培养学生迁移能力

知识的建构总是伴随着对知识应用范围的建构，知识的抽象水平与心理上的应用范围共同决定了知识应用的灵活性。也就是说"知识的意义与其应用范围是二位一体的，理解知识的意义必须离不开对知识的应用。知识被应用的越多，越多样化，知识的逻辑外延就越多变为心理外延，学习者对知识的理解就变得越深刻，也就越能灵活地应用知识。"因此，在课堂教学中，积极创设多维度、多途径、多情境、开放式的教学氛围，倡导体验、参与、合作与探究的学习方式，如课堂提问、自由讨论、练习等。要让学生在各种接近生活的实际情境中从多种角度反复运用知识，使学生加深对知识的理解，增强保持效果，促进知识的迁移。

本章总结

1. 知识是一个耳熟能详的词语，自古至今，不同的学者有不同的理解。人们从不同的角度理解知识，我们认为知识就是人类自身发展过程中关于世界、人类社会的认识经验的集合体，并随着人类发展而发展。而职业教育学所说知识应该包括一切为人们职业终身发展所需的规律、经验、技能等。

2. 关于知识的分类，不同的标准有不同的结果。比如经合组织的"4—know"分类；杜成的知识四类；现代认知心理学的则把知识分为陈述性知识、程序性知识和策略性知识。陈述性知识是描述客观事物的特点及关系的知识，也称为描述性知识，主要是解释事物"是什么"的问题；程序性知识是一套关于办事的操作步骤和过程的知识，也称操作性知识，主要用来解决"怎么做"的问题；策略性知识是关于如何获得新知识的知识，即个体如何运用原有的知识包括陈述性知识和程序性知识去学习，通过思维，解决问题的一切方法和技巧。

3. 知识表征是指信息在人脑中的储存和呈现方式，它是个体知识学习的关键。不同类型的知识，其表征方式也不一样。心理学家认为陈述性知识主要以命题、命题网络和图式为表征；程序性知识主要以产生式和产生式系统为表征。

4. 信息加工心理学认为，知识学习就是一个信息加工的过程。信息加工系统，主要由三部分组成：①信息贮存，这是一些资料库，用来保存信息，相当于计算机硬盘。信息加工模型中的信息贮存库包括感觉记忆、工作记忆和长时记忆。②认知加工过程，即将信息按照一定属性进行分类管理，相当于计算机中用来发布指令、转换信息的各种程序。这个过程包括注意、知觉、复述、编码和提取等。③元认知，是对认知过程的认知。元认知控制并协调着个体将信息从记忆的一个贮存库转移到另一个贮存库的各种认知加工过程。

5. 现代认知心理学认为，陈述性知识的学习可以分为三个阶段：第一阶段是新知识或信息的获得。第二阶段是新知识或信息的保持或遗忘过程。第三阶段是意义的提取与运用。皮连生根据奥苏贝尔的同化理论和安德森的激活理论，提出了陈述性知识的学与教的模型，把陈述性知识的学习过程分出六个阶段：①注意与预期（心向）；②激活原有知识（认知结构变量）；③选择性知觉；④新旧知识的相互作用；⑤认知结构的改组与重建；⑥根据需要提取信息。陈述性知识的教学策略有：头脑风暴法，比较法，精加工法，先行组织者等。先行组织者是新旧知识发生联系的桥梁，是一个先于学习材料呈现的概括与包容水平较高的引导性材料。

6. 程序性知识的学习过程也分为三个阶段：第一阶段，陈述性阶段。第二阶段，程序化阶段。通过练习使规则的陈述性形式向程序性形式转化。第三阶段，自动化阶段。这是程序性知识发展的最高阶段。在此阶段，人的行为技能完全由无意识支配，达到相对自动化的程度。根据程序性知识的性质和特点，可以把程序性知识分为智慧技能、动作技能和认知策略三类。智慧技能一般是指运用概念和规则对外办事的能力；动作技能是指在练习的基础上形成的按某种规则或程序顺利完成身体协调任务的能力；认知策略是个体自主控制其内在心理活动而获得新知识的方法和技巧。智慧技能的学习过程包括：①辨别技能的学习；②概念学习；③规则的学习。认知策略的学习过程一般包括三个阶段：①陈述性知识阶段，即学习一些有关认知策略的知识。②变式练习阶段，即通过变式练习，学会在不同情境下如何使用恰当的认知策略。③反省认知阶段，即在大量变式练习的基础上，体会到不同认知策略适合运用于不同的条件，从而能在新情境中迁移。

7. 心理学对迁移的定义是：一种学习对另一种学习的影响。根据迁移的先后来划分，可分为顺向迁移与逆向迁移；从迁移的影响效果方面看，可分为正迁移与负迁移；根据迁移的方向来划分，可以分为横向迁移与纵向迁移；从迁移发生的内容上看，迁移又可分为特殊迁移和普遍迁移。关于知识迁移的理论有很多，比较典型的有：形式训练说、相同要素说、经验泛化说、分析概括说、关系说、学习定势说、能力说、迁移假设理论。研究发现，影响迁移的因素有：①学习对象之间的共同因素；②已有经验的概括水平；③学习的心向；④教师的指导。教室教学过程中应促进学生知识学习的迁移，要注意：①精选教材；②采取灵活多样的教学方法；③课内、课外培养学生迁移能力。

思考题

1. 职业学校教学过程中，如何加深学生对陈述性知识的理解与记忆。
2. 先行组织者的含义。
3. 职业学校学生如何有效地学习动作技能。
4. 如何培养职业学校学生的认知策略。
5. 比较正迁移和负迁移的异同。
6. 影响迁移的因素主要有哪些。
7. 教师如何促进学生知识的迁移。

（本章作者：屈正良　杨青松）

专题五 职业学校学生的动作技能的学习

　　所谓技能就是有效和及时地利用知识来完成任务的能力，熟练技能通常代表的是高水平的运动或职业专长。职业学校作为培养技能型人才的基地，非常重视训练学生的各种技能，因为学生今后面对的很多工作是需要动手操作的。作为职业学校的教师，需要了解自己如何有效地教学生各种技能。本章侧重讨论职业学校学生动作技能的学习问题，包括动作技能的实质是什么？如何习得？有什么发展和变化的规律？以及这些对动作技能的训练的启发。

第一节 动作技能的概述

一、动作技能的含义及特点

心理学家普遍认为，动作技能是一种习得的能力，是按一定技术要求，通过练习而获得的迅速、精确、流畅和娴熟的身体运动能力，是借助骨骼、肌肉及相应的神经过程实现的活动而表现出来的，如书写、跑步、做体操、驾驶汽车、操纵生产工具、打字等。从这一定义中，可以看出动作技能有以下几个突出特点：

(一)动作技能的目标指向性

作为身体运动，总是指向一定的动作技能目标，目标不同，相应的身体运动模式也不尽相同。如都是把篮球投掷出去，将篮球投到篮板上、投进篮圈中，或投给另一名队友，所需要的投掷动作都是不同的。

(二)动作技能的习得性或随意性

这一特点主要是相对于不随意的反射性动作而言的。眼前出现轻微刺激，我们会迅速作出眨眼反应；用锤子轻击膝盖下部，我们的小腿会不自主地弹起，这些反应是与生俱来的，不属于动作技能，动作技能是后天习得的。

(三)动作技能的执行涉及实际的肌肉运动

这一特点是动作技能与其他技能(如智慧技能、认知策略)的本质区别所在。数学运算的技能(如两位数乘以两位数的技能)，可以在心里进行而不涉及实际的肌肉运动，最终也能得到答案。但向靶子投掷飞镖的技能，必须要肌肉的实际运动才能将飞镖投掷出去并命中目标。

动作技能又称心因运动技能(Psychomotor skill)。这个术语中的 Psychomotor 是由 Psycho 和 motor 两个成分合成的，意在强调这里的动作不是简单的外显反应，是受内部心理过程控制的。动作技能往往与知觉不可分，所以常常有人把知觉与动作联系起来，称之为知觉—动作技能(perceptual-motor skill)。

二、动作技能的分类

动作技能的分类可以从很多维度进行，下面从四个维度进行分类。

(一)连续性动作技能与离散性动作技能

连续性动作技能是人对刺激的结合作出连续的调节和校正，其中有些刺激是从肌肉中反馈的。它没有明确的开端和结尾，动作行为会一直持续下去，直到被人为打断为止，如游泳、跑步、打球等。离散性动作技能是对一个特殊的外部刺激作出一个特殊反映的活动。它有明显的开端和结尾，精确性程度较高，可以计数。如投篮、举重、投掷铅球、急刹车等。一般来说，离散性动作技能的动作持续时间较短，一般在 5 秒种内完成，少数需要较长的时间才能完成。

(二)精细性动作技能与粗壮性动作技能

精细性与粗壮性是根据参与动作技能的有关肌肉的性质和数量划分的。精细性动作技能主要指运用手腕关节和手指的运动，如绘画、演奏乐器、手工活动等。粗壮性动作技能主要指运用大肌肉的运动，并且经常是全身性的运动，如踢足球、游泳、搬运东西等。

(三)简单性动作技能与复杂性动作技能

从完成动作技能所包含的刺激量和反应数，或完成动作技能时加工的信息量来看，可将动作技能分为简单性动作技能和复杂性动作技能。简单性动作技能如走路、写字等，而复杂性动作技能如驾驶汽车、操作大型机器等。随着个体经验的积累和技能自动化的形成，复杂性动作技能可能会变得"简单"，成为简单性动作技能。

(四)开放性动作技能与封闭性动作技能

根据动作技能执行过程中的环境是否可以预测，动作技能可以分为开放性动作技能和封闭性动作技能。开放性动作技能的环境一直处于变化发展之中，难以预测，因此，操作者不能事先对整个动作进行有效的计划和准备。相对而言，封闭性动作的环境是可以预测的。

三、动作技能形成的理论

动作技能是如何学习和获得的？科学家对此提出了各种解释。从 20 世纪 60 年代后期以来，主要形成了以下三种理论：闭环理论、动作编程理论(含图式理论)和动态动作学习理论。动作编程理论强调运动的控制，动态动作学习理论强调身体的机制特征所起的作用，二者都关注动作的协调和执行以及新动作技能是如何获得的。

(一)闭环理论

亚当斯(Jack Adams，1971)提出了一种由结果知识和反馈信息起作用的线性定位反应—运动的理沦。他假设动作技能的学习是建立在两种记忆形态的基础之上的。第一种叫做知觉痕迹。比如，标枪投掷者的手臂、手腕和手指的运动轨迹在中枢神经系统中留有痕迹。每次投掷者的练习都会留下痕迹，练习的结果就是增加痕迹。当投掷者用姿势和视觉反馈来指导他的动作时，这些知觉痕迹之间会有不同。根据亚当斯的理论，反馈在动作技能的提高中具有建设性作用。第二种记忆形态是记忆痕迹。记忆痕迹决定着从知觉痕迹中选择何种特定的行为。学习的过程就是在起始阶段利用先前作业的基础，而后持续进行知觉追踪并指导其反应。在分析不同结果基础上追踪知觉痕迹。

知觉痕迹是对动作反应的暂时感知和短暂记忆，是在练习中获得的，是动作反应正确与否的一种即时的内部反馈系统，用来追踪和记录动作反应情况。它所反馈的信息非常精细，包括所能感受到的一切方面。在动作学习过程中，学习者每次作出反应，知觉获悉有关信息时知觉痕迹就形成了；新的动作通过知觉得到持续的反馈，正确的知觉不断强化；有关反应结果的信息又用来指导后来的动作。知觉痕迹的质量关系着动作反应的正确性。它越是强化而稳定，就越能提高后来动作的准确性，直到反应达到正确性很高的水平。知觉痕迹是联系实际动作与以往的动作记忆痕迹的中介。

记忆痕迹是以往多次动作反应所积累的信息库，属于长时记忆。它是一种内部参照系统，既用来作动作定向，也用以根据知觉反馈来的信息，来评判、调节和矫正正在进行的动作反应。在操作过程中，知觉反馈来的信息与记忆痕迹相比较，动作错误就被鉴别出来，并得到修正。

记忆痕迹起着选择和发动反应动作的作用，而一旦动作开始，知觉痕迹就开始控制动作学习了。也就是说，动作技能是在动作反应练习、知觉痕迹、记忆痕迹三种因素的共同作用下得以提高的。在这一过程中动作学习发生了以下变化：

（1）知觉痕迹获得的动作反应信息由模糊到清晰，由少到多，整体性、随意性和选择性不断增强；

（2）知觉痕迹的信息与记忆痕迹的信息越来越一致，即动作错误越来越少，或者说正确的动作替代了错误的动作；

（3）动作技能从言语—动作转变为纯动作，使得动作反应的控制从吃力到轻松，最后到近乎无意识的自动化，以致不知悉动作结果也无损于反应动作的质量。也就是说，在动作形成的高级阶段，知觉探测和纠正错误就不再需要思维或持续的反馈，而是依赖内在的勘误系统。

总之，随着操作水平的提高，动作、知觉、记忆三者的效率、稳定性、准确性、整体性都在不断提高，而它们之间的协调性也在不断增强。

（二）动作编程理论

闭环理论强调反馈对动作控制和学习的重要性，但有些动作可以在没有感觉反馈的情况下被控制。例如，拉什利（Lashley，1951）认为，许多快速的动作序列似乎太快，难以令一个动作的反馈为动作服务。类似地，施密特（Schmidt，1975）认为，整体的有目标的动作可以快到没有反馈。研究发现（Tiub & Berman，1968），把猴子的传导机能去掉，剥夺其视觉反馈的来源，猴子仍能执行许多动作。猴子反馈的感觉来源消失后，执行动作的能力依赖于中枢机能。所有这些发现都表明，知觉和动作之间的联系不是不可或缺的，有时也可以跳过。如果不是知觉在指导动作，那是什么呢？研究者认为是高水平的计划或动作编程在起作用，这就是动作编程理论所持的观点。

当运动控制的方式没有涉及动作执行中的感觉反馈，就被称为开放回路（Open Loo）；如果动作计划中利用和整合了感觉反馈，那么控制方式就是闭合回路（Closed Loop）。动作编程理论强调，动作可以以开放回路的方式发生，但不否认大多数运动控制是闭合回路的，感觉反馈是在慢速动作执行以及动作完成之后起作用的，在前一种情况下，动作执行时，偏离所要完成的动作会及时觉察和纠正，在后一种情况下，感觉反馈的获得是动作评估的结果，相对于对动作成功的反馈，以便修正下一个动作。

早期对运动控制的动作编程解释是把动作编程作为对特定行动的具体化的肌肉命令，

而现在的观点是，编程是更为一般的（Schmidt，1988）动作的命令。这些一般化的动作编程扩展到整个的运动类别，为了执行某种一般动作编程所代表的运动，参数值或变量值必须具体化。例如签名，必须具体计算力量和时间以及要用到的肌肉组。

施密特（Schmidt，1975）的图式理论是动作学习和控制中最有影响的理沦，也是持续动作编程观。根据图式理论，是上述的一般动作编程在控制行动，当练习动作时，操作者学会了动作的参数值以便编程，动作因而变得越来越快速准确，这一过程包含回忆和再认两个图式。快速的球类运动完全是受这些图式控制，再认图式可以作为参照，有关操作的反馈可以进行比较；而进行慢速的定位运动时，任务操作导致的反馈以及再认图式所期望的反馈不一致，会引起运动执行时的调整。无论是快速还是慢速运动，通过回忆和再认图式的形成和调整，再认图式反馈的比较使学习得以发生。

施密特假设技能的学习是一个渐进的过程，认为在一个给定的情境中行为的选择和执行依赖于许多因素。图 5-1 的流程图就描述了一个核心的动作反应图式及其如何受初始任务条件、采取的行动和行动结果的影响。目标导向运动，比如体操运动员的平衡木动作，有些人就可以很快地完成，有些人完成得就比较慢。体操运动员会从她先前的练习中选择一般性的动作项目来开始她的平衡木动作。先前的训练为她提供了各种可能的动作与动作结果关系的信息。她运用同忆图式（Recall schema）来安排和开始动作。一般的动作受动作参数控制，如肌肉组的选择、肌肉收缩的力量和持久性、身体各部分的空间位置，这些运动参数在快速完成动作中起了很重要的作用。一旦建立起一般的运动程序，它就提供了多种感官输入，从而提供了想做的动作和实际做的动作之间的匹配方法，体操运动员可以采用再认图式比较自己行动的实际结果和想要的结果。在施密特看来，动作学习就是基于肌肉的运动规律、快速和慢速运动的感官经验以及对动作达到期望目标的程度的评价。

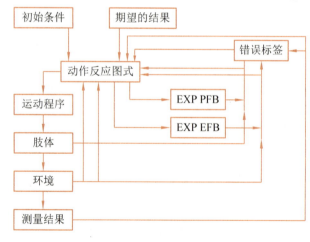

图 5-1　施密特的图式模型

根据图式理论，当运动是以一般动作编程执行时，以下四种对图式学习有帮助的信息会存储起来：（1）环境条件；（2）参数值；（3）结果正确性的知识；（4）感觉结果。由于图式的学习和精练取决于和特定例子有关的信息，如果要学会准确的图式，需要具备很多条件。因此，图式理论预测，个人操作某种运动的各个动作，比反复练习某个特定的动作更能促进动作的学习。而且，由于学习是基于信息的四种关键来源之一，所以动作的结果性知识对于有效学习是最重要的。

(三)动态动作学习理论

闭环理论和图式理论都有一个重要假设：在中枢神经系统内有某种运动程序得到表征，可以控制人的运动。动态动作学习理论则不同，它假设人的运动是通过环境力量与人体生理构造之间的随时互动加以调控的，即便是那种看起来很简单的(如取一杯咖啡)的运动都极其复杂。人体由很多部分构成，每个部分都包含骨骼、肌肉和关节。端起一杯咖啡要求人体各部分在意志控制和协调下完成多个动作。

动态动作学习理论的支持者关注的是多组肌肉作为完整系统的一部分共同工作的方式。他们假设人的动作受到如下分析水平的约束：(1)控制物体运动的物理定律也控制人体运动；(2)目标导向的运动意图要受到认知的约束；(3)肌肉的激活受中枢神经新陈代谢系统的制约；(4)运动方式受知觉因素的影响(Schmidt and Fitzpatrick，1996)。

纽维尔(Karl Newell)等人的动作技能理论强调知觉—运动场域(workspace)的作用，它是个体与环境之间的界面。场域中存储了确定任务特征的知觉以及与任务相应的动作反应。如果要执行先前学习过的任务，任务图(task map)的要求要与相应的动作接近或一致，任务图的一致程度或缺乏重叠会决定运动的速度。但当呈现新任务时，个体需要搜索知觉—运动场域以便找到完成任务的最佳方法，这种搜索受从环境特征中提取的行为信息的指导和辅助。在动作进行中以及在反应后立即出现时，视觉和感觉反馈会影响或改变知觉—运动场域。这时可提供指令性信息，以影响学习者有关如何操作任务的解决方法。练习有助于学习者理解任务的特征，并通过知觉—运动场域这个框架结构来理解任务。从动态动作学习理论来看，技能学习就是问题解决的一种形式，学习者积极探索和改变知觉—运动场域直到问题得以解决。

动态动作学习理论是基于这样一个考虑，如果不是全部，那么也有很多熟练动作中的规则可以用身体机能的特点加以解释。例如，肌肉和它所连接的骨头可以看成质量弹簧系统(Mass-Spring System)，在该系统中，在肌肉激活的任何既定水平形成的紧张都是肌肉长度的功能。神经系统在单个关节上引起四肢运动，是通过逐渐调整神经信号的相对强度以适应对立(opposing)的肌肉。这会使一系列平衡点具体化，在这个点上肌肉不论长度如何，力量是等同的，这反过来会使四肢因其机能特点而通过这个平衡点。质量弹簧模型的证据首先是从单个关节运动的研究中获得的，但从原理上，可以用质量弹簧系统的动态特征解释许多更为复杂的运动的特点。对身体机能特点的依赖可以减少对运动控制计算的要求。

一般来说，动态动作学习理论比动作编程理论对中枢活动计划的强调要少一些，更多强调肌肉、关节和力量之间的合力。这些合力通常被称为协调结构，可以定义为"一种功能性组织，可以临时把一组肌肉和关节灵活地集合起来，并把这些成分转化为具体任务的连贯的多自由度的总体效果"(Saltzman & Munhall，1992)。动态观的假设是，中枢神经系统是通过这些协调结构才能有协调地行动。

第二节 动作技能形成的阶段与途径

一、动作技能的形成阶段

动作技能从新手缓慢费力的操作到专家快速而准确的操作的转变经历了怎样的过程，一直是动作技能研究关注的焦点问题。费茨和波斯纳根据对学生的观察和教练的交谈，将动作技能的学习过程分为三个阶段：认知阶段（cognitive stage）、联系形成阶段（associative stage）和自动化阶段（automatic stage）。

(一)认知阶段

掌握一种技能，首先要学习与它有关的知识，了解完成这种技能动作的基本要求，在头脑中形成这种技能的最一般的、最粗略的表象。练习者要将组成某种动作技能的活动方式反映到头脑中而形成动作映像，并对自己的任务水平进行估计，明确自己能够做得如何，这就是认知阶段。

该阶段的主要任务是：对示范动作，或者参考书、参考图示进行观察，需要了解所要学习的动作技能的动作结构和特点，以及各组成动作之间的联系，从而在头脑中形成动作映像。要形成这个映像，需要对线索和有关信息进行适当的编码，这个过程类似于尝试——错误，例如我们选择的螺丝可能不合适，需要重新尝试。当然，每个人可以有不同的编码方式。在这个阶段关键是认识到"做什么"和"怎样做"。

(二)联系形成阶段

由于学习者对动作并不熟悉，注意范围比较狭窄，认知负荷较大，其注意力只能集中在个别动作上，并且不能控制动作的细节。同时，他们在生活中已经形成了许多习惯性的动作，而这些习惯性动作又往往与所要学习的动作方式不相符合，会对新动作产生干扰。

这个阶段，学习者注意力已从认知转向动作，逐步从个别动作转向动作协调与组织。开始把个别动作结合起来，以形成比较连贯的动作。但他们常常忘记动作之间的联系，在动作转换和交接之际，往往出现短暂的停顿现象。协同动作是交替进行，即先集中注意作出一个动作，反复地进行着交替。随着练习时间或次数的增加，这种交替慢慢加快，技能结构的层次也不断增多，最终在大体上构成了整体的动作系统，动作技能已接近形成。这时，他们的动作紧张度降低，但并没有消失，稍一分心，还会出现错误动作。

(三)自动化阶段

技能学习进入这一阶段时，一连串的动作系列能够自动地连续下来，即操作程序自动支配动作反应，无需特殊的注意和纠正。这时，技能逐步由脑的高级中枢转入较低级中枢控制。人们可以一面从事熟练的活动，一面考虑其他的事情。如骑自行车，熟练了就可以边骑车边与人交谈。当然，这一阶段不是每个练习者都能达到的，要达到这一阶段，不仅需要教师和教练的指导，还需要大量的、充分的练习。

研究表明，任何动作技能的掌握都是相对的。例如，有人对工业生产中的技能进行了长期的研究，发现生产雪茄的工人的动作技能在四年多的时间内都在进步。这些工人要掌握一定水平的技能，必须经过大量的实践。例如，第一年工人生产一支雪茄烟用 0.12 分钟，第二年降至 0.10 分钟，第三年降至 0.09 分钟。在第四年以后，工人的技能仍有缓慢的改进。许多体育技能的训练表明，一个运动员，要达到自己的最高水平，需要多年的练习。而要保持这一最高水平，更需要大量的练习。

二、熟练操作的特征

动作技能形成的标志是达到熟练操作。所谓熟练操作指动作已达到较高速度，并且准确、流畅、灵活自如，且对动作组成成分可以很少或不必有意识的注意。熟练操作可以借助专门仪器和设备，通过人们对动作的速度、准确性、协调性、反应性、应变性等指标来衡量，也可以通过熟练化操作所反应的特征来衡量。研究表明，熟练操作具有以下主要特征。

(一)操作的有意识控制程度减弱

在动作技能形成的初期阶段，内部语言起着重要的调节作用。这时，技能的各种操作都受意识控制。如果意识控制稍有减弱，操作就会出现错误或停顿，难以继续。随着技能的稳定发展，到了操作熟练阶段，整个操作系统已经是相对自动化了。学生的操作控制从有意识向无意识转化，操作的有意识控制程度逐渐减弱而由自动控制所取代。

(二)利用线索的减少

在操作技能形成初期，学生只能对那些很明显的线索发生反应，他不能觉察到自己操作的全部情况，难以发现自己的错误。但是，随着操作技能的形成，学生能觉察到自己操作的细小差别，能运用细微的线索，使操作逐渐完善。当技能非常熟练时，学生就能根据很少的线索完成操作。此时，学生头脑里已储存了与特定的一系列线索有关的信息，当某一线索出现后，学生便能预测出会发生怎样的操作。因而，随着操作技能的完善，利用的线索逐渐减少。

(三)动觉控制的加强

动觉控制与熟练操作技能的形成有密切联系。初学者主要依据外部反馈来调节自己的操作，而熟练者主要依据动觉反馈来协调自己的操作。在操作技能形成之后，学生借助于操作程序来控制操作的进行。此时，视觉、听觉等外部感觉系统反馈的作用降低了，但动觉控制的作用不断加强。在操作熟练阶段，动觉反馈是操作程序的控制器，它保证着操作技能的稳定发展和完善。

(四)运动图式的形成

人脑类似于计算机,可以储存复杂的操作技能的程序,可以向肌肉发出一系列执行操作技能的正确指令。这些程序被称为运动图式,其内在机制可能是在人脑内储存了这种指导程序。运动图式是经过长期的练习而形成的有组织的系统性知识和程序性知识。在技能经过充分练习的情形下,在神经系统中的程序很少需要知觉系统的监视,可以自行连续运行。在长时间的练习过程中,运动图式随着练习而不断精练,反应方式精确,操作流畅,好像完全自动化了。在活动之前这些运动图式构成了一种总的运动图式并在无反馈的情况下使活动进行下去。

(五)错误不断减少,在发生之前基本排除

在操作技能形成的早期阶段,由于对操作的要点和注意事项没有完全领会,在操作的规范性和操作之间的连接上会产生很多错误。任何领域新手在一开始行动时,都会对自己操作的领域产生各类错误观念,并遇到各种看似无法解决的困境。随着大量的练习,操作逐步达到高度熟练和自动化,此时错误不断减少。在连续的操作技能中,学生会不断进行尝试和校正。心理学家希金斯(Higgins,J. R.)等人研究发现,熟练的专家甚至尚未等到肌肉信号的到来,便能预料到他给自己的肌肉发出了不正确的指令,在错误发生之前,就能收回这个指令。

(六)预见和应变能力的增强

在连续的操作技能中,学生可以根据丰富的操作经验、运动图式、细微的操作过程和周围环境的信息,对下一步操作进行充分地预测,表现出较强的预见性和应变能力。这样,可以将合理的操作继续执行下去,而将错误的操作排除在发生之前。在操作技能的熟练阶段,由于学习者有较强的应变能力,即便他们面对各种复杂的情况,也会作出合理的应对措施。熟练的学习者即使在不利条件下,也能保持正常的操作水平。表现出同样操作水平的人,其熟练程度可能有所不同。检验谁是最熟练的操作者的最好方法就是看他在条件变化时是否能继续保持正常的操作水平。

三、动作技能形成的途径

(一)言语指导和示范

在学习动作技能之前,应先让学生对所学习的动作技能有一定的认识或表象,这可以通过言语指导及示范来实现。

1. 言语指导

言语指导是指导者在动作技能学习之初,以言语描述或提示的方式向学生提供的有关动作技能本身的重要信息。

言语指导可以是指导者用言语描述要学习的动作技能,以便让学生对其形成全面的认识和表象。如描述一下执行某一动作技能时四肢相对于工具器材的位置、站立的姿势以及应当看什么、听什么、做什么等。言语指导也可以是对学生最初尝试练习动作技能提供指

导。这类指导的目的是为了让学生在尝试练习技能时，关注对动作技能的执行有影响的环境线索或注意动作技能的关键环节。

需要注意的是，这种对动作技能的言语描述很容易超过学生的工作记忆容量，解决这一问题的办法是一次信息量不宜过多，同时在用言语描述技能时，确保学生在早期的练习中能够加以实践。在第一个重要方面掌握后，可以用言语或其他技术告知学习者下一个需要注意的方面。在学生练习技能时提供的言语指导，宜简短、精练。

【相关链接】

卡顿和兰丁（Cutton，D. M. & Landin，D.，1994）要求初学网球的大学生，在每次打网球时大声说出5个有关的词语："准备"是做好对来球的准备；"球"是将注意力集中到网球上；"转身"提示击球时转动臂和肩至与球网垂直的位置，并向后引拍；"击球"提示将注意力集中于击球；"低头"提示击球后头的固定位置。与没有使用这些言语指导的被试相比，使用言语指导的学习者更好地学会了打网球的动作。

（资料来源：转引自皮连生主编，杨心德、吴红耘副主编. 学与教的心理学（第五版）[M]. 上海：华东师范大学出版社，2009：121）

2. 示范

示范是将技能演示出来，以便学生能够直接观察到动作的成分。接下来，学生会在最初的练习中模仿动作。当然，也可以使用熟练操作者的录像或照片。实验表明有示范比无示范效果好。

教师在运用示范时，要注意示范的时机和频率。研究表明，如果给定示范的次数，练习之前让学习者充分地观察示范，练习过程中尽可能频繁地提供示范，学习者模仿的效果会更好。

【相关链接】

威克和安德森（Week & Anderson，2000）让学习者观看10次熟练的排球运动员发飘球的动作。所有的学习者都没有发飘球的经验，并被分成了三组：一组叫前练习组，在练习30次发球前观看10次示范；一组叫分散组，观看一次示范后练习3次发球，这样分散地观看10次示范后共练习30次发球；最后一组是联合组，观看5次示范后练习15次发球，而后再观看5次示范，练习剩下的15次发球。对三组学习者的保持测验发现，联合组和前练习组比分散组模仿得更好，发球的准确性也更高。这说明，练习之前要让学习者充分地观察示范，练习过程中也要尽可能频繁地提供示范。

（资料来源：转引自皮连生主编，杨心德、吴红耘副主编. 学与教的心理学（第五版）[M]. 上海：华东师范大学出版社，2009：122）

在进行示范时，可以示范专家完美无缺的动作表现（称为"专家榜样"），也可以示范初学者学习的过程（称为"学习榜样"）。研究认为后者效果更好。在教学实践中，有两种方式：一是让学生结成对子练习，其中一个练习时，另一个就对其进行观察，同时教师对练习者提供指导。经过一段时间以后，两名学生互换角色，原来练习的成为观察者，原来观察的成为练习者，当然学生观察和练习期间仍需要教师给练习者提供指导。第二种方式也是让学生结成对子，相互观察和练习。不过指导和反馈的提供主要由学生负责，即教师为对子中的观察者提供技能的关键环节，而后观察者在练习者身上寻找这些环节并向其提供反馈。这种形式有助于减轻教师的负担，使其有更多精力对全班学生进行指导和管理。

值得注意的是，在动作技能学习的初期阶段，要使示范有效，示范操作必须慢速、分解进行，否则，很容易因为新的信息量过多而"超载"，当"超载"发生时，学习就停止了。

【请你思考】

在职业学校学生动作技能学习过程中，教师的言语指导和示范应该注意什么？

(二)练习

练习是以掌握一定的动作技能为目标所进行的反复操作的过程。练习对动作技能获得的重要性毋庸置疑。没有练习，动作技能就很难学会。这里的练习是指有意练习，这种练习并不一定是快乐有趣的，需要付出一定的努力。

【相关链接】

练 习 曲 线

动作技能练习的结果可以用练习曲线来表示。练习曲线又称学习曲线，它把多次练习的次数和练习成绩之间的关系用统计方法进行处理，然后绘制成曲线，用以描绘练习的进程。练习曲线通常用函数坐标图来表示。通过练习曲线，可以看到练习过程中速度、准确性、效率和灵活性等方面的变化和特点，有共同之处，也有个别差异。练习曲线通常有四种形式(图 5-2)。

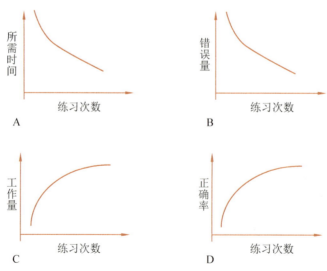

图 5-2　四种练习曲线

第一种形式是表示每次练习所需时间与练习次数之间关系的练习曲线（图 5-2A）。这种练习曲线通常是下降的，因为随着练习次数增加，一般所需时间是逐渐减少的。从每次练习所需时间的长短，可以看出练习的速度。

第二种形式是表示每次练习的错误数与练习次数之间关系的练习曲线（图 5-2B）。这种练习曲线常常是下降的，因为随着练习次数增多，练习中发生的错误会逐渐减少。从每次练习的错误数量，可以看出练习的准确性。

第三种形式是表示工作量与练习时间之间关系的练习曲线（图 5-2C）。这种练习曲线往往是上升的，因为工作量是随着练习时间的增加而增长的。从单位时间内所完成的工作量可以看出练习的效率。

第四种形式是表示正确率与练习时间关系的练习曲线（图 5-2D）。这种练习曲线通常是上升的，因为随着练习次数的增加，完成操作的正确率也在不断增加。

在动作技能的练习过程中，总的来说，练习成绩是逐步提高的，练习曲线也呈上升趋势。但是，学习不同动作技能时所获得的练习曲线是极其多样化的。甚至同一个人在完成相似的操作任务时也难以得到相同的练习曲线。从练习进程的总体趋势来看，有的表现为先快后慢；有的则表现为先慢后快；还有的表现得前后变化不大，比较一致。通常，操作技能的练习成绩是波浪式上升的，有时可能迅速进步，有时可能进步缓慢或没有进步，有时甚至可能退步。在一些较复杂的动作技能的形成过程中，练习的中后期常常会出现成绩暂时停顿的现象，这就是练习曲线上的"高原期"现象。麦克唐纳（Macdonald，1959）综合了各种技能的学习和各种不同的学习条件下操作技能的形成进程，提出了操作技能学习的"六段学习曲线"（图 5-3 所示），即把操作技能学习的总过程分为六个阶段；A 为无进步阶段；B 为迅速进步阶段；C 为学习速度逐渐减慢阶段；D 为高原阶段；E 为再次缓慢进步阶段；F 为再次缓慢进步并临近极限阶段。

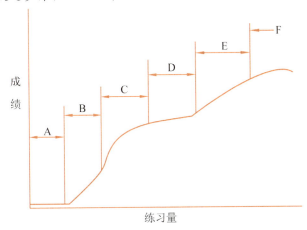

图 5-3　动作技能的学习曲线

这个学习曲线并不是从哪一种具体的动作技能的学习进程中描述出来的，它只是说明动作技能学习进程具有上述六个阶段的可能性。这个综合模式对于判断练习阶段或者根据判断来考虑练习的指导方法，是有一定的参考价值的。

（资料来源：崔景贵主编．职业教育心理学导论［M］．北京：科学出版社，2008.8：188～189）

练习的方式不一样，对动作技能学习的影响也不一样。

1. 集中练习与分散练习

集中练习是指训练时间长而休息时间很短的练习，训练时间从几分钟到几小时不等，可能是练习一些小动作，也可能练习几百个小动作。分散练习是指休息时间长于训练时间的练习。

动作技能的学习过程中，是集中练习的效果好还是分散练习的效果好，不能一概而论。研究发现，分散练习对任务是连续的动作技能的效果优；而离散的动作技能，集中练习要比分散练习的效果好。当然，集中练习与分散练习，并非绝对的优劣。关于时间的安排，须以技能的复杂程度、学习者的动机水平和身体状况而定。若技能简单，经几次练习便可熟练，则无分散的必要。反之，如任务很复杂，对体力要求较高，学习者动机水平较低，则分散练习更为有效。

2. 区组练习和随机练习

在心理学中研究比较多的变化练习形式主要是随机练习（random practice）和区组练习（blocked practice）。假设有 X 项任务（或一种任务的 X 种变式）要练习，每项任务练习 N 次，有两种安排。区组练习是先完成第一项任务的 N 次练习，而后再完成第二项任务的练习……直到第 X 项任务的 N 次练习完成为止。随机练习是先完成任意一项任务的一次练习后，接下来练习哪项任务是随机确定的，但每项任务练习的总次数仍为 N 次。如有 ABC 三项任务，每项任务要练习 3 次，则区组练习的安排是 AAABBBCCC，随机练习的安排是 CBBACAIBAC。

研究表明，区组练习在动作技能的习得阶段有积极作用，但在保持和迁移阶段则不如随机练习，即随机练习对动作技能的学习要比区组练习产生更持久的影响。这一现象被称为"情境干扰效应"。

【相关链接】

目前对情境干扰效应的基础尚未完全理解，但人们提出几种理论解释。这一效应为考察个体心理加工在技能获得认知阶段中的关键作用提供了机会。与那些对新手的要求是可预测，更少心理压力的任务相比，在变化的练习程序中，对新手的要求更为动态和不可预测，而且要求更多努力注意的过程。被普遍接受的观点是，人们不仅从成功中也从错误中学习这是得到实证研究支持的。在要求适应变化环境的背景下练习动作技能的人更能迁移其所学到新的情境中。而那些在静态练习环境中学习的初学者在练习期间表现很好，但在新的情境下表现却差强人意，那些在练习时成绩很好但比赛时却失常的运动员就是如此。练习的条件营造得和比赛情形相似可以使知识从练习到测试环境的迁移更加有效。

（资料来源：吴庆麟主审，胡谊主编．教育心理学——理论与实践的整合［M］．上海：华东师范大学出版社，2009.6：274～275）

3. 整体练习与部分练习

通常，一套完整的动作技能可以分解成同时或按先后次序出现的局部技能。在学习一种技能时，根据学习中任务呈现给学习者的方式，练习可分为整体练习和部分练习。整体练习即整体任务方式，是每次训练都让学习者操作任务从开始到结束的所有成分，比如，指导者可能会要求自行车的初学者一次完成骑车的整个任务。部分练习方式（part-task approach）是将任务分解成各个部分并分别传授。学车者可能最先在固定好的自行车上练习踩脚踏板，然后练习移动把手来掌控自行车的方向。

刻画动作技能性质的一个维度是技能的组织性与协调性。这是指技能的各个部分之间在时间上和空间上是否相互依存。组织程度比较高的技能，其每一个组成动作的操作都依赖于其他组成动作的操作。对这类技能，用整体练习法比较好。如游泳就具有这样的特点。用胳膊划水、呼吸、蹬腿的动作要协调起来构成整体，孤立地练习这些局部动作往往无助于整个技能的学习。组织协调程度较低的技能，构成它的各个局部技能之间不存在相互协调的问题，这时可以采用部分练习法，分别练习该技能的局部技能。如打网球的技能包含托起即将着地的险球、封球、扣球和发球四个局部技能。在比赛时要将这四个局部技能有机地结合起来，灵活地加以运用。但初学者在练习时，可分别进行训练，当有了一定训练基础后，再把这四个局部技能结合起来练习会更有效。

刻画动作技能性质的另一个维度是动作技能单独受一个程序支配的程度。如果运动非常快，几乎可以肯定地讲，这是由一个动作程序支配的，应当将其作为一个整体来练习；如果运动很慢，而且行动中存在间隙，那么该运动有可能由一个以上的程序支配，这时可以把这种任务分成几个部分来单独练习。

整体练习和部分练习各有优点。整体练习可以练习技能各部分间的协调，而部分练习可使学习者集中注意所练习技能的某个环节。有时可以将这两种练习形式结合在一起，充分发挥其优势，提高练习效果。如对于组织性较高而又可以分解为各局部技能的动作技能来说，可以先练习第一部分的技能，在第一部分的技能练习熟练，需要的注意量减少后，可以将第一部分与第二部分结合起来练习，练习中要注意两部分技能的协调。接下来，可以将第一部分、第二部分和第三部分结合起来练习……直至掌握完整的技能。

4. 身体练习和心理练习

身体练习是身体实际进行活动的练习。心理练习是对动作任务的象征性预演，指仅在头脑内反复思考动作技能的进行过程的练习形式。

人们一直关注心理练习是否可以促进技能的学习并帮助改善运动，对以往考察心理演练作用的研究回顾表明，它的确有利于动作技能的学习。利用心理演练技术完成实验任务通常比不用预演技术的效果要好，尤其是在完成含有大量认知成分的任务时，心理演练的作用更大，但对于这些效果产生的原因，人们迄今没有找到答案。大量研究结果难以解释，这反映了目前对心理练习需要什么，以及如何评估心理练习的效果等问题都不甚明了。

【相关链接】

　　人们预测，心理演练在动作技能获得的认知阶段起重要作用，因为这时学习者要形成需学会的任务的心理图或图式。解释心理演练影响动作技能学习的理论一般有两种取向：生理取向和认知取向。心理神经肌肉理论（Psychoneuromuscular Theories）主要提出技能学习的观念性运动原理（Ideomotor Principle），这一原理可以追溯到19世纪后期，它的核心假设是，技能学习涉及控制动作运动的神经通路。身体练习会引起与某个动作相应的神经通路的兴奋，而心理表象也能产生这种兴奋。由表象引发的兴奋和身体训练一样，能以同样的方式强化神经通路。Jacobson（1929）的早期生理学研究支持了这一观念，即肌肉活动与心理构思是共同作用的。最近的更多研究发现了类似结论，例如，对滑雪运动员的肌电图（Electrcmyographic，EMG）记录发现，滑雪运动员想象自己在做各种转弯和跳跃动作时肌肉活动会发生变化，而这些动作是滑雪跑道上经常要训练的。

　　心理表象的认知理论强调记忆、注意和策略在技能学习中的作用。心理演练涉及提取和处理储存在记忆中的信息。有些信息本身就会产生表象，可以帮助学习者在不同条件下反复分析任务。表象还给学习者提供一种获取和存储新信息的机制，可以使任务分解成各个要素，并从多个角度加以分析。操作者的言语报告表明，大多数人可以控制自己形成的表象这个视角。由外部参照点看到的图像能帮助人把自己的表现视觉化，就像观众席上的人看到的那样。这些图像是自发性反馈的基础，类似于教练或教师提供的反馈。由内部参照点看到的图像可以使个体体验到动觉的和本体感受的线索，这种线索构成了调整执行动作程序所需要的反馈。外部和内部图像都是独一无二的，可以使学习者改变动作速度、时间顺序以及不同成分的整合。据假设，所有这些心理表象都可以用在促进学习上，从而达到光有身体训练所不能达到的效果。

　　（资料来源：吴庆麟主审，胡谊主编．教育心理学——理论与实践的整合[M]．上海：华东师范大学出版社，2009.6：275）

【请你思考】

　　如何指导职校生掌握正确的练习方法？

（三）反馈

　　与运动有关的信息分两类：一是在运动之前得到的；二是在运动之中或运动之后得到的。在运动之前，我们会得到一些有关所学习的动作技能的信息，如动作技能练习前的言语指导和示范。在运动之中或运动之后会得到运动产生的信息，如感觉到的、听到的、看到的及运动在环境中产生的结果，这种信息通常叫做运动产生的反馈，简称反馈。有人认为，如果没有某种反馈，动作技能的学习就不可能发生。许多研究者认为，反馈是仅次于练习的影响动作技能学习的重要因素。

　　反馈可分为固有的反馈（inherent feedback），或叫内部反馈（intrinsic feedback），以及外部反馈，或叫增补的反馈（augmented feedback）。

固有的反馈是练习者不依赖外来帮助而通过自己的感觉通道可以获得的反馈。它可以是练习者在执行某个动作时肌肉中的动觉感受器提供的感受，如在做了一个错误的潜水动作后，所感觉到的刺痛感；也可以是练习者对自己行为结果的直接观察，如练习者在投篮中可以看到球是否投中。在许多情境中，固有的反馈可以很容易地得到：我们能看到球拍没有击中球，或者在溜冰时能感觉到自己摔倒了。但有些固有的反馈不大容易识别，如学体操时，需要学会感觉关节在某个运动中是否弯曲。

增补的反馈是由教师、教练或某种自动化的记录装置供给练习者的反馈信息，通常是在练习者得不到固有反馈信息时给予的，是对固有反馈的增加和补充。如当你的车超速时，你会接到蜂音器传来的信息——这种信息通常在开车时是得不到的。增补的反馈可以从不同维度进行描绘：①同时性与终性的反馈。前者是在运动之中给予的（如赛车手从速度计中得到的关于赛车速度的信息），后者是在运动完成之后给予的（如体操运动员的得分）。②即时性的和延迟性的反馈，这是从给予时间上作的区分。③言语的（或能言语化的）与非言语的（如蜂音器指示车速过快）反馈。

常见的增补反馈有两种：①结果的知识（knowledge of results，KR）是关于环境中目标达成状况的增补的、言语式的（或可言语化的）、终结性的（即运动后的）信息，如教练讲"这次你没有击中目标"。结果的知识可以很具体，也可以有一定的概括性，还可以包括诸如"很好"之类的奖励成分。需要指出的是，结果的知识是关于环境目标的运动结果的反馈，而不是关于运动本身的反馈（如你的肘弯了）。结果的知识是增补的，有时也会重复固有的反馈（如你没有击中）。②表现的知识（knowledge of performance，KP），是关于学习者作出的运动模式的反馈信息（如你的肘弯了）。表现的知识更多地是教员提供给学生的、旨在改进错误运动模式的反馈，而不是环境中的运动结果。表现的知识还可以指被试模糊意识到的运动的一些方面，如在复杂运动中某个手臂的动作；或指被试通常意识不到的身体中的过程，如血压或具体运动单元的活动——通常叫作生物反馈。比较常见的一种表现的知识是录像回放。这是把练习者练习的过程录制下来，再回放给练习者。研究发现，通过录像回放给练习者的信息太多，特别是对复杂的技能而言，观察者往往不知道哪些技能是重要的。如果使用一定线索，指引或教会被试在录像回放期间注意自己动作的某些方面，会促进动作技能的学习。

结果的知识和表现的知识都是增补的反馈。在研究中，一般不对这两种反馈作细致的区分，有关结果的知识的研究结论也同样适用于表现的知识。

【相关链接】

在动作技能获得的认知阶段，以下问题是涉及影响技能学习的结果性知识的。

第一，结果性知识以多种方式呈现，不同的反馈对学习所起的作用是不同的。定性的结果性知识表示学习者的动作是否正确，而定量的结果性知识则提供其他信息，比如运动中错误的大小和方向。频宽（Bandwidth）结果性知识也是提供反馈，但只是当表现得特别好或特别差时才给这种反馈。教育工作者喜欢采用后一种反馈方法，即当学生的表现明显很差时给予校正，而在表现格外好时给予支持。频宽结果性知识的优点是，随着学习者越来越熟练，给予反馈的门槛可以改变。

第二，可以在练习的不同时段提供结果性知识。可以在学习者行动过程中立即提供反馈，也可以在行动之后延迟提供反馈。反馈的时间选择对动作技能学习的影响不是直接的。但确实也存在操作过程中或之后立即给予外部反馈反而妨碍了学习的情况，似乎学习者投入行动时，外部的结果性知识会妨碍或干扰心理加工。

第三，结果性知识出现的频率对技能的发展也会有不同的影响。绝对频率是指在练习过程中结果性知识提供的次数，例如，100％频率是指每次学习之后都呈现结果性知识。相对频率是指呈现结果性知识的次数与学习次数的百分比。乍看上去好像是每次练习之后都提供结果性知识最能促进学习，但事实并非如此，很多时候只有在一定比率的练习之后再提供结果性知识学习效果最佳。

第四，结果性知识可以通过许多方式对学习产生作用。反馈有联结功能，它强化了显著的环境刺激和特定动作之间的联系。动作技能学习的认知阶段需要对以下问题形成理解：什么环境刺激是重要的，什么是不重要的，相关刺激和具体的动作之间有何关系。反馈还有信息功能，初学者不知道如何安排动作，反馈有助于准备动作计划。最后，反馈还有激励作用，结果性知识能激励学习者，激发他们的兴趣和意愿，使他们更努力更密集地练习。

总而言之，结果性知识的作用取决于学习任务的类型、学习的阶段和练习过程中的心理加工。毫无疑问，结果性知识是学习中的一个重要因素，对教育工作者来说它是一个有用的工具，教师如果能够巧妙地利用结果性知识，就能对认知阶段的动作技能学习者施加相当大的影响。

（资料来源：吴庆麟主审，胡谊主编．教育心理学——理论与实践的整合[M]．上海：华东师范大学出版社，2009.6：271～272）

【请你思考】

如何给练习中的职校生提供反馈？

四、错误动作技能消除的心理技术[①]

在动作技能的练习过程中，常常会产生很多错误。错误的操作技能经常会阻止、延缓和妨碍正确的动作技能的获得。因而很有必要探索错误动作技能形成的原因，并积极寻求消除错误动作技能的心理技术。

(一)错误动作技能形成的原因分析

错误动作技能的形成有多方面的原因，如练习的目标任务不明确、练习的态度不够端正、缺乏正确的示范和指导、练习方式方法的不当、强化对象和强化方法不当、不同操作

---

① 崔景贵主编．职业教育心理学导论[M]．北京：科学出版社，2008：192～195

技能之间的相互干扰、缺乏及时有效的结果反馈等。以下，仅就其中的主要原因作简单分析：

1. 练习的态度不够端正，方式方法不够恰当

有的职校生在练习操作技能时，由于学习态度不够端正，导致注意力不够集中，没有认真听讲和观察指导教师的操作示范，没有用心领会操作要领，因而难以掌握正确的技能。结果在独立练习时，就很容易采取不正确的操作，形成错误的操作。还有的职校生在练习过程中害怕吃苦、偷工减料，有的不求甚解、自以为是，这都会造成操作产生错误。此外，在练习过程中，如果职校生态度散漫、注意力不够集中，还可能造成机器损伤和人身意外伤害。因此，在操作技能的练习过程中，职校生要端正态度，保持警醒，高度集中注意力。

操作技能的形成需要系统的、多次的练习。如果练习的方式方法不当，会造成练习的质量低下，使得操作产生较多错误，影响操作技能的形成。在练习过程中，有的职校生盲目进行练习，并不考虑练习的科学性和有效性。有的练习时间过于集中，造成过度疲劳，影响练习的效果；有的过于分散，造成操作程序、要领和注意事项的遗忘；有的忽略操作技能整体与部分的关系，造成操作衔接的错误等。因此，在练习过程中，要注意心理练习与身体练习、集中练习与分散练习、整体练习与部分练习等的密切结合。

2. 缺乏正确的操作示范和指导

在操作技能学习的初期，如果教师过于追求教学的进度或者高估职校生的学习能力，那么可能会忽视对职校生的操作示范，导致操作示范过快、过于笼统。这可能会导致职校生"顾头不顾脚"，很容易因为信息量过多而"超载"，从而可能产生较多错误。有的教师理论知识丰富，但是实践操作技能不够熟练，特别是在他们面对新式设备与装置时，如果准备不够充分，可能会影响示范和演示操作。因此，职业学校特别需要加强"双师型"教师的培养，使他们不仅具有扎实的理论知识，还要具有丰富的实践操作经验。在指导学生实践操作时，操作要做到规范、细心和耐心。

3. 缺乏及时的反馈

由于职业教育规模的不断扩大，职业学校的师资，特别是"双师型"教师比较紧缺。一名教师往往要指导十几名，甚至几十名职校生。这样在指导职校生进行操作技能练习时，很难及时、详细地告知每一位职校生练习的正确和错误情况，很难帮助每一位职校生分析错误的性质与数量，以及错误的原因，并找出改进方法。有时仅仅在给职校生一些结果反馈的基础上，抓住多数人的典型错误操作进行讲解，而可能会忽略一些个别的特殊的错误问题。有时，在反馈的同时，教师会给职校生一些强化，以刺激他们进一步练习操作。如果强化对象不够精细、强化方法不当，可能会强化职校生的一些错误操作，并使之得到巩固，严重影响正确操作技能的形成。

4. 不同操作技能之间的相互干扰

已经形成的操作技能可能会对新的操作技能产生干扰作用，阻碍或延缓新的操作技能的学习。如果两种操作技能在操作结构、程序和特征等方面具有较大相似性，而其中某些共同成分却要做相反的操作方式时，由于先前经验和操作习惯的定势，就会产生操作技能的干扰。

(二)错误操作技能消除的心理技术

1. 消退抑制技术

斯金纳提出了操作性条件反射的概念。操作性条件反射就是通过练习，将有意的操作和强化结合起来，从而引发特定的操作行为。操作行为的塑造是强化物多次强化的结果。与正确操作被强化相同的是错误操作也可能因为被强化而习得和保持。因此，在消除错误的操作技能时，要利用消退抑制的技术，使形成错误操作的条件反射不能得到强化而使其产生抑制，使得错误操作的条件反射得以减弱或消失。但是，此时错误操作技能的条件反射的消退只是一种抑制，并没有完全消失。在消退抑制后，经过一段时间的间歇，错误操作技能的条件反射可以不同程度地恢复。如果继续不被强化，那么很快会进一步消退，直到最后完全消失。错误操作技能消退的速度取决于其条件反射建立的牢固程度，当然同学习者的神经类型也有一定的关系。

使用消退抑制技术时，必须注意：①消退技术的关键在于发现与错误操作行为相联系的强化物并将其撤除；②由于错误操作技能有自发恢复的规律，在消除错误操作技能时，要注意常抓不懈。

2. 分化抑制技术

错误操作技能的产生可能由于教师在强化职校生正确操作行为的同时，不经意间也强化其错误的操作行为，使得错误操作行为通过练习也会得到巩固和发展。分化抑制是指在建立条件反射时，只对正确的操作行为加以强化，对类似的错误操作行为和其他无关行为不予强化，从而使得错误的操作行为和其他无关行为引起的反应受到抑制。因此，在职校生操作技能的形成过程中，教师在强化职校生的操作行为时，必须注意区分正确的和错误的操作行为，选择性地强化正确的操作行为，而对其他行为不予理会，使得正确的操作行为因受到强化而得以保持，其他无关行为受到分化抑制而逐步消失。

使用分化抑制技术时，必须注意：①教师对职校生的指导和强化必须是个别化的，避免千人一面和过于笼统模糊；②在撤除对错误操作行为的任何强化物的同时，更要加强对正确操作行为的强化。

3. 对抗性条件作用技术

在消除错误操作技能时，如果引进一种与错误操作不能同时并存的相对抗的操作，并对它进行多次练习并予以强化，可以达到消除错误操作技能的目的。这种技术称为对抗性条件作用技术，简称对抗技术。在职校生入学军训时，需要进行队列训练。在学习"齐步走"时，总有人错误地先迈出右脚，为了帮助他们纠正错误的动作，可以运用对抗技术。如要求动作错误的职校生立正不动，当听到"齐步走"的口令后，抬起右手，因为人在走路时为了保持平衡和协调必须对侧手脚同时抬起或放下。这意味着如果抬起右手，为了保持平衡和协调，就会先出左脚。这样，经过反复练习，让他们记住在齐步走时先抬右手而不要去想先迈哪只脚，因此先迈右脚的错误动作就能得到纠正。在这里，"抬右手"与"迈右

脚"便构成了一对对抗动作。

使用对抗技术时，必须注意：①所引进的操作必须包含于整个操作技能，且不能与错误操作并存；②对新的操作要适当进行过度练习。

4．过矫正技术

过矫正技术就是在学习者作出错误操作技能时，要求其立即恢复正确操作，并进行更为严格的过度练习，从而消除错误操作技能，形成正确操作技能的心理技术。这种技术是对错误操作的"矫枉过正"。在练习操作技能时，如果发现某职校生的操作错误，教师可以在告知或示范正确操作的基础上，指导其模仿和加倍练习正确的操作。不仅如此，还可以让他弥补由于错误操作技能造成的后果。总之，通过过矫正练习，既要使职校生认识到错误操作的不良后果，又要使其正确操作通过练习而得到巩固并达到熟练掌握的程度。

使用过矫正技术时，要注意：①在职校生进行过矫正练习时，教师一定要给他们提供正确的操作示范，避免再次误入"歧途"；②在职校生进行正确操作技能的过度练习时，还要注意"适度"的问题，不能造成"超限逆反心理"。

第三节 职业学校学生实习的心理过程①

实习是指在教师的组织和指导下，根据专业要求，在校内或校外实习场所进行模拟或实际操作，以获得有关的实际知识和技能，形成独立工作能力和良好职业道德的实践性教学过程。实习是职校生把理论应用于实践和进行职业技术训练的重要环节，是培养学生动手能力、人际交往能力、团队精神的重要手段，是实现职业学校人才培养目标的必要途径。通过实习，可以让学生接触到真实的职场，更快、更好地融入新的工作环境，尽快完成"学生"向"职场人"的角色转换。职校生在完成理论知识学习任务的基础上，要进一步加强生产实习实训，增强实际动手操作能力，培养综合职业能力。

一、实习准备阶段

在实习开始前，教师不仅要指导职校生做好适当的物质准备，更要引导他们做好充分的心理准备、知识和技能准备。

（一）做好实习的心理准备

实习前的心理准备是进行实习的前提和基础。很多职校生对实习的心理准备不足，他们对将要从事工作的角色意识淡薄，对未来职业角色缺乏一定程度的认同感。因此，教师要引导职校生做好充分的心理准备。首先，要加强对职校生的岗前教育，端正实习态度；同时通过组织职校生学习实习守则和有关规章制度，来加强实习规范教育、安全教育和职

---

① 崔景贵主编．职业教育心理学导论［M］．北京：科学出版社，2008：195～198

业道德教育。教师要向职校生介绍实习场所的基本情况，帮助职校生明确实习的主要目的、基本任务和具体要求，引导职校生做好充足的思想准备。其次，要激发职校生参与操作实习的主动性、积极性，增强他们的实习兴趣。教师要采取有效措施来激发职校生主动参与实习，如加强实习安全教育、确立专业价值观、增强实习角色的认同感、确立适当的实习目标、采取分组竞赛的方式等。在进驻实习场所后，要引导职校生积极适应实习工作和实习环境，努力与实习基地的相关人员做好沟通工作，为正式进行实习操作奠定坚实的心理基础。

(二)做好相关知识和操作技能的准备

在引导职校生做好心理准备的同时，还要引导他们做好实习专业的基础知识和基本操作技能的准备工作。首先，职校生要加强专业基础知识的复习。根据实习目的、任务和要求，遴选出专业实习所需要的知识，特别是与具体原理、操作有关的知识，以及还没有扎实掌握的重要知识，以免造成"临阵磨枪"的尴尬场面。其次，职校生要加强相关专业操作技能的练习和复习。进行系统的专业实习，目的是要给职校生提供实际应用书本上的理论知识、并进行实际操作的机会，通过实习使职校生能够将平时学习和形成的局部的操作整合成完整操作，将不熟练的操作优化为熟练的、自动化的操作。因此，职校生有必要在实习前做好必要的知识和技能准备。最后，职校生要做好翔实的实习计划。根据实习的目的、任务和要求，再综合考虑自己的能力、时间、环境，设置操作实习的具体目标、实习材料、实习程序和具体环节、注意事项等，对一些特殊情况要有预案，以免到时惊慌失措。

二、练习操作阶段

练习操作阶段是职校生专业技能练习的初级阶段，也是职校生形成专业基本功的关键阶段，因而显得十分重要。

(一)加强操作的示范指导

实习指导教师通过科学、规范的教学和指导活动，通过讲解和演示操作，直观形象地把基本操作技能展现给学生。由于职校生还不会利用操作信息反馈，难以觉察自己操作的全部情况，不容易发现操作的错误，因此，教师要指导职校生正确掌握操作要求和操作方法，帮助学生发现问题和错误并及时予以反馈。教师要根据实习计划和工件技术要求，对职校生的操作进行巡视检查，根据不同问题，采取集体指导或个别指导，而且对学生的学习态度、技术质量、操作方法、文明生产、环境卫生、设备维护、安全操作、遵守纪律等方面进行简单考核和记录，及时纠正职校生不正确的姿势、多余的动作和粗心的操作，养成良好的操作习惯和生产习惯。

(二)加强基本功练习

本阶段主要是通过练习掌握局部操作的基本功。基本功水平的高低，关系着完整操作

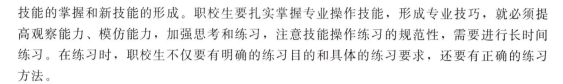

技能的掌握和新技能的形成。职校生要扎实掌握专业操作技能，形成专业技巧，就必须提高观察能力、模仿能力，加强思考和练习，注意技能操作练习的规范性，需要进行长时间练习。在练习时，职校生不仅要有明确的练习目的和具体的练习要求，还要有正确的练习方法。

(三)加强常规检查和反馈

在实习过程中，实习指导教师必须加强实习常规检查，这既有利于及时给予学生反馈，从而保证实习质量，同时还能避免意外事故的发生。因此，教师必须对职校生进行安全、文明生产和操作设备维护的教育，提出操作要求和注意事项，并检查是否符合安全操作规程、卫生要求。在操作过程中，要经常性地检查职校生的生产技术准备和设备维护情况，检查安全措施、文明生产情况，更要检查操作方法和过程，检查他们加工工件的技术要求和产品质量，及时给予职校生反馈意见，使他们能够及时调整实习计划，保证实习质量。

三、辅助操作阶段

(一)加强局部操作技能之间的联系

辅助操作阶段是实习过程中时间最长的阶段。职校生在实习指导教师的指导和帮助下，已经逐步掌握了一系列的局部操作，开始通过反复的练习或实践，使已掌握的局部的、个别的操作联系起来，以形成比较连贯的完整的操作。但是，各个操作之间的联系尚不紧密，还没有达到自动化的程度，从一个环节过渡到另一个环节，经常出现短暂的停顿现象，甚至还会出现操作错误。因此，这时还需要教师的辅助和引导。

(二)加强对职校生操作过程的引导

辅助操作阶段是职校生在教师指导下，初步正确地掌握完整操作的阶段。职校生把单项工序配合连贯起来进行多次反复的练习，使局部操作逐步形成完整技能，并形成一定的专业技巧。在此基础上，结合生产实践过程进行综合训练，形成综合操作能力和基本的职业技能。教师还要继续指导职校生，注意发现他们的操作问题，要采用多种指导方式，纠正职校生在操作过程中的错误，从而使职校生养成良好的操作习惯和文明的生产习惯。教师特别要加强对操作技能较差学生的重点辅导。教师指导职校生操作时，要引导职校生综合各工序的各种操作方法，循序渐进、分段实习、分段要求，定期轮换不同的实习岗位，以使职校生的操作技能逐步实现复杂化、多样化、系统化、全面化和熟练化，从而形成专业技能和技巧。

四、独立操作阶段

在独立操作阶段，职校生的操作比较协调、完善并已达到一定的熟练程度。各个操作联合成为一个完整的自动化的操作系统，基本不需要教师指导就能独立进行操作，这能有效锻炼职校生的独立操作能力。职校生在掌握基本操作技能的基础上，达到一定的熟练程度，即可进行独立操作。职校生运用已经掌握的基本专业技能，通过练习，使操作进一步协调、完善、有效，并达到一定的自动化的熟练程度。

在独立操作阶段，教师仍然要发挥指导作用，帮助职校生考虑如何独立完成实习计划，提示实习中可能出现和应该预防的问题，检查职校生独立操作、完成生产任务的情况，组织互相学习、观摩。实习指导教师要注意对职校生独立性和创造性的培养，提高职校生自编工艺和解决实际问题的能力，逐步引导职校生克服依赖性，充分发挥职校生的积极主动性和聪明才智。

五、技术考核阶段

技术考核阶段，一般分为阶段考核和终期考核。阶段考核要根据每一实习阶段的实习计划、课题任务和目的要求，结合操作生产的过程进行。终期考核可以按照国家规定的专业技术工人的等级标准，在职校生毕业前进行全面的综合考核。在阶段考核前，教师要将考核范围告知职校生，让职校生做好全面、充分地准备；考核时，要客观公正地评定职校生的成绩；考核后，教师要及时予以反馈，会同职校生总结经验教训，提出改进生产实习工作的意见和建议。

六、检验总结阶段

在一个实习日或一项实习任务结束后，实习指导教师要组织职校生对实习情况进行总结和评价。教师要对实习过程中职校生操作技能的掌握情况、实习产品的质量、实习设备维护保养、遵守实习纪律等方面，加以综合分析，在肯定成绩的基础上引导职校生找出存在的问题，并积极加以改进，不断积累实践的经验。

【相关链接】

实习的质量指标

实习的质量指标主要有：速度、收益、体验。速度可看作实习时间（长度）——投入，收益可看作实习结果（收益）——产出，体验可看作实习感受（苦乐）——过程。

实习时间是指实习特定内容所花费的时间。通过实习掌握特定内容，达到预期目标所花费的时间越少，效率就越高。节约实习时间，提高实习效率，首先要求对教、学、做各阶段的时间进行合理分配、有机衔接；其次要提高单位时间的实习质量。

实习结果是指学生经过实习获得的进步和取得的成绩，这是有效性的核心指标。实习的每一阶段都应该让学生有实实在在的收获，它表现为从不懂到懂、从不会到会的变化上。实习结果不仅表现在专业知识和专业能力的掌握上，而且表现在综合职业素养的提高上，同时还要通过实习掌握科学的思维方式。

实习体验指的是学生对实习过程的切身感受。这是被传统教学所忽视的考量有效性的一个向度。实习过程应该成为学生培养兴趣、激发热情、追求成功和成就的一种积极的情感体验。这是保证有效性持续的灵魂和动力。

这三项指标具有内在的统一性。实习时间是前提，对教、学、做各阶段的时间合理安排并提高实习效率，是增加实习结果和强化实习体验的基础；实习结果是目标和关键。学生的学业进步和学力提升不仅能促进实习效率的提高，也能增进学生实习的积极体验。实习体验是灵魂，积极的体验和态度会促使学生由被动实习变为主动实习，从而大大提高实习效率和结果。

总之，考量学生实习有效性必须综合考虑这三个要素——提高实习效率，增进实习结果，强化实习体验，它们相辅相成，互相制约，缺一不可。

【请你思考】

根据以下中职学生顶岗实习中存在的问题，请分析问题产生的原因，并提出你解决此类问题的方案。

从当前中职学校对学生实习管理的情况来看，学校对实习生的管理大多缺乏有效的措施，多数处于"放羊式"管理状态，从而使学生的实习工作出现了各种各样的问题。

1. 学校考核制度存在的问题。学生实习远离学校，传统的考核制度很难适应新的实习模式。目前考试制度还不够完善，存在很多漏洞。首先，以简单的总结报告或答辩代替评价，缺乏有效的过程考核。多数评价方法仍沿用传统的实习考核办法。学生在实习结束时上交总结报告，指导教师根据报告和对学生实习表现的印象评出成绩。而作为观察考核方法之一的答辩，也因为所提问题与实习过程脱节而难以科学客观地实现职业能力测评的目标。其次，缺少校外实训基地管理人员的有效参与。校外实训基地管理工作对学生顶岗实习很重要，但现行评价方法往往忽略校外实训基地管理人员的有效参与，使得评价内容缺失了重要环节，从而难以保证评价结果的完整。最后，缺乏必要的反馈。在评价结果分析方面，往往较多侧重于考勤和分数的统计，而未能对学生在技能训练和职业素养养成方面给予适当的评价。

2. 岗位分配的问题。接收单位在对学生进行岗前培训后，会根据每个实习学生不同的内在、外在条件，将学生分配到不同的岗位。不同岗位工作的难易程度有别，福利待遇不同，即使是同一岗位，其工作条件也是有差异的。同时由于学生在外地，班主任与学生沟通不畅，有的学生会觉得不公平，进而不可避免地产生失落感。同时，尽管学院与委托培养单位做了大量的努力，学生实习岗位与所学专业还是难以完全对口。尽管企业也想办法实现岗位轮换，尽量让学生多学点东西，但是学生到单位后仍感到自己所学的专业与从事的工作不对口或者不完全对口，认为在白白浪费时间，发挥不了顶岗实习的作用。

3. 学生不能正确对待工作中的挫折与问题。有些从事服务行业的学生，比如收银、处理退换货等服务性岗位，对顾客的抱怨要耐心去听，对日常的工作要细心去做。服务不及时、不周到，顾客都会不满意。实际上，不少责任并不在学生个人。而对顾客来说，他们不管是谁的责任，都会一股脑地向服务的学生发难。学生作为工作人员，必须笑脸相迎，慢慢解释，结束后还得好脸相送。学生从家庭到学校的主角地位一下转换成了配角位置，他们从备受呵护的孩子，变成了毕恭毕敬地为顾客服务的员工。这种心理上的不平衡感时时压迫着他们，有时会令其有不堪重负之感。对此，个别学生难免会觉得委屈，心理难以接受，有的甚至开小差，擅自离开实习单位，影响实习效果。

4. 学生环境适应能力差。学生到异地实习，时间比较长，部分学生的恋家思想严重，特别是赶上时间段刚好跨春节，不能坚持正常工作。有个别家长对学生过于溺爱，亲自为学生说情，给统一安排学生顶岗实习带来了阻力。另外，企业的要求与学校的管理明显不同，个别学生达不到实习要求，违犯了实习纪律，适应不了企业严格的规章制度，出现中途离岗现象。

5. 学生的合法权益难以得到有效保障。

顶岗实习要求学生必须走出校门，到企业的具体生产岗位去。这样，育人环境和育人的主体都发生了变化。学校和企业是不同的社会机构，各自的运行规律和追求目标不同。学校以育人为主要目的，企业以追求利润最大化为主要目标。不同的目标会使双方在许多方面的认识出现偏差，甚至产生矛盾。如学生的实习补助问题，工作时间问题，学生生活问题，等等。

6. 实习期间的安全事故问题。主要有两种情况，第一，实习单位安全设施不健全，学生上班期间出现安全事故；第二，实习单位疏于管理，学生在实习中发生安全事故。不论何种情况的安全事故发生，都会影响正常的顶岗实习秩序，也会给学校带来麻烦。

本章总结

1. 动作技能是一种借助骨骼、肌肉及相应的神经过程实现的，按一定技术要求，通过练习而获得的迅速、精确、流畅和娴熟的身体运动能力。

2. 关于动作技能是如何学习和获得的，从20世纪60年代后期以来，主要形成了以下三种理论：闭环理论、动作编程理论(含图式理论)和动态动作学习理论。动作编程理论强调运动的控制，动态动作学习理论强调身体的机制特征所起的作用，两者都关注动作的协调和执行是如何获得的以及新动作技能是如何获得的。闭环理论假设动作技能的学习是建立在两种记忆形态的基础之上的。第一种叫做知觉痕迹，第二种记忆形态是记忆痕迹。记忆痕迹决定着从知觉痕迹中选择何种特定的行为。学习的过程就是在起始阶段利用先前作业的基础，而后持续进行知觉追踪并指导其反应，在分析更喜欢选择和实际行为的不同结果基础上追踪知觉痕迹。有些研究者认为是高水平的计划或动作编程在起作用，这就是动作编程理论所持的观点。图式理论认为，是一般动作编程在控制行动，当练习动作时，操作者学会了动作的参数值以便编程，动作因而变得越来越快速准确，这一过程包含回忆和再认两个图式。动态动作学习理论是基于这样一个考虑，如果不是全部，那么也有很多熟练动作中的规则可以用身体机能的特点加以解释。该理论假没人的运动是通过环境力量与人体生理构造之间的随时互动加以调控的，关注的是多组肌肉作为完整系统的一部分共同工作的方式。

3. 费茨和波斯纳根据对学生的观察及与教练的交谈，将动作技能的学习过程分为三个阶段：认知阶段，联结形成阶段和自动化阶段。每个学习阶段所需要采用的训练方法是不一样的。在技能获得的认知阶段，学习者试图理解任务的要求、如何操作任务以及任务的目标。对这一阶段比较重要的训练方法包括言语指导和反馈。随着重复练习，有效的动作得到保持而无效的动作则逐渐消退，新的反应模式随之出现。重复和练习是技能学习联结阶段的关键，练习程序的安排和任务呈现的方式都会对练习效果产生影响，心理演练在这个阶段也很重要。技能发展的最后阶段是动作协调顺利地操作，行为的许多要素最初需要有意识地努力注意，但到了这一阶段则无需努力和思考就能执行，这一转变就是自动化。

4. 在动作技能的练习过程中，常常会产生很多错误。错误的操作技能经常会阻止、延缓和妨碍正确的动作技能的获得。错误动作技能形成的原因。消除错误动作技能的心理技术有消退抑制技术、分化抑制技术、对抗性条件作用技术和过矫正技术。消退抑制技术，是使形成错误操作的条件反射不能得到强化而使其产生抑制，使其减弱或消失。分化抑制技术是指在建立条件反射时，只对正确的操作行为加以强化，对类似的错误操作行为和其他无关行为不予强化，从而使得错误的操作行为和其他无关行为引起的反应受到抑制。在消除错误操作技能时，如果引进一种与错误操作不能同时并存的相对抗的操作，并对它进行多次练习并予以强化，可以达到消除错误操作技能的目的。这种技术称为对抗性条件作用技术。过矫正技术就是在学习者作出错误操作技能时，要求其立即恢复正确操作，并进行更为严格的过度练习，从而消除错误操作技能，形成正确操作技能的心理技术。

5. 实习是指在教师的组织和指导下，根据专业要求，在校内或校外实习场所进行模拟或实际操作，以获得有关的实际知识和技能，形成独立工作能力和良好职业道德的实践性教学过程。通过实习，可以让学生接触到真实的职场，更快、更好地融入新的工作环境，尽快完成"学生"向"职场人"的角色转换。职业学校学生实习的心理过程包括实习准备阶段、练习操作阶段、辅助操作阶段、独立操作阶段、技术考核阶段和检验总结阶段。

思考题

1. 操作技能的形成主要经历哪些阶段？
2. 熟练的动作技能具有哪些主要特征？
3. 什么是练习中的高原现象？
4. 分析错误动作技能产生的原因。
5. 消除错误操作技能的心理技术有哪些？
6. 简述职校生实习的心理过程。

（本章作者：屈正良 肖凤玲）

专题六 职业学校学生职业态度与品德的学习

　　古人云："道义者，身有之则贵且尊。"意思是道德和正义，人有了就很宝贵，而且最受人尊敬。同样，一个具有高尚职业道德的人，也是深受人们尊敬的。近年来由于科技的快速发展及经济自由化、国际化的深入，促使社会变迁加速，产业结构的改变使职业结构也产生极大的变化，多元化的价值观也使个人对职业选择的态度有很大的改变。职业不再只是个体谋生的手段，更成了实现自我价值的途径。目前的社会结构中，职业种类繁多，分工细致，科技的进步使得各行业所需知识更趋专业化，加上个人天赋、才能及生活环境的差异，促使职业选择的过程更为复杂，职业的发展更成了生涯发展的一部分。职业发展是一种发展的历程，是经验不断修正及概念化的结果。影响职业发展的因素有很多，职业选择的态度和品德则是其中之一，对个人职业发展影响重大。

第一节　职业态度与职业品德概述

一、职业态度的概述

(一)职业态度的含义

态度是通过学习形成的，是影响个人行为选择的内部准备状态或反映的倾向性。态度是一个心理学名词，意指个体对自己和对外部世界的喜爱或讨厌的评价性反应。态度不是实际反应本身，而是在特殊情境下以特定方式反应的内部准备状态，其行为特征往往表现为趋向与回避、喜爱与厌恶、接受与排斥等。对于该定义，可以从以下几个方面来理解：第一，态度是一种内部准备心理状态，而不是实际反应本身；第二，态度是一种可以稳定的心理倾向，它不同于能力，能力决定个体能否顺利完成任务，态度则决定个人完成任务的意愿；第三，态度是通过学习而形成的，不是天生的，具有明显的社会性。

职业态度是态度这一社会心理现象在职业领域的具体应用与体现。职业态度系指个人职业选择的态度，包括选择方法、工作取向、独立决策能力与选择过程的观念[①]，简而言之，职业态度就是指个人对职业选择所持的观念和态度。它反映人们对其所从事的职业所持的价值评价、情感反应和行为倾向，是人们对其职业的内在的、稳定的心理预期和准备，对职业行为具有指导性和动力性影响，决定其行为的方向、方式和结果。

(二)职业态度的心理构成

职业态度在内涵及适用范围上存在差异，但二者在心理构成上是一致的。因此，在这里通过介绍一般态度的心理结构，来探讨职业态度的心理结构。态度作为一种社会性的心理认知成分，其心理的构成成分是复杂的。根据弗里德曼对于态度的定义，可以认为态度包含三个成分。

1. 认知成分

它是指人们对外界对象的心理印象，包含有关的事实、知识和信念。认知成分是态度其余部分的基础。

2. 情感成分

它是指人们对态度对象肯定或否定的评价以及由此引发的情绪情感。情感成分是态度的核心与关键，其既影响认知成分，也影响行为倾向成分。

3. 行为倾向成分

它是指人们对态度对象所预备采取的反应，它具有准备性质。行为倾向成分会影响到

---

① 杨朝祥主编. 技术职业教育辞典[M]. 台北市：三民书局

人们将来对态度对象的反应，但它不等于外显行为。

(三)职业态度的功能

态度的功能同样适用于职业态度的功能。态度在我们的生活中有着重要的意义，态度的功能有以下四个。

1. 效用功能

效用功能也叫适应功能，这种功能使得人们寻求酬赏与他人的赞许，形成那些与他人要求一致并与奖励联系在一起的态度，而避免那些与惩罚相联系的态度。如孩子们对父母的态度就是适应功能的最好表现。

2. 知识功能

从认知心理学的观点出发，态度有助于我们组织有关的知识，从而使世界变得有意义。对有助于我们获得知识的态度对象，我们更可能给予积极的态度，这一点相当于认知图式的功能。

3. 自我保护功能

态度除了有助于人们获得奖励和知识外，也有助于人们应付情绪冲突和保护自尊，这种观念来自于精神分析的原则。比如某个人工作能力低，但他却经常抱怨同事和领导，实际上他的这种负性态度让他可以掩盖真正的原因，即他的能力值得怀疑，从而达到自我保护的目的。

4. 价值表达功能

态度还有助于人们表达自我概念中的核心价值，比如一个青年人对志愿者的工作持有积极的态度，那是因为这些活动可以使他表达自己的社会责任感，而这种责任感恰恰是他自我概念的核心，表达这种态度能使他获得内在的满足。

【相关链接】

影响职业态度的因素

影响职业态度的因素可以归纳为以下四大类：

①自我因素

自我因素包括个人的兴趣、能力、抱负、价值观、自我期望等。职业态度的自我因素与职业发展过程有相当密切的关系。因为个人因素的形成多与其成长背景相关，个人价值观是在成长过程中一点一滴慢慢养成的。个人若能对自我的各项因素有深入的了解，将能了解何种职业较适合自己，较能作出明确的职业选择。个人在选择职业时所表现出来的态度，也是个人兴趣、能力、抱负、价值观、自我期望的一种反应的表现。但若只是依照自我因素来选择职业，有时难免会产生与社会格格不入的感觉。因此，在选择职业时仍必须考虑其他相关因素。

②职业因素

职业因素包括职业市场的需求、职业的薪水待遇、工作环境、发展机会等。就理想而

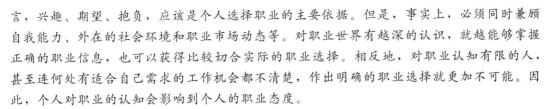

言，兴趣、期望、抱负，应该是个人选择职业的主要依据。但是，事实上，必须同时兼顾自我能力、外在的社会环境和职业市场动态等。对职业世界有越深的认识，就越能够掌握正确的职业信息，也可以获得比较切合实际的职业选择。相反地，对职业认知有限的人，甚至连何处有适合自己需求的工作机会都不清楚，作出明确的职业选择就更加不可能。因此，个人对职业的认知会影响到个人的职业态度。

③家庭因素

家庭因素包括家庭的社会经济地位、父母期望和家庭背景等。从国内外相关研究来看，虽然家庭教育对个人发展影响的数据并不明显，但是，不论父母的学历高低、社会经济地位如何，大多数的父母都希望自己的子女能拥有比自己高的学历，从事比自己有发展的工作。因此，在做职业选择时，家人的意见通常会影响个人的职业态度。

④社会因素

社会因素包括同伴关系、社会地位、社会期望等。在职业发展的过程中，个人的最终目标是在其职业上能有所表现，有更多的人希望自己能成为社会中有身份、有地位的人。以目前的社会现象为例，一般人认为医生、律师、艺术家有较高的社会地位，清洁人员从事的好像就是不入流的工作，虽然这并不是正确的观念，但或多或少也影响了个人的职业态度。

（资料来源：中国高职高专教育网：http://huajiejiaoyu.i.sohu.com/blog/view/220270772.htm）

二、职业品德概述

(一)道德与品德

道德是一种社会现象，它是在一定社会条件下人们的行为原则和规范的总和。道德不是靠国家强制，而是靠一定社会舆论、传统力量、风俗习惯、人们的思想信念以及教育影响而形成的。道德在评价人们的行为、调整人们之间的关系、树立社会风尚等方面具有巨大的作用。

品德即道德品质，它是一定社会或阶级的道德在个体身上的内化并在言行中表现出来的稳固的心理特征。一个人的品德高低，是对其一生具有重大意义的事情。

很明显，道德与品德是两个相互区别又相互联系的概念。其联系主要表现为：第一，品德是道德在个体身上的内化，离开了道德也就无所谓品德，而道德只有内化成个体的个性成分后，才能约束个体的行为，产生道德的约束力；第二，品德的形成是在后天的社会条件中，主要是在社会道德舆论的熏陶和学校道德教育的影响下，在家庭成员潜移默化的道德感染下，通过自己的实践活动形成和发展起来的；第三，个人品德不可避免地要受到社会发展和社会风气的影响与制约，同时它对社会道德风气也能产生一定的反作用，特别是一些优秀的代表人物的品德，作为一种道德品质的典范，往往对整个社会道德风气产生十分深远的影响。二者的区别主要有：第一，道德是依赖于整个社会的存在而存在的一种社会现象，它是客观存在的；而品德是个体现象，是个体个性的一个组成部分；第二，道德反映了整个社会生活的要求，它的内容全面而又完整，而品德的内容只占其中的一个部分；第三，道德的发展完全受社会发展规律的支配，而品德的形成和发展不仅要受到社会发展规律的支配，还要服从于个人的生理、心理活动的规律；第四，道德是伦理学和社会学研究的对象，品德则是教育学和心理学研究的对象。

【相关链接】

杨震是华阴（今潼关）人，他家里很穷，只能靠教书和种菜过日子，但他很有学问，人称"关西孔夫子"。到五十岁的时候，他在关中一带的名气越来越大，被大将军邓骘（zhì去声）推荐为"茂才"（相当于秀才，东汉避讳"秀"字而改之），后来做了荆州刺史，又由荆州刺史调任东莱太守。杨震到东莱上任要路过昌邑（山东金乡），由于天色已晚便住了下来。昌邑县令王密当初步入仕途就是杨震推荐的，这次恩师路过地界，况且将来说不定还有用得着的地方，自然要去拜见，于是就带上黄金十斤乘着夜色来到驿馆。一番寒暄之后，王密寻机把礼物呈上，杨震马上把脸沉下来对他说："你的为人我是了解的。你过去可不是这个样子，现在怎么也学会请客送礼了？看来你还是不了解我呀！"王密慌忙回答说："恩公的为人我怎么会不知道呢？这点东西只不过是为了报答您的知遇之恩，反正是夜里没人知道，您就收下吧。"杨震面露怒色地说道："天知，地知，我知，你知，怎么能说没有人知道呢？"王密立马羞得满面通红，只好把黄金拿回去了。

可以看出，道德其实就在我们每个人身边，在我们心中。在我们的成长过程中，我们的老师、家长就潜移默化地告诉了我们哪些该做，哪些不该做；哪些做了要受到表扬，哪些做了要受到批评，等等。可以说，如果没有道德来约束我们，整个社会就是一盘散沙，人们不知道自己的行为该做还是不该做。我们在学校认真学习文化课和技能课，尊师重教，团结同学就是符合学生道德的行为。在家里孝敬父母，帮助父母做一些力所能及的劳动，人们就会说你是个好孩子。这样，我们就具备了良好的道德品质。

(二)职业道德与职业品德

职业道德是道德的组成部分，它是指从事一定职业的人们在职业活动中所应遵循的道德准则和行为规范。随着社会的发展，人类出现了社会分工，且分工越来越细，人们在社会中从事不同的职业。为了协调人与人之间的职业关系，职业道德产生了。在现实生活中，人们的职业是各种各样的，就职业道德而言，它与一般道德有着密切的联系，同时又具有自己的特点。职业道德的特点主要包括行业性、实践性、稳定性和发展性。

行业性是指一定的职业道德规则只适用于特定的职业活动领域，带有各自不同的个性特征，鲜明地体现着社会对某种具体职业活动的特殊要求。它往往只约束从事该行业和职业的人员以及他们在职业活动中所发生的行为。例如，教师的职业道德是热爱学生、尊重学生、为人师表和教书育人；医生的职业道德是治病救人、救死扶伤；营业员的职业道德是公平买卖、童叟无欺、顾客第一和信誉第一等。一般来说，职业道德的职业性主要反映在两个方面：一是他们同所服务对象之间的关系；二是同一职业内部人与人之间的关系。各行各业的职业道德规范对其他行业和本行业在职业活动之外的行为活动有可能是不适应的。比如，医生在一定场合和条件下，为了减轻病人的各种精神压力，延长病人的生命，可以对病人隐藏真实的病情。这是医疗业务的特殊需要。但是这种隐藏病情的做法，并不能适用于其他行业的人，也不能适用于医生在医疗过程中除特殊需要外的行为活动。所以说，行业性是职业道德最显著的特点。

实践性是指职业道德的产生和发展都离不开实践这一途径。职业道德的产生离不开人类的生产实践活动，离不开社会分工的出现和发展。而职业道德要为每一位从业人员所掌握并指导和约束他们的职业活动，除了理论的教育和灌输，还必须通过个体的社会实践才能真正实现。

稳定性是指从事某一职业的人们，长期以来，由于有特定的活动对象，共同的劳动内容，大体一致的劳动方式以及共同的职业教育训练等，因而在同行业的人员中便形成了某种相对稳定的特殊的职业心理、职业习惯和品格。这种心理、习惯和品格世代相继，并不随着社会经济关系的变更而改变。

然而，职业道德的稳定性并非绝对的稳定，它还具有一定的发展性。随着社会经济、科技等的发展，总会有一些职业被淘汰，同时又会出现许多新兴的职业，从而提出相应的职业道德要求。如随着信息技术的飞速发展，出现了许多与之相关的职业岗位和大批的从业人员，这就需要相应的职业道德来规范和约束他们的职业行为，以维护社会的稳定和发展。

职业道德品质简称职业品德，是品德的一个组成部分，也是职业道德的个体化。它是一定社会的职业道德原则和职业道德规范在个体身上的内化并在职业活动中表现出来的稳固的心理特征。

个人的职业品德是在社会道德和职业道德的影响下形成和发展的，离开社会道德和职业道德也就谈不上个人的职业品德。社会道德和职业道德必然要表现为个人的职业品德才能发挥其应有的作用。

职业品德是外在行为与内在心理的统一，是道德意识与道德行为的统一。人的职业品德是通过一定的教育熏陶和社会职业实践，以及个人的自觉锻炼和修养而逐渐形成和发展的。

【相关链接】

有哪些因素会影响我们的职业道德水准？

①上司的行为。工作时，领导的行为对员工的职业道德会有非常大的影响。这就是我们平时说的"人在屋檐下，不得不低头"。如果领导的指示并不符合职业道德的要求，这时就需要员工必须按照职业道德的要求来做，而不是盲目顺从领导的意图。也许这对你在短期内不利，但从长远来看，无疑将会对你的职业生涯产生良好的效应。

②本行业的职业道德规范。演艺圈有演艺圈的职业道德水准，企业有企业的道德规范，不同的行业有不同的职业道德规范。所以，我们应该及时全面地了解自己行业的职业

道德要求。

③同事的行为。"近朱者赤，近墨者黑"，在与同事的交往中自己一定要明辨是非，做到心里有数，而不能随波逐流。

④社会道德风气。人们总是埋怨现在的风气不好，但是一定要记住，遵守职业道德的人总是更多，只要坚持职业操守，就一定会有好的发展。

⑤企业政策。有时企业政策也会严重地影响到企业员工如何贯彻企业道德。总有一些企业会违背职业道德，所以一定要找一家合理合法经营的企业，你的职业生涯才不会走弯路。

⑥个人的经济状况。如果一个人连生存需要都没有满足，让他谈道德是空谈。很多违背职业道德和良心的人，都是为生计所迫。即使出现那样的情况，我们也要守住道德底线。因为一旦踏进那条河，等待我们的将是永无止境的良心和社会的谴责。

(三)职业品德的结构

研究职业品德的结构，对于进一步认识职业品德以及有效地培养良好的职业品德，都具有重要意义。职业品德与一般品德仅在内容上存在差异，而在心理结构上是一致的。因此，这里介绍目前获得较一致公认的一般品德结构的四因素说，以探讨职业品德的结构，即认为品德出以下四种因素构成：道德认识、道德情感、道德意志和道德行为。

1. 道德认识

道德认识即道德观念，指对道德行为准则及其执行意义的认识和掌握。道德认识是形成道德情感、道德意志以及道德行为的基础。个体只有具备了深刻的道德认识，才能产生强烈的道德情感，坚定的道德意志并自觉作出道德行为。由此可见，道德认识在个体品德形成中具有重要的作用。

道德认识的发展导致个体道德价值观念的发展。道德价值观念即道德标准观念，包括是非观、善恶观和美丑观。有了正确的道德价值观念，个体就会在是非、善恶和美丑之间作出正确的选择，自觉地使自己的行为符合道德行为准则。

2. 道德情感

道德情感是个体在对自己或他人的道德行为作出评价时所获得内心体验，如集体主义感和自尊感等。在道德生活中我们不会冷漠无情，而总是会伴有情感色彩。这种伴随着道德行为的情感体验即为道德情感。如果个体的行为不符合社会的道德要求，已经内化的道德认识便会使个体内心获得内疚、羞耻等否定的情绪体验。

道德情感对个体品德形成的意义主要体现在以下三方面：①道德情感和道德认识合在一起，成为道德动机推动道德行为的产生；②道德情感是道德意志形成的基础；③道德情感是道德行为塑造的主要力量。其作用的过程是：人的行为具有趋利避害的倾向。当个体的行为符合社会道德要求时，便会获得公众的赞赏，赞赏会使个体产生愉快、高兴等肯定的情绪体验。同时积极的情绪体验优惠转化成一种动力，会增加下一次相同行为出现的可能性；相反，如果个体的行为与社会道德要求相悖时，便会受到公众的谴责，谴责会使个体产生否定的情绪体验，在这种情绪的影响下会减少下一次相同行为出现的可能性。在多次强化之后，

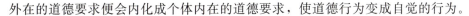

外在的道德要求便会内化成个体内在的道德要求，使道德行为变成自觉的行为。

3. 道德意志

道德意志是指道德生活中遇到困难时，顽强地达到社会道德要求的一种心理过程。一个人仅仅有了道德动机不一定就一定会落实为道德行为，还需要道德意志的调节。因为在道德生活中，道德动机具有多样性，这些动机可能会构成动机冲突。在这一情况下，只有正确的动机才能战胜错误的动机，促使个体作出合乎社会要求的道德行为。

怎样把外在的规范转化为职业学校学生自律的道德行为呢？一方面依靠教师教学内容和方法的选择；另一方面也必须要协调好自律和他律之间的关系，引导学生按照职业道德规范约束个人行为。自律是指自我约束，强调内因对于结果的影响。利用自律来引导学生成才，主要是指个人通过设立理想和奋斗目标，然后自我约束，有步骤地实现自我完善以成为某一领域的人才。从各行各业的先进人物的成长经历可知，他们都具有极强的自我控制能力，是自觉遵守本行业职业道德的楷模。他律是指更多的依靠外部因素，去积极影响、引导结果的出现。通过经济因素、信用因素、责任因素等多种外部条件，使其按照约定俗成的或已归纳提炼的行业要求规范个人行为，在当前条件下往往会发生立竿见影的效果，是提高职业学校职业道德教育的必要措施。自律和他律作为矛盾着的两个方面，是互为条件相辅相成的。他律辅之以自律，会得到更好的落实，自律置于他律的环境中，会产生更大的力量。没有他律，人很难长期做到严格自律，但缺乏自律，又影响他律的实现。在道德他律的作用下，通过一次次外在力量的约束和矫正，学生会渐渐适应并形成一种习惯，外在的他律转化为学生内心的自律。以"诚信"这一职业道德为例，根据自律和他律之间的关系，职业学校在开展诚信教育过程中不能只有伦理学演绎的教条，而应有实实在在的活动。一方面，要开展能让学生真正感悟诚信对于个人职业生涯发展密切相关的活动，明确诚信与个人生存发展之间的利害关系；另一方面，要建立日常生活中维护诚信的他律制度，及时表彰学生诚实守信的好人好事以及相应的监管办法，形成有利于诚信教育的校园文化环境。[①]

4. 道德行为

道德行为是由某种道德动机的驱使而作出的符合一定道德规范要求的行动，是道德认识的外在表现，表现在一定的道德情境中。道德行为是品德结构中的核心部分。一方面，它是道德认知、道德情感和道德意志三者交互作用的产物，是学校开展德育的目的；另一方面，道德行为又具有反馈作用，能够提高个体的道德认知，加深道德情感和强化道德意志。

【案例分析】

一位曾在知名宾馆工作的特级厨师，转岗到一所职业学校烹饪专业当教师。他在实训第一节课开始时就问学生："想干厨师这行吗？想吃这碗饭吗？"学生答："想吃！"他大声

---

① 黄尧主编. 职业教育学——原理与应用[M]. 北京：高等教育出版社，2009.6

说："想吃这碗饭、挣这份钱，就得按这行的规矩办！把手伸出来！"随机检查了每个学生的指甲，强调了上完厕所必须洗手等个人卫生"不可动摇"的"硬性规定"，宣布了与操作训练联系在一起的奖罚措施。经过一段严格的训练，他教过的学生不但十分讲究个人卫生，还有了"毛病"：学生课间去厕所没来得及洗手，无论在上什么课、干什么事都心不在焉、坐立不安。这位教师带出来的学生毕业时，因娴熟的技能和良好的习惯受到星级宾馆的欢迎，这所学校的烹饪专业在社会的知名度、美誉度也因此大幅提升。

思考：从上述事例中，尝试分析学生就业与学校社会声誉得到双丰收的原因。

三、态度与品德、职业态度与职业品德的关系

态度是依据一定的道德行为规范行动时所表现出来的比较稳定的心理特征，品德也是一种习得的影响个人行为选择的内部状态。通过对态度和品德这两个概念的定义及其构成成分的分析可以发现，态度和品德在实质上是相同的，都是一种内部的状态或倾向，都是由认知、情感和行为构成。但是，态度和品德这两个概念也是有区别的，主要表现为以下两方面。

第一，涉及的范围不同。

态度涉及的范围大，包括对社会、对集体、对他人的态度，对劳动、对生活、对学习的态度，对外物、对自己的态度等。有的涉及社会道德规范，有的不涉及道德规范，只有涉及道德规范的那部分稳定的态度才能称为品德。如某学生作业马虎粗心大意，我们可以说该学生态度不认真，但不能说他品德不良。

第二，价值的内化程度不同。

克拉斯沃尔和布卢姆等认为，态度和品德之间的区别主要因为二者的价值内化水平不同。根据内化的水平高低，态度可以从轻微持有和不稳定到受到高度评价且稳定之间发生多种程度变化。他们认为，价值内化的最低水平是"接受"（或注意），稍高一级水平为"反应"，进一步内化，就达到"评价"水平。评价指学生按价值准则行动后获得满意感或愉快感，对行为赋予价值。第四级水平是个体的价值观念系统的"组织"，即对价值进行观念化并运用这些观念判断各观念之间的关系，以克服各种不同价值标准的矛盾和冲突。最高水平是价值"性格化"，即将各种价值观念组织在一个内在和谐的系统之内，使之成为个人的性格的一部分。价值内化的各级水平就是态度变化的水平，但只有价值观念经过组织且已成为个人性格的一部分时的稳定态度才能被称之为品德。如教师向学生宣讲雷锋精神，学生愿意听，属于"接受"水平；在愿意听的同时，学生自愿参加组织向雷锋学习，使接受到的内容落实为具体的行动，这便属于"反应"水平；反应之后的各种内外部强化使学生体验到向雷锋学习带来的满意感和愉快感，在无形中强化了助人的行为；经过一次次助人行为及其之后的强化，学生会在头脑中对"什么是真正意义上的助人行为"形成一个日益清晰的概念，并在各种情境指导自己的行为；久而久之，"雷锋精神"便会成为个人性格的一部分，促使学生自觉主动地作出助人行为。上述价值内化达到高级水平的态度也就是价值标

准经过组织且成为个人性格一部分的稳定态度才能被称为品德。

态度与品德的关系也适用于职业态度与职业品德之间的关系，二者既有紧密联系又有区别。职业态度涉及的范围要比职业品德广泛，职业品德的价值内化程度要比职业态度高。良好的职业态度，会促使个体去遵循职业道德原则和规范，久而久之，就内化成人性格中的一部分，即某一职业品德就形成了。

第二节　制约职业品德形成的心理因素

制约职业学校学生的职业品德形成的因素有来自外部的，如一定的社会政治、经济、文化、科技、教育，家庭父母和同辈群体的影响，下面重点讨论制约职业品德形成的内因——职业学校学生的心理因素[①]。

一、认知因素

职业学校学生正处于青年初期，生理和心理都已达到基本成熟，认知水平也有了很大程度的提高。他们迫切需要了解自我，了解社会和职业，也对自己的未来和社会充满憧憬。而随着他们实践内容的逐渐丰富，社会交往的不断扩大以及对社会了解的不断深入，不可避免地会出现现实与理想之间的矛盾冲突，而对这一矛盾的正确引导和顺利解决有利于学生对自己、对社会和职业形成正确的认识和积极的态度和感情。特别是在对待职业的认识上，随着实践的不断深入，认识的不断深刻，从而加深对道德行为准则的理解，最终转化为指导行为的信念，形成正确的职业观和职业态度，这是良好职业品德形成的认识基础。

二、动机因素

道德情感和道德认知相结合形成道德动机。道德动机是推动个体道德行为的内在动力。道德动机的性质和不同来源决定品德的性质和稳定性。因此，只有高尚的道德动机才是优良职业品德形成的基础，而错误的道德动机必然会给从业者本人、他人和社会造成消极影响。

三、道德意志因素

学生的道德行为不仅受道德动机的影响，而且还取决于坚定的道德意志。有些品德不良的职业学校学生，他们对社会公认的道德准则、职业道德规范有着清晰的道德认知，对

---

① 崔景贵主编．职业教育心理学导论［M］．北京：科学出版社，2008.8

于什么该做、什么不该做很清楚，但当他们面临种种诱惑，在某些物质或精神方面不正当的欲望超过了其道德认知的控制力时，由于其道德意志薄弱、抗诱惑能力差，行为缺乏自律性，则很容易犯道德错误。道德行为是一种内心舆论监督、道德意识控制的自觉行为。如果一个人没有形成坚定的道德信念，没有形成一种良好的自我控制能力，当遇到各种外界诱惑时，就会经不住考验而作出违背道德的行为。

四、行为习惯因素

道德品质作为一种稳定的心理特征，总是和人们相应的行为习惯相联系。行为习惯是以某种行为方式满足个人的欲望，并且经过多次的重复形成的。习惯形成之后，人们往往就不再需要一直努力，常常自动化的采取类似的行为，并且会产生愉快的情绪体验。当然，不良的行为习惯的形成也是如此。例如，一旦学生从小养成了好吃懒做、贪图享受和不关心他人等坏习惯，随着年龄的增长，他们的坏习惯也会不断发展，今后在工作中会表现为作风懒散、不思进取、自私自利等不良的职业品德。当他们不正当的欲望不断膨胀得不到满足的话，他们就会采取各种不道德的手段以满足个人的私欲。习惯可以形成，也可以改变，但是坏习惯形成的时间越长就越牢固，改起来也越困难。因此，要防微杜渐，从小就应该根除坏习惯，长大以后也要尽量使他们避免重复不正当的行为。

五、人际关系因素

人是社会的实体，每个人都有一种要归属于某个群体或集体，并得到其他人尊重和爱护的需要，当这种需要得到满足时，个体便会感到精神饱满、心情愉快并积极乐观，为形成良好的品德奠定基础。而这种需要如果长期得不到满足，就会逐渐走向品德不良与违法犯罪的情况。这种情况有可能发生在家庭，也有可能发生在学校。有些职业学校的学生，由于集体生活能力差，不会正确处理个人与他人、个人与集体之间的关系，或者由于自我估计与所得实际评价不一致，从而导致人际关系紧张。在他们心里，总觉得大家不了解他，看不起他，对他不公平，觉得自己怀才不遇，久而久之便会自暴自弃，脱离集体，或与集体、学校的规章制度公然对抗，有时甚至走上道德堕落或违法犯罪的道路。

六、精神追求因素

人人都有物质需求和精神需求，这两种需要能否建立起明智的和谐是职业学校学生能否得到健康发展的重大问题。在这样一个物质资源极大丰富的社会，巨大的物质资源冲击着每一个社会成员，如果没有积极充实的精神需要，没有远大的理想，他们的注意力就容易转移到对眼前物质享受的追求上，并且在丰富的物质诱惑下违背职业道德。

【相关链接】

因为我在那个位置上

几年前，美国心理学家博士埃尔森对世界 100 名杰出人士做了一项问卷调查，结果让他十分惊讶。其中有 61% 的人承认，他们所从事的职业并非他们所喜欢的，至少不是最理想的。一个人竟然能够在自己不大理想的领域里，取得那样辉煌的业绩，除了聪颖和勤奋外，靠的还有什么呢？

纽约证券公司金领丽人苏珊的经历具有代表性。苏珊出生于中国台北的一个音乐世家，她从小就很认真，各科成绩均是优异，毕业时被保送到麻省理工学院，并拿到了经济管理专业的博士学位。如今已是美国证券业界风云人物的她，依然心存遗憾地说："至今为止，我仍说不上喜欢自己所从事的工作。如果能让我重新选择，我会毫不犹豫选择音乐……"埃尔森博士问她："你不喜欢你的专业，为何你又做得这么优秀？""因为我在那个位置上，那里有我应尽的职责，我必须认真对待。对工作认真负责，也是对自己负责。"

第三节　矫正不良职业品德的心理技术

一、不良职业品德的转化过程

研究表明，不良职业品德的转化可分为醒悟阶段、转变阶段和自新阶段三个阶段。

(一)醒悟阶段

醒悟阶段是指职业品德不良者开始认识到自己的错误，从而产生改正自新的愿望。这种愿望可以在两种条件下产生：一是教育者帮助职业品德不良者产生改过自新的愿望，这种帮助包括无微不至的关心和爱护以及耐心的说服和教育；二是职业品德不良者耳闻目睹其错误造成的严重后果。对于出现醒悟的个体，职业学校教师应耐心地关心和教育，从职校生现有的职业道德水平出发，把职校生的错误与其切身利益联系起来，逐步提高其职业道德认识。

(二)转变阶段

指职业品德不良者在醒悟的基础上开始有改正错误的行动表现。对于出现转化的职校生个体，职业学校教师应该趁热打铁，因势利导，进行耐心细致的启发疏导，对职业品德不良的个体的每一个微小的进步都要给予肯定、表扬和鼓励。出现转变是一个可喜的进步，但教育者必须清醒地认识到这只是一个开始，在整个转变阶段还可能出现反复。暂时的反复是转变阶段出现的一个正常现象，要职业道德不良者一下子就抛弃其所有的错误的

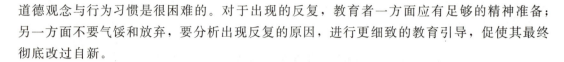

道德观念与行为习惯是很困难的。对于出现的反复，教育者一方面应有足够的精神准备；另一方面不要气馁和放弃，要分析出现反复的原因，进行更细致的教育引导，促使其最终彻底改过自新。

（三）自新阶段

职业品德不良者经过长期的转变过程之后，如果不再出现反复或者很少出现反复，就逐步进入了自新阶段。进入自新阶段的个体以崭新的面貌出现在学习、工作与生活中。对于已改过自新的职校生，职业学校教师要加倍关心和爱护，充分信任，要相信学生是有不断进步的潜能的。

二、矫正不良职业品德的心理技术

职业学校的学生还不是真正意义上的职业人，对职业情境涉入不深，其职业品德不良也主要表现为对职业认识不足或错误，没有确立正确的职业观念以及职业情感消极等。因此，在对他们进行不良职业品德的心理矫正过程中，教师首先应该有正确的认识，要看到青少年学生思想还没有定型，可塑性很大，在有利的条件下是可以改变的。对职业学校学生不良职业品德的矫正方法主要表现在调整认知的技术和帮助他们形成合理职业情感的技术。具体有以下几种方法。

（一）建立和谐的人际关系

品德不良学生与周围人的关系往往是不正常的。他们由于本身的不道德行为危害了他人，因而经常受到批评、训斥，甚至严厉的惩罚。他们往往认识不到自己的错误，也不接受批评并从中吸取经验教训，还以为这是别人故意在欺压、惩罚他们，因而对周围的人充满了戒心和对立情绪。每当犯错误之后，他们都做了一定的心理准备，如准备好怎样掩饰自己的错误行为，怎样对抗教师的帮助教育等。而当他们出现醒悟时，又会怀疑周围人员不愿意重新接受他，对允许他改过自新和重新做人充满了疑惧心理。不恢复正常的人际关系，不克服这种心理上的障碍，教育工作就很难收到成效。

为建立良好的师生关系，教师应在尊重、理解、关心学生的前提下，以平等的态度对待每一个学生，包括有严重缺点或犯过错误的学生。只有这样才能缩短与对方心理上的距离，沟通感情，增进相互信任。在彼此信任的基础上，对其加以正确引导，引导学生自觉地树立为他人着想，为社会服务的思想。另外，职业道德教育工作要注重社会化、经常化，要根据不同情况，不同问题，不同的人，选择不同的方式和方法，晓之以理，动之以情，"一把钥匙开一把锁"。[①] 与此同时，教师还要加强自身修养，以自身的人格魅力去感染学生；对学生报以积极的关注，对他们的潜力和改正不良品德的能力给以积极的肯定，让学生在老师的肯定下不断取得进步；最后，教师还要帮助他们消除疑惧心理和对立情

---

① 李玉梅．职业学校德育工作的途径[J]．济南教育学院学报，2000(4)

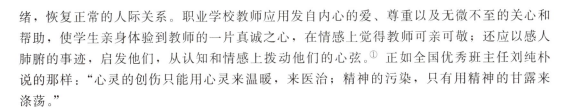

绪，恢复正常的人际关系。职业学校教师应用发自内心的爱、尊重以及无微不至的关心和帮助，使学生亲身体验到教师的一片真诚之心，在情感上觉得教师可亲可敬；还应以感人肺腑的事迹，启发他们，从认知和情感上拨动他们的心弦。[①] 正如全国优秀班主任刘纯朴说的那样："心灵的创伤只能用心灵来温暖，来医治；精神的污染，只有用精神的甘露来涤荡。"

(二)合理奖惩的心理技术

奖励与惩罚是矫正学生不良品德的强化手段，如果运用得当可以帮助他们较快的转变。但奖励与惩罚仅仅是辅助手段，如果没有摆正说服教育同奖励与惩罚的关系，单靠惩罚来解决问题，不仅不易解决问题，反而会使对立情绪越来越大。所以，在对不良职业道德的矫正过程中，应注意灵活应用奖励和惩罚等外部措施。在实际工作中，奖励和惩罚的作用是不相同的。经过研究，心理学家一致认为，奖励的效果优于惩罚。这是因为，真诚的奖励一方面可以消除职业品德不良者的对立情绪和疑惧心理；另一方面也可以帮助他们恢复自尊心和自信心。每个人都有被尊重的需要，职业品德不良的个体往往由于在生活中被尊重的需要长期无法得到满足，所以会产生破罐子破摔的消极想法。为了帮助他们改过自新，教师需要多表扬和鼓励，帮助他们获得自尊心和自信心。

在运用奖励这一心理矫正技术时，需注意以下几方面的要求。

(1)在进行奖惩教育之前，应该考虑品德不良学生与教师的关系是否正常。在没有恢复正常的人际关系之前，不仅惩罚，即使轻微的批评都可能起到相反的效果。

(2)要多表扬、鼓励学生，合理而细微的挖掘学生的闪光点。

(3)对良好的行为作出正面评价，尽量忽略不良行为。这一做法必须要在良好行为出现之后立刻进行，从而使其产生某种愉快的情绪体验，增加理想行为，减少不良行为。

(4)将表扬良好的道德行为与鄙视不良的道德行为有效结合。当然这种做法并不是对任何人，在任何道德情境中都能立竿见影的，但它仍然是一种有效的强化方法。

(5)奖励的使用能唤起品德不良学生的积极自我看待。奖励不能就事论事，而是为了传递一种积极情绪，使学生在这种情绪的感染下增强自信，学会正确而合理地自我肯定，并从一些具体的事件中体会到满足感和愉悦感。

(6)奖励的使用还要能唤起学生改正不良品德的意识。奖励并不是结束，而只是一个开端。教师要帮助学生制定改正不良品德的方案，根据循序渐进和坚持性的原则逐步纠正不良的职业品德。

虽然一般说来表扬的效果比批评好，但从实际的应用情况来看，这一效果的产生还有赖于一些其他的条件，比如个体以往受批评与表扬的经历、师生关系情况等。特别是在不良职业品德的矫正过程中，对一些屡教不改、错误严重的学生，给予适当的惩罚也是必需的。但在应用惩罚时应注意：①职业品德不良个体与教育者的关系是否恢复正常；②必须充分考虑惩罚的教育效果。在实际工作中，常常看到教师用罚抄作业、完成繁重的劳动任

---

① 崔景贵主编. 职业教育心理学导论[M]. 北京：科学出版社，2008.8

务等手段来惩治学生，这是不恰当的。品德不良的学生本来对学习和劳动就缺乏兴趣，如果又将其同惩罚联系起来，只会让他们更加不愿参加学习与劳动活动。至于如何进行惩罚，这全凭教师在具体情况下的机智；③运用惩罚必须公正。在考虑惩罚时，对不同的情况，应加以区分，不问青红皂白一律重责四十大板的做法是非常有害的，它不仅收不到教育效果，而且还往往造成师生之间的对立。所以，对初犯和屡犯、轻犯与重犯、无意与有意要加以区别对待；④惩罚必须与说服教育相结合。在进行惩罚之前，应首先做大量的说服教育工作，帮助学生正确认识自己所犯的错误，造成的恶劣影响以及产生错误的根源，从而使他们心悦诚服地准备接受惩罚，并且决心改正；⑤惩罚必须得到集体舆论的支持。在考虑惩罚某学生时，不能不估计集体对所要采取的惩罚的态度，如果集体舆论不支持甚至反对惩罚，而教师不顾舆论的不同态度硬行作出惩罚决定，那么教师实际上是把自己摆到了集体的对立面。在这种情况下，品德不良学生得到的不是教育，而是对所犯错误的支持，无论如何，都应尽可能避免形成这种局面。

(三)利用范例的心理技术

一般而言，人们是不易发现自身的缺点和不足的。因此，给品德不良的学生示以范例，能帮助他们间接地发现自己的不足。

示例应进行精心挑选。一般而言，范例必须来自真实的职业情境，而且是已经发生的。案例一般源于不良职业品德给社会和他人带来一定的危害，或者给自己也造成无法弥补的损失，也可以在分析优秀示例的同时引导学生从中发现案例中的闪光点，激发模仿的动机。利用范例的心理技术一般应包括以下几个步骤：①充分分析学生不良职业品德的心理成分；②将其不良品德分离出有效成分和无效成分，以便有所针对性地进行指导；③选择主要的无效成分，帮助其明确问题的关键所在；④提供范例，进行范例的详细分析；⑤对范例及自我职业品德问题进行比照，提出自我改善的要求。

【相关链接】①

1. 真情献乘客——全国职工职业道德十佳标兵李素丽的事迹

真情献乘客的北京市 21 路公共汽车 1333 号车女售票员李素丽，自 1981 年走上三尺售票台以来，以周到的服务、细致的关怀赢得了社会的赞誉，在平凡的岗位上作出了不平凡的成绩。她有句诺言："每一条公共汽车的线路都有终点站，但为人民服务没有终点站，我永远属于我的乘客，属于我的岗位。"为了实现诺言，她为自己制定了服务原则："礼貌待人要热心，照顾乘客要细心，帮助乘客要诚心，热情服务要恒心。"这"四心"原则，保证了她把为人民服务的精神始终如一地落实到实处。在对这"四心"原则的践行方面，李素丽认为最重要的是"诚心"，最关键的是"热心"，而要把为人民服务的理念落实到实处则必须要"细心"加"恒心"。这"四心"共同铸就了李素丽为人民服务的"真心"。为了搞好服务，李素丽不但学会了一些简单的哑语、英语和粤语，还自学了心理学，针对不同的乘客，艺术

---

① 蒋乃平主编. 职业道德与职业指导教学参考书[M]. 北京：高等教育出版社，2007.7

地为他们服务。有一次，一位姑娘把座位让给了一位抱小孩的女乘客，这位女乘客好像这座位就该她坐似的，没有丝毫感谢之意。李素丽便上前逗女乘客怀里的小孩："多可爱，多乖的小孩！阿姨上了一天的班这么累还让座位给你，还不谢谢阿姨！"小孩母亲一听，感到自己失礼了，立即向姑娘道谢，姑娘的气消了。对待逃票的乘客，李素丽也会艺术地处理："您要不要在兜里再找找？……会不会忘记买了？"按规定处罚以后，她还要客气地嘱咐一句："下次您可别再忘了买票，否则会耽误您的时间。"既给个别不文明乘客保住了面子，又很好地达到了处罚教育的目的。这就是李素丽常说的："让乘客下了台阶，我的服务就上了台阶。"不仅如此，李素丽还具有对人民生命高度负责的责任感，具有先人后己的崇高品格。一次公交车上发生火灾，她不顾自己的生命安全，在烈火熊熊的车内把乘客一一疏散后再跳下车。从这些日常生活的点滴中，我们真实地感受到了一名普普通通的公交车售票员因优秀职业道德而散发的人格魅力与生命的价值。

2. "五一劳动奖章"获得者——中等职业学校毕业生聂志强的事迹一则

一次他对某工厂进行纳税检查时，发现该企业财务混乱，成本、开支有很大的随意性，按规定应补临时税2000多元。此时，厂长过来，拿出两条"中华牌"香烟往他包里塞。他当时就严厉拒绝，并认真地说："烟坚决不要，有关税收问题，我是按照税收法规办事，请你支持我的工作。"最后厂长收下了2000元的补税单。

3. 从"三鹿毒奶粉"事件看职业道德的缺失

2008年的三鹿毒奶粉事件曾经一度使我国的制造业的信誉遭受了严重的影响。透过事件本身对产业链的影响来看，其内部更多地隐藏着让人担忧的职业道德缺失问题。三鹿奶粉是国家出口免检产品，据说一直有出口到许多国家和地区，作为发展中国家，本来我们的"中国制造"就信誉欠佳，类似的事件更是使之雪上加霜。据17日凤凰台报道，早在八周前，三鹿的大股东——新西兰某公司就已经发现了奶粉有毒，并且立刻向三鹿总部紧急做了通报，要求妥善处理。可惜的是，三鹿管理层没有任何动作。新西兰公司在无奈之下向当地政府告急，通过政府途径向中国政府照会，才最终引起重视。可见三鹿的企业道德缺失有多么严重，它似乎根本就没有把消费者的死活当回事。随着三鹿奶粉事件的爆发，国家又查出22家奶制品企业的产品有同样的问题，几乎囊括中国奶粉业的所有知名品牌，包括圣元、蒙牛、南山、雅士利、伊利等，顿时有了"外国人喝牛奶结实了，中国人喝牛奶结石了"的名句，实为不过。当道德缺失时，世界是多么可怕！食品不安全、饮料不安全、交通不安全、住房不安全、银行不安全、保险公司也不安全……人民将生活在深重的恐惧地狱中。提升道德，刻不容缓。宁可牺牲经济发展的速度，不可放松道德修养上的功夫。[①] 这不仅是我们经济发展的需要，更是每一个职业人最基本应该捍卫的职业道德底线。只有这样，生活才会因为道德真正美好起来。

4. 卢嘉锡是我国著名的化学家，20世纪30年代曾兼任省立厦门中学的数学教师。他

---

① 春风．新浪博客．毒奶粉、雷曼兄弟与职业道德缺失．[EB/OL]．[2011-5]. http://blog.sina.com.cn/s/blog_013e7ed30100asfa.html

为人诚实正直，教学认真负责，许多学生都喜欢听他的课。有一天，一个学生对他说："卢老师，我有一道几何题做不出来，帮我解答一下好吗？"卢嘉锡一看题目，似乎很简单，可一时又做不出来，于是他对学生说："我留着做做看。"课后在图书馆里，卢嘉锡翻遍了中外杂志和有关参考资料，费了九牛二虎之力，才在新出版的一本外国杂志上找到这道难题的答案。原来，这是该杂志的悬赏题目，是一项最新的研究成果，那个学生找来给卢嘉锡做，是有意为难他。当卢嘉锡知道这件事后，他生气了，不过他还是心平气和地向学生详细介绍了解题的方法和具体过程，直到那个学生完全弄懂为止。接下来，卢嘉锡又真心诚意地对学生说："闽南有句老话，叫'只有状元学生，没有状元先生'。我现在虽然教你们，但还有许多东西自己也不懂，要进一步学习。"学生听后大为感动。

（四）角色扮演的心理技术

角色扮演是一种使人暂时置身于他人的社会位置，并按这一位置所要求的方式和态度行事，以增进人们对他人社会角色以及自身原有角色的理解，从而学会更有效地履行自己角色的心理学技术。

角色扮演之所以能够在矫正不良职业品德方面发挥重要作用，主要是因为通过角色扮演能够对交往双方从以自我为中心的思维倾向走向将心比心的思维方式。心理学研究发现，当人们存在认知片面、角色冲突问题时，往往不易从自己的身上找毛病，而是倾向于外归因，也就是不能站在他人的立场、角度来思考问题，这难免会对他人的角色认知与理解发生偏差，也不易体会到他人的情感和需要。角色扮演的一个重要特征就是要求扮演者站在所扮演的角色上认识事物，思考问题，展开行动。这样，从扮演者来说，只有放弃自己原有的一些固有的观点，从所扮演的角色角度来认知、体验周围的世界，才能很好地完成角色扮演任务。角色扮演技术的方法有多种，如哑剧表演、镜像法、比较法、心理剧等，一般根据活动的目的及扮演者需要体验的情景去选择不同的方法。

在角色扮演和角色交换中，要求扮演者全身心地投入到他所扮演角色中去，考虑可能出现的各种情绪、态度、言语和姿态等。角色扮演越真实，扮演者所获得的学习机会就越多，改变不良职业品德的效果就越好。

【相关链接】

角色扮演或行为排演①

角色扮演多用于改变来访者的不良行为和进行社会技能训练。角色扮演在个别治疗和小组治疗中都比较常用。角色扮演可以说是对现实生活的一种重复，又是一种预演。在角色扮演过程中，来访者可学习改变自己旧有的行为或学习新的行为，并进而改变自己对某一事物的看法。扮演方法如下：

---

① 北斗星社区.角色扮演或行为排演.［EB/OL］.［2011-5］. http://www.bdstar.org/Article/Class31/Class33/200810/4841.html

1. 问题及情境说明

在个别治疗中，治疗者可帮来访者找出一个典型事例，来访者对此加以具体说明，即对有谁参与了该事件、当时场景等做一介绍。在小组治疗中，可由一个小组成员向其他成员讲述事情的经过情况。

2. 角色分配

主角——来访者本人，或小组中讲述自己问题者，其任务是扮演自己。

配角——治疗者或治疗者的助手，如果是小组治疗，可由主角自行挑选配角。配角要扮演主角所述事件中的另一个人。

3. 治疗者的指示语——扮演要求

对主角：扮演时要像真的一样，要带着自己的问题去扮演，对对方亦称以现实生活事件中的人名，中途有问题时不要停下来进行说明，而要等全部扮演结束后再讲。

对配角（小组治疗时）：尽可能按主角所说的真实事件中的那种情景去反应，想象自己是对方时，可能会做什么反应。

对小组其他成员（小组治疗时）：注意观察扮演情况，记下有问题的地方，但不要打断扮演进程，有话留待结束后再说。

4. 信息反馈

扮演结束后治疗者要给来访者以必要的信息反馈。如果是小组治疗，则先由配角，再由其他小组成员提出各自的意见和看法，最后由治疗者作总结。反馈信息应包括：指出对方做得好的方面，予以表扬，不足的方面，应怎样改进等。可以让主角自己也评论自己的扮演行为。在扮演过程中，可根据条件进行录音、录像，在扮演结束时放给主角看，并据此进行讨论。

5. 模仿学习

角色扮演可进行第二遍，让来访者采纳治疗者或其他人的意见练习新的行为。治疗者中间可叫暂停，示范新的行为，再让来访者进行主动模仿。角色扮演亦可结合角色替换(role reversal)进行。在进行过一遍角色扮演之后，由治疗者或小组其他成员扮演有问题的主角，而由原来扮演自己的来访者扮演事件中的另一个人。由其他人扮演的主角可以先模仿有问题的来访者原先的行为方式，以使对方更深切地感受到自己行为的不适宜之处；再做一遍角色替换练习，由治疗者示范新的适宜的行为方式，最后可再进行一次角色扮演，以使有问题的来访者有机会主动模仿学习新的行为方式。

6. 结束时的工作

在扮演结束时，治疗者要对来访者在扮演中的表现出新的适宜的行为进行强化，并鼓励来访者尝试把这种新的行为方式运用到现实生活中去。治疗者也可以作业的方式要求来访者对新学习的行为进行练习。

角色扮演可用于进行社交技能训练，例如，一个不知怎样与异性接触的女青年，在第一次进行角色扮演时，表现退缩，治疗者在扮演结束时指出了这一点，并提出了如何改进的意见和建议。第二次进行角色扮演，这个来访者说话显得很冲，好像她想压倒对方似的，行为表现又矫枉过正。治疗者模仿了她的言行举止，她自己也感到好笑。接下来进行角色替换练习，由治疗者做示范，怎样与异性讲话更为适宜。再做角色扮演时，她就已初步掌握了一些新的行为要领。治疗者表扬了她的进步，并布置了家庭作业，让她在一周的时间里，主动找异性谈话一次，在这一过程中，练习新的行为。

(五)心理宣泄技术

当学生道德认识基本正确，但道德情感消极甚至影响道德认知时，教师则需要用心理宣泄技术来帮助他们释放消极情绪，教师应积极担当起引导者和倾听者的角色，鼓励他们将自己的感情和想法说出来，借以缓解心理上的压力。只有当学生释放了不良情绪，外在的说服教育和认知矫正才会真正发挥功效。

心理宣泄的方法有许多，比如深呼吸法、倾诉法、睡眠法、音乐放松法、旅游法、改善饮食法、写日记法等。例如有的职业学校设立心理宣泄室，让学生宣泄压抑，释放心情，里面一般安置有沙袋、涂鸦板、绒布玩具、卡拉OK等设施。在这里，职校生可以通过击打沙袋、涂鸦、唱歌、听音乐、畅谈等方式消除心理压力，调试不良情绪。

【相关链接】

表 6-1　宣泄室配置方案

标准版　　适用面积：10～20平方米

类别	物品名称	产品描述	单位	数量
基本配置	宣泄人	特殊材料、不倒设计、特殊制作	个	2
	宣泄人脸谱	不同表情、年龄、职业适合有目的对象的发泄	个	20
	电动泵	电动充气设备	台	1
其他配置	宣泄棒	特殊材料	个	4
	宣泄球	各种形状	个	48
	宣泄抱枕	专业设计，可摔、打、踩、踢	个	4
	宣泄挂图	50cm×50cm	张	10
	脚踏泵	充气设备(附带压力表)	个	1
	配件	转接头、专用扳手等	套	1

矫正不良职业品德，要考虑到职校生的年龄特点、认识水平、气质、性格等特征，对不同的人采取不同的方法进行具体问题具体分析，对各种不同情况进行区别对待，切记鲁莽、粗暴和"一刀切"。

第四节　良好职业品德的培养

职业品德形成的心理过程是一个由浅入深的过程，即从对某种职业道德职业价值观念的轻微接触开始，逐步将道德价值观念内化，最后形成稳定的品德。根据前一部分对职业道德构成成分的分析，可以知道职业态度和品德的形成过程也主要涉及职业道德认识、道德情感、道德意志和道德行为的形成四个方面。

一、职业道德认识的形成与培养

职业道德认识的形成是个体品德形成的第一个方面，主要包括道德知识的掌握和道德信念的确立两个方面。

（一）道德知识的掌握

道德知识的掌握是道德认识形成的低级阶段。职业道德知识是指人们对于客观存在的职业道德关系以及处理这种关系的职业道德原则、规范的认识。[①] 道德知识包括道德概念、行为规范以及行为规范的执行意义等。职业道德知识是职业道德情感产生的依据，是职业道德意志锻炼的内在动力，是决定职业道德行为倾向的思想基础。

道德知识掌握的心理过程和知识学习的心理过程是相同的，包括感知、记忆、思维、想象等心理过程。因此，知识掌握的心理过程的许多规律在道德知识掌握中同样适用。如具体与抽象相结合。在讲解道德知识时，不能只讲抽象的伦理规范，而要结合具体、鲜明的实例，让学生通过这些事例更好地理解行为规范。[②]

个体对道德知识的掌握是家庭、社会环境与学校教育相互作用的结果。其主要有两条途径：一是个体在丰富的社会交往中通过不断地抽象、概括大量的道德现象来获得；二是通过对道德知识的直接学习来获得。职业学校教育主要通过第二条途径使个体获得道德知识。以往传授道德知识主要是通过各类德育课进行，形式比较单一，效果不佳。国内外许多学者结合社会生活以及教育的实际对一些方法进行了改进。如有的采取讨论的形式，在教学中给学生提出一些道德困境的问题，通过对问题的讨论来让学生获得道德知识；有的在教学中设计一些道德情景，让学生承担不同的角色，通过模拟的形式给学生传递道德知识。许多职业学校结合自身的实际情况对这一方法进行改进，除开设职业品德课程外，还通过职业情境中的行为模拟等形式向学生传授相关职业情境中的职业道德。如许多职业学校的商业类专业要求学生在商店实习时，文明经商，做到礼貌待客、热情服务等。通过这一系列针对性的模拟训练，让学生在不知不觉中养成良好的职业道德。这些方法在实施过

① 蒋乃平主编．职业道德与职业指导教学参考书［M］．北京：高等教育出版社，2007 年 7 月
② 崔景贵主编．职业教育心理学导论［M］．北京：科学出版社，2008 年 8 月

程中取得了一定的成效，但同时也存在一些问题。许多学者发现，这些原则对学生的影响只是表面的，实际上许多学生并没有把在教学中获得的职业道德原则内化到他们自身的认知结构中。这也从另一个角度说明了品德的形成不仅仅是道德知识的掌握，还应包括道德情感、道德意志以及道德行为等的形成与发展。

在实际的教学活动中还会出现如下两种情况：一是学生对教师所提出的道德要求有时会产生对立的情绪，严重时甚至会拒绝教师提出的道德要求，作出相反的行为；二是在学生的道德认识中，经常会出现一些相互矛盾的认识。比如，在商业活动中的产品的质量与欺骗顾客获得不同经济利益所产生的矛盾心理。这样的社会现象对一些涉世未深的学生来说往往会产生道德认识上的矛盾。面对这两种情况，教师一方面应该结合问题产生的原因，从问题入手，进行具体问题具体分析。以第一种情况为例，之所以产生逆反心理的原因主要有师生两方面。教师方面可能是教师提出的道德要求的内容和水平过高，不符合学生原有的道德需求，超乎学生可以接受的学习最近发展区；也可能是教师不适当地采用了强制性的方式伤害了学生的自尊心。学生方面可能是由于学生因受生活经验的局限性，对教师提出的道德要求不理解或产生误解；也可能是学生感到教师对某些问题的处理不公正，没有起到表率作用等。从产生问题的原因入手，教师可以在实施教学之前对学生的道德基线水平进行调查，收集与学生专业相关职业道德紧密联系的教学内容和实例，同时适当地调整自己的教学计划和选取更加易于学生接受的教学方式，真正从学生角度设计教学，使所传递的道德知识不仅仅是文字性的，更是一幅幅生动活泼、贴近生活的画面。

(二)职业道德信念的确立

职业道德的确立是道德认识形成的高级阶段。职业道德信念是人们对职业道德理想和职业道德原则的现实性、正义性的深刻而有根据的笃信，以及由此产生的对自己履行的职业责任和义务的真诚信奉。它是正确的职业道德知识、真诚的职业道德情感和坚毅的职业道德意志的"合金"，也是人们职业道德行为的强大动力和精神支柱。[1] 职业道德信念具有一定的情感色彩和动力性观念，个体认识了道德准则及其执行的意义后，并不意味着就真正接受了这些准则并自觉地遵守这些准则。只有当个体在道德实践中将这些道德准则进一步内化，直至确立了道德信念以后，[2] 个体的职业道德知识、情感和意志才具有稳定性和一贯性，人们的职业道德行为才有坚定性。[3] 因此，帮助学生确立正确的道德信念是职业学校教师要关心的问题。确立坚定的道德信念，不仅有赖于对道德认识的深刻理解，更重要的是通过道德实践，让学生在真实的实践活动中认识到道德准则的正确性，并获得丰富的道德情感体验。在积极组织学生开展道德实践活动的同时，教师应该注重在实践过程中的榜样示范作用，用自己的一言一行践行道德知识；同时要加强良好班风的营造，在全班内部形成正确的舆论导向，充分发挥集体对个体的教育力量。另外，在职业道德信念的形

---

① 蒋乃平主编. 职业道德与职业指导教学参考书[M]. 北京：高等教育出版社，2007.7
② 崔景贵主编. 职业教育心理学导论[M]. 北京：科学出版社，2008.7
③ 蒋乃平主编. 职业道德与职业指导教学参考书[M]. 北京：高等教育出版社，2007.7

成过程中，教师要注重培养学生的职业道德评价能力。职业道德评价能力的培养有助于个体道德信念的确立。道德评价就是个体运用已有的或正在形成的道德准则或道德价值观，对他人或自己的道德行为的美丑、善恶、是非进行评判的过程。通过道德评价，谴责不道德的行为，赞扬道德的行为，可以加深个体对道德意义的理解，从而更好地规范自己的行为并促进道德信念的确立。为了培养学生职业道德评价能力，教师要经常引导学生对一些典型事例作出鲜明而正确的评价，同时还要充分利用学校教育资源和手段，有意识地逐步提高学生的职业道德评价能力，使他们的职业道德评价能力由表面到本质、由别人到自己、由片面到全面得到发展。

【相关链接】

表 6-2　15 种行业的职业道德规范

行业工种	职业道德规范			
机关干部	廉洁奉公	开拓进取	优质高效	甘当公仆
组织人事工作者	任人唯贤	公道正派	不搞特权	科学管理
新闻宣传工作者	实事求是	抑恶扬善	谦虚谨慎	文不谋私
科技工作者	勇于探索	努力实践	求实创新	团结合作
教育工作者	严谨治学	为人师表	诲人不倦	教书育人
医务工作者	救死扶伤	医德高尚	一视同仁	文明行医
政法干警	秉公执法	铁面无私	遵纪爱民	勇敢机智
工商、财税、审计、环保、技监、卫生工作者	坚持原则	依法办事	不徇私情	文明管理
金融工作者	坚持原则	确保信誉	廉洁自律	优质高效
邮电工作者	排忧解难	方便用户	注重实效	严明纪律
商业工作者	顾客至上	服务热情	买卖公平	信誉第一
司乘人员	乘客至上	服务第一	安全准点	遵章守纪
工厂企业职工	尊师爱徒	文明生产	保质保量	讲求效益
农业劳动者	相信科学	勤劳致富	互助互济	移风易俗
个体劳动者	遵章守法	诚信无欺	讲究卫生	文明经营

二、职业道德情感的形成与培养

(一)职业道德情感的含义

职业道德情感是指人们对现实生活中的职业道德关系和职业道德行为的好恶情绪。如人们常常对高尚的职业活动产生敬仰和尊重,对违反职业道德的行为产生愤恨和憎恶情绪。职业道德情感是一般意义上的道德情感在职业领域的具体化。一般来说,道德情感从形式上可以分为直觉的情感体验、与具体的道德形象相联系的情感体验和意识到道德理论的情感体验三种。直觉的道德感是由个体对某一职业道德的感知职业引起的,具有迅速定向作用的情感,体验不具备明显的自觉性。但它仍然与人们过去的职业道德有直接关系;与具体的职业道德形象相联系的一种情感体验,如一个人想起英雄模范的形象与事迹,就会唤起自己热爱本职工作的情感;概括性的道德感是一种清楚意识到职业道德要求的、更概括的、更自觉的情感体验。这是一种清晰地意识到社会道德要求的高级情感,是把职业道德的感性经验和理性认识密切结合。

个体道德情感的发展从体验的内容和范围来看是越来越丰富;从产生的条件来看是一个从外部、被动、无意识到内部、主动、有意识的过程。其形成有赖于个体道德认识的提高和个体一般情感的发展。同样,职业道德情感的发展也历经了上述三个阶段,是随着人们对职业道德认识而产生发展的内心情绪体验,包括正义感、责任感、义务感、良心感、荣誉感和幸福感等,对人们的职业活动起着巨大的调节作用。

(二)职业道德情感培养

在职校生道德情感培养的过程中,教师应注意以下几点:第一,丰富学生的道德观念,并使这种道德观念与一定的情绪体验结合起来。这要求教师在讲解道德知识时,情绪要积极、丰富,用自己的积极情绪去感染学生,让学生在领会知识的同时,获得丰富的情绪体验。第二,教师应当创造充分的条件,用班级舆论的力量来批评或表扬学生的行为,使他们及时获得道德上的不满意或满意的情绪体验。第三,充分发挥优秀文艺作品与具体、生动事例的感染作用,引起学生情感上的共鸣,从而扩大他们的道德实践的间接经验和情感内容。在选取文艺作品时,教师既要考虑到文艺作品本身的生动性、具体性和思想性,又要考虑它是否接近学生的生活、接近学生原有的道德需要。第四,教师要注意在道德情感的基础上阐明道德要求的概念与观点,引导学生的情感体验不断概括和深化。

三、职业道德意志的形成与培养

(一)职业道德意志的含义

职业道德意志是从业者在履行职业道德责任和义务过程中所表现出来的克服困难和障碍的能力和毅力。它是使职业道德行为持之以恒的重要精神力量,也是职业道德观念内化为人们职业道德品质的重要因素。它一方面表现为在从业者的道德意识活动中,职业道德动机经常能够战胜非道德动机；另一方面，表现在从业者能够排除各种困难和阻力，坚定不移地执行由职业道德动机所决定的职业道德行为。从业者只有具有坚强的职业道德意志，才能抵御外部的腐蚀、引诱，形成高尚的职业道德品质。[①] 良好的职业道德意志品质是在道德认识的基础上和道德情感的激励下，通过道德实践活动逐步培养起来的。深刻的道德认识和强烈的道德情感有利于道德意志的形成。此外，一般意志形成也和道德意志的培养密切联系。因此，道德意志的培养应通过提高道德认识、深化道德情感、锻炼道德意志来进行。另外，还应注意灵活应用以下的手段和途径。

(二)职业道德意志的培养[②]

1. 采取适当的强化

学生个体道德品质的发展是一个由他律到自律的过程。因此，要培养学生良好的道德意志，给予适当的外部强化与惩罚是必要的。比如，当学生表现出符合道德意志的行为时，教师应及时给予表扬，提高其重复道德行为的动机；相反，当个体表现出道德意志薄弱时，应给与适当的批评和责备。

【相关链接】

职业道德教育最终应落实在职业道德行为的养成上，而职业道德行为习惯养成离不开强化训练。强化在心理学中，是指"暂时联系"形成过程中，条件刺激与无条件刺激在时间上的反复结合。如果进一步用条件反射理论解释，强化是指正确反映后所给的奖励或免除惩罚，或对错误反应施加以惩罚，借此增加反应的频率。职业院校职业道德行为强化训练有两类：一类是内部强化，即学生在德育课、专业课、实训、实习和社会实践中，经过认知加工和自我调节改变自己的行为，实现自我强化；另一类是外部强化，在实训等"做事"的过程，表扬、批评、惩罚、暗示、榜样乃至环境影响，都是外部强化的手段。内部强化是在外部强化的影响下逐渐形成的，两种强化在职业道德行为习惯的养成过程中共同起作用。因此，职业学校应该十分重视对实训、实习和社会实践的管理，应十分重视运用外部强化等多种手段，引导学生内部强化的完成。

（资料来源：黄尧主编. 职业教育学——原理与应用. 北京：高等教育出版社，2009年6月第1版.）

2. 树立良好的榜样

根据心理学家班杜拉的社会学习理论，个体除了直接的学习外，还存在着以观察他人行为方式的间接学习。个体通过模仿榜样来获得良好的道德意志品质的作用称为榜样作用。在职业学校的德育工作中，应充分发挥榜样的作用，通过树立道德意志坚强的榜样，来培养职校生良好的道德意志品质。

3. 参与各种实践活动

坚强的意志是在实践活动中逐渐发展起来的。职业学校的教师要培养学生坚强的道德

[①] 蒋乃平主编. 职业道德与职业指导教学参考书[M]. 北京：高等教育出版社，2007.7

[②] 崔景贵主编. 职业教育心理学导论[M]. 北京：科学出版社，2008.8

意志，就应给学生创造道德实践的机会。在实践活动中培养学生的意志品质，应当有意识地为他们创造一些困难的道德情境，并提供若干克服困难的条件。同时还应将各种强化措施有机地组合，共同提高学生道德的意志水平。

4. 针对意志上的个别差异，因材施教

良好的意志应具备自觉性、果断性、坚韧性和自制力等品质。意志不良的职校生往往并非个人意志所有的品质都不良，而只是其中一个或几个方面不良。职校教师应当针对不同学生的具体情况，采取不同的锻炼措施。对于容易受暗示或独断的学生，应着重培养他们道德意志的自觉性；对于优柔寡断、动摇不定或冒失轻率的学生，要着重锻炼他们道德意志的果断性；对于见异思迁、虎头蛇尾的学生要着重锻炼他们道德意志的坚韧性，培养他们善于坚持不懈地克服困难来完成艰巨任务的能力；对于任性、缺乏自制力的学生，则要着重培养他们善于自我调节和克制的能力。

四、职业道德行为的形成和培养

(一)职业道德行为的含义

职业道德行为是指从业者在一定的职业道德知识、情感、意志、信念支配下所采取的自觉活动。它是衡量从业者职业道德品质优劣、职业道德水平高低的客观依据。对"自觉活动"按照职业道德规范要求进行有意识的训练和培养，称为职业道德行为养成。人们的职业道德知识、情感、信念毕竟都是书本知识和主观意志，只有将其贯穿和体现在人们的职业道德行为中，才具有现实意义。因此，职业道德行为养成最重要的是要把职业道德原则和规范贯彻落实到职业道德行为之中，做到言行一致，知行统一。[①] 具体说来，职业道德行为的养成包括道德行为方式的培养和道德行为习惯的培养两方面内容。下面将从这两方面入手对职业学校如何进行职业道德行为训练进行介绍。

(二)职业道德行为的培养[②]

1. 职业道德行为方式的培养

一般来说，在职业道德意志和动机的相互作用下，个体就会作出相应的道德行为。但有的时候，由于职校生不知道该怎么组织自己的行为，以致道德动机和行为效果不相一致，甚至相反。因此，培养个体的道德行为方式也是必须的，它可以使个体获得实现道德动机的手段。道德行为方式的培养应在教师讲解的基础上，通过具体的道德实践活动来进行。

2. 职业道德行为习惯的培养

道德行为习惯的养成，对于个体品德的形成具有特殊的意义。主要表现在以下两点：首先，它使人获得易于实现道德动机的行为手段，而且它的受阻会引起个体消极的情绪体

---

① 蒋乃平主编. 职业道德与职业指导教学参考书[M]. 北京：高等教育出版社，2007.7
② 崔景贵主编. 职业教育心理学导论[M]. 北京：科学出版社，2008.8

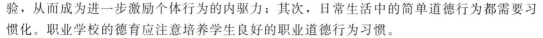

验，从而成为进一步激励个体行为的内驱力；其次，日常生活中的简单道德行为都需要习惯化。职业学校的德育应注意培养学生良好的职业道德行为习惯。

道德行为习惯的培养，应进行长期的练习与实践，进而使个体的道德行为达到高度的自动化。在培养时应注意以下几点：

第一，激发学生形成良好道德行为习惯意向；第二，提供道德行为练习与实践的榜样；第三，创设产生良好行为的情境，避免出现重复不良行为的机会；第四，在有意练习时要明确练习的目的、意义和阶段要求，要不间断地坚持练习，并使学生知道练习的成绩，体验到愉快和懂得成败的原因；第五，要注意克服学生的坏习惯。

【相关链接】

职业习惯养成的途径和方法

①在专业学习中训练。专业理论知识与专业技能是形成职业信念和职业道德行为的前提和基础。职业道德行为习惯的养成，离不开知识的学习和技能的提高，一个从业者只有具备了深厚的专业知识和精湛的专业技能，他所拥有的职业道德知识、情感、意志和信念才有用武之地，才能在自己的职业岗位上作出应有的贡献。而知识和技能是要靠日复一日的钻研和训练才能取得的。"训练"意味着有计划、有步骤地使自己具有某种特长或技能。

②在社会实践中体验。丰富的社会实践是指导人们发展、成才的基础，是实现知行统一的主要场所。职业道德行为的养成离不开社会实践。社会实践是职业道德行为养成的根本途径。离开社会实践，既无法深刻领会职业道德内涵，也无法将职业道德品质和专业技能转化为造福人民、贡献社会的实际行动。新时期许许多多的职业道德先进人物、职业道德标兵、劳模的职业道德行为都是通过职业活动实践来体现的。"体验"意味通过实践来认识周围事物。

③在自我修养中提高。何谓修养？"修"是指陶冶、锻炼、学习和提高；"养"是指培育、滋养和熏陶；"提高"意为使水平、质量等方面比原来高。自我修养是指个人在日常的学习、生活和各种实践中，按照职业道德的基本原则和规范，在职业道德品质方面的"自我锻炼""自我改造"和"自我提高"。自我修养是提高职业道德水平必不可少的手段，是形成人们职业道德品质的内因。自我修养的关键在于"自我努力"。其目的在于通过自我对职业活动的认识和实践，培养高尚的职业道德品质，把职业道德的基本原则与规范，自觉地转化为个人内心的要求和坚定的信念，逐步形成良好的职业行为习惯，成为具有高尚职业道德的人。无数事实证明，凡是道德品质高尚的人，都是自觉进行道德修养的人。自我修养中要经常进行"内省"，学习榜样，努力做到"慎独"。

④在职业活动中强化。职业活动是检验一个人职业道德素质高低的试金石。在职业活动实践中，应强化职业道德基础知识的运用，强化职业道德行为的规范，强化职业道德基本规范的掌握和遵守，强化行业职业道德规范的掌握与遵守。在职业活动中将职业道德知识内化为信念，同时将职业道德信念外化为行为。

⑤从身边小事做起。每个人的自身知识、素养、道德等因素决定着我们的行为习惯，而这些习惯中又不经意地流露出我们的综合素质。不良的习惯甚至会影响我们的工作和前途。因而，要从身边小事做起，从细节着手，只有不断提升自身素质道德修养，才能使自己气盛言宜，成为更有气质更有魅力的人，也更能促进我们的发展。否则，就可能处处碰壁，丧失许多难得的机会。

职业品德的形成与培养包括以上四个方面，这四个方面相辅相承，缺一不可，它们共同构成职业道德行为养成的主要内容和全过程。对于职业道德知识、情感、意志、信念、行为五方面的关系，有人作了如下的比喻：职业道德知识是基础，职业道德情感是催化剂，职业道德意志是支柱，职业道德信念是方向、目标，良好的职业道德行为是登堂入室和达到理想境界的阶梯。在培养个体品德时，应视具体情况而定。但不管用何种方法，都应力争做到"晓之以理，动之以情，持之以恒，导之以行"。

职业品德是个体品德的组成部分，其形成与培养符合一般品德形成与培养的规律，但又具有一定的特殊性。这种特殊性主要表现在两个方面：首先，目前我国职业教育的对象主要是青年和成人，他们具有较强的道德认识和理解能力，可通过说理、讨论等方式，促进他们获得良好的职业品德。其次，个体的职业道德和其事业成功是密切联系的。大多数人都想在事业上有所成就，为了取得事业成功，个体倾向于自觉遵守职业道德。职业学校教师在德育工作中要充分利用学生这一心理，积极将外在动机强化转化为学生的内在动机，实现培养学生职业品德的目的。

本章小结

1. 态度指个体对自己和对外部世界的喜爱或讨厌的评价性反应。态度是通过学习形成的，影响个人行为选择的内部准备状态或反映的倾向性。根据弗里德曼对于态度的定义，可以认为态度包含认知成分、情感成分和行为倾向成分三个成分。职业态度是心理学意义上的态度在职业领域的延伸，指个人对职业选择所持的观念和态度。职业态度受自我因素、职业因素、家庭因素和社会因素四方面因素影响。

2. 品德即道德品质，它是一定社会或阶级的道德在个体身上的内化并在言行中表现出来的稳固的心理特征。品德由道德认识、道德情感、道德意志和道德行为四种因素构成。职业道德品质简称职业品德，是品德的一个组成部分，也是职业道德的个体化。它是一定社会的职业道德原则和职业道德规范在个体身上的内化并在职业活动中表现出来的稳固的心理特征。

3. 不良职业品德转变主要经历醒悟阶段、转变阶段和自新阶段三个阶段。制约职业学校学生职业品德形成的心理因素主要有认知因素、动机因素、道德意志因素、行为习惯因素、人际关系因素和精神追求因素等。

4. 对职业技术学校学生不良职业品德的矫正，主要采用调整认知的技术和帮助他们形成合理职业情感的技术。具体方法有：建立和谐的人际关系、合理奖惩的心理技术、利用范例的心理技术、角色扮演的心理技术和心理宣泄技术等，教师应根据学生的具体情况

选择适合的方法。

<h1 style="text-align:center">思考题</h1>

1．什么叫态度？态度包含有哪些心理成分？

2．什么叫职业态度和职业道德？试述职业态度与职业品德的关系。

3．区分品德和道德、道德与职业道德、态度与职业态度、态度与品德、职业态度与职业品德五组概念。

4．就如何矫正不良职业品德谈谈您的看法。

5．培养职业态度与品德的方法有哪些？

6．您关注过全国中等职业学校开展的"文明风采"大赛吗？请谈谈您对这一赛事的看法。

（本章作者：屈正良　杜彦霖）

专题七 职业学校学生的学习策略

我国现代著名教育家陶行知先生说："我认为好的先生不是教书，不是教学生，乃是教学生学。"叶圣陶先生也曾多次指出"凡为教者必期于达到不须教。"可见，教会学生学习，传授有效的学习策略，是现代教学理论发展的必然结果，是当今世界教育工作者的共识。由于职业学校学生相对于普高学生来说文化课基础薄弱，厌学情绪严重，学习策略教育已经成为提高其学习效率、减轻其学业负担，激发其学习兴趣的有效途径。

第一节　学习策略概述

一、学习策略的含义

"学习策略"(Learning Strategies)作为一个完整的概念，从提出到现在已经半个多世纪了，但由于没有一个统一的理论框架，迄今为止对学习策略的概念尚未得出一个确定的定义。

1. 国外心理学家对学习策略概念的界定

国外心理学家对学习策略概念的界定主要有以下三种类型：

第一类是将学习策略看作为学习过程或步骤，如奈斯比特和舒克史密斯(Nisbet&Shucksmisth)认为："学习策略是选择、整合、应用学习技巧的一套操作过程。"丹塞雷(Dansereau)认为："学习策略是能够促进知识的获得与储存，以及信息利用的一系列步骤和过程。"凯尔和比森(Kail & Bisan)认为："学习策略是一系列学习活动过程，而不是简单的学习事件。"

第二类是将学习策略视为学习的规则系统，如杜菲认为："学习策略是内隐的学习规则系统。"

第三类是将学习策略等同于学习活动，如梅耶(R. E. Mayer)认为：学习策略是"在学习过程中用以提高效率的所有活动"，"学习策略是学习者有目的地影响自我信息加工的活动"。琼斯、艾米伦和凯蒂姆斯(Jones, Amiran & Katims)认为："学习策略是被用于编码、分析和提取信息的智力活动或思维步骤。"里格尼(Rigney)认为："学习策略是学生用于获得、保持与提取知识和作业的各种操作与程序。"

2. 国内学者对学习策略概念的探究

我国学者自1980年以来也对学习策略的概念作了分析，提出了各自的观点。

史耀芳认为：学习策略是学生在学习过程中，为达到一定的学习目标，有意识地调控学习环节的操作过程。

黄旭认为：学习策略是指个体在特定的学习情境里用以促进其获得知识或技能的内部的方法之总和。

胡斌武认为：学习策略是指学习者为达到一定的学习目的，在元认知的作用下，根据学习情境的特点调控学习方法的选择与使用乃至调控整个学习活动的内部方式或学习技巧。

刘电芝认为：学习策略是学习者在学习活动中有效学习的规则、方法、技巧及其调控。

林崇德认为：所谓学习策略，主要是指在学习活动中，为达到一定的学习目标而学会

学习的规则、方法和技巧。它是一种在学习活动中思考问题的操作过程。

蒯超英认为：学习策略的本质属性是对学习进行自我控制和调节。

综合国内外学者对学习策略概念的分析，学习策略的内涵可从以下几个方面去把握：(1)学习策略是伴随着学习活动的展开而形成的；(2)学习策略的运用是一个动态的控制执行过程；(3)学习策略有水平之别；(4)学习过程中所涉及的一系列具体的学习方法和学习的调节与控制都属于学习策略范畴；(5)有些学习策略是可见的，另外一些是学习者的心理活动，是不可见的；(6)由于学习任务的不同，策略的使用变化显著。由此看来，学习策略并不是一种被动的、按部就班的学习过程，也不仅仅是学习活动的一个环节，它是一种主动的使个人效果达到最优的一套操作系统。对于在学习策略概念定义上的不同意见，经过分析，应该说是大同小异的，界定学习策略的角度和层次不同，从中也可以看出学习策略研究的深化。它们之间的关系可以用图7-1表示：

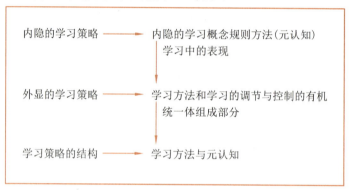

图7-1 不同学习策略概念之间的关系

(资料来源：蒯超英. 学习策略[M]. 湖北教育出版社，1999)

通过以上对学习策概念的分析讨论，我们认为学习策略就是学习者为了提高学习的效果和效率，在学习活动中有目的、有意识地制订和使用的有关学习的方式和方法，包括学习者在学习过程中有效学习的规则、方法、技巧以及调节监控的方式等。简言之，学习策略是指学习者为了提高学习的效果和效率而有目的、有意识地制订有关学习过程的复杂的方案。

二、学习策略的特征

学习策略的界定明确了学习策略四个方面的特征，这些特征更明确了学习策略的含义。

1. 学习策略是学习者为了完成学习目标而积极主动地使用的。学习者在采用学习策略时都是有意识的心理过程，在学习时，先要分析学习任务和自己的特点，然后根据这些条件，制订适合自己的学习计划。当某一种条件下的学习过程计划得到反复使用时，学习者对这一学习计划的使用就有可能达到自动化加工的水平。

2. 学习策略是有效学习所需要的。所谓策略，是相对效果和效率而言的。一个人在做某件事情时，如果使用最原始的方法，最终也可能达到目的，但效果和效率并不好。比如，记忆英语单词表，如果一遍又一遍地朗读，只要有足够的时间，最终也能记住，但是保持的时间不会太长，记忆也不会很牢；如果采用分散复习或尝试背诵的方法，记忆的效果和效率会得到很大的提高。

3. 学习策略是有关学习过程的。它规定学习时做什么和不做什么、先做什么和后做什么、用什么方式做、做到什么程度等问题。

4. 学习策略是学习者制订的学习计划，由规则和技能构成。所有的学习计划都不是相同的，每一次学习都应有相应的计划。也就是说，学生在每一次学习时的学习策略都是不同的。但是，相对而言，对于同一类型的学习，存在着基本相同的计划，这些基本相同的计划就是一些常见的学习策略。从本质上讲，学习策略是一步一步的程序性知识，由一套规则系统或技能构成，是学习技术或学习技能的组合。

【相关链接】

学习技能自我测查

请你在下面每一陈述左边的括号中，写上"是""否"或者"？"。写"是"表示这一陈述符合你的情况；写"否"表示这一陈述不符合你的情况；写"？"表示你不能确定这一陈述是否反映了你自己的情况。由于是自我测试，所以请务必真实，不要有自欺欺人的虚假回答，以免影响最后结果的准确性。

（　）1. 我常常得反复读几遍，才能理解一份学习材料。

（　）2. 在阅读课中，我抓不住重点。

（　）3. 在阅读时，遇到生字或无法从上下文中确定含义的字词，我就查字典。

（　）4. 除了重要的引用之外，我用自己的话记笔记，而不照搬对方的语言。

（　）5. 我在零星的纸片上记笔记，而不记在笔记本上。

（　）6. 在阅读中，有时我记下纲要，画出简图，或者将有代表性的观点制成图表。

（　）7. 我把听课笔记认真整理并妥善保存。

（　）8. 我往往无意中将不重要的材料记在笔记本上，这些材料在考试中根本用不上。

（　）9. 开始写作前，我要先拟提纲，或拟订一份写作计划。

（　）10. 我是在阅读课完了以后才记笔记，而不是边读边记要点。

（　）11. 交论文之前，我通常要花几天时间来进行推敲，以便在定稿时，能把论文修改得更好些。

（　）12. 有时我不能如期完成作业，就匆匆忙忙地应付一下便交上去。

（　）13. 我常常发现，自己还没弄懂究竟是什么，便已经看了好几页了。

（　）14. 我常常跳过阅读时所遇到的表格和图解。

（　）15. 我把书上的重点或难点做上标记，以便复习时能对此格外留心。

（　）16. 我有一个卡片薄或索引本，用来记录生字、生词和它们的意义。

（　）17. 我在阅读过程中，遇到一章的结尾，我经常停顿一下，以便归纳文章的要点。

（　）18. 看书的时候，我有时会自言自语读出声来。

（　）19. 我实在不知道一篇论文究竟应当怎样开头。

（　）20. 在对某章内容详细阅读之前，我会先把这章的内容大致浏览一遍。

（　）21. 我阅读的速度很快，以便能迅速而准确地完成指定的作业。

不知你上面的自我检测完成得怎样，你可以根据对照表，看看自己有没有问题，是不是在应该答"是"的地方回答了"否"，在应该答"否"的地方回答了"是"，而对于"？"你现在也应该有了好的答案。

表 7-1　对照表

测查内容	标准答案	
	应该答"是"的题目序号	应该答"否"的题目序号
阅读习惯的技能	3，6，15，17，20，21	1，2，13，14，18
记笔记与写论文	4，7，9，11，16	5，8，10，12，19

从表中你可以看出，"学习技能自我测查表"是通过 21 道题来检查你的阅读习惯和技能、记笔记与写论文的习惯与技能。你可以将你自己的回答与标准答案加以对照，以便发现自己在这些方面的不足和误区，予以克服，从而进一步掌握科学的学习方法，提高学习效率。

（资料来源：伍新春，叶斌主编．中职心理健康（学生用书）[M]．北京师范大学出版社，2003：95）

三、学习策略的分类

许多学者对于学习策略的分类都提出了自己的看法。当前较有代表性的分类是迈克卡等人 1990 年作出的分类，他们认为，学习策略可分为认知策略、元认知策略和资源管理策略三个方面（见图 7-2）。

认知策略是加工信息的一些方法和技术，有助于有效地从记忆中提取信息。一般而言，认知策略因所学知识的类型而有所不同，复述、精细加工和组织策略主要是针对陈述性知识的，针对程序性知识则有模式再认策略和动作系列学习策略等。

元认知策略是学生对自己认知过程的认知策略，包括对自己认知过程的了解和控制策略，有助于学生有效地安排和调节学习过程。

资源管理策略是辅助学生管理可用环境和资源的策略，有助于学生适应环境并调节环境以适应自己的需要，对学生的动机具有重要的影响。

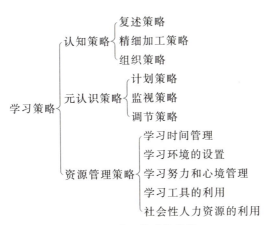

图 7-2 学习策略的分类

（资料来源：刘电芝 . 学习策略研究［M］. 人民教育出版社，1999）

四、职业学校学生学习策略现状

职高生与普高生的学习策略有没有差异？其差异到底有多大？主要体现在哪里？已有的调查发现，职业学校学生虽然学习意愿强烈，学习压力较少，但学习策略整体水平较低。具体体现在以下几个方面：

1. 学习习惯不良

上课认真听讲、课前预习、课后复习、独立完成作业等是最基本的学习习惯。与普高生相比，在已有的调查统计中，能够具有上述学习习惯的职高生的比例通常比普高生低10～20个百分点。特别是在认真复习和独立完成作业两方面更是差异悬殊（见表 7-2）。

表 7-2 两类学生基本学习习惯的比较 %

学习情况	类 别	很符合	有时符合	不符合
上课注意听讲	职高生	42.9	50.8	6.3
	普高生	67.3	32.7	0
认真预习	职高生	28.3	36.9	35.8
	普高生	42.1	32.7	25.2
认真复习	职高生	9.2	64.1	26.6
	普高生	35.5	64.5	9.3
独立完成作业	职高生	42.4	42.4	15.2
	普高生	73.8	26.2	0

（资料来源：《职教通讯》，袁丽英，2006.7）

有调查表明，中等职业学校学生90％以上是初中阶段学业成绩中等及以下者。表7-2的调查进一步验证了这些学生之所以学业不良，有很大一部分是因为初中时学习习惯不良。但从我们的进一步调查可知，职业学校之所以有如此高比例的学生上课不注意听讲、课后不独立完成作业是有其深层次原因的。在调查问卷的开放性问题中，有近1/4的职业学校学生反映，职业学校课程太深，一些文化基础课和专业理论课听不懂，作业不会做。这些信息提示我们，职业学校的课程和教学改革已到了非进行不可的地步。

同时，我们对职业学校学生的调查也表明，有37.2％的学生希望学习有用的知识，但不知怎么学、学什么。即使在一些生源素质较好、学生具有较强学习动机的对口升学班，自认为不懂学习方法的学生仍占35％。而中等职业学校教师则认为，有接近1/3的学生不懂基本的学习常规。

2. 认知策略匮乏

学习是包含一系列复杂认知活动的过程，认知策略直接作用于学习活动的各个阶段，指向、引起、帮助完成一定的认知加工，是学习策略中具体的、可操作性的要素。从职高生的认知策略水平来看，他们在一些具体的认知策略运用上比普高生明显偏低(见表7-3)。如"能运用比较、联想、谐音、歌谣口诀等方法帮助理解学习内容"的学生中，普通高中学生占28.0％，而职高生只有9.2％。

表7-3　两类学生认知策略状况的对比　　　　　　　　　　(％)

学习情况	类　别	很符合	有时符合	不符合
听课做好笔记	职高生	40.8	54.3	6.0
	普高生	82.2	17.8	0
学习一阶段后，能用图文、表格等将知识进行归类、整理	职高生	20.1	34.8	45.1
	普高生	15.9	52.3	31.8
预习时找出不懂的地方，先自己理解，上课时再听老师讲解	职高生	16.8	72.8	10.3
	普高生	38.3	55.1	6.6
能运用比较、联想、谐音、歌谣口诀等方法帮助理解学习内容	职高生	9.2	48.9	41.8
	普高生	28.0	45.8	26.2
能采用读读、想想、背背以及举例子、相互提问、难点卡片等方法理解课堂内容	职高生	12.5	46.8	40.7
	普高生	13.1	52.3	54.6
对做错的题目及时分析、纠正	职高生	41.3	41.3	17.4
	普高生	60.7	39.3	0

(资料来源:《职教通讯》，袁丽英，2006.7)

3. 元认知策略水平较低

认知策略在学生的学习活动中不能单独发挥作用，它在深层次上受元认知的影响和制约，只有在元认知的监控和调节下，认知策略才能最有效地发挥作用。调查表明，职高生不仅缺乏有关的认知策略，更缺少自我调节的知识和技能（见表 7-4）。

职高生中明确知道自己在学习方面优势和弱点的只有 39.1％，而普高生有 67.3％。经常对自己的学习成败进行总结、反思的只有 23.4％，与普高生的 49.5％相比，不到一半。同样，在"能根据不同情况选择学习方法"方面，两类学生的差距也非常大。唯一较接近的是在"充分利用学校和家里的物品解决学习中的问题"这一项上，两类学生的比例相差无几。这也说明，职高生解决实际问题的能力并不差于普高生。

表 7-4　两类学生元认知策略状况的对比

学习情况	类　别	很符合	有时符合	不符合
知道自己学习上的优势和弱点	职高生	39.1	47.8	13
	普高生	67.3	28.0	4.7
能根据不同情况选择学习方法	职高生	30	50.5	19.5
	普高生	52.3	40.2	7.5
经常总结、反思学习成败原因	职高生	23.4	56.5	20.1
	普高生	49.5	50.5	0
经常查阅工具书	职高生	22.8	57	20.1
	普高生	54.2	43.9	1.9
充分利用学校和家里的物品解决学习中的问题	职高生	14.7	46.7	38.6
	普高生	16.8	62.6	20.6

（资料来源：《职教通讯》，袁丽英，2006.7）

4. 资源管理策略不足

职高生在"能运用各种方法调节紧张情绪""恰当安排学习和娱乐的时间""遇到干扰能有礼貌地制止或回避，保持良好的学习心情""能细心品位自己学习过程中的小小成功，对未来学习充满信心""失败时能主要考虑自己的努力程度和运用方法是否适当，而不怨天尤人"等方面与普高生相比，其符合指标的比例一般要低 20 个百分点。说明职高生的自我调控能力不强。这应该也是职高生学业成绩不良的重要内因。

五、学习策略的学习意义

尽管学术界对学习策略是不是学习的内容、学习策略是不是可以自觉习得尚有不同看法，但学习策略对学习的重要性已充分显现。

学习策略对于职业学校的学生来说尤其重要。以上的调查研究表明，职业学校的学生不同于普通学校的学生，职业学校学生学习基础低下，学生的认知策略、监控策略和资源管理策略都较低，其自我意识发展尚未成熟，自我控制能力较弱，学生的控制主要来自外部力量，尚未形成以内部力量控制为主的自我控制。在实际学习过程中，还不能根据自身学习情况、学习内容的难易程度和学习情境的不同而自觉调节和控制自身学习内容的时间、次序、步骤和选择适当的方法，不善于使用策略。在职业学校的教学过程中，学校把过多的精力放在知识的传递和灌输上，忽视了对学生进行方法论的指导和训练。因此，职业学校学生加强对学习策略的学习势在必行。

1. 学习策略的学习是学会学习的必然要求

随着社会变革的加剧，个体面临的社会环境也日趋复杂，终身学习的压力越来越大，学会学习称为社会对学习者的必然要求，因此我们的教学也应该将策略教学作为重要的目标，达到"教是为了不教"的目的。

2. 学习策略的学习是主体性教与学的要求

在教学活动中，学生的主体性主要表现在发展的主体性和学习的主体性两方面。从发展的角度讲，学生是教学目的的体现者，要使教学目标得以实现，学生必须要知识到位和学会学习。从学习的过程来讲，学生是学习活动的主人，他们的学习积极性是保证学习目标达到的基础。只有学生能够主动地学习，主动地对学习内容进行认识，主动地接受教师的指导和帮助，才能实现自己的发展。由此，我们看出，在学生的主体性中，无论是发展的主体性还是学习过程的主体性，都涉及学生对学习策略的掌握。

3. 学习策略的学习能够有效提高学习的质量

在众多影响学习质量的因素中，学习策略是其中最重要的一个因素之一。学习活动和认知活动都涉及相应的效率问题，而学习策略能够使得学习的效率提高，从而提高他们的学习效果。尽管从掌握学习的理论上说，每个学习者都能够达到对学习材料掌握的程度，但这种掌握的效率却受到学生学习策略的影响。因此，掌握学习策略，能够提高学习效率，使学生从沉重的课业负担中解放出来。

构成学习策略的主要因素，一般有以下三个：（1）学习方法；（2）学习的调节和控制；（3）元认知。在学习策略系统中，学习方法、学习的调节和控制仅仅是学习策略具体执行的活动，而要自觉地、有计划地执行这种活动，其先决条件就是要对活动中的各种因素及其相互间的关系有所认识和体验。也就是说，在具体的学习中，在元认知的作用下，人对学什么、如何学、何时学、为何学、学习受何种因素的影响及各因素的关系产生明晰的自我意识和自我体验。而采用何种学习方法与学习过程的调节和控制只是元认知活动的结果。这也就是说，在具体的学习过程中，必须有学习方法、学习的调节和控制，元认知的交互作用，才能真正形成学习策略，提高学习质量。

第二节　职业学校学生学习的认知策略及其训练

一般来说，近年来由初中升入中等职业学校的学生入学分数比升入普通高中的学生的分数要低，这在一定程度上反映了中职学生在认知水平上与普高学生，特别是重点高中学生的差距，这也恰恰说明了这些中职学生所拥有的有效学习策略严重不足，而且在课堂教学中，教师也很少教授有效的学习策略。有专家指出，处于各种水平的学生，从学习无能者到研究生，在学习和应用认知学习策略时都需要系统的帮助。因此，在对职业学校学生加强认知学习策略的教学是非常必要的。

一、有效习得认知策略的条件

职业学校学生如何习得认知策略呢？

我国教育心理学家皮连生教授认为，认知策略的学习要经过命题表征（陈述性知识）阶段，然后经过在相同情境和不同情境中的应用，转化成产生式表征（程序性知识）阶段，最后认识到构成策略的一套操作步骤适用的条件，达到元认知阶段。有效地习得认知策略，需要具备如下条件：

1. 具备相应的知识基础

不同的认知策略适用的学习内容和情境不同。一般说来，学生在某一领域的知识越丰富，越能应用适当的认知策略。只有当学生拥有了一些与要学习的内容相关的知识基础时，他们才能够运用复杂的学习策略。职业学校学生与普高学生相比，知识基础更趋薄弱，因此，学习策略的教学应当充分考虑他们的知识和技能，必须针对他们所拥有的具体技能和胜任能力（Levin，1986）。只有他们掌握了对于理解学习材料所必要的先决知识和技能后，才可以引导他们学习相应复杂的认知策略。

2. 自我效能感

自我效能感概念是班杜拉最早提出的，自我效能感指个体对自己是否有能力为完成某一行为所进行的推测与判断。策略教学必须让学生相信，通过充分的努力和采用合适的认知策略，职业学校学生能够学习和理解有难度的学习材料，形成一种自己能够学好课堂教学内容的自我效能感；还必须让学生看到他们的学习成功实际上与某种认知策略的使用密切相关。一旦学生相信自己"能够学好"某门学科，他们就会"想学"，也就会主动地开发一些适合自己的学习策略来帮助自己学习。

3. 明确策略的价值和适用的条件

认知策略的用途、在何种条件下使用这种策略和策略应用的具体步骤一样，都是认知策略的组成部分，对于帮助学生认识自己的学习方法具有重要的作用。当职业学校学生理解这些知识的时候，策略运用效果会更好。因此，学习者要想学习并掌握某种认知策略，

必须既认识到策略的价值，又明确策略适用的条件。

4. 多种情境中的练习

练习是认知策略从陈述性阶段向程序性阶段转化的最重要的条件，有效的认知策略必须在各种学习任务和不同的情境中加以练习才能获得。当职业学校学生在长时间内，在不同的任务情境中应用同一学习策略时，他们就可能认识到这一策略的价值和适用条件，并且主动在新的情境中应用这一策略。学生在各种任务条件下练习运用有效的学习策略，有利于策略的概括和保持。

5. 自我监控和评价

学生不去学习某些认知策略，往往是因为自己意识不到自己需要改善学习策略，看不到自己通常所使用的学习策略的不足之处。学生不能有效地使用认知策略，往往是因为对策略使用的过程和适用的条件缺乏监控。因此，要想更多地获得认知策略，学生对自己的日常学习情况需要注意进行监控和评价。为了更好地运用认知策略，学生必须形成监控和调节自己学习的能力。

6. 练习中有一套外化的操作程序

学生的认知行为可以反映出他们所使用的内隐的认知策略。反过来，我们也可以把内隐的认知策略外化成一系列操作程序，这将有助于学生的学习掌握(La pan，2002)。

二、学习中的主要认知策略

认知策略是学习者在信息加工时所采用的方法，我们可以从诸如信息加工、学习中的主要活动和任务、不同学科的学习等角度来建构不同的认知策略。这些具体的方法和技术包括复述策略、精细加工策略和组织策略。

(一)复述策略

复述策略是在工作记忆中为了保持信息，运用内部语言在大脑中重现学习材料或刺激，以便将注意力维持在学习材料上的方法。在学习中，复述是一种主要的记忆手段，许多新信息(如人名、地名或外语单词等)只有经过多次复述后，才能在短时间内记住，这也是许多职业学校学生常用的认知策略。常用的复述策略还有以下一些方法：

1. 利用随意识记和有意识记

随意识记是指没有预定目的、不需要努力的识记。这种识记是有条件的，凡是对人有重大意义的、与人的需要和兴趣密切相关的、给人以强烈情绪反应的或形象生动鲜明的人或事，就容易随意识记。在学习中，要尽量运用这些条件，如培养职业学校学生对某门学科的兴趣，来加强随意识记。

有意识记是指有目的、有意识的识记。要想记住某一信息，就需要有意识地、用心地去记它，尝试着自己复述一遍，看能否重复出来。

2. 排除相互干扰

人之所以没有记住某一信息，一个重要原因就是这一信息受到了干扰，或者是被其他信息搞混了，又或是被其他信息挤到一边去了。在进行其他活动之前，一定要花时间在头脑中复述刚刚获得的新信息。

一般来说，前后所学的信息之间存在相互干扰。先前所学的信息对后面所学信息的干扰叫做前摄抑制；后面所学的信息对前面所学信息的干扰叫做倒摄抑制。在安排复习时，要尽量预防两种抑制的影响，要尽量错开学习两种容易混淆的内容（如英语和汉语拼音），避免相互干扰。另外，在睡前和清晨复习也是避免这种影响的一种学习策略。因为睡前复习无后继活动干扰，清晨复习无前行活动干扰。

心理学家还发现，当人学完一系列词汇后，马上进行测验，开始和结尾的几个词一般要比中间的词记得牢。这可能是由于对首先呈现的项目倾注了更多的注意和心理努力，也就形成了所谓的首位效应；而在最后的项目和测验之间几乎不存在其他信息的干扰，造成了近位效应。因此，要把最重要的新概念放在复习的开头，在最后对它们进行总结。不要把首尾时间花在处理课堂纪律问题、整理材料、削铅笔之类的事上。

3. 整体识记和分段识记

对于篇幅短小或者内在联系密切的材料，适于采用整体识记，即整篇阅读，直到记牢为止。对于篇幅较长、较难或者内在联系不强的材料，适于采用分段识记，即将整篇材料分成若干段，先一段一段地记牢，然后合成整篇识记。至于段的长短，要根据自己对材料的熟悉程度而定。

4. 多种感官参与

在进行识记时，要学会同时运用多种感官，如用眼睛看、用耳朵听、用嘴巴练以及用手写等，对同一材料，多种感官参与活动，多种刺激叠加在一起，信息在大脑中的印象就十分深刻。心理学家研究发现，人的学习83%通过视觉，11%通过听觉，3.5%通过嗅觉，1.5%通过触觉，1%通过味觉。而且，人一般可记住自己阅读的10%，自己听到的20%，自己看到的30%，自己看到和听到的50%，交谈时自己所说的70%。这一结果说明，多种感官的参与能有效地增强记忆。

5. 复习形式多样化

在实践中应用所学知识是对知识的最好复习。采用多种形式进行复习，如将所学的知识用实验证明、写成报告、作出总结、与人讨论以及向别人讲解等，这比单调重复更有利于理解和记忆。某一领域的专家之所以能记得住许多专业知识，是因为他们反复地应用这些知识。因此，教师要指导学生善于在不同的情境下反复应用所学的知识，以便加深对知识的理解和保持。

6. 画线

画线是阅读时常用的一种复述策略。在教学生画线时，首先，解释一个段落中什么是重要的，如主题句等；其次，教学生谨慎地画线，也许只画一到两个句子；最后，教学生复习和用自己的话解释这些画线部分。

此外，还可教学生一些圈点批注的方法，与画线策略一起使用，如：①圈出不知道的词；②标明定义和例子；③列出观点原因或事件序号；④在重要的段落前面加上星号；

⑤在混乱的章节前画上问号；⑥给自己作注释，如检查上文中的定义；⑦标出可能的测验项目；⑧画箭头表明关系；⑨注上评论，记下不同点和相似点；⑩标出总结性的陈述。

（二）精细加工策略

精细加工策略是一种将新学习的材料与头脑中已有的知识联系起来从而增加新信息意义的深层加工策略。如果一个新信息与其他信息联系的越多，那么能回忆出该信息原貌的途径就越多，回忆就越容易。因此，它是一种理解性的记忆策略，和复述策略结合使用，可以显著提高记忆效果。下面就是一些常用的精细加工策略：

1. 记忆术

精细加工策略中，记忆术是一种常用的有效策略。记忆术是对无意义的材料赋予某些人为意义，以促进知识保持的记忆方法。常用的记忆术有以下几种：

（1）位置记忆法。位置记忆法是一种传统的记忆术。这种技术在古代不用讲稿的讲演中曾被广泛使用，而且沿用至今。使用位置记忆法，就是学习者在头脑中创建一幅熟悉的场景，在这个场景中确定一条明确的路线，在这条路线上确定一些特定的点，然后将所要记忆的项目全都视觉化，并按顺序将这条路线上的各个点联系起来。回忆时，按这条路线上的各个点提取所记的项目。

（2）缩简和编歌诀。缩简就是将识记材料的每条内容简化成一个关键性的字词，然后变成自己所熟悉的事物，从而将材料与过去经验联系起来。有时，可以将材料缩简成歌诀。歌诀韵律和谐，抑扬顿挫，非常有助于记忆。例如《二十四节气歌》：春雨惊春清谷天，夏满芒夏暑相连，秋处露秋寒霜降，冬雪雪冬小大寒。在缩简材料编成歌诀时，最好自己动脑筋，因为自己创造的东西印象深刻。歌诀力求精练准确，富有韵律。当然，也可以利用现成的歌诀，不过要仔细分析，弄清歌诀的真实含义，把它变成自己的东西。

（3）谐音联想法。学习一种新材料时运用联想，假借意义，对记忆很有帮助，这种方法被称为谐音联想法。在记忆历史年代和常数时，这种方法非常有效。例如，有人记忆马克思的生日"1818 年 5 月 5 日"时，联想为"马克思一巴掌一巴掌打得资产阶级呜呜地哭"。

（4）关键词法。关键词法就是将新词或概念与相似的声音线索词，通过视觉表象联系起来。例如，英文单词"Tiger"可以联想成"泰山上一只虎"。这种方法在教外语词汇时非常有用。有研究表明，这种记忆术也同样适用于其他信息的学习，如省会城市名、地理信息等。

（5）视觉联想。视觉联想就是要通过心理想象来帮助人们对联系的记忆。如前述位置记忆法实际上就是一种视觉联想法，利用了心理表象。联想时，想象越奇特而又合理，记忆就越牢。比如，可以使用夸张、动态、奇异的手段进行联想。例如，可以将"飞机—箱子"想象为"飞机穿过箱子"等。想象越奇特，加工就越深入越细致。有一种用想象来增强记忆的古老方法，就是创造一个故事，将所有要记的信息编在一起。

（6）语义联想。通过联想，将新材料与头脑中的旧知识联系在一起，赋予新材料更多的意义。实际上，就是在理解的基础上，把过去的旧知识当作"衣钩"来"挂住"所要记住的新材料。因此，要设法找出新旧材料之间的内在逻辑联系。例如，在记一个公式或原理时，要想一想，新公式或原理是如何从以前的公式或原理推导出来的。

对于简单的知识来说，精细加工策略是非常有效的。研究表明，对于同一组材料，让三组被试者用不同程度的方法进行加工，然后对这些材料进行再认测验，加工水平深的被试者再认成绩显著地高于加工水平浅的被试者。还有研究发现，成绩好的学生能比成绩差的学生作出更好的精细加工，并且也更加经常地使用精细加工策略。

【相关链接】

了解自己的记忆力与记忆方法

下面有 20 个问题，是帮助你了解自己的记忆力和记忆方法的，请你试着回答一下：

1. 选择一个最符合你自己情况的答案：

a. 不需要任何帮助就可以使记忆过的东西在大脑里重现出来。

b. 不经过提示就想不起来，但能够从许多东西中辨别出曾经记忆过的东西。

c. 脑子里即使有某一信息的痕迹，但就是记不起来。

d. 提起曾经记忆的东西，会容易与其他的东西混淆起来。

2. 你喜欢用整体记忆法还是部分记忆法？

3. 你是否常常有好奇心，对要记忆的东西非常感兴趣？

4. 对某些东西，你是否理解后才记忆？

5. 你是否常常将几件相关的事物联系在一起记忆，或者采用联想的方法记忆？

6. 你是否常常将一些相似的东西放在一起去记？

7. 当你学习感到疲劳时，你是否转换学习的内容？

8. 你能否从众多的信息中将真正对自己有用的有信息迅速准确地挑出来？

9. 你在初步记忆后，是否尽快安排复习或有在脑子里重现的机会？

10. 你是否经常通过整理利用图表或简洁的文字来强化记忆？

11. 平时你是否有仔细观察记忆对象、认真考察与记忆对象有关的事物的习惯？

12. 在记忆很多东西时，你是否有在它们中寻找规律性、共同性、特殊性的习惯？

13. 你是否常常利用听、说、读、写以及亲身实践来加强大脑受到的刺激，进而加强记忆印象？

14. 你是否常常看报刊杂志，或者仔细阅读书籍，然后努力将有用的信息存储到大脑里去？

15. 你是否有写日记、记笔记和随时录下感想的习惯？

16. 你在记忆一些英语单词、电话号码的时候，你是否能专心记忆，是否能把它转换成有意义好理解的东西加以记忆？

17. 当需要记忆的东西很多时，你是否会把重要的部分放在开头或结尾去记？

18. 对一些疑难问题，你是否力求自己找出问题的答案？

19. 你对日常生活中无必要记忆的纷繁事情是否会在短时间内忘掉？

20. 当你要记住某一件事情时，你是否抱着一定记住它的愿望，集中精力，或告诫自己说还差得远，自己的理解可能还很不充分？

关于以上 20 道题的解释如下：

1. a 是记忆对象在头脑中的重现，说明你的记忆力很好；b 是对记忆对象的再认，说明你的记忆力一般；c 是对记忆对象的遗忘，说明你的记忆力不佳；d 是错记现象，表明你的记忆力一般或不强，记忆对象只能在你头脑里留下模糊的印象，不足以准确回忆或再认。

2. 通常，如果要记忆的材料较短且具有密切的意义联系，可采用整体背书法；如果材料本身各部分之间没有多少意义联系，可用部分背书法；如果材料的内容是有意义的但既长又难，则将两种方法结合起来用效果较好。

3. 回想一下自己的经历，是不是对自己感兴趣的对象记忆力就特别好。有的同学记不住数学公式、英语单词，记不清回家作业，但一周每天的球赛节目和娱乐节目安排却记得一清二楚，到时候一点也不会忘记。所以，人对有兴趣有爱好的事物能显示优异的记忆能力。在学习时，在要记忆时，要有好的记忆效果，你就应该尽量对记忆材料感兴趣，而不能未背未记先反感。

4. 理解当然是重要的，前面我们已经强调过了。

5. 联想法是一种很有效的记忆术。

6. 你得先把这些相似的东西分别记清弄懂，否则放在一起记，它们会在你的脑子里搅成一锅粥的。

7. 疲劳的时候，人脑的记忆能力会下降。所以，适时地休息对记忆力的恢复是有益和重要的。

8. 这是一种训练。学会选择重要的东西记忆对减轻大脑负担是很必要的。

9. 你在初步记忆后，遗忘最容易发生，必须马上复习，这样，再次遗忘的比例就会下降。随着信息巩固程度的提高，复习次数可以减少，复习的时间间隔可以越来越长。

10. 提纲、小结都是很重要的学习手段，中职生一定要学会运用这些好方法。

11. 广泛地了解背景资料，仔细地研究态度和方法，都能有助于加强理解和记忆。

12. 花一些时间分析寻找规律和异同，你会发现这些时间不会白费，这样做能为你节省后期的记忆和复习时间，提高记忆效果。

13. 全面动员式学习效果当然好。

14. 平时多记，一方面是对记忆力的锻炼；另一方面还能丰富知识，为将来记忆其他知识提供背景资料，从而利于其他新知识的记忆。

15. 用笔记下来本身就是个加强记忆的过程。不少事翻翻记录就可以了，这样也可以减轻大脑的记忆任务。

16. 这是个很有用的记忆术。

17. 有研究表明，记忆大段东西时，开头和结尾的记忆效果最好。所以重点和难点可以放在两头，或者在复习时，要注意多花一些时间在中段部分。

18. 不费劲儿就解开的问题，在大脑里留下的印象就不会深，所以也忘得快；而自己付出过巨大努力的东西，则会长时间保留在你的脑子里，不容易忘掉。

19. 人脑好比一只抽屉，如果已经装满了东西，新东西就没法再往里面塞了。所以，要记忆也要善于遗忘。要及时清理一下记忆的抽屉，把没用的东西抛掉，轻装上阵，让大脑保持清醒，效果更好、效率更高地记忆更有用的东西。

20. 专注认真地去记忆能提高记忆的效果。边记边分心于其他事物，则记忆效果会大大下降，甚至是无效劳动。所以，背书时，千万不可三心二意，一心两用。

（资料来源：伍新春，叶斌主编．中职心理健康（学生用书）［M］．北京师范大学出版社，2003：103～106）

2. 做笔记

对于复杂的知识，教师可以指导学生用做笔记的方法。从信息加工的角度来看，做笔记有助于对材料进行编码，同时还具有外部存储功能。做笔记包括摘抄、评注、加标题、写段落概括语以及结构提纲等。研究表明，学生不但可以借助做笔记来控制自己的注意和信息加工过程，而且有助于发现新知识的内在联系，帮助在新旧知识之间建立联系。

教师在课堂上要促进学生做笔记和复习笔记，主要策略有：①讲演慢一点；②重复复杂的主题材料；③呈现做笔记的线索；④在黑板上写出重要的信息；⑤给学生提供一套完整的笔记，让他们观看；⑥给学生提供结构式的辅助手段，如提纲或二维方格表等。教师还要传授给学生记笔记的一些技巧，如笔记本上不要写得密密麻麻的，可以在笔记本的右边留出3～6厘米的空白，除了笔记正文外还要随时记下老师讲的关键词、例子、证据以及自己的疑问和感想。不仅要做好笔记，而且还应复习、积极地思考笔记中的观点，并与其他所学的信息进行联系。

3. 提问

无论阅读还是听讲，学生要经常评估自己的理解状况，思考这样一些问题：这一新信息意味着什么；与课文中的其他信息以及以前所学的信息有什么联系。或许还可能用例子来说明这种新知识。如果教师在阅读时教学生提一些"谁""什么""哪儿"和"如何"的问题，他们能领会得更好。有人给学生一张清单帮助他们构思创作，这张清单教学生向自己问以下一些问题："我写给谁看的""要解释什么""有什么步骤"等。基本上，训练学生在活动中自己和自己谈话，自己问自己或彼此之间相互问老师要问的问题，结果表明，学生能在解数学题、拼写、创作和许多其他课题中成功地学会自我谈话。

4. 生成性学习

生成性学习就是要训练学生对他们所阅读的东西产生一个类比或表象，如图形、图像、表格和图解等，以加强其深层理解。这种方法最重要的一点就是需要积极的加工，而不是简简单单地记录和记忆信息，不是从书中寻章摘句或稍加改动，而是要改变对这些信息的知觉。在教学中，教师要指导学生做到：①课文中没有的句子；②与课文中某几句重要信息相关的句子；③用自己的话组成的句子，从而把所学的信息和自身的知识经验联系起来。

5. 利用背景知识，联系实际

精细加工强调在新学信息和已有知识之间建立联系，可见背景知识的多少在学习中是非常重要的。对于某一事物，到底能学会多少，最重要的一个决定因素就是对这一方面的事物已经知道多少。教师一定要把新的学习和学生已有的背景知识联系起来，并要能联系实际生活，这不仅能帮助他们理解这些信息的意义，而且会使他们感到这些信息有用。

以上所述都是一些基本的精细加工策略，对于比较复杂的课文学习，精细加工策略提供了说出大意、总结、建立类比、用自己的话作笔记、解释、提问以及回答问题等方法。这就意味着给所学的信息添加更多的东西，如提供细节、给出例子、和其他问题产生联系、或从材料中作出某种推论，这些额外的信息将使所学信息意义更丰富，更容易记忆。

(三)组织策略

实现了对新知识的理解之后，必须寻求新知识点之间的联系，通过不同的方式，把这些知识点按它们固有的联系组织起来。组织是学习和记忆新信息的重要手段，其方法是将学习材料分成一些小的单元，并把这些小的单元置于适当的类别之中，从而使每项信息和其他信息联系在一起。组织策略就是在学习中整合所学新知识之间、新旧知识之间的内在联系，从而形成新的知识结构。组织过的材料储存在头脑中，如图书馆经过编码的书易于检索。它不仅有利于材料的识记与提取，而且也能有效地加强与提高对材料的理解与表达。

当然，组织策略和精细加工策略是密不可分的，如做笔记和写提要实际上是两者的结合。下面是一些常用的组织策略：

1. 列提纲

列提纲是以简要的词语写下主要和次要的观点，也就是以金字塔的形式呈现材料的要点，每一具体的细节都包含在高一级水平的类别中。列提纲时，先对材料进行系统的分析、归纳和总结，然后，用简要的词语，按材料中的逻辑关系，写下主要和次要观点。所列出的提纲要具有概括性和条理性，但其效果取决于学习者的使用方法。

教师在教学生列提纲时，可以先提供一个列得比较好的提纲，然后解释这些提纲是如何统领材料的，下一步就给学生提供一个不完整的提纲，分步对学生进行训练。一个有效的方法是让学生每读完一段后用一句话作概括；另外一种方法是让学生准备一个提要来帮助别人学习材料，其中一个原因是这种活动使得学习者不得不认真考虑什么重要、什么不重要。

2. 利用图形

(1)系统结构图。学完一科知识，要对学习材料进行归类整理，将主要信息归成不同水平或不同部分，然后形成一个系统结构图。复杂的信息一旦被整理成一个金字塔式的层次结构，就容易理解和记忆了。在金字塔结构里，较具体的概念要放在较抽象概念之下。

(2)流程图。流程图可用来表现步骤、事件和阶段的顺序。流程图一般是从左向右展开，用箭头连接各步。

(3)模式图或模型示意图。模式图就是利用图解的方式来说明在某个过程中各要素之间是如何相互联系的。模型示意图是用简图表示事物的位置（静态关系），以及各部分的操作过程（动态关系）。

（4）网络关系图。目前，网络关系图越来越受重视，人们将它称为概念图（concept-map），在学习、教学和测评中加以广泛利用。利用关系图可以图解各种观点是如何相互联系的。做关系图时，首先找出其中的主要观点；然后找出次要的观点或支持主要观点的部分；接着标出这些部分，并将次要的观点和主要的观点联系起来。在关系图中，主要观点图位于正中，支持性的观点位于主要观点的周围。

3. 利用表格

（1）一览表。首先对材料进行综合分析，然后抽取主要信息，并从某一角度出发，将这些信息全部陈列出来，力求反映材料的全貌。例如，学习中国历史时，可以时间为轴，将朝代、主要历史人物、历史事件全部展现出来，制成一幅中国历史发展一览表。

（2）双向表。双向表是从纵横两个维度罗列材料中的主要信息。层次结构图和流程图都可以衍变成双向表。

4. PQ4R 方法

这是由托马斯和罗宾逊提出来的帮助学生理解和记忆的学习技术。它是在罗宾逊早期版本 SQ3R 的基础上改进的。PQ4R 分别代表预览（Preview）、设问（Question）、阅读（Read）、反思（Reflect）、背诵（Recite）和回顾（Review）。有研究表明，PQ4R 方法对年龄较大的儿童有效。PQ4R 程序的进行可使学生集中注意力有意义地组织信息、使用其他有效的策略，诸如产生疑问、精细加工、过一段时间后复习等。

第三节　职业学校学生学习的监控策略及其训练

我们常常看到国际象棋大师接受"车轮大战"，他们在每张棋桌前只停留两三秒钟便下出棋子。他们为何下棋下得这么快、这么棒？据《美国科学人》杂志封面文章报道，国际象棋高手相对初学者的优势是他们最初几秒的想法。这种快速、知识导向性的理解，与他们拥有很强的对自己思维的监控能力有关。

学习时，学习者要学会使用一些策略去评估自己的理解、预计学习时间、选择有效的计划来学习解决问题。例如，假如你读一本书，遇到一段读不懂，你该怎么办呢？你或许会慢慢再读一遍；你或许会寻找其他线索，如图、表、索引等来帮助理解；或许你还会回到这一章更前面的部分，这意味着你要学会如何知道你什么地方不懂，以及如何去改正你自己。此外，你还要能预测可能会发生什么，或者能说出什么是明智的，什么不是明智的。所有这些都属元认知策略。学生的元认知策略包括计划策略和监控策略（监视策略和调节策略）。已有的研究表明，学习的监控策略对职业学校学生的学习来说是非常关键的，而这些策略恰恰是许多职校学生所缺少的。因此，对职校学生进行学习的监控策略教学是教师的一项重要任务。那么如何进行监控策略的教学和训练呢？

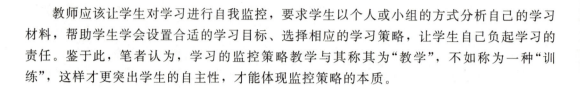

　　教师应该让学生对学习进行自我监控，要求学生以个人或小组的方式分析自己的学习材料，帮助学生学会设置合适的学习目标、选择相应的学习策略，让学生自己负起学习的责任。鉴于此，笔者认为，学习的监控策略教学与其称其为"教学"，不如称为一种"训练"，这样才更突出学生的自主性，才能体现监控策略的本质。

一、学习的监控及其特点

　　学习的监控策略主要是学习活动中的元认知监控策略。美国心理学家弗拉维尔（J. H. Flavell）于1976年在《认知发展》一书中首先提出了元认知的概念。

　　在学习的信息加工系统中，存在着一个对信息流动的执行控制过程，这种执行控制功能的基础是元认知。所谓元认知是对认知的认知，具体地说，是关于个人认知过程的知识和调节这些过程的能力，它具有两个独立但又相互联系的成分：对认知过程的知识和观念与对认知行为的调节和控制。

　　元认知知识是对有效完成任务所需的技能、策略及其来源的意识——知道做什么，是在完成任务之前的一种认识。它主要包括：

　　（1）对个人作为学习者的认识。在完成某一任务时，学习者首先要完成对自己或他人作为学习或思维的认知加工者的一切特征的认识。

　　（2）对任务的认识。对学习材料的性质、长度、熟悉性、结构特点、材料的呈现方式、逻辑性等因素以及学习目标和任务的认识。

　　（3）对有关学习策略及其使用方面的认识。对学习各种策略及其优点和不足、应用条件和情境以及效力的认识。

　　认知行为的管理和控制，是指主体在进行认知活动的全过程中，将自己正在进行的认知活动作为意识对象，不断对其进行积极自觉的监视、控制和调节。因此，元认知控制过程包括制订认知计划、监视计划的执行以及对认知过程的调整和修改。

　　元认知作为对自身认知过程的监控和调整，它适用于人的所有认知活动。一些研究者则从学生的学习过程出发，对学习过程中的自我监控进行了探讨。

　　董奇等的研究发现，学生学习的自我监控可以分为8个方面，分别是计划性、准备性、意识性、方法性、执行性、反馈性、补救性和总结性。其中，计划性是指学习活动前对学习活动的计划和安排，准备性是指学习前对学习活动做好各种准备，计划性和准备性是学生具体学习开始之前自我学习监控能力的具体表现；意识性是指在学习活动中清楚学习的目标、对象和任务，方法性是指在学习活动中讲究策略，选择并采用合适的学习方法，执行性则是指在学习活动中控制自己去执行学习计划，排除有关干扰，保证学习活动的顺利进行，意识性、方法性和执行性是学生在学习活动进行过程中自我学习监控能力的具体表现；反馈性是在学习活动后对自己的学习状况及效果进行检查、反馈和评价，补救性是在学习活动后根据反馈结果对学习采取必要的补救措施，总结性是学习活动后的思考以及对学习检验和教训的总结，这三个维度则是学生在学习活动完成后自我学习监控能力的具体表现。

二、学习过程中的主要监控策略

1. 计划策略

元认知计划是根据认知活动的特定目标，在一项认知活动之前计划各种活动、预计结果、选择策略、想出各种解决问题的方法，并预估其有效性。元认知计划策略包括设置学习目标、浏览阅读材料、产生待回答的问题以及分析如何完成学习任务。不论是完成作业，还是为了应付测验，学生在每一节课都应该有个一般的"对策"。成功的学生并不只是听课、作笔记和等待教师布置测查的材料，他们还会预测完成作业需要多长时间，在写作前获取相关信息，在考试前复习笔记，在必要时组织学习小组，以及用其他各种方法来促进自己的学习效果、提高学习效率。

2. 监视策略

元认知监视是在认知活动进行过程中，根据认知目标及时评价、反馈认知活动的结果与不足，正确估计自己达到认知目标的程度和水平；并且根据有效性标准评价各种认知行动、策略的效果。元认知监控策略包括阅读时对注意加以跟踪、对材料进行自我提问、考试时监控自己的速度和时间。这些策略使学习者警觉自己在注意和理解方面可能出现的问题，以便找出来并加以修改。

3. 调节策略

元认知调节是对认知活动结果的检查，如发现问题，则采取相应的补救措施，根据对认知策略的效果的检查，及时修正、调整认知策略。元认知调节策略与监控策略有关。例如，当学习者意识到他不理解课程的某一部分时就会退回去读困难的段落、在阅读困难或不熟的材料时放慢速度、复习不懂的课程材料，或者测验时跳过某个难题，先做简单的题目等。调节策略能帮助学生矫正他们的学习行为，补救理解上的不足。

元认知策略的这三个方面总是相互联系在一起的。学习者一般先认识自己的当前任务，然后使用一些标准来评价自己的理解、预计学习时间、选择有效的计划来学习或解决问题，最后，监视自己的进展情况，并根据监视的结果采取补救措施。

元认知策略总是和认知策略一道起作用的。如果一个人没有使用认知策略的技能和愿望，他就不可能成功地进行计划、监视和自我调节。元认知过程在帮助学生估计学习的程度和决定如何学习是非常重要的；认知策略则将新信息与已知信息整合在一起，并且存储在长时记忆中，因此，元认知和认知必须一同发生作用。

三、学习监控的训练

1. 自我评价与监控训练

教师应该向学生分发相关的表格，让学生记录自己学习中需要监控的方面。学生根据自己对先前学习表现的观察、记录，评价自己在学习任务上的现有能力水平。为了帮助学生准确地作出自我评价,教师、同伴和家长应多方面对学生学习作出反馈。教师每天要为学生规定一定数量的作业,要及时地对学生的学习作出反馈,可以定期做一次小测验,评估学生的自我监控情况,在适当的时候,也可以让学生通过交换作业来交流各自的自我监控情况。

【相关链接】

学习习惯与学习方法的自我测查

请你在下面每一陈述左边的括弧中,写上"是""否"或者"?"。写"是"表示这一陈述符合你的情况;写"否"表示这一陈述不符合你的情况;写"?"则表示不能确定这一陈述是否反映了你自己的情况。由于是自我测试,所以请务必真实填写,不要有自欺欺人的虚假回答,以免影响最后结果的准确性。

(　)1. 我实际上连一个完整句子包括哪些成分都不知道。

(　)2. 我常常需要有一定的压力才能学习。

(　)3. 我定期复习。

(　)4. 我的学习常常被来访者、电话和其他娱乐打断。

(　)5. 只有完成指定的学习任务后,我才能做其他事情,我把这作为一项制度。

(　)6. 我常常利用做作业的时间玩耍、约会、看电影、散步、读小说、看电视或听音乐。

(　)7. 有时,当我坐下来学习时,才意识到自己连课外作业究竟是什么还不清楚。

(　)8. 我用学校里所学的书本知识来帮助自己理解外部世界中的各种事情。

(　)9. 我常常睡眠不足,因而上课时昏昏欲睡。

(　)10. 如果我学到一个新词,我往往会在此之后的一段时间内有意识地多多使用它。

(　)11. 我有一个明确的学习计划表,列出了学习时间、地点和进度。

(　)12. 我在学习时常常坐不住,因此无法把精神集中在学习任务。

(　)13. 开始学习新功课之前,我对先前学过的材料进行学习。

(　)14. 如果没有正当理由,我坚持执行自己的学习计划。

(　)15. 有时,我边看电视边学习,或者边听房间里其他人的谈话边学习。

(　)16. 在某一课程上我花费时间过多,而在其他课程上时间则不够用。

(　)17. 在学习时,我常常站起来,来回走走,看看报纸,或吃点零食。

(　)18. 我喜欢想出具体的例子,来验证所学到的原理和规则。

(　)19. 每当开学,我往往会有一段时间静不下心来学习,难以认真考虑功课。

(　)20. 有时,我到了课堂上或坐下来学习时,才发现没带所需要的课本、铅笔、笔记本或其他学习用品。

(　)21. 我会利用某一课程中学到的知识,来理解其他学科的东西。

（　）22. 有时，我对所学的材料进行"过度学习"，也就是说当我第一次能正确背诵时
　　　　　　并不就此停止学习，而是继续背几遍，以巩固学习效果。

（　）23. 我为自己的功课感到担心。

（　）24. 在我阅读时，会注意保持良好的光线条件。

（　）25. 在学习时好做白日梦。

不知你上面的自我检测完成得怎样，你可以根据对照表，看看自己有没有问题，是不是在应该答"是"的地方回答了"否"，在应该答"否"的地方回答了"是"，而对于"?"你现在也应该有了好的答案。

表 7-5　学习习惯与学习方法自我测查表

测查内容	标准答案	
	应该答"是"的题目序号	应该答"否"的题目序号
一般性的学习习惯与学习方法	3，5，8，10，11，13，14，18，21，22	1，2，4，6，7，9，12，15，16，17，19，20，24，25

从表中你可以看出，"学习习惯与学习方法自我测查表"是通过 25 道题来检查你的学习习惯和学习方法的。你可以将你自己的回答与标准答案加以对照，以便发现自己在这些方面的不足和误区，予以克服，从而进一步养成良好的学习习惯。

（资料来源：伍新春、叶斌主编．中职心理健康（学生用书）．北京师范大学出版社，2003：83～85）

2. 目标设置训练

目标是学习的一个重要元素，它能把学生的学习行为定向到与目标相关的活动上来，能调节学生付出的学习努力，能在没有时间限制的学习情境中维持学习的进程，可以作为标准来检验学生学习任务的完成情况。因此，目标的设置对学生的学习至关重要。

教师对职业学校学生进行目标设置训练应该指导学生设置近期的、具体的学习目标，以便让学生较快地体验到成功，增强学习的自我效能感。在教学情境中，教师要针对每个学生的能力，为他们制定或选择高水平但又可以实现的学习目标。教师在制定目标的时候，应给出该目标的理由，使学生清楚地认识到完成这些学习任务的意义，这样能够更好地引导学生在课外开展独立自主的学习。学生在面临复杂的学习目标时，很可能会产生挫折感而不愿意主动完成该学习任务，教师应教会学生把复杂的任务分解成具体的、便于完成的简单目标，使学生感受到该任务的可操作性，并逐步地完成任务，从而体验到自己在学习上的进步，最终通过完成这项复杂的任务增强自我效能感，进而激发学习的愿望。除了教师制定目标之外，还应该给予学生自选目标的机会，通过增强他们的目标承诺来改善其学习效果。

3. 策略计划训练

教师要首先引导职业学校学生根据自我评价和监控的结果，思考自己所运用的学习方

法的优点和不足。然后，对学生改善自己的学习方法提出一些建议，指导学生如何去分析学习任务、设置有效的学习目标、选择合适的学习策略。

4. 策略执行与监控

学生执行自己所选定的策略，监视自己策略使用的情况。这时，教师要鼓励学生持久练习新习得的策略，也可以引导学生集体讨论如何有效地运用该学习策略。

总而言之，教师应该与学生合作解决在有意义的学习情境中出现的真实问题，应该把策略训练或学习镶嵌在教学情境中，让学生明确策略学习的目标，在互动性的讨论中让学生明确何时、为何当前的策略有助于取得更大的学习成就，让学生通过自我监控把自己当前的成功与策略运用联系起来，培养起学生对自我效能的积极知觉和有激励作用的归因模式。

【相关链接】

职业学校学生英语听力的元认知策略训练

英语学习是职业学校学生的难点和重点，有关调查研究表明，职业学校学生普遍对英语学习特别是听力的提高缺乏自信，束手无策。下面试以职业学校学生的英语听力为例来说明如何在英语听力教学和学习中贯彻元认知策略的训练。根据元认知策略的分类及特点，可以将元认知策略分为：课前策略、课堂策略和课后策略。那么我们可以将听力课划分为三步：听前策略、听中策略、听后策略。

1. 听前策略

听前策略是指听前的组织计划安排。听前阶段主要涉及学习目的提供和对听力任务进行计划和准备以及对元认知策略的解释和示范。根据学生个人的实际情况制定阶段性的目标，对于英语基础较差的学生，他们的短期目标是能够准确地辨别容易混淆的音素、单词及结构，并掌握影响听力理解的一些读音技巧，如重读和弱读，失去爆破和升降调等。对于听力基础好的学生可以经常听 VOA、BBC、CRI 等新闻，并在收听的过程中注意泛听和精听结合，逐步掌握新闻报道的特点与特殊的表达方式。一旦实现了切实正确的目标，学生会感到有所成就，增加学习听力的信心，激发他们听的愿望。最后是相关知识的介绍。为了激发学习者获取新知识的动力，教师可以组织他们就所听材料的有关背景知识进行课堂讨论，这样就营造了一种良好的课堂气氛，使得学习者能够积极主动地参与到听力活动中去。同时，还要鼓励学生平时大量阅读英语报刊杂志，了解英美国家的风俗习惯和文化背景。

2. 听中策略

听中策略是指在听的过程中，学生应该采取的策略。也是教会学生监控自己的听力过程。首先，要提醒学生集中注意力。集中注意力是听力理解中很重要的策略，包括两方面：一是集中全部注意力去听；二是有选择地注意某些信息。听短文时，听者没有必要也不可能把整段、整句听得很清楚。其次，教师应引导学生注意听语篇中的衔接手段，掌握语篇的衔接与连贯，从而了解语篇展开的进程和语篇的中心思想。如密切注意语篇标记词，标记词可分为表示转折的 but，however，yet 等；表示顺序的 fisrt，second，then，finally 等；表示原因和结果的 because，as，for，result 等；表示强调的 indeed，infact 等。学习者在听录音时如果抓住这些表示逻辑关系的关联词就能理解内容和说话者的态度。再次，教师在听力教学中需要加强对学生预测意识的培养，促使他们养成一个经常性的预测习惯。要做到这一点，教师不应仅仅要求学生在听力过程中应用预测策略，更应让学生充分意识到预测的必要性。让学生进行系统的预测策略训练，让学生在实践中养成预测的习惯，锻炼预测的能力。最后，注意自我监控策略的使用。在听力训练时，不论是听力强还是听力弱的学生，都会在听的过程中出现注意力瞬间终止的现象。当出现这种情况时，听力强的学生会立即意识到其注意力的不集中，并能很快自觉地把注意力重新集中在听力材料上；而听力差的学生则顾前不顾后，一旦遇到生词就会停止听音，陷入对生词意思的苦思冥想中，无法使自己的注意力重新回到所听的材料上。

3. 听后策略

在这一阶段，教师要指导学生运用评估策略对听前和收听阶段进行检测、反馈、评价和总结，并且要求学生在此基础上思考和总结完成每一项具体分析任务的经验和教训，不断提炼和完善自己对听力理解中元认知知识和元认知策略的了解和掌握、使用程度。可以让学生总结一下哪些策略是成功的，哪些策略需要改进，如何改进，哪些策略较难掌握需要多练。还可以组织小组讨论交流不同的听力策略和成功的经验，针对学习者所存在的问题给予解答，对他们运用的策略给予评价和总结。听后教师也可以鼓励学生在听完录音后记录下自己在听音过程中所遇到的难点与问题。自我评估一方面是检查自己是否听懂了材料，听懂了多少；另一方面是评估自己的听力成绩经过一段时间的训练是否有所进步。元认知策略培训有助于提高听力理解能力。元认知水平的高低联系着学生是否具有较多的关于学习及学习策略方法的知识，并能否善于监控自己的过程，灵活地应用各种策略去达到特定的目标。教师在听力教学中指导学生运用元认知策略，可以使学生更加积极主动、更加有效地进行听力训练，增加学生独立控制听力学习过程的机会，提高学生对整个听力理解过程的计划、监测和评估能力，使其最终成为一个成功的听者。

第四节　职业学校学生学习策略的学习与指导

埃德加·富尔在《学会生存》一书中说："未来的文盲不再是不识字的人，而是没有学会学习的人。"这已成为人们的共识。学会学习、面向未来是当代教育的精髓，"终身学习"与"终身教育"已逐渐成为人们的现实追求。对发展中的个体—职业学校的学生而言，他们未来的生存质量与发展水平，在很大程度上取决于今天的受教育状况，特别是他们会学习的能力与创新能力。终身学习是个体主动的、积极的发展过程，学习策略的学习与掌握是其存在的前提。

学习策略是提高学习效率，发展自主学习能力的保证。学生在校学习，知识的掌握是手段，而学会学习、掌握学习策略、进而生成自己的学习策略才是目的。学习者一旦掌握并生成自己的学习策略，学习过程就变成一个积极的、主动的求索过程。在学习中，如果学生能有效地使用学习策略，不仅将有利于他们把握学习的方向、采用科学的途径、提高学习效率，而且还有助于他们形成自主学习能力，为学生的终身学习打下基础。学习策略在学习过程中的作用如图 7-3：

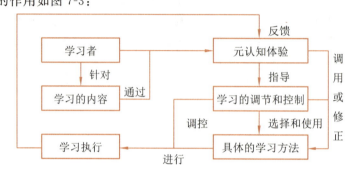

图 7-3　学习策略在学习过程中的作用的一般模式示意图

(资料来源：蒯超英．学习策略[M]．湖北教育出版社，1999)

研究表明，很多职业学校的学生没有掌握好的学习策略，上课只跟着老师的步伐走，课后只死记硬背教材内容，所以往往花费了大量的时间和精力，却只会事倍功半。而繁重的教学任务也使得教师们在有限的课堂教学时间中，只顾着如何向学生解释清楚语言点，往往忽略了对学生进行学习策略的有效指导。因此，学习策略指导在职业学校教学中已迫在眉睫！

一、学习策略训练的原则

人们在学习、阅读时常常使用各种不同的策略，但很少有总是有效的学习策略，也很少有总是无效的学习策略。显然，学习策略的价值依赖于其具体情况的使用。进行学习策略的训练时，教什么策略、怎么教这些策略，可以遵循一定的基本原则。

1. 主体性原则

主体性原则指任何学习策略的使用都依赖于学生主动性和能动性的充分发挥。这是学习策略训练的目的，也是必要的方法和途径。如果学生处于一种被动状态，学习目标、过程、方法都由他人包办，学习的效果也由他人评价，那么学生还是处于不会学习的状态。因此，教师要向学生阐明策略教学的目的和原理，使其领会，同时，应指导他们何时、何地与如何使用策略。另外，要给学生充分运用学习策略的机会，并指导他们分析和反思策略使用的过程与效果，以帮助他们进行有效的监控。

2. 内化性原则

内化性原则指训练学生不断实践各种学习策略，逐步将其内化成自己的学习能力，并在新的情境中加以灵活应用。

3. 特定性原则

特定性原则指学习策略一定要适于学习目标和学生的类型。已有的一些研究发现，同样一个学习策略，年长的和年幼的、成绩好的和成绩差的，用起来的效果是不一样的。因此，教师必须针对学生的发展水平来确定学习策略。不仅要有一般的策略，还要有非常具体的策略。

4. 生成性原则

生成性原则指学生要利用学习策略对学习材料进行重新加工，生成某种新的东西。这就要求学习者进行深度心理加工。要使一种学习策略有效，这种心理加工是必不可少的。生成性程度高的策略有：写内容提要、向别人提问、将笔记列成提纲、图解要点之间的关系、向同伴讲授课程的主要内容。生成性程度低的策略有：不加区分的画线、不抓要点的记录、不抓重要信息的肤浅的提要等，这对学习都是不利的，应注意避免。

5. 有效的监控原则

有效的监控原则指学生应知道何时、如何应用他们的学习策略并能反思和描述自己对学习策略的运用过程。教师常常忽略这一点，可能是他们没有意识到其重要性，也可能是他们认为学生自己能行。应该知道，如果交待清楚何时何地与为何使用一个策略，那么就更有可能记住和应用它。

6. 自我效能感原则

自我效能感原则指教师给学生一些机会使他们感觉到策略的效力以及自己使用策略的能力。学习策略不能强加给学生，学习策略的有效使用与学生对其效果的信任程度有关。如果知道怎样使用策略，但是他们不愿意使用，那么他们的学习是不会得到改善的。因此，教师不但要使其感受到策略的效力，还要让学生有信心学好学习策略，树立学习策略的自我效能感。同时，教师要在学生具体学习时，不断向学生提问和检查，并根据这些评价给评定成绩，促进其使用学习策略，以使其体验到使用学习策略的收获。特别是对高中生来说，他们在以往的学习中已经积累了很多属于自己的学习策略，对于新的学习策略不愿去尝试，除非它们能给学习成绩带来很大的提高。

二、学习策略训练的指导

学习策略的训练和学习方法的传授不能混为一谈，教师如果只将一些学习方法告诉学生，那么在他们的学习实践中将不会取得好的效果。学生在经过这样的"训练"后，捧着一大堆方法却不知道该用到何处。因而，学习策略的训练不能等同于学习策略知识的传授。学习策略的使用是一种程序性知识，是一种技能，不只是一种陈述性知识的习得。教师应该从程序性知识获得的角度去思考学习策略训练的方法，注重各种策略使用的条件，提高学生对策略使用的元认知水平，并进行大量的练习和实践。

教育心理学家布朗等人认为，策略训练应包括三个要素：一是策略及巩固练习；二是自我执行即监控策略的使用；三是了解策略的价值及适用的范围。当前体现这些的操作方法主要有：

1. 指导教学模式

指导教学模式与传统的讲授法十分类似，由激发、讲演、练习、反馈和迁移等环节构成。在教学中，教师先向学生解释所选定学习策略的具体步骤和条件，在具体应用中不断给以提示，让其口头叙述和明确解释所操作的每一个步骤以及报告自己应用学习策略时的思维，通过不断重复这种内部定向思维，可加强学生对学习策略的感知与理解保持。同时，教师在教学中依据每种策略选择恰当的事例来说明其应用的多种可能性，使学生形成对策略的概括化认识；提供的事例应从学生的认知水平出发，由简到繁，使学生从单一策略的应用发展到多种策略的综合应用，从而形成一种综合应用能力。

2. 程序化训练模式

所谓程序化训练就是将活动的基本技能(如解题技能、阅读技能、记忆技能等)分解成若干有条理的小步骤，在其适宜的范围内，作为固定程序，要求活动主体按此进行活动，并经过反复练习使之达到自动化程度。

程序化训练的基本步骤是：①将某一活动技能按有关原理分解成可执行、易操作的小步骤，同时使用简练的词语来标志每个步骤的含义。例如，PQ4R阅读策略，包括预览(Preview)、提问(Question)、阅读(Read)、反思(Reflect)、背诵(Recite)、复习(Review)六个步骤。②通过活动实例示范各个步骤，并要求学生按步骤活动。③要求学生记忆各步骤并坚持练习，直至使其达到自动化程度。

3. 完形训练模式

完形训练就是在直接讲解策略后，提供不同程度的完整性材料促使学生练习策略的某一个成分或步骤，然后，逐步降低完整性程度，直至完全由学生自己完成所有成分或步骤。例如，在教学生列提纲时，教师可先提供一个列的比较好的提纲，然后解释这些提纲是如何统领材料的，下一步就给学生提供一个不完整的提纲，分步对学生进行训练，可能的步骤是：①提供一个几乎完整的提纲，要求学生听课或阅读时填写一些支持性的细节；②提供一个只有主题的提纲，要求填写所有的支持性细节；③提供一个只有支持性细节的提纲，要求填写主要的观点。如果给予学生适当的练习，他们就能学会并写出很好的提纲。

完形训练的好处就在于能够使学生有意注意每一个成分或步骤，而且每一步训练所需的心理努力都是学生能够胜任的。更为重要的是，每一步训练都给学生以策略应用的整体印象。

4. 合作学习模式

许多学生可能已经发现，当自己和同学讨论所读到的和所听到的材料后，会感到获益匪浅。在这种学习活动中，两个学生一组，一节一节地彼此轮流向对方总结材料，当一个学生主讲时，另一个学生听着，纠正错误和遗漏。然后，两个学生彼此变换角色，直到学完所学材料为止。关于这种学习方法的一系列研究证明，以这种方式学习的学生比独自总结或简单阅读材料的学生，学习和保持都有效得多，而且合作性讲解的两个参与者都能从这种学习活动中受益，同时主讲者比听者获益更大。

在实际教学中，教师不管采用什么方法进行学习策略的教学，都要结合学科知识。研究认为，学习策略知识不是孤立的，不能脱离专门知识。专门领域的基础知识是有效利用策略的前提条件，脱离知识内容的单纯训练容易导致形式化倾向，难以保证学生提高学习策略水平。教师要善于不断探索优化自己的教学步骤，为学生提供可以仿效的活动程序；同时要根据学生原有的学习方式基础来启发学生的思路，让其有意识地内化有效的学习策略。

【相关链接】

职业学校学生英语学习策略及其应用

近几年来我国中等职业学校学生招生人数猛增，由于英语教师人数相对不足，教师与学生接触的时间相对减少，使得训练学生英语学习策略、培养学生自主学习能力的任务更显迫切。中等职业学校学生英语基础普遍较差，学生把语言当作一种知识来学，而不是当作技能来训练，如何在有限的时间里取得事半功倍的效果呢？这就需要研究英语学习策略的问题。英语课程学习的目的是为了激发和培养学生的学习兴趣，帮助学生树立信心，形成有效的学习策略。教育部制订的新的《国家英语课程标准》指出：学习策略指学生为了更有效地学习和使用外语而采取的各种行动和步骤。有效的学习策略不仅有利于学生减少学习的盲目性，提高学习效率，还有利于提高他们学习的自主性。英语课堂教学中信息网络技术的广泛使用为学生运用英语学习策略，开展自主学习提供了有利的物质条件。在英语教学中，教师要有意识地帮助学生形成适合自己的学习策略，把学习策略渗透到日常的英语教学之中，让其在实践中熟练运用和提高英语学习策略的能力，英语教师要有意识的给学生提供运用学习策略的机会，帮助学生有效地使用学习策略。学习策略的培养对语言学习有直接和间接影响，受到越来越多的重视，日益为学习者所接受，语言交际的提高促进语言知识的加深与巩固。有针对性地指导学生根据自己的学习特点采用不同的英语学习策略，增强学生克服英语学习困难的信心。

(一)英语学习策略训练

传统教学过程学生习惯了老师满堂灌输知识、学生被动接受的教学方式，教师习惯于因袭循旧的教学方法。我国外语教学强调模仿、记忆等语言训练，学生的很多能力培养没有得到应有的重视，很少顾及学生个人学习策略等情况。学习者本身是学习策略训练的主体，英语学习策略只有通过经常的使用才能被学习者熟练掌握，运用得才会恰当。老师应当在教学中有意识地尝试和使用学习策略，积极进行学习策略训练，教师需要设计一些活动引导学生使用交际策略。所有的学生都可以通过积极参与学习策略培训，把学习任务分解成具体的几个部分，制定符合自己特点的学习策略，从而促进英语学习方法的改进，提高英语综合运用能力。教师要突出学生的主体地位，多给学生实践的机会，让学生在参与和实践中运用学习策略，提高学生学习外语的信心和能力。加强英语学习策略训练，老师必须提高学生英语学习策略的应用能力，对他们进行学习策略的指导和培训。向学生说明学会学习比掌握具体的语言知识和语言技能更重要。学习策略是灵活多样的，策略的使用因人、因时、因事而异，教师在帮助学生实现自主学习、形成个性化的学习策略过程中，就更加需要千方百计加强对学生的英语学习策略训练，提高学生自主学习能力。

(二)英语学习策略与课堂教学相结合

因处于以汉语为母语的环境中，学生的英语交际练习主要是在课堂上进行的。因此将英语学习策略渗透到英语课堂教学中提高学生的听说能力就成为教学中的关键。课堂教学是英语教学的中心环节，而课堂提问又是课堂教学必不可少的一环。传统教学大都采用教师提出问题，学生被动地回答问题的方式，只重视学生读写能力的培养，而忽视了听说能力的培养，课堂上教师应该作为一个引导者和组织者，要求学生能借助生词表、课文注释和语法说明，能拼读单词，了解课文大意，为进行听说训练作准备。在课堂教学中灌输学习策略，小组合作学习是学习语言的最佳选择，小组活动中每一个成员都是平等的，每位参与者都有参与交流的机会，让学生边看幻灯边听课文录音，教师逐段或逐句提问，学生抢答。课堂提问的艺术与听说交际能力的提高有着很大的联系，科学合理的课堂提问能激发学生主动交流的意识与兴趣，创造出一种真实的交际环境与自由交流的氛围。

(三)英语社交策略的运用

在口语交际中恰当地运用交际策略，加强学生英语听说训练，才能达到学习语言的交际目的。然而许多中学生经过几年的英语学习，虽掌握了一些语法知识并拥有一定量的词汇，仍感到很难开口，缺乏流利性和会话技能，主要是由于学生的社交策略未得到充分发挥。社交策略(social strategies)是在口语交流中教学双方共同实现的，通过有趣的交际活动为学生所掌握，英语口语的教学效果在很大程度上取决于学生的主动性和参与性。进行必要的训练，创造一个英语社交环境，要多听多说，通过大量阅读英文原文，加强听说训练，培养语感，逐步掌握语言交际策略，让学生在英语的大海里学会"游泳"。课堂内的语言交流是提高学生社交能力的保证。在口语教学中，教师应和学生建立起一种平等亲切的关系。在英语学习过程中找机会或创造机会与人用英语交流。提高英语口语最常用的方法是朗读、背诵和复述三个步骤和"自力更生练口语"，即自言自语，自问自答，每日对日常生活中听到的语言做有声或无声翻译，前者能有效提高对英语的语感，后者则能促进对所学内容的使用。因此，有意识地培养学生运用已有的语言知识进行交际，提高学生的交际能力就显得很重要。学生只有掌握了交际策略及表达交际策略的各种手段，才能利用策略进行正常的交际。教师要重视朗读和背诵，增强纯正的外语语感。英语界前辈范存忠先生曾说过："我体会到学语言和学曲子一样。学曲子贵在能唱。"从朗读背诵中大受其益，教师应当选择一些英文佳作让学生背诵，作为平时参考成绩。教师必须提高学生的参与程度，最大地调动学生积极性，学生口语技能的提高主要取决于个人参与语言实践的程度，尽量让学生多说，提高交际能力。

(四)英语记忆策略的运用

通常中等职业学校学生词汇量极其有限,严重困扰着学生英语学习成绩的提高。要想迅速、准确、持久地掌握更多的词汇,加强英语词汇学习,就需要正确运用记忆策略。记忆策略(memory strategies)是指采用科学方法将通过视觉与听觉等手段获取的信息在大脑中储存、分类并取出的策略。通过记忆策略,在一定语言环境中我们学习词汇的搭配和用法,可以根据语境利用构词法和联想记忆、重视复习等手段加强记忆,这样才能保证词汇的记忆时间长,达到词汇学习的终极目的。教师应该鼓励学生大量阅读,阅读是最有效地扩大词汇量的方法,了解词汇构成的逻辑性及其自身规律,理解词义才是扩充词汇量的重要途径。把学习的词汇放到句子里学习,观察相邻的单词或语句,把握该词的使用情况,并且通过练习加以巩固。单词的记忆不能孤立地去死记硬背,应依靠读音规则、拼写规则、构词法,熟悉常用词根,大量英语词汇都是加前缀或后缀之后变成的派生词,根据词的形态和构成猜测词汇的意义。根据每个单词的具体情况,采取不同的具有针对性的策略方法。例如阅读短文时注意句式变换和句与句之间紧密的衔接以及头尾呼应,抓住 Topic-sentence,领会 Key word,留意句与句之间的相关联系。采用循环记忆方法,它遵循记忆新词不忘复习旧词的原则,层层推进,步步为营,这种方法最明显的效果就是能在短时间内快速增加接受性词汇的数量。如果结合遗忘规律曲线、复习时间间隔制订学习计划并严格执行,将会大大增加记忆效果。

总之,英语教师在教学过程中不仅教给学生知识,帮助学生掌握一定的语言基本知识和基本技能,还要以培养创新精神和实践能力为重点,教给学生掌握学习策略并不断调整学习策略,让学生获得"终身得渔"的学习能力,帮助学生领悟英语的运用价值,逐步掌握英语学习方法,创新英语策略。积极发挥学习策略在英语学习中的重要作用,使学生不断地提高学习效率和效果,增强成就感,使英语学习进入健康的轨道。学生在学校里最重要的就是学会学习,英语学习策略训练、英语学习策略与课堂教学相结合、社交策略的运用、记忆策略的有效运用不仅有利于学生减少学习的盲目性,也为学生日后终身学习创造条件。

本章总结

1. 学生学会学习、自我有效的学习策略,是现代教学理论发展的必然结果,是当今世界教育工作者的共识。学习策略是指学习者为了提高学习的效果和效率、有目的有意识地制定有关学习过程的复杂的方案。中职学生在认知水平和学习兴趣上与普高学生有差距,他们所拥有的有效学习策略严重不足,对职业学校学生加强学习策略的学习与指导非常必要。

2. 学习策略具备四个特征:学习策略是学习者为了完成学习目标而积极主动地使用的;学习策略是有效学习所需要的;学习策略是有关学习过程的;学习策略是学习者制订的学习计划,由规则和技能构成。学习策略可分为认知策略、元认知策略和资源管理策略三种。

3. 职业学校学生学习策略的现状为：学习习惯不良；认知策略匮乏；元认知策略水平较低；资源管理策略不足。

4. 学习策略的学习具有重要意义，学习策略的学习是学会学习的必然要求；学习策略的学习是主体性教与学的要求；学习策略的学习能够有效提高学习质量。

5. 有效习得认知策略的条件包括：具备相应的知识基础；自我效能感；明确策略的价值和适用条件；多种情境中的练习；自我监控和评价；练习中有一套外化的操作程序。

6. 学习中的主要认知策略包括复述策略、精细加工策略和组织策略。复述策略是在工作记忆中为了保持信息，运用内部语言在大脑中重现学习材料或刺激，以便将注意力维持在学习材料上的方法。常用的复述策略包括利用随意识记和有意识记、排除相互干扰、整体识记和分段识记、多种感官参与、复习形式多样化和画线等。精细加工策略是一种将新学习的材料与头脑中已有的知识联系起来从而增加新信息意义的深层加工策略。精细加工策略包括记忆术、做笔记、提问、生成性学习、利用背景知识联系实际等。组织策略就是在学习中整合所学新知识之间、新旧知识之间的内在联系，形成新的知识结构。组织策略包括列提纲、利用图形、表格、PQ4R法。

7. 学习的监控策略主要是学习活动中的元认知监控策略。学习过程中的主要监控策略包括计划策略、监视策略和调节策略。

8. 职业学校学生学习策略的训练原则包括主体性原则、内化性原则、特定性原则、生成性原则、有效监控原则、自我效能原则。对职业学校学生学习策略的训练指导包括：指导教学模式、程序化训练模式、完形训练模式、合作学习模式。

思考题

1. 如何加强对职业学校学生的认知策略和监控策略的指导和训练？
2. 如何对职业学校学生进行学习策略的训练与指导？

（本章作者：胡义秋　屈正良）

专题八 职业学校学生学习动机的培养与激发

有心理学家曾说过，学生的学习是否有效不仅取决于他们的技能（skill），而且取决于他们的意愿（will）。"技能"强调的是学生能不能学以及会不会学等认知方面的因素，而"意愿"强调的是学生愿不愿学以及是否能坚持学的非智力方面的因素，主要涉及学生学习动机问题。学习动机不仅影响学生学习活动的积极性，而且制约学生学习活动的方向。研究表明，学习动机与学业成就有着密切的关系。职业学校教师只有对学习动机理论有较透彻的理解和把握，才能有效地组织教学，促使学生积极主动、有效地学习。本章在阐述学习动机的含义、作用的基础上，着重探讨学习动机的基本理论及职业学校学生学习动机的培养与激发。

第一节　学习动机概述

一、动机与学习动机的含义

动机是引起与维持有机体活动，并使该活动指向某一目标的内部动力或过程。有机体的各种行为和活动都是动机所引起的。

动机由内驱力和诱因两个基本因素构成。内驱力和诱因是动机存在的必要条件。

内驱力是指在有机体需要的基础上产生的一种内部推动力。内驱力引起反应，反应导致需要的满足。内驱力可以分成生理的和社会的两种。生理内驱力激活生理行为，如饥渴、休息、睡眠、性等；社会内驱力激活的是社会方面的行为，如认可、归属、爱情等。在人类的学习中，什么样的内驱力会成为决定因素，这要依据怎样学习、学习的种类、学习的时期的不同而各异。例如婴幼儿时期的学习，生理上的内驱力是有效的内驱力，到了以后各发展阶段，成就、认可、归属、求知、探索等社会性内驱力将占据重要的地位。

诱因是指能满足有机体需要的物体、情境或活动，是有机体趋向或回避的行为目标。使有机体趋向、接近的行为目标是积极（正）诱因，如饥饿时的食物；使有机体回避、远离的行为目标是消极（负）诱因，如给人带来痛苦的电击。有机体通过对诱因（目标）的趋向和回避而使内驱力得以满足。

有机体的行为被内驱力所激起，并指向一定的诱因就是动机状态。使有机体产生动机的过程叫做激励。一般来说，在人们的行动中，内驱力与目标紧密相连，若没有内驱力，就无所谓目标诱因，反之，没有目标诱因，某些内驱力也不复存在。可以先有内驱力，而后选择行动目标，也可以先有诱因诱发的需要，而后唤起内驱力。在现实生活中，人们的行为常常取决于内驱力和诱因的相互作用。

动机主要有三种作用或功能：

1. 激发功能：动机使有机体进入活动状态，提高唤醒水平，集中注意力，引起行为。例如，一个人渴了，便会去找水喝。

2. 定向功能：动机使有机体的行为引向某一特定目标，有选择地进行某些活动。例如，在一个特定的时间，一个人是选择吃饭、读书还是跟朋友去看电影，常常是受动机的指引。

3. 强化功能：动机可以将所选择的活动保持适当的行为强度，直至完成，而当目标达到时，动机又可以加强这种活动或行为产生的概率。

根据动机的功能，也可以把动机定义为激发、定向和维持有机体行为的心理过程。

学生的学习行为也同样受动机支配，这种动机就是学习动机。

学习动机是直接推动学生进行学习的内部动力。一个学生是否想要学习，为什么而学习，喜欢学习什么，以及学习的努力程度、积极性、主动性等，都能够通过学习动机加以说明。

学习动机是由多种心理成分构成的，其中，知识价值观、学习兴趣、学习效能感和成败归因是较重要的心理成分。

知识价值观即对知识价值的认识，它反映个体对学习内容是否有用以及作用大小的看法。当个体意识到学习内容的价值时，就会表现出学习的自觉性，即意识到自己学习的目的或学习的社会意义，并表现出积极的学习态度和学习行为。这种价值观是逐渐形成的，它与学生认识能力的发展、家庭和学校所进行的学习目的教育、个人学习的成功或失败的经验密切相关。

学习兴趣又称求知欲，是好奇心在学习上的表现，是力求认识世界、渴望获得文化科学知识、探求真理并伴随着愉快的情绪体验的认识倾向。它是学习动机中最现实、最活跃的成分，可以促使个体主动积极地去学习以满足内心对知识的渴求。

学习效能感是个体对自身学习能力的肯定认识，即对自己学习能力的主观肯定推测，是个体在学习上的自信心，又称为自我效能感，与之相对的另一极则是习得性无助感，它影响着个体学习活动的坚持性、激发和维持向困难挑战的精神及达到学习目标的耐力。

成败归因指个体对学习成功或失败原因的主观分析，将学习成败归结为不同的原因会引起学习期待与情感上的不同变化，从而影响其后继学习。

知识价值观、学习兴趣、学习效能感和成败归因都可以看作是内驱力，是后天习得的学习内驱力。

当然，学习动机也离不开诱因和目标。如知识、技能、分数、考大学、父母表扬、竞赛等。

学习动机对学生的学习行为也起着激发、定向、维持和强化等功能。例如，掌握某一专业技能这一目标，可以激起学生适当的学习行为，并使学生的学习指向这一目标，坚持不懈地学习，直至目标实现。

二、学习动机的类型

【请你思考】

两个在教室里并排而坐的学生，他俩看上去长得很相像，而且能力也不相上下，但在学习活动中的表现却大相径庭，一个学生很重视每次的考试和分数，但很少主动参与课堂讨论等活动，除非讨论也给加"分"；另一个学生则在课堂学习上非常投入，渴望参加各种课堂活动，把学习当作一种愉快的享受。这种差异的原因何在呢？

学习动机的分类方法很多，普通心理学中有关动机的分类也适用于学习动机的分类，下面介绍三种分类法。

学习动机可以分为外在动机和内在动机。外在动机（extrinsic motivation）是指由学习结果或学习活动以外的因素作为学习的目标而引发的推动学生学习的动力，学习活动只是达到目标的手段。比如，一个学生为了考试得到好的分数、班级的排名、教师的表扬或其他的各种奖赏而学习就是外在动机的作用。内在动机（intrinsic motivation）是指由学习活动本身作为学习的目标而引发的推动学生学习的动力，学习者在学习活动过程中获得满足。

外在动机和内在动机在学习活动中的动力作用是不同的。外在动机离不开学习活动以外的各种诱因，如表扬、奖励、批评、惩罚、考试、评分、升学等，这些外部诱因对学习活动的推动作用可能是巨大的，同时也可能是容易变化和短暂的，其动力作用会随外来目标（诱因）的满足而降低。内在动机对学习的推动作用是稳定而持久的，因为是由学习需要、求知欲、学习兴趣而引发的学习，学习者以获取知识和学习活动本身作为目标，在学习过程中获得的满足不但不会使求知欲、学习兴趣降低，相反，求知欲和学习兴趣会更加强烈，成为一种自我强化的内部推动力量。

我们可能会认为外在动机与内在动机是动机连续体上的两极，外在动机越高则内在动机越低，或者相反。然而，事实上外在动机与内在动机是分离的（Pintrich & Schunk，1996）。一个学生努力学习既是因为他喜欢学习，同时又是因为他想在班里获得好的名次，这两者可能并不矛盾，在这个学生身上，外在动机和内在动机都很高。而一个仅仅为取得好的名次而努力学习的学生则只是外在动机高而内在动机低。

在学校学习活动中，内在动机和外在动机既可以同时发挥作用，也可能交替发挥作用，两者之间还可以相互转化。作为教育者，我们不仅要注意调动学生的外在动机，更应注重培养学生的内在动机。研究表明，受内在动机驱使的学生会比受外在动机支配的学生取得更高的学业成绩（Gottfried，1985）。

奥苏贝尔（1977）认为，学生的学习动机表现为学校情境中的成就动机，包括三个方面的内驱力，即认知内驱力（cognitive drive）、自我提高内驱力（ego-enhancement drive）以及附属内驱力（affiliative drive），并认为所有指向学业的活动都可以用这三类内驱力来解释。

认知内驱力是在要求理解、掌握知识，以及系统地阐述问题或解决问题的需要的基础上产生的一种内驱力。它指向学习任务本身，即为了获得知识。满足这种动机的奖励（知识的实际获得）是由学习本身提供的，是一种内部动机。认知内驱力或兴趣是后天获得的，有赖于特定的学习经验。在学生的学习中，认知内驱力是最重要、最稳定的动机。

自我提高内驱力是在通过胜任某些活动而获得他人尊敬的需要的基础上产生的一种内驱力，其目标是赢得某种地位或名次。这种动机从儿童入学即开始，并日益显得重要，是成就动机的主要组成部分。与认识内驱力不同，它不直接指向学习任务本身，而是把成就看成赢得地位与自尊心的根源，因此，是一种外在动机。与取得成就相反，失败对自尊和地位是一种威胁，也能促使学生在学业上作出长期、艰巨的努力。

附属内驱力又称交往内驱力，它是在希望获得或保持他人认可、赞许、关心、支持或友谊的需要的基础上产生的一种内驱力。这种内驱力的产生依赖三个条件。第一，学生在感情上对他人有依附性。第二，能从他人的赞许或认可中获得一种派生的地位。所谓派生的地位不是由学生本身的成就水平决定的，而是从他自居和效仿的某人或他人不断给予的赞许或认可中引申出来的地位。第三，享受到派生地位乐趣的学生会有意识地使自己的行为符合他人的标准和期望，借以获得并保持他人的赞许，且这种赞许往往能使一个人的地位更确定、更巩固。可见，附属内驱力也是一种外部动机。学生从小学到中学，附属内驱力的来源逐步从家长和教师转向伙伴，同伴的赞许和认可日益成为重要的动机源。

以上三种内驱力是构成学生学习动机的主要成分，某种内驱力作用的大小和它在学习动机中的比重不是固定不变的，通常因年龄、性别、社会地位、种族、人格结构等因素的不同而发生变化。

布罗菲(J. E. Brophy，1987)把学习动机分为普遍型学习动机和偏重型学习动机两类。具有普遍型学习动机的学生，对各项学习任务都认真努力去完成，这类学生的学习动机与兴趣、习惯、态度，甚至意志与价值观等心理因素形成了一个协调一致的系统，已经形成了一种独特的性格。具有偏重型学习动机的学生只对某一门或几门学科认真学习。这类学生的学习动机多半是在求学经验中因学业成败或师生关系的影响而逐渐形成的。

三、学习动机和学习效果的关系

学习动机不仅对学习行为起着激发、定向、维持的功能，而且还直接影响到学习的效果。

一般而言，学习动机与学习效果是一致的，表现在学习动机可以促进学习，提高成绩。邵瑞珍等(1987)研究发现，成就动机强的被试比成就动机弱的被试更能坚持学习，且学习更有成效。乌尔奥卢和瓦尔贝格(M. Uguroglu & H. J. Walberg，1979)研究了大量有关动机与学习成就之间关系的研究报告，分析了其中 232 项动机测量与学业成就之间的相关系数，发现其中有 98％是正相关，估计平均相关系数为＋0.34。这一研究表明，高动机水平的学生，其学业成就也高；反之，高成就水平也能导致高的动机水平。

但动机与学习效果的关系不总是一致的。学习动机强度过低很难产生高的学习效率是显而易见的。然而，是不是动机强度越高，学习效率也就越高呢？回答是否定的。动机强度与学习效率之间的关系并不是简单的直线关系。耶尔克斯与道德逊(1908)、伯奇(1945)等人的研究均已表明：对于难度适中的学习课题，中等强度的动机为动机的最佳水平，学习效率最高。在动机强度低于最佳水平时，随其强度的增加，学习效率不断提高；而动机强度超过最佳水平时，随其强度的增加，学习效率不断下降。可见，高强度的学习动机与低强度的学习动机一样会降低学习效率。这是因为，在过分强烈的动机状态下，焦虑水平也过高。在焦虑状态下，个人的注意力和知觉范围会变得过分狭窄，思维效率降低，因此导致正常的学习活动受到限制，学习效率下降。

动机的最佳水平与学习课题的难易程度有关。难易适中的课题，最佳水平为中等动机强度。比较容易或简单的课题，其最佳水平为较高的动机强度。比较复杂或困难的课题，其最佳水平为较低的动机强度。这是因为，同样是较强烈的动机，如果课题容易，则焦虑水平较低，如果课题较难，则焦虑水平也随之增高，学习效率反而下降。

董奇等人(1992)关于动机强度与阅读理解的研究中也发现，在唤起中等强度动机的情境中，学生认真、专心且从容，阅读理解的成绩也最好，而过于放松和高度紧张时，阅读理解的成绩都不佳。

【请你思考】

在职业教育现实中，有些学生学习动机水平较高，但学习成绩却不理想，这种现象能否定动机对学习效果的影响吗？如果不能，又说明什么？

【行动研究】

请以你所教的学生为研究对象，调查并分析职业学校学生学习动机现状，并提出你的解决方案。

【心理测试】

你的学习动机如何？

对下列题目作出"是"或"否"的回答：

1. 学习和玩有矛盾时，我是先玩儿再说。
2. 平时生点小病，我也不能耽误学习。
3. 我真不喜欢学习，学习真是太苦了。
4. 我的成绩要比别人差，我特别着急。
5. 老师留的选做题，我一般不做。
6. 作业中有难题，我非自己攻克不可。
7. 我的学习成绩不知怎么搞的，时好时坏。
8. 作业没做完，好电视我也不看。
9. 我上课时总走神。
10. 学习不好我不埋怨老师，主要是自己没努力。
11. 每次考试前我才复习，平时不复习。
12. 每次考试后我都分析试卷，查漏补缺。
13. 学习时有点干扰我就学习不下去。
14. 我上课听讲比较专心。
15. 希望老师布置的作业容易点，能从书上抄到答案。
16. 我喜欢一题多解。
17. 老师提问我不愿意举手，听听别人的发言算了。
18. 我有学习计划，能按计划学习。
19. 我认为预习没用，从来不预习。

20. 偶尔考砸了，我不气馁，再加把劲就行了。

21. 有了问题我不敢问老师，多难为情啊。

22. 放假时我能按计划复习并预习下学期的功课。

23. 发下试卷，我只关心分，改错题的时候很少。

24. 除了老师留的作业之外，我还会主动找题做。

25. 学习真没劲，没文凭的不是一样当大款吗？

26. 不等家长催，自己抓紧学，学习是自己的事。

评分标准：选"是"记 1 分，选"否"记 0 分，将各题得分相加，算出总分。

测试结果：20～26 分，学习动机很强

13～19 分，学习动机一般

13 分以下，学习动机很弱

（资料来源：李敏编著．学习要懂心理学［M］．天津科学技术出版社，2009.2）

第二节　几种主要的学习动机理论及其对职业教育的启示

一、强化理论及其对职业教育的启示

行为主义心理学家用刺激－反应公式来解释人的行为，他们不仅用强化来解释操作学习的发生，而且用强化来解释动机的引起。强化可以使人在学习过程中增强某种反应发生的概率，使刺激与反应之间的联结得到加强和巩固。按行为主义心理学的观点，学生之所以具有某种学习行为倾向，完全取决于先前这种学习行为和刺激因强化而建立的牢固联系。如果学习行为受到强化，就会产生强烈的学习动机；如果学习行为没有受到强化，就会缺乏学习动机；如果学习行为受到惩罚，就会产生逃避学习的动机。在他们看来，学生的任何学习行为都是为了获得报偿，不断地强化可以使外部刺激与学习者反应之间的联系得到加强和巩固。强化既可以是外部强化，也可以是内部强化。外部强化是教师等他人给予学生的强化，如奖赏、赞扬、评分、等级、竞赛等。内部强化是学生的自我强化，是学生在学习过程中由于获得成功而增强了学习的成就感、自尊心和自信心，从而产生更加强烈的学习动机。无论是外部强化还是内部强化都有正强化和负强化之分，正强化是通过施加有利于学习行为发生的愉快刺激来提高学习动机，如适当的表扬和奖励、获得优异的成绩等。负强化是通过消除不利于学习行为发生的厌恶刺激来增强学习动机，如取消频繁考试等。一般说来，正强化和负强化都起着增加学习动机的作用，惩罚一般起着削弱动机的作用，但有时也会使人在失败中重新振作起来。

【相关链接】

强化(reinforcement)：在条件作用中，凡能使个体操作性反应的频率增加的一切安排，均称为强化(操作性定义)。它是使个体在学习过程中增强某种反应重复可能性的力量，是形成条件作用的关键变量。能增强某个反应在以后呈现频率的刺激称为强化物。斯金纳把有起强化作用的刺激物分为两类：①能增强反应频率的刺激物称为正强化物，如食物、水等；②排除能增强反应频率的刺激物称为负强化物，如对有机体有伤害性的噪声、强光、电击等。强化物还有一级强化物和二级强化物之分。前者也称无条件刺激，它是原始的、非习得性的，如食物、电击等。后者指一个原来是中性的、非强化的刺激。二级强化物还可作为强化刺激再与新的无关刺激相结合，形成更高一级的强化物。

普雷马克原理：普雷马克(D·Premack，1965)提出，即一个经常出现的或较喜爱的活动可以作为强化物去强化一个较少出现的或较不喜欢的活动。普雷马克原理也被叫做"奶奶的规则"，即"先吃了你的蔬菜，然后你就可以吃甜点。"

强化程序

对于学生的学习，并不是给予一次强化就万事大吉。事实上，在学生学习过程中，为了激发并维持他们的学习行为，常常需要多次强化，这就涉及强化程序的设计和实施。

所谓强化程序是指在强化频率和可预见性上的各种模式。强化程序可以分为连续强化和间歇强化两大类。连续强化是指每次反应都给予强化，也叫全部强化，比如，教师对学生每次回答问题都给予表扬。间歇强化是指对某些特定的反应给以强化，也叫部分强化，比如，教师只对真正圆满的回答给予表扬。连续强化能够迅速建立起某种学习行为，但强化一旦停止，原有的学习行为就很容易消退，缺乏坚持性。间歇强化正相反，学习行为建立的速度较慢，但强化停止后，学习行为消退得也慢。因此，连续强化适用某种新的学习刚开始阶段使用，而后就要尽可能使用间歇强化。

部分强化还可以进一步区分不同的程序。从强化的时间间隔上，可将部分强化分为固定时间间隔强化和变化时间间隔强化。

固定时间间隔强化是指学习者在一个可以预知的固定时间间隔内受到强化。比如，学生的期末考试就是固定时间间隔强化。这种强化程序的效果是，学生掌握了强化出现的时间间隔，平时不用功，只是在强化快要出现时才想到要努力，考试过后，故态复萌，只等下次考试前再拼命一搏。

变化时间间隔强化是指学习者在一个不可预知的、任意变化的时间间隔内受到强化。比如，教师预先不通知的抽查考试、随堂小考就是变化时间间隔强化，其效果是，学生不知何时出现强化，无法"临时抱佛脚"，只能把功夫用在平时。

根据强化与反应次数之间的关系，可将部分强化分为固定比率强化和变化比率强化。

固定比率强化是指学习者达到一个可以预知的、固定的反应次数后，即可得到强化。比如，每做完10道练习题就可得到10分钟的自由活动时间。这种强化程序的效果是可以维持相当高的学习行为发生率，但每次强化过后，学生往往有稍许懈怠，很快便又开始努力学习，直到得到下一次强化。

变化比率强化是指学习者在达到一个不可预知的、不固定的反应次数后，可以得到一次强化。比如，在课堂上，同学们自愿举手回答问题，但哪一次举手会被老师叫到是随机的，事先难以预料，有时接连被老师叫到，但仍然希望下次举手时会被叫到，因此，学生们每次都自愿举手。可见，这种变化比率强化的效果是最好的，学习行为发生率高而稳定，强化一旦停止，学习行为仍会持续，历久不衰。玩赌博游戏所以会上瘾，恰恰是变化比率强化的结果，有时赢，有时输，输输赢赢，没有定则，以致于有些赌徒即使倾家荡产也在所不惜。

外部强化的副作用

自20世纪七十年代以来，很多研究发现，外部强化虽然能够提高外在动机，但也存在着明显的副作用——损伤某些活动的内在动机。

对于人们本来有兴趣的活动，或者说本来能够由内在动机激发的行为，由于外部强化的介入，而且这种奖赏又太过显眼，简直成为一种贿赂时，使人们行为的结果似乎就是为了获得外部奖赏，从而损害了内在动机和对活动本身的兴趣（Lepper & Hodell，1989）。外部奖赏的破坏效果主要出现在所奖励的只不过是完成任务本身，而不是出色地完成任务的情况下（Carnern & Pierce，1994）。比如，只要交了卷，所有学生都可以得A等成绩，传递了这样一种信息，即不需付出任何努力，无论水平高低，都可以被接受。因此，学生们就会认为只要做了就会有奖赏，而不是因为付出了努力、有能力或答卷质量高，进而损害了内在动机。外部强化对内在动机的损害是以学习者的认知为中介的。研究发现，当学生完成了很容易的学习任务之后获得表扬时，他们会将这种表扬看作是教师认为他们低能的标志，因而损伤了内在动机（Graham，1991；Stipek，Weiner等，1983）。另外，外部强化的使用还易使学生的注意范围变窄，只关心考试、分数和奖赏，而忽略对所学内容本身的掌握（Decharms，1980）。所有的老师都会遇到学生提出的一个令人尴尬的问题，即"老师，你讲的这个内容会考吗？"

因此，当我们运用外部强化激发学生学习时一定要慎重。对于学生本来有内在兴趣的学习活动，要避免由于外部奖赏而损害其内在动机；对于学生一开始就缺乏兴趣的学习活动，教师可以运用外部强化去激发学习动机并使学生最终对学习活动本身产生兴趣。

【请你思考】

根据普雷马克原理，当我们运用强化手段去激发学生学习时，要注意什么？

提示：第一，必须是先有行为，后有强化，这种前后关系不容颠倒。

第二，必须使学生在主观上认识到强化与他的学习行为之间的依随关系，如果在学生心目中没有把强化与良好的学习行为联系起来，强化对他的学习并不起作用。

第三，必须用学生喜欢的活动去强化相对不喜欢的活动，而不能相反。

美国心理学家班杜拉（Bandura，A）在桑代克、斯金纳研究的基础上，对强化理论有了进一步的补充和完善，他将强化分为三种：一是直接强化（相当于外部强化）；二是替代强化；三是自我强化（相当于内部强化）。他用"替代强化"的概念来解释社会学习现象。

社会学习是通过观察别人的行为及行为后果而进行的学习，也叫观察学习。模仿是社会学习的一种重要形式，模仿的对象称为楷模（model），或榜样。

从学习动机的观点看，观察学习的产生是由于观察者在心理上向楷模的行为表现出模仿和认同，希望自己也可能有楷模一样的优良表现，从而提升个人心理上的自尊。

班杜拉认为社会学习的心理机制就是替化强化，它是指观察者看到别人（榜样）的行为受到奖励，而在观察者身上间接引起相应行为的增强；反之，观察者看到别人的行为受到惩罚，他也会产生替人惩罚作用，抑制相应行为。

依据学习动机的强化理论，作为职业学校的教师，面对学习动力普遍不足的职校学生，你很自然会想到"职业学校学生学习动力不足是不是与强化有关？"这一问题，也会告诫自己应广泛采用强化原则，通过奖励与惩罚及树立榜样等措施，以维持学生的学习动机。这就是学习动机强化理论给我们职业教育工作者的启示。

【请你思考】

1. 职业学校学生的学习动机缺不缺强化？

2. 缺的话，该怎们办？不缺的话，合适不合适？是不是学生所需要的强化物？职业学校的学生需要什么样的强化物？外在强化是万能的吗？

3. 教育实践中你是如何强化学生的学习动机的？

4. 怎么看惩罚？怎么使用惩罚？

5. 职业学校中应树立什么样的榜样才能引起学生模仿与认同的动机？教学实践中你常给学生树立什么样的榜样？

二、需要层次论及对职业教育的启示

人本主义心理学创始人马斯洛强调人类的动机是由多种不同性质的需要组成的，各种需要之间又有先后顺序和高低层次之分（如图 8-1）。

图 8-1 马斯洛需要层次论图示

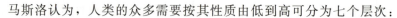

马斯洛认为，人类的众多需要按其性质由低到高可分为七个层次：

（1）生理需要——维持生存和种族延续的需要；

（2）安全需要——受保护与免遭威胁而获得安全感的需要，典型的安全需要有生命安全、财产安全和职业安全；

（3）归属与爱的需要——被他人或群体接纳、爱护、关注、鼓励及支持的需要；

（4）尊重的需要——包括自尊和受到他人尊重的需要，自尊指个人渴求力量、成就、自强、自信和自主等。他尊是希望被人承认、赏识、重视和高度评价；

（5）求知的需要——又称认知和理解的需要，是指对自身和周围世界的探索、理解及解决疑难问题的需要。学习动机正来源于认知与理解的需要；

（6）审美的需要——欣赏、享受美好事物的需要；

（7）自我实现的需要——指个人渴望自己更完备、更完美，潜能能够得到充分的发挥的需要。

马斯洛认为，各种需要之间不但有高低之分，而且有前后顺序之别，只有低一层次的需要获得满足（或部分满足）之后，高一层次的需要才会出现。七个层次的需要可概括为两类，较低的四层需要称为基本需要，较高的三层需要称为成长需要。基本需要的共同特征是由于生理或心理上的缺失而导致的，因此，又称为缺失性需要或匮乏性需要，这类需要是生存所必需的，对生理和心理的健康十分重要，必须得到一定程度的满足。但一旦得到满足，由此产生的动机就会消失或削弱。成长需要并非生存所需，也不是人人都具有，但对人适应社会有十分重要的意义。其共同特征是需要的强度不会因需要得到满足而削弱或消失，反而会增加。成长需要使人的追求永无止境，这也是人与动物的区别之一。基本需要与成长需要相互制约，相互影响，一方面，基本需要是成长需要的基础，基本需要若未能得到满足或部分满足，成长需要就不会产生；另一方面，成长需要对基本需要有引导作用。特别是居于顶层的自我实现需要，对以下各层需要都具有潜在的影响力。自我实现是马斯洛动机理论的中心思想，它是多种需要连续满足后所出现的心理需要，在各种需要中，它是最重要的、最终决定个体行为的需要，是人生存在的目标。就人性而言，自我实现需要人人都有，而现实生活中只有极少数人能够达到此境界。马斯洛认为，能达到自我实现的人，不但性格独立，情绪自然，能悦纳自己和别人，而且具有较高的创造力。

从人本主义的动机观出发，职业学校的教师应该意识到，在某种程度上，职业学校学生缺乏学习动机，可能是由于他们的某种低级需要没有得到充分满足，而正是这些因素可能会成为职业学校学生学习和自我实现的主要障碍。因此，社会和教师应注重为学生创设一个良好的成长环境，不仅要关心职校生的学习，也应该关心学生的生活，学生只有在各种缺失性需要都获得满足后，才会不断成长，达到自我实现的理想境界。在现实的学校生活中，职业学校学生最需要的缺失性需要是"爱"和"自尊"，只有那些让学生感到民主、公正、理解、爱护、尊重自己的教师，才有可能激发学生学习的热情、克服困难的意志和创造的欲望。

【请你思考】

1. 你的学生有学习需要吗？其基本需要满足情况如何？你了解和分析过学生的需求吗？

2. 作为老师，你爱学生吗？学生爱你吗？爱学校吗？

3. 你尊重学生吗？你是如何尊重他们的？你的学生尊重你吗？他们有自我价值感吗？

三、成就动机理论及其对职业教育的启示

所谓成就动机是指对自认重要或有价值的工作或活动，个人愿意去做，并力求成功的一种内在推动力量。成就动机是由成就需要所引起的。

成就动机的研究可以追溯到默里（H. A. Marray，1938）提出的"成就需要"的概念。默里将成就需要定义为"克服障碍、施展才能，力求尽快尽好地完成困难的任务"的驱力。在默里研究的基础上，麦克莱兰（D. C. McClelland）和阿特金森（J. W. Atkinson）继续进行有关成就动机的实验研究，并于1953年合著《成就动机》一书。

阿特金森认为，成就动机由两种性质相反的成分构成，一是追求成功的意向；一是回避失败的意向。个体在面临活动任务时，这两种力量通常是同时起作用，如果追求成功的意向占优势，就会奋发进取；如果回避失败的意向占优势，就会迟疑退缩；如果两种意向势均力敌，便会感到心理冲突的矛盾痛苦。每个人的成就行为都受这两种意向的相互制约的影响。

阿特金森根据这两种意向在个体成就动机系统中所占的优势不同，将个体分为力求成功者和回避失败者。力求成功者（即成就动机高的人）在其动机成分中，追求成功的倾向大于回避失败的倾向，这一类人的目的是获取成就；回避失败者（即成就动机低的人）在其动机成分中，回避失败的意向大于追求成功的意向，这一类人的目的是避免失败。

成就动机水平不同的人在选择目标和完成任务上也不同，成就动机高的人在完成任务上追求成功的倾向强，在选择目标时倾向于选择难度适中的任务，成功概率为50％左右的任务是他们最有可能选择的，通过完成这种具有挑战性的任务，可以提高其自尊心和获得心理上的满足。成就动机低的人在完成任务上防止失败的倾向强，在选择目标时倾向于选择非常容易或者非常难的任务。选择容易的任务可以免遭失败，选择过难的任务，即使失败也能找到借口以减少失败感。这种选择能防止自尊心受伤害和产生心理烦恼。

成就动机对学生的学习态度、坚持性、学习任务选择以及学习成绩等均有重要影响。

在学习任务的选择上，高成就动机的学生积极地向中等难度的课题或任务挑战，低成就动机的学生可能选择不恰当的任务，并经常变动所选择的任务。在对待学习的态度、坚持性上，高成就动机的学生在面临失败的情况下，有耐心、有毅力、能坚持；低成就动机的学生则会半途而废。一些研究（郭占基、周国韬等，1993）表明，成就动机与学习成绩之间呈正相关，高成就动机的学生，其学习进步快，成绩较好；相反，低成就动机的学生，其学习无明显进步，成绩也较差。美国心理学家洛厄尔（E. L. Lowell）以成就动机强弱不

同的两组大学生为被试，要求他们完成的任务是将一些打乱了的字母组合成普通的词。结果，成就动机强的组（19 人）比成就动机弱的组（21 人）取得更高的成绩（见图 8-2）。

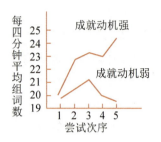

图 8-2　成就动机与学习成绩

依据成就动机理论，在职业教育活动中，教师要通过各种途径了解学生的成就动机，对于成就动机高低不同的学生，要因材施教。对于高成就动机的学生，应当提供新颖且有一定难度的任务，安排竞争的情境，严格评定分数等，激发他们的学习动机；对于低成就动机的学生（避免失败的学生），要安排少竞争或竞争性不强的环境，小有成功就立刻给予奖励或强化，适当放宽评定分数，尽量避免在公开场合指责其错误。此外，除了尽可能让他们避免失败之外，还应立足于增加他们力求成功的成分，使他们不以避免失败为满足，而以获取成功为快乐，这样才能真正调动他们的学习积极性。

【相关链接】

成就动机的测量方法可以分为两大类：一类为投射测验；另一类为问卷测验。

投射测验中最常用的是主题统觉测验（TAT）。其程序是呈现给被试一系列图片，要求他们就每一张图片编写一个故事。故事内容要包括图片中发生了什么事？图片中的人物是谁，在想什么？将来会发生什么等。如，呈现给学生的图片是一个十几岁的小男孩坐在书桌前，一手拿着刚刚发下来的考卷，上面写着成绩是"C"，一手托着下颌，眼睛注视着考卷，若有所思。看完图片后，让学生回答问题："这里现在发生了什么事？过去发生了什么事？将来会发生什么事？"

一个学生回答说："他正在考虑他得的这个 C 等的成绩。他很后悔因为贪玩而疏忽了这一科的学习。他知道他能做得更好，他打算更努力地学习，在下次考试中取得更好的成绩。"可见，这是一个成就动机水平较高的追求成功者。

另一个学生回答说："他不擅长学科学课，而且这次考试又太难，他成绩当然不好。他以后或许不应该选学这门课。"可见这是一个成就动机水平较低的避免失败者。

使用 TAT 测量学生的成就动机时，研究者要根据故事中所表达的成就信息进行评分。麦克莱兰训练计分员能辨认故事中表达出的 11 种不同的成就主题，每一主题计 1 分，得分为 0～11 分某一分数，分数越高，表明成就动机也越高。

由于 TAT 使用起来比较麻烦，评分的主观性使测验的信度也受到影响。因此，从 20 世纪 50 年代末开始，研究者开始设计问卷测验来测量成就动机。阿特金森曾采用考试焦虑问卷（TAQ），即通过测定学生对考试的紧张、焦虑程度来测量回避失败的动机。周国韬等（1993）编制的"初中生学业成就动机量表"也属于这种类型的测验，由 72 题组成，每题从完全不符合、不太符合、比较符合、完全符合四个等级进行评分。例如：其中的一个问题是"别人越是做不出来的题，我越想试一试"。采用问卷测验测量学生的成就动机的优点是易于施测，评分客观，信度较高，但效度上仍然存在一些问题。

张春兴(1998)建议教师从六个方面观察学生的日常行为表现来了解其成就动机：(1)主动参与学习活动；(2)持续从事学习活动；(3)独立完成指定课业；(4)能容忍失败的挫折；(5)将成败归因于努力；(6)有较佳的学业成就。

四、归因理论及其对职业教育的启示

归因(Attribution)是指人们对自己或他人的活动及其结果以及其他社会事件的原因做出的解释或推论。

心理学家对人们的归因过程及其影响因素，进行了系统的理论探讨，从而形成了有关归因理论。

归因理论是一种比较系统的认知动机理论。这一理论的一个基本假设是：寻求理解是人类行为动机的主要来源；归因影响个人期望的改变和情感反应(即归因后果)，归因后果又影响后继的行为。于是归因就具有动机功能。

在归因理论中，维纳(Weiner，B)的成败归因理论的影响最大。成败归因理论集中于研究个体在行为之后，对自己行为结果成功或失败的认知解释。

维纳在前人研究的基础上，经实证研究发现，人们通常将自己的行为结果之所以成功或失败的原因归结为以下六个因素：能力强弱、努力程度、任务难易、运气好坏、身心状况和其他(如别人的帮助、教师的教学水平、评价是否公正等)。按六种因素的性质不同又分别纳入因素来源、稳定性和可控性三个维度之中。

因素来源：指个体自认为导致其行为成败结果的原因是来自个体内部(内控)或来自个体外部(外控)的因素。能力强弱、努力程度及身心状况三项属于内控因素，任务难易、运气好坏及其他属于外控因素。

稳定性：指个体自认为导致其行为成败结果的因素是否稳定，在类似情境下是否具有一致性。无论是内控还是外控因素，有些是相对稳定的，有些是易变化的。能力和任务是相对稳定的两种因素，其他四种因素都不够稳定。

可控性：指个体自认为导致其行为成败结果的因素能否受个人意志控制。努力程度是受个人意志支配的，是可控的，其余各种因素都不受个人意志支配，是不可控的。

表 8-1　维纳成败归因理论的三维度分析

归因类别	归因维度					
	稳定性		因素来源(控制源)		能控制性	
	稳定	不稳定	内在	外在	能控制	不能控制
能　力	√		√			√
努　力		√	√		√	
工作难度	√			√		√

续表

归因类别	归因维度					
	稳定性		因素来源（控制源）		能控制性	
	稳定	不稳定	内在	外在	能控制	不能控制
运　气		√		√		√
身心状况	√	√	√			√
其　他	√			√		√

学生在学习上的归因，也可以根据这六个因素三个维度来进行分析。通常，学生所进行的归因可以被分为：运气、任务难度、能力和努力四类。

一般而言，归因一旦形成，会影响到学生的认知、情感和行为。而且归因的每一维度对学生的学习动机都有不同的影响。

从因素来源维度看，内在或外在归因与学生对学业成败的情感反应有密切的联系。若将成功归因于内部因素，学生会产生自豪感和满意感，从而增强动机，归因于外部因素则会产生侥幸和感激心理；将失败归因于内部因素，学生会感到自责、内疚和羞愧，归因于外部因素，则会生气或愤怒。

从稳定性维度看，稳定性与不稳定性归因关系到学生对将来的成败的期望观。学生如果将成败归因于稳定性因素时，对未来结果的期待和目前的结果一致，即成功者预期以后成功，失败者看到的是以后的失败。但如果将成败归因于不稳定因素，则对以后的成败预期影响较少。

从可控性维度看，可控与不可控归因会影响到学生的努力状况。若将成功归于可控因素就会积极地去努力，归因于不可控因素则不会增强动机；将失败归因于可控因素会继续努力，归因于不可控因素则会产生绝望感。学生将失败归因于内部的、稳定的、不可控因素时问题最大，会产生习得性无助感（也称人为无力感）。有习得性无助感的学生因不断遭受失败的打击后，深信个人再怎么努力对事情的后果都毫无帮助，因此，他们通常不愿付出努力，而且对任何事情都表现出非常冷漠、消极的态度。许多研究都发现，习得性无助感不仅会对学生的学业产生消极的影响，而且会使学生产生消极的自我概念，认为自己是一无是处的人。

【相关链接】

习得性无助感（learned helplessness）是指由于连续的失败体验而导致的个体对行为结果感到无法控制、无能为力、自暴自弃的心理状态。

塞利格曼（Seligman）和梅尔（Maier）于1967年在实验中首先发现了习得性无助感现象。实验以狗作为被试验对象，分两个阶段进行。在第一阶段，将狗的背部用皮带缚在吊床上，给以许多无法预料的、痛苦的电击。第一组狗只要用鼻子推动吊床底部的嵌板，即能逃避电击；第二组狗则无论怎样做也无法逃避或控制电击。第三组狗只是缚在吊床上，没有接受电击。二十四小时后进入第二阶段实验。三组狗都被移放到一个双间穿梭箱内，在那里，每只狗只要跳过中间的栅栏，就可以逃避电击。结果发现，第一组和第三组狗很快学会对条件刺激作出反应，跳过穿梭箱中间栅栏，回避紧接着条件刺激终止而来的电击。然而，在第一阶段接受了不可逃避电击的第二组狗则无法学会如何避免电击，它们甚至不去尝试逃避电击，只是坐着不动，忍受电击，表现出痛苦和抑郁的表情，以致发出哀鸣声。这些狗之所以无法学会逃避或回避电击，是由于先前的对电击无法控制的经验所致，因此，塞德格曼和梅尔用"习得性无力感"这一术语来说明这种现象。

随后的研究证实这种现象在许多动物身上都可以产生，人类也不例外。希劳特（Hiroto）和塞利格曼（1975）研究发现大学生被试在经历了很长一连串不可解决的猜字谜问题后，在第二个课题中完全不能学会简单的双手运动，以避免或终止强烈的噪声，而是甘心忍受。

按照塞利格曼等人的观点，无力感的产生主要经历以下过程：（1）获得"结果是不可控的"失败体验；（2）产生"结果不可控"的认知，即无论自己如何反应，都和结果没有关系，结果都是失败；（3）形成"将来结果也不可控"的期待，即在以后的行为中，无论自己努力与否也都将面临失败的结果。（4）产生无力感。无力感产生后表现出对认知、动机和情绪三种心理成分的破坏作用。在认知上，产生个体行为与结果之间无相依关系的期望，即"结果不可控"、失败无法避免的认知和期待；在动机上，放弃反应，不做尝试，消极被动，对什么都不感兴趣；在情绪上，变得冷漠和抑郁。

归因理论经过维纳的修正已成为一种解释学习动机最系统的理论，也是国内教育心理学家广泛关注和感兴趣的理论之一。归因理论在职业教育实践中的价值在于：它能从学生的观点显示出学习成败的原因；了解学生的自我归因倾向可预测其今后的学习动机；中职学生的自我归因未必正确，但却十分重要，教师应注意了解和辅导；长期消极归因有碍学生人格的健康成长；教师的反馈是影响学生自我归因的重要因素，学生的自我归因并不完全以考分高低为依据，在很大程度上受到教师对其成绩的评价和态度的制约。

【请你思考】

职业学校学生对学习成败的归因状况如何？有什么特点？如何指导学生正确归因？教师对学生学业成败的归因的影响是如何发生的？

【相关链接】

三种积极的归因模式

努力归因模式　引导学生对学习上的成败进行努力归因。如，当学生获得某一技术等级证书时，应使学生觉得这是自己努力的结果；而当学生考试成绩不理想时，应当使学生认识到这是自己努力不够造成的。引导学生进行努力归因的目的在于，使学生认识到自己的努力程度是影响学业表现的重要因素，而不是其他诸如运气、能力等方面的原因。这有助于增强学生对学习的控制感，而且可以避免由能力归因带来的沾沾自喜或悲观失望。

可控归因模式　引导学生进行可控归因而不是不可控的归因。即当学生成功时，引导他们告诉自己这是因为"我很努力""我准备的充分"，而不是"我很聪明""我运气好"等，当学生失败时，则归因于"努力不够""方法不当"，而不是"我不够聪明"等不可控制的因素。应该注意的是，当学生失败时，引导可控归因的意义尤为重要。如果学生觉得自己失败的原因是某些自己不能控制的因素，就会感到悲观，不愿再付出努力，而这对于激发和维持学习动机是非常不利的。

分化归因模式　引导学生对失败和成功进行分化的归因。具体地说，成功时引导学生进行内在的、稳定的归因，如"我基础好""能力强"等；而失败时引导学生进行外部的、可变的归因，如"题目太难""发挥失常"等。这样的好处是，成功时让学生肯定自己，增强对未来学习的信心；失败时则可以维护自尊，不丧失对未来的希望而积极努力，以避免习得性无助感的形成。

维纳在实际调查研究中发现，教师在教学时给学生的反馈，尤其是在评定学生的考试成绩时，对学生情绪的支持或拒绝，对学生的归因产生很大影响。在师生互动的教学过程中，教师的反馈是如何影响到学生对自己的成败的归因呢？维纳以下图予以说明（见图8-3）。

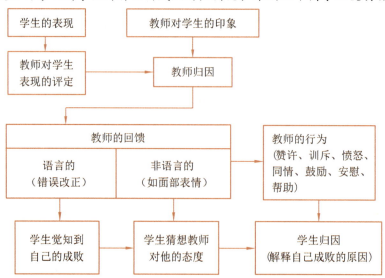

图8-3　师生互动中教师的回馈对学生归因的影响

从上图中可以得到启发：对某些缺乏信心、个性依赖较大的学生来说，要想维持他们的学习动机，教师在反馈中给予鼓励和支持，很可能比其他方法更有效。身为教师除教给学生知识之外，必须注意到自己的行为以及对学生的态度，随时随地都可能影响学生的学习动机。

五、自我效能感理论及其对职业教育的启示

自我效能感（Self-efficacy）是由美国心理学家班杜拉（Albert Bandura，1925—）于1977年提出的一个概念，指一个人对自己能否成功地进行某一成就行为的主观判断，它是个体的能力及自信心在某些活动中的具体体现。自我效能感与自信相关，但两者并不相同。自信指个人对自己所做之事具有信心，是指个体处理一般事务时的一种积极态度。自我效能感则是指根据自己以往的经验，对某一特殊工作或事物，经过多次成败历练后，确认自己对处理该工作具有高度的效能，是个体对特定情境所要求行为所表现出的自信感，常常与具体的任务联系在一起。如中职学生可能在某一技能操作上具有较高的自我效能感，而在写作文方面持较低的自我效能感；有些学生在各科学习上有较高的自我效能感，但在体育活动中的自我效能感却很低。

班杜拉等人的研究发现，自我效能感的变化受许多因素的制约。这些因素就构成了一个判断或评价自我效能感水平高低的效能信息源。学生的学业自我效能感受到以下因素的影响：第一，行为的成败经验。先前成功的经验会提高自我效能感，不断地成功会使人建立起稳固的自我效能感，多次失败的经验会降低自我效能感。第二，替代经验。当学生观察到教师或同伴良好的榜样示范时会增强自我效能感（Schunk，1985）。第三，目标设置。为学生设立近期目标，使学生在达到目标时，增强了自我效能感（Bandura，Schunk，1981），学生自我设立目标也能增强自我效能感（Schunk，1985）。第四，成败归因。将学生的成功与努力相联，提高了学生的自我效能感（Schunk，1982），对成功给以能力的归因也增强了自我效能感（Schunk，1984）。第五，奖励。对学生良好的学习行为给以奖励会增强自我效能感（Schunk，1983）。第六，学习监控。在学生自我监控或教师外部监控两种情况下，均增强了学生的自我效能感（Schunk，1983）。因此，班杜拉指出，学校是学生自我效能感形成、发展和变化的一个重要场所。

大量研究表明，自我效能感对学生的心理和行为有着多方面的影响：

第一，影响学习活动的选择。自我效能感水平高的人会选择富有挑战性的任务，并期望获得成功。学生在某一方面的自我效能感水平越强，成功的可能性越大，就会越多地选择从事这方面的活动；反之，学生会逃避那些自己感到不能胜任的活动。比如，数学自我效能感较高的学生，会更多地选择数学学习活动。

第二，影响学习努力的程度、坚持性，决定在困难面前的态度。具有高度自我效能感的人自信心强，有助于激发和维持向困难挑战的精神；努力实现目标。相反，自我效能感低的人，怀疑自己的能力，在困难面前缺乏自信，畏首畏尾，不敢尝试。

第三，影响学习活动时的情绪。自我效能感高的人在活动时情绪饱满，信心十足，体验到的紧张、焦虑和恐惧水平低；而自我效能感低的人在活动时则是垂头丧气，充满着紧张、焦虑和恐惧。

第四，影响学习任务的完成。自效能感高的学生确信自己能够很好地掌握有关知识和

技能，从而集中注意力，适当运用有关学习策略，取得最佳学习效果，完成各种学习任务；自我效能感低的学生则总是担心失败，把思想纠缠在个人不足点上，因此，不能很好地完成学习任务。

总之，自我效能感影响学生的行为，对学生的学习具有动机作用。自我效能感将影响学生面临什么样的挑战、付出多大的努力、坚持多久以及愿意承受多大的压力（Bandura，1990）。

根据自我效能感理论我们可以得出，职业学校学生的学习行为和学习动机同样要受学生自我效能感的影响。值得注意的是，升入职业学校的绝大部分学生在传统的教学评价体制下，被认为是学业失败或基本失败者，他们在学习领域特别是文化基础理论的学习领域的自我效能感普遍不高，因而在这些方面的学习不主动、不努力、没有乐趣可言，学习任务不能很好的完成。如何依据自我效能感理论，结合职业教育的特色，培养和提高职业学校学生的自我效能感，提高他们学习的积极性，是职业教育工作者面临的一项迫切而又具有十分重要意义的工作。

【行动研究】

你所知道的职业学校学生的自我效能感的情况如何？学科、专业、性别之间是否存在差异？你是如何来培养和提高职业学校学生的自我效能感的？

六、自我价值理论及其对职业教育的启示

柯维顿（M. V. Convinton）1984 年提出的自我价值论（self-worth theory），在基本理论上吸取了成就动机的求成需要与避败需要的理念，也受维纳归因理论的影响。该理论的特点是从学习动机的负面着眼，试图探讨有的学生"为什么不肯努力学习"的问题。

自我价值理论的基本内容为：

（1）自我价值感是个人追求成功的内在动力，个人视成功为有能力的表现而非努力的结果，成功难追求改以逃避失败维持自我价值。

柯维顿认为，自我价值感是个人追求成功的内在动力，学生自幼就体验到成功使人感到满足，使人自尊心提高，使人产生自我价值感，而成功需要能使人克服困难，因此，能力、成功、自我价值三者之间就形成了一个前因后果的连锁关系：能力使人成功，成功使人产生自我价值感。多次经历以后，对自我价值感的追求，自然就成了个人追求成功的内在动机。所以，学生之所以肯努力学习追求良好的成绩，是因为他希望从求学成功的经验中提升自我价值。遗憾的是，学生自己往往视成功为有能力的表现，而非努力的结果。将成功归因于能力可使人感到更大的自我价值。但成功者永远是少数，学生在长期追求成功而不能得的情况下，为了维护自我价值或逃避失败的痛苦，就在心理上形成一种应付考试成败压力的对策：不承认自己的能力差，也不认同努力即可成功，以达到既维护自我价值又可逃避失败的目的。这就是柯维顿学习动机自我价值论的中心论点。这一论点可用来回

答"学生有能力但不用功读书"的问题。

（2）学生对能力与努力的归因，随年级的升高而变化。

柯维顿研究发现：

第一，低年级学生一般相信努力是好学生的首要条件，且认定聪明的学生都更努力；

第二，低年级的学生相信凡是努力的都是好学生，而且相信努力会使人更聪明；

第三，低年级学生相信教师喜欢努力的学生，都向"努力才是好学生"的标准去认同；

第四，低年级学生虽然将能力和努力看得同样重要，但考试失败以后并不感到羞愧；

第五，小学高年级（五、六年级）学生在经过多次竞争的成败经验后，对能力与努力二因素与成败的关系有了新的看法，不再把努力和能力看得同等重要，认为努力而获得成功表示能力低，能力低的人才努力。高年级同学认同能力而不认同努力的态度，就是他们学习动机降低的原因。

学生在长期的经验中体验到，付出极大努力后仍然失败时，会感到羞愧和痛苦，而且会因怀疑自己的能力不如别人而丧失自尊心和自信心；反之，未经努力而遭到失败则在心理上受到的挫折较少，而且自己还可用"未努力"来文饰和安慰自己。因此，学生为了逃避努力之后仍然失败带来的羞愧与痛苦，而不认同努力是成功的原因，但又担心教师对他存有不努力的坏印象而影响其成绩，于是想出种种办法来应付：在教师面前摆出一副努力的样子，但不必太认真；最重要的是随时准备好一套说辞为自己辩护，用以取得教师的谅解。

柯维顿自我价值论的特点重在对学校教学上的现实问题的解释，其研究结果显示，学校教育存在两个严重的问题：一是能力强的学生未必有强烈的学习的动机；二是学生的学习动机随年级的升高而降低。因此，自我价值论对我们从事职业教育工作者的意义就在于：职业学校应切实检讨自身，不仅应着眼于教育目的，而且应实实在在帮助学生在课业上获得成功而免于失败，教师不要一味去埋怨学生不学，或者想当然地找自认为学生不学的理由，要深层次去了解学生。学生不肯学习，投入不足，不努力、怕困难等外在形式下掩藏着其真实的动机——维持自我价值，保护自尊。职业学校最重要的工作就是指导学生认识学习目的，培养学生学习动机。

第三节　职业学校学生学习动机的培养与激发

职业学校学生学习动机培养是指使学生建立学习动机的过程，是职校学生的学习动机从无到有、从弱到强、从错误、低级到正确、高尚的发展变化过程。职业学校学生学习动机的激发是指通过一定的教学措施使职校学生已有的学习动机由潜在状态转变为激活状态，成为学习活动直接、有效的推动力量。在教学实践中，职业学校学生学习动机培养和职业学校学生学习动机的激发紧密相连，又互有区别，二者很难截然分开。

一、职业学校学生学习动机的培养

职业学校学生学习动机是在好奇心的基础上，通过后天环境和教育的影响逐步形成的，它不仅是职校学生学习的推动力量，而且也是职校学生比较稳定的个性特征。因此，培养职业学校学生学习动机的过程，也是培养学生个性品质和特征的过程。

学习动机多种多样，培养的方式方法也有不同。下面主要介绍成就动机、成败归因和自我效能感的培养。

(一)成就动机的培养

成就动机是人的社会性动机的一种，是在一定的社会、文化、教育条件下形成的，因而职业学校学生的成就动机能够通过一定的方法来培养和提高。

职业学校学生成就动机训练可以分为几个阶段进行：

(1)意识化：通过与职校学生谈话、讨论，使职校学生注意到与成就动机有关的行为。

(2)体验化：让职校学生进行游戏或其他活动，从中体验成功与失败、选择目标与成败的关系、成败与感情上的联系，特别是体验为了取得成功所必须掌握的行为策略，如根据自己的水平选择目标，不断了解不同目标的难度，达到目标的途径及自己的行为结果等。

(3)概念化：让职校学生在体验的基础上理解与成就动机有关的概念，如"成功""失败""目标"以及"成就动机"本身的含义。

(4)练习：实际上是体验化与概念化两个阶段的重复，通过重复练习使职校学生不断加深体验和理解。

(5)迁移：使职校学生把学到的行为策略应用到学习场合，不过这往往是一些特殊的学习场合，这一场合要具备自选目标、自己评价，并能体验成败的条件。

(6)内化：取得成就的要求成为职校学生自身的需要，职校学生可以自如地运用所学的行为策略。

很多研究证明，对成就动机进行训练是有效果的。它的直接效果表现为受过训练的学生对取得成就更为关心，并能够根据自己的实际情况去选择所追求的目标。它的间接效果是能够提高学生各学科的学习成绩。成就动机训练对成就动机较低、学习成绩较差的学生尤为有效。

(二)成败归因训练

职校学生之间在归因方式上存在着稳定的个别差异。一部分学生对于活动的成功或失败总是归因于自己的能力或努力，这是一些积极的良好的归因方式，也叫理想的归因方式或类型，这种归因方式可以增强成功期望和行为的动机，并产生积极的情绪体验；相反，也有一些学生对于成功和失败总是归因于环境或运气，或者将失败归因于缺乏能力，这是一种消极的或不良的归因方式，这种归因方式会降低成功的期望和行为动机，并产生消极的情绪体验。

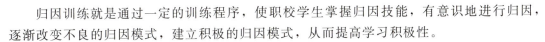

归因训练就是通过一定的训练程序，使职校学生掌握归因技能，有意识地进行归因，逐渐改变不良的归因模式，建立积极的归因模式，从而提高学习积极性。

归因训练的基本步骤是：

（1）了解职校学生的归因倾向。可以通过观察，谈话进行，也可以应用问卷测验。

（2）让职校学生进行某种活动，并取得成败体验。比如，让职校学生通过技能练习、单元考试、回答问题等取得成败体验。

（3）让职校学生对自己的成败进行归因。

（4）引导职校学生进行积极的归因。当学生将成功归因于自己的努力和能力，将失败归因于自己努力不够时，教师要给以积极强化；若学生将成功归于外因，将失败归于缺乏能力或外因，则教师要对学生进行归因指导，告诉学生成功是你努力的结果，而失败则是你努力不够。

在归因训练的过程中，教师要注意以下两点：

第一，归因训练是给职校学生以积极的归因反馈，帮助职校学生寻找有积极意义的归因，而不一定是找职校学生成败的真正原因。例如，一个职校学生学习不好的真正原因是因为她不够聪明。如果教师告诉她是由于其不够聪明而造成她学习不好，是有害无益的。

第二，归因训练要与学习策略指导相结合。当一个职校学生已付出很大的努力而仍然失败时，教师仅仅指出学生努力不够是不具有说服力的。这时应对学生进行学习策略的指导，教给他一些新的方法，然后再激励学生努力去尝试这一新方法。研究表明，将学习策略指导与归因训练相结合使差生更多地、更经常地使用所学会的策略并取得更好的学习成绩。

归因训练不是一次就完成的，教师要在职校学生学习的各个环节，反复训练，直至学生形成稳定而理想的归因倾向为止。

（三）自我效能感培养

职业学校学生自我效能感的培养应从影响其自我效能感形成的因素入手，主要做好三种培训。

（1）直接经验培训。直接经验对自我效能感的影响最大、最直接。通过加强直接经验，培养职校学生的自我效能感应注意以下三点：第一，不断成功的经验会使职校生建立起稳固的自我效能感，不会因一时的挫折而降低，而且还会泛化到类似情境中去；多次失败的经验则会降低职校生的自我效能感。第二，除能力因素外，一切非能力因素，主要是任务难度、努力程度、外力援助等，也会影响自我效能感的建立。如果任务难，努力程度不大且无外力援助，则成功会增强自我效能感，而失败却不会降低自我效能感；反之，成功则不会增强自我效能感，而失败会降低自我效能感。第三，个体的成败归因方式对自我效能感的形成有直接影响。

根据以上三点，在对职业学校学生进行训练时要选择难易适中的任务，并引导学生通过努力去获得成功；在学生取得成功以后要引导和帮助他们对成功作出积极的归因。

（2）间接经验培训。间接经验对自我效能感的形成有重要影响。当学生看到与自己水平相仿的的示范者取得了成功，就会增强自我效能感，认为自己也能完成同样的任务；反之，若示范者遭到了失败，就会降低其自我效能感。间接经验对自我效能感的影响，是通过两种认知过程实现的。一是比较，即学习者把自己和示范者进行比较，参考其表现，以判断自身的效能；二是信息获取，即学习者从示范者的表现中学到了有效解决问题的策略、方法，或了解到解决问题的条件，从而增强自我效能感。

班杜拉认为，观察学习中学习者对示范者的模仿有四种方式，即直接模仿、综合模仿、象征模仿和抽象模仿。直接模仿指对示范者外部动作的模仿；综合模仿指对一个或多个示范者同一类动作概括后，作出类似的新行为的模仿；象征模仿指不是模仿示范者的具体行为，而是模仿行为背后所蕴藏的性格、意义；抽象模仿指对行为中所蕴含的原理、规则的学习掌握。

一个完整的观察学习过程要经历注意、保持、再现和动机四个阶段。要通过间接经验增强职业学校学生的自我效能感，必须抓好这四个阶段。在注意阶段，首先要提供职校学生喜欢模仿的示范者，或激发职校学生的模仿愿望。其次，要使职校学生注意示范者所表现的行为特征，并了解该行为所蕴含的意义。在保持阶段，重点是帮助职校学生将观察学习到的行为或观念转换为表征性的心象（即把示范者行为的样子记下来）或表征性的语言符号（及用语言描述示范者的行为），并准确、牢固地保留在记忆中。在再现阶段，重点训练职校学生将观察学习到的他人行为表现出来，并及时给予强化、矫正，特别要重视综合模仿、象征模仿和抽象模仿三种模仿方式的训练。在动机阶段，教育者要创设情境，以增强职校学生表现习得行为的动机，并让他们在行动后获得成功的喜悦或行为结果的正强化。

间接经验培训的要点是：第一，示范者与学习者的一致性程度要高；第二，示范行为真实可靠且难度适中，学习者经过努力能成功；第三，示范的行为有价值，能激起学习者模仿的积极性。

（3）说服教育。说服教育是通过书面或口头说服性的建议、劝告、解释及自我引导等方式来增强职校学生自我效能感的一种方法。该方法使用简便，被广泛应用。使用说服教育增强职校学生自我效能感时应注意：第一，要选择在职校学生心目中有地位、受尊重的人；第二，说服要有可信度，令职校学生心悦诚服；第三，要用职校学生的直接经验或间接经验来支持说理。

【相关链接】

在职业学校中培养学生的学业自我效能感的方法

1. 让职校学生在学习活动中体验到更多的成功

教师在教学中应尽量避免学生直接的失败经验（如课堂上问答不上，作业打"×"，考试不及格等），让学生在学习活动中更多地体验到成功（如正确回答老师的课堂提问，作业做得好，考试成绩理想等）。

2. 为职校学生提供适当的榜样示范

首先，教师自己在课堂教学中要为学生提供良好的榜样示范，不但要讲清所学知识，而且要具体示范如何运用所学知识解答习题、解决具体问题；其次，为学生提供多个不同水平、不同层次的同伴榜样，例如，请好、中、差不同水平的学生上黑板前成功地演算习题，使不同层次的学生都能从中找到适合自己的榜样，获得效能信息。

3. 指导职校学生树立适当的学习目标和作业目标

为学生的各种学习都制订一个具体的成绩目标，平时课堂练习或做作业，为学生规定一个作业目标(如十分钟完成六道题)，并指导学生学会自己设定适当的学习目标，使学生在实现目标时获得效能信息。

4. 给职校学生以积极的归因反馈，并指导学生学会适当的自我归因

将成功与努力和能力相联系，将失败与缺乏努力而不是无能相联系将增强学生的自我效能。

5. 给职校学生以适当奖励

当职校学生取得进步时，对学生进行奖励，奖励便成为学生进步的标志，学生从中获得自己进步的信息，会增强自我效能。

6. 给职校学生以学习策略的指导，使学生学会自我监控

学生在学习活动中能否掌握正确的学习策略，获得相应的学习技能，直接影响到学生的自我效能感。教师要经常对学生进行学习策略指导，并逐步使学生学会对学习进行自我监控，掌握自我调节学习的有关技能。

二、职业学校学生学习动机的激发与维持

(一)激发与维持职校学生外在学习动机的措施

外部强化可激发外在动机，影响职业学校学生的学习行为。在课堂情境中，教师可以运用目标、反馈、评价、表扬、批评、竞赛等各种强化手段来激发与维持职业学校学生的外在学习动机。

1. 向学生提出明确、具体的学习目标

学习目标具有指引学习的动机作用。长远目标的动机作用较为稳定和持久，但离开近期具体目标，其功能是无法实现的。所以，要激发职校生的学习动机，教师要帮助和鼓励职校生，既要设定长远目标又要设定近期目标，在教学的各个环节，向职校学生提出明确而具体的目标要求，让职校生明确学习的具体任务、重点和难点，认识到学习内容在实践中的具体意义及在整个学科体系中的地位。职校生在认识到学习内容的重要性后，就能明确方向，积极主动地进行学习。

在职业教育教学过程中，如何保证设置的目标能起到激发职校学生学习动机的作用呢？教师在指导职校生确立学习目标时要注意：

第一，目标的高低要因人而异，要尽力与职校学生个人的学习能力相一致。过高的目

标，与职校学生已有的知识和技能差距较大，学生可望而不可即；过低的目标，又缺乏挑战性，只有在职校学生能力范围之内，又具有一定挑战性的目标，才能有最佳的动机激发作用。

第二，目标清晰、具体、可操作与方便检查。职校生设立的目标应该是清晰、具体、可以操作的，同时又方便检查与反馈，这样的目标比模糊的、难以操作的、不易检查的目标更能激发职校生的学习动机。

第三，将近期目标与长远目标相结合，也将进一步提高实现目标的动机。

2. 利用学习结果的反馈作用

学习结果的反馈即让学生知道自己的学习成绩。心理学的研究表明，学生及时了解学习的结果，不仅能增强学习动机，提高学习效果，而且即时反馈比延缓反馈效果更佳。

教师在给职校生提供反馈时要注意：

第一，反馈要及时。在学生作业、考试、技能练习和考核后，教师要及时批改和发还作业，及时讲解试卷和评阅技能考核作品，让职校生及时知道学习结果，从而有助于激发其进一步努力学习的动机。

第二，反馈要有针对性。教师在给职校生提供反馈时，要根据不同学生的不同情况，具体而有针对性，避免千篇一律、走过场。

3. 公正评价，适当表扬与批评

评价是指教师在对学生学习结果除评分以外进行的表扬、批评、写评语、评等级等。教师对学生的学习结果进行适当的评价具有强化学习动机的作用。心理学的实验研究表明：有评价比无评价效果好，肯定性评价比否定性评价好；针对性强的评价比针对性差的评价效果好；经常受表扬的学生对批评的反应比经常受批评的学生的反应强；经常受批评的学生对表扬的反应比经常受表扬的学生反应强；经常不断地批评比经常不断地表扬更易失去效果；表扬对女生比对男生有用；批评效果的大小取决于许多中介因素，如受表扬和批评的历史，学生参与活动的积极性及对教师的看法，师生间的关系，评价与归因线索的关系(学生从教师的评价中了解到对被评价者的能力高低的估计)等。有人研究证明，取得同样成功的学生，受到老师表扬者被同伴普遍认为能力差些；相反，遭遇同样失败的学生，受到教师批评者被认为能力强些。

【相关链接】

佩奇(E·B·Page)曾对74个班的中学生，共两千多人进行实验。他把每个班中学生都分成三组，给以不同评价。第一组为无评语组，只给甲、乙、丙、丁的等级；第二组为顺应评语组，即除标明等级外，还按照学生的答案给以相称的评语；第三组为特殊评语组，对甲等成绩者，评以"好，坚持下去"，对乙等成绩者，评以"良好，继续前进"，对丙等成绩者，评以"试试看，再提高点吧。"结果发现：顺应评语针对学生答案中的优缺点作评定，效果最好；特殊评语的内容针对性不够，虽有激励作用，但不如顺应评语；无评语的成绩明显低落。

在职业教育教学过程中，评价不是目的，而是激发职校学生学习动机的手段。教师在评价职校生时，既要客观、公正，又要恰到好处，做到以理服人，赏罚分明，又要掌握分寸，巧妙运用，才能收到理想的效果。教师在给职校学生进行评价时要注意以下几点：

第一，评价要客观、公正和及时。教师给职校生的评价要客观，公正，避免主观化、片面化、模式化和随意化，这样，才能正确指引职校生学习发展的方向，增强学习的动力，提高学习效果。评价还要及时，不能因为过于延迟而影响评价的效果。

第二，多用肯定评价(表扬、鼓励、奖励等)，少用否定评价(批评、指责、惩罚)。尽管在一定情形中适度的批评和惩罚对促进学习是有效的，但一般来说，表扬、鼓励、奖励要比批评、指责、惩罚更能有效激发学习动机。教师在职业教育教学过程中，对职校学生要多用肯定性评价，少用否定性评价，使职校生体验成功，产生能力有效感。特别是对于职校中低成就和避免失败的那部分学生来说，教师对表扬的"吝啬"和"偏向"只有负作用，一个从来没有受到老师肯定、关注、表扬的职校生，没有学习动力就不足为奇了。

第三，表扬和奖励要适度。心理学研究表明，如果滥用外部奖励，不仅不能促进学生的学习，使学生会产生消极归因，而且可能破坏学生已有的内在学习动机，莱铂(M. R. Lepper，1989)称为外部奖励的隐蔽代价，即对原来有内在兴趣的活动因不适当外在奖励而损害对活动本身的兴趣。

第四，评价要考虑到学生的个别差异。对性格内向、学习成绩较差、自信心较低的职校学生，教师应以表扬鼓励为主，使其获得更多的成功机会，逐步树立起学习信心。对于性格外向、成绩较好，但有些自傲的职校学生，教师要提出更高的要求，在表扬的同时还应指出其不足。此外，教师在评价职校学生时还要考虑性别差异及学生本人被评价的历史等因素。

4. 适当开展竞赛与合作

竞赛是激发职校学生学习积极性的有效手段。在竞赛中，学生的成就动机更强烈，并能提高学习兴趣，增强克服困难的毅力。竞赛有多种方式，不同的竞赛方式对学习动机都有或多或少的激励作用，但若运用不当也会产生一定的副作用，过于频繁的竞赛会制造紧张气氛，加重学习负担，给职校生带来过重的心理负担和压力，使职校生长期处在应激状态，导致过度紧张和焦虑，有损职校学生身心健康。竞赛的结局是少数人获胜多数人失败，经常获胜可能使部分职校生容易产生骄傲自满思想，经常失败可能会导致部分职校生"习得性无助"心理形成，从而丧失学习信心。不当的竞赛会导致人际关系紧张，降低群体的凝聚力。由于竞赛的胜者总是与某个具体的人联系在一起，因此，参赛成员中一个人的成功对另一个人的成功就是一种威胁，为了千方百计地胜过对方，排他、自私、嫉妒、怀疑、不合作等不良心理容易产生，导致同学人际关系紧张，群体的凝聚力下降。学生个体缺乏竞赛道德，加之外部环境竞赛规范不足，可能会使群体成员形成片面的竞争意识和自我中心，为了获胜甚至不择手段，群体的道德水平因此而整体下降。

因此，为使竞赛能对大多数职校学生起到激励作用，必须注意以下几点：(1)竞赛要适量，不宜过于频繁，否则会造成长期紧张，加重负担。(2)选择合适的竞赛方式，多组织团体竞赛，少组织个体竞赛，多提倡和鼓励个人和团体的自身竞争。在团体竞赛中，培养职校生合作精神和集体主义精神。(3)增加获胜的机会，使更多的学生在竞赛中都有获胜的机会。例如，可以按能力和成绩水平分组开展组内竞赛。

大量的研究表明，合作的学习环境比竞争的学习环境更容易使学生产生成功经验，并产生学习动机，使学生努力追求掌握目标。因此，职业学校要努力为职校生创设一种既有竞争又有合作的学习环境。

(二)激发与维持职校学生内在学习动机的措施

1. 创设问题情境，引起职校学生的认知矛盾，激发求知欲

创设问题情境是指教师在教学中提出一些职校学生用现有的知识和习惯的方法不能立即解决的问题，从而在教材内容和职校学生的求知心理之间制造一种不协调，引起职校学生的认知矛盾，把职校学生引入到与问题有关的情境之中，从而激起职校学生求知的欲望和积极的思维。

创设问题情境是通过"设疑"引起认知矛盾的方法。创设问题情境的原则是：(1)问题要小而具体；(2)问题要新颖有趣；(3)要有适当的难度；(4)要富有启发性。例如，在学习"压强"概念之前，教师提出"把一块砖放在沙地上，怎样放才能陷得最深？"的问题，职校学生在参与讨论的过程中，内在动机始终处于激发状态。

【相关链接】

引起认知矛盾的三种方法

教师引导学生产生不和谐感或认知矛盾的三种方法：

(1)把与学生已有知识、信念相矛盾的现象呈现给学生，引起学生"奇怪"之感。例如，学生懂得纸遇火会燃烧的道理。在课堂上，教师将一只用纸折好的小盒放在点燃的酒精灯上，结果纸盒并未燃烧，学生感到奇怪。原来纸盒是湿的。为什么湿纸就不能燃烧呢？湿的纸盒继续放在火上烧烤会发生什么现象？由此引出"沸腾与蒸发"一节的教学。

(2)当学生的知识信念还不充分时，先给学生一个类似"法则"的知识，然后举一个不恰当的事例说明，以引起不和谐。例如，告诉学生植物的生长必须依靠光合作用，并让学生观察实例。当学生初步了解这个道理之后，教师又提出不需要阳光与叶绿素发生光合作用的植物。这种不和谐唤起了学生对植物生长和植物种类多样性的兴趣。

(3)提出有多种可供选择答案的问题，引起学生的选择冲突，激发求知的好奇心。例如，教师拿起一块硬币抛起来，硬币又落下，问学生是正面朝上，还是反面朝上，为什么？由此引出概率问题的教学。

2. 发现学习是激发职校学生内在学习动机的有效方法

布鲁纳(J. S. Bruner, 1960)在他的《教育过程》一书中首次提出内在动机的概念并倡导发现学习，认为发现学习有助于使外在动机向内在动机转化。他认为最好的动机莫过于学生对所学材料本身具有一种内在兴趣，具有发现的兴奋感和发现的自信感。学生把"有所

发现"作为学习的主要任务，使学生有可能把发现本身作为一种自我奖赏而推动自己的学习活动。例如，在地理课上，当学生具有一定的地理基础知识之后，教师将只标有自然特征和天然资源，没有地名的"空白"地图呈现在学生面前，让学生指出哪一个地区具备建设城市的可能性。学生在讨论中可能会指出许多地方可以建设城市并考虑自然条件等地理因素进行论证。最后再与真实的地图相对照。在这种发现学习中，学生学习地理的兴趣水平大大提高。发现学习是以学生自己收集、加工、分析信息为主的学习方式，因此需要学生在具备一定的信息加工能力的基础上才能进行发现学习。

3. 培养学习兴趣

孔子说："知之者不如好之者，好之者不如乐之者。"爱因斯坦说："兴趣与爱好是最好的老师。"当学生对学习产生了内在兴趣，就会渴望获得知识，并在学习过程中伴有愉快的情绪体验。

教师在教学中培养职校学生的学习兴趣可以有许多具体的做法：

第一，教育职校学生明确学习知识的社会意义。职校学生一旦理解了知识的社会价值，就容易对学习活动产生兴趣。

第二，培养职校学生对每门课程的积极的学习态度，形成定势，有助于培养学习兴趣。

苏联心理学家西·索洛维契克曾做过一个实验，证明了学习的积极态度能促使学生在学习中积极思维，并从中培养起学习兴趣。实验中，同学们根据自己的学习情况选择一门不太感兴趣的课程，在每天开始上这门课或学习这门课的内容之前，完成以下几种活动：(1)面带微笑、搓着双手，还可哼唱自己喜欢的歌曲，总之是作出摩拳擦掌、跃跃欲试的样子，而且让自己充分感觉到这一点；(2)同时，脑子里不断地想：下面的学习内容将是我能够理解的，我将高兴地学习；(3)提醒自己：一定要努力地去学习，要比平时更细心一些，要花更多的时间。因为细心就是对学习产生热爱的源泉。结果，实验极有效地改变了同学们以前的消极学习态度，解除了原来的苦恼，并从探索知识的过程中体验到了乐趣。参加这个实验的3000多名小学生中，绝大多数都成功了，他们开始对原来最感头痛的课程产生了兴趣。而报告失败的信件只有几封。这个实验十分简单，而且一般只需持续3周左右便可奏效。

第三，教师要不断改进教学方法，采用有趣的、变换的方式呈现教学内容。比如，运用幻灯、电视、电影、多媒体课件等教学手段呈现教材，还可以通过模拟教材内容的游戏、角色扮演等方式进行教学。

第四，组织职校学生参加课内外实践活动、学科兴趣小组和顶岗生产实习，运用所学知识解决实际问题，从中体验到成功的愉快和学好知识的乐趣。

第五，教师要以自身对所教学科的兴趣和热情给学生以良好的示范。教师应通过言语和行动向学生传递良好的信息，让学生知道教师喜欢所教学科、喜欢学习和钻研并在此过程中获得乐趣和满足，使学生受到影响，产生对该学科的学习兴趣。

第六，不断扩大职校学生的知识面，使职校学生在某一领域的知识不断积累，这是对某一具体知识领域产生稳定而浓厚兴趣的基本条件。职校学生在某一学科上拥有的知识越丰富，基础越扎实，学习起来就越轻松，兴趣会逐渐稳定。相反，在某一学科知识基础薄弱，欠债过多，学习起来就会索然无味。朱智贤(1982)主持的国内十省市在校青少年理想、动机和兴趣调查发现，学生最不喜欢某一学科的原因中"基础不好"占59.84%，排第一位。

4. 利用原有兴趣、动机的迁移

兴趣、动机迁移是指在学生缺乏学习动力，没有明确的学习目的情况下，把学生从事游戏等其他活动的兴趣和动机转移到学习上来，从而使学生产生对学习的需要。

为此，中职教师对班级中不愿学习的学生应仔细观察，发现他们的兴趣点，如对体育活动、文娱表演、绘画等的兴趣，然后巧妙地组织有关的活动，将这些兴趣与学习联系起来，转化为学习需要和学习兴趣。

本章总结

1. 动机是引起与维持有机体活动，并使该活动指向某一目标的内部动力或过程。动机由内驱力和诱因两个基本因素构成。内驱力是指在有机体需要的基础上产生的一种内部推动力。内驱力引起反应，反应导致需要的满足。内驱力可以分成生理的和社会的两种。生理内驱力激活生理行为，社会内驱力激活的是社会方面的行为。诱因是指能满足有机体需要的物体、情境或活动，是有机体趋向或回避的行为目标。使有机体趋向、接近的行为目标是积极(正)诱因；使有机体回避、远离的行为目标是消极(负)诱因。有机体通过对诱因(目标)的趋向和回避而使内驱力得以满足。动机主要有激发功能、定向功能、强化功能三种作用。

2. 学习动机是直接推动学生进行学习的内部动力。学习动机是由多种心理成分构成的，其中，知识价值观、学习兴趣、学习效能感和成败归因是较重要的心理成分。知识价值观即对知识价值的认识，它反映个体学习内容是否有用以及作用大小的看法。学习兴趣又称求知欲，是好奇心在学习上的表现，是力求认识世界，渴望获得文化科学知识、探求真理并伴随着愉快的情绪体验的认识倾向。学习效能感是个体对自身学习能力的肯定认识，即对自己学习能力的主观肯定推测，是个体在学习上的自信心。成败归因指个体对学习成功或失败原因的主观分析。知识价值观、学习兴趣、学习效能感和成败归因是后天习得的学习内驱力。学习动机也离不开诱因和目标，如知识、技能、分数、考大学、父母表扬、竞赛等。

3. 学习动机的分类方法很多。学习动机可以分为外在动机和内在动机。外在动机是指由学习结果或学习活动以外的因素作为学习的目标而引发的推动学生学习的动力，学习活动只是达到目标的手段；内在动机是指由学习活动本身作为学习的目标而引发的推动学生学习的动力，学习者在学习活动过程中获得满足。布罗菲把学习动机分为普遍型学习动机和偏重型学习动机两类。具有普遍型学习动机的学生，对各项学习任务都认真努力去完

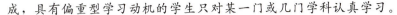

成，具有偏重型学习动机的学生只对某一门或几门学科认真学习。

4. 奥苏贝尔认为，学生的学习动机表现为学校情境中的成就动机，包括三个方面的内驱力，即认知内驱力、自我提高内驱力以及附属内驱力。认知内驱力是在要求理解、掌握知识，以及系统地阐述问题或解决问题的需要的基础上产生的一种内驱力。自我提高内驱力是在通过胜任某些活动而获得他人尊敬的需要的基础上产生的一种内驱力，其目标是赢得某种地位或名次。附属内驱力又称交往内驱力，它是在希望获得或保持他人认可、赞许、关心、支持或友谊的需要的基础上产生的一种内驱力。以上三种内驱力作用的大小和它在学习动机中的比重不是固定不变的，通常因年龄、性别、社会地位、种族、人格结构等因素的不同而发生变化。

5. 学习动机不仅对学习行为起着激发、定向、维持的功能，而且还直接影响到学习的效果。一般而言，学习动机与学习效果是一致的，表现在学习动机可以促进学习，提高成绩。但动机与学习效果的关系不总是一致的，学习动机强度过低或过高都很难产生高的学习效率。动机的最佳水平与学习课题的难易程度有关。难易适中的课题，最佳水平为中等动机强度。比较容易或简单的课题，其最佳水平为较高的动机强度。比较复杂或困难的课题，其最佳水平为较低的动机强度。

6. 对于学习动机的理论解释有很多，比较有代表性的观点是强化理论、需要层次理论、成就动机理论、归因理论、自我效能感理论和自我价值理论。每一种理论对于学习动机的解释都有自己独特的视角，给职业学校教师的启示和指导也是不一样的。

7. 职业学校学生学习动机培养是指使学生建立学习动机的过程，是职校学生的学习动机从无到有、从弱到强、从错误、低级到正确、高尚的发展变化过程。职业学校学生学习动机的激发是指通过一定的教学措施使职校学生已有的学习动机由潜在状态转变为激活状态，成为学习活动直接、有效的推动力量。在教学实践中，职业学校学生学习动机培养和职业学校学生学习动机的激发紧密相连，又互有区别，二者很难截然分开。

8. 培养职业学校学生学习动机的过程，也是培养学生个性品质和特征的过程。学习动机多种多样，培养的方式方法也有不同。职业学校学生成就动机训练可以分为意识化、体验化、概念化、练习、迁移、内化六个阶段进行。归因训练的基本步骤是：了解职校学生的归因倾向、让职校学生进行某种活动，并取得成败体验、让职校学生对自己的成败进行归因、引导职校学生进行积极的归因。职业学校学生自我效能感的培养应主要做好三种培训，即直接经验培训、间接经验培训和说服教育。

9. 职业学校学生学习动机的激发与维持，可从外在学习动机和内在学习动机两方面入手。外部强化可激发外在动机，影响职业学校学生的学习行为。在课堂情境中，教师可以运用目标、反馈、评价、表扬、批评、竞赛等各种强化手段来激发与维持职业学校学生的外在学习动机。激发与维持职校学生内在学习动机可采取：创设问题情境，引起职校学生的认知矛盾，激发求知欲、提倡发现学习、培养学习兴趣、利用原有兴趣及动机的迁移等措施。

思考题

1. 试述几种有代表性的学习动机理论的基本内容。其中对你最有启示的理论是什么？
2. 教育教学实践中，你是如何或打算如何激发和培养学生的学习动机？

（本章作者：屈正良）

专题九 职业学校学生群体心理与班级人际关系

　　个体是群体中的一员，一个人从出生到成年，其行为和心理都会受到群体的重要影响。职业学校是一个大群体，班级、团队、小组和社团等学生群体，是职业学校这个大群体中的中小群体。教师和学生是群体的成员，在职业学校这个群体中相互交往、相互影响。作为职业学校的教师，面对的不仅仅是一个个学生，而且也面对具有不同特点的大小群体。职业学校教师了解学生群体心理，不仅有助于更好地理解学生在群体中的特有心态和行为表现，也有助于建立和发展班集体，而且还有助于教师了解自己的角色地位，处理好群体内的各种社会心理问题。

　　本章在介绍群体概念和分类的基础上，重点讨论群体对职校生行为的影响，班集体的社会心理现象，职业学校班级人际关系等内容。

第一节　职业学校学生群体心理

一、职业学校学生群体的含义和功能

(一)职业学校学生群体的含义与特点

在社会心理学中，群体也称团体，是指人们彼此之间为了一定的共同目的，以一定方式结合在一起，彼此之间存在相互作用，心理上存在共同感并具有情感联系的两人以上的人群。[①]一个真正意义上的群体具有四方面特点：

第一，有一定数量的成员，一般由两个以上的个体组成。

第二，群体成员根据一定的目的或承担的任务相互交往，协同活动。[②]群体成员是否具有共同的行为目标是维系群体生存的必要条件。在共同目标的引导下，群体成员的行为可能会高度一致。[③]久而久之，为了保证更好地实现群体目标便会在群体内部形成一种该群体特有的亚文化，有自己的价值观、态度倾向和行动方式。

第三，有一定的组织结构。

第四，成员心理上有依存的关系和共同感，存在一定的相互作用与相互影响。群体成员之间不仅能在生活、学习、工作方面相互帮助、团结协作，而且在思想、感情、观念上等都趋于一致，对群体产生责任感、依恋感、荣誉感、自豪感等肯定的情绪体验。

职业学校相对来说是一个大群体，它又包括如班级、团队、小组等多个中小群体。上述这些群体是按一定规则由行政命令成立的，系正式群体。在教学活动中，最常见的正式群体就是教学班。教学班是按照教育部正式文件规定，为完成学校组织赋予的教育教学任务，通过师生互动而构成的规范性教育组织，它具有一些不同于其他群体的特征。主要有：

1. 同一性

同一性即指教学班成员大体处于同一发展阶段。同一班级中，虽然学生之间存在着个别差异，但总的来说，无论是年龄、生理和心理发展水平，所掌握的文化科学知识基础，以及对他们的教育要求等基本上是相同的。

2. 学习的调节作用

教学班是以学习为主要调节机制的，其基本任务就是学习。对学习目标的认同和为获得学习成功的一致行为，是班级赖以存在和发展的基础。学习气氛是班级质量的重要指

---

① 章志光主编，金盛华副主编. 社会心理学[M]. 北京：人民教育出版社，2006：384
② 皮连生主编. 学与教的心理学[M]. 上海：华东师范大学出版社，1997
③ 郑雪主编. 社会心理学[M]. 广州：暨南大学出版社，2004：202～203

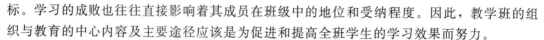

标。学习的成败也往往直接影响着其成员在班级中的地位和受纳程度。因此，教学班的组织与教育的中心内容及主要途径应该是为促进和提高全班学生的学习效果而努力。

3. 平等的伙伴关系与较少的依赖性

教学班成员之间是完全平等的同学关系，无上下级之分。同学虽然生活与学习在一起，但并无直接的共同的利益，相互之间的依赖性不大。因此，在不同时期不同阶段，向学生提出明确具体的共同目标，重视集体活动的组织，是非常重要的，它有助于促进学生之间友好紧密关系的形成。

4. 教师在教学班中具有较强的影响力

职校教师对教学班拥有较大的权威和影响力。教师是班级的组织者和领导者，他们的身心也远比学生成熟。因此，教师的学识、个性对教学班影响甚大。

5. 受外来影响显著

教学班不是独立于其他群体和社会之外存在的，职业学校的其他群体、校外伙伴群体、家庭和社会风气都会对教学班及其成员产生相当大的影响，何况作为教学班的学生成员其身心正处于成长变化之中，极易受到各种外部影响，如果忽视这些外来影响对学生可能产生的巨大作用，就难以有效地开展班级工作。

(二)职业学校学生群体的功能

1. 完成社会赋予的任务

职业学校学生群体的基本任务与基本活动是学习。为了完成这一中心任务，教师在工作中要不断向班级提出学习上的具体要求，使每个人把取得好的学习成绩看成是全班的任务。群体同时具有每个成员必须遵守的行为规范，又有一定的功利作用(即对每个成员拥有评定、奖惩的权力)，还可以通过群体制度、纪律对其成员产生约束性影响。这些因素共同发生作用，把成员的行为统一到群体行为中，由此使群体协调一致，共同完成社会赋予的学习任务。

2. 满足成员的心理需要

群体可以通过其人际之间的相互交往、相互作用，满足其成员的各种心理需要，如交往的需要、归属的需要、友谊的需要、自尊的需要和自我确认的需要等。归属于一个群体的认识和为群体作出贡献的意识，使学生可以肯定地评价自己的能力和品格，提高自尊感。对一个学生来说，体验到自己是群体一分子，意识到为群体作出贡献会受到班级、同学的赞赏，这是一种最深刻的道德满足，它会激励学生更加奋发向上。

3. 为学生提供社会化的机会

群体尤其是班级集体是学校生活中的"儿童社会"，是社会影响学生个人和个人进入社会的通道之一。通过集体生活，可以促进学生集体主义意识的形成，使学生获得以集体主义原则处理社会生活、同学关系的经验。特别是学生群体是由发展水平大体相当的学生组成，因此会有种种彼此感情和要求的冲突，在处理和解决这些冲突的过程中，学生会逐渐认识到尊重自己及尊重他人的情感和意志的重要性。通过开展多种多样的集体活动，学生可以体验到集体的乐趣和团结的重要意义。这样，学生群体就为学生提供了社会化机会，

使他逐步养成符合社会规范要求的行为模式。

4. 社会比较作用

在群体中，个别成员要想得到有关自己的态度和意见是否正确，自己的性格和能力又如何，在自己没有掌握确切的客观标准时，判断的标准就是群体中其他成员的性格、能力、态度和意见。美国心理学家费斯汀格（L. Festinge.）将这种作用称为社会比较作用。通过同伴的相对比较，以及同伴作出的评价，可以帮助学生形成比较正确的自我概念。如果离开群体，失去比较的客观准则，学生就难以正确认识自己。

二、职业学校学生班集体及其形成

(一) 集体与职业学校班级集体

集体是为实现有意义的社会目标而严密组织起来的有纪律、有心理凝聚力的群体。

集体是群体的一种特殊类型，是群体发展的高级形式。作为集体，应具备以下几个社会心理特征：（1）为达到具有社会意义的目标，有共同活动的方向性；（2）为完成共同的任务，必须具有集体的团结性和成员间的心理相容；（3）在成员的交往中，具有集体主义与同志关系；（4）具有必要的组织性和纪律性。根据这些特征来衡量，某些群体可能就是集体；另一些群体则不是集体或者始终没有形成集体。

上述特征是存在于各种集体之中带有普遍性的特征。班级集体作为由教师和学生组成的一个特殊的社会体系，又处于学校这种特定的社会情境中，自然又有其自身的特点。

1. 班集体具有明确的目标和任务

职业学校班级集体的目标是学生的发展。班集体作为一个动态生长的有机体，这个有机体的功能大小、价值取向与每个班级主体尤其是学生主体的发展密切相关。职业学校班级管理不同于企业车间管理之处在于，其管理主体与客体的关系是"人—人"的关系，管理的成效体现在学生身心发展的状况上。由此决定了班集体的管理必须服从于培养人这一总的目标，要与教育过程有机配合，致力于创设一个优化的微观社会组织，进而使班集体中每一个学生的潜能得到充分的发挥。由于班集体具有明确的目的性，所以班集体在各个阶段都有体现其目标的阶段性任务。

2. 班级组成具有若干限定性

任何组织的组成都有某种限定，对于其成员也有某种要求。就职校班级集体而言，在人员特质上，构成某一特定班集体的成员在年龄和文化程度上是具有限定性的，即生理、心理发展水平大致相近，知识起点水平大致相同。

3. 班级集体中师生交往的直面性与多面性

班级集体中师生是一种直接的面对面的互动。从教师方面说，教师总是在认识学生的特性、当前的心理状态、对教学内容的理解程度之后，才能对学生施加有针对性的影响，而教师对学生所采取的认知策略会对学生在班级中的活动产生重要的影响，尤其是教师与学生的人际关系，在班级管理与学生指导中极为重要。可见，班集体的健康发展在很大程度上取决于师生、生生间的直面的互动状况，尤其是取决于班主任及教师对班级成员的认知和理解程度。师生的交往还具有多面性的特点。在现实的班级活动中，班主任和教师与学生之间、学生与学生之间的交往常常是全面多层次的，既有知识的传递与接受的交往，也有情感方面的交流与分享。日本学者片冈德雄认为，班级应该满足学生六个方面的需求："懂"的满足(知识的认识领会)；"会"的满足(技能方面的进步)；"变好"的满足(道德态度的转化)；"快乐"的满足(解放感的获得)；"得到承认"的满足(承认与被承认的问题)；"有用"的满足(贡献与成果的问题)。在实现班级这些功能时，既有教师与学生、学生与学生之间正式角色的关系，又有他们之间的各种非正式关系；而在班级交往中成员的个性暴露得比较充分，感情投入得也比较深厚—良好的班级组织能满足学生社交和归属的需要，能满足学生自尊和自我实现的需要。① 因此，班主任和教师要重视通过多种途径与学生进行广泛的交往，促进学生之间的深入交往，从而在满足班级主体多方面需要的过程中实现班级的总目标和功能。

4. 情感是班级主体间的纽带

教师，尤其是班主任需要用自身的人格力量来组织班级活动。情感是主体对主体与客体关系即需要是否得到满足的一种体验。当需要得到满足时就会收获一种积极的情绪体验，而这种积极的情绪体验又会引起共鸣，发挥潜移默化的作用，成为一种巨大的教育力量。班主任与教师的教育艺术就在于，使班集体对学生产生巨大的吸引力，让学生对班级产生向往感、荣誉感、友爱感，使学生良好的个性在班级中得到培养和发展。所以，教师要处理好发挥规章制度、纪律等强制性手段的作用与发挥专业权利、人格示范等非强制影响的关系，紧紧抓住班级成员之间的情感纽带关系，注重提升和利用自身的人格力量，与学生建立互动的、互信的、和谐的人际关系，提高班级活动的效率，促进班级目标的实现。

班集体是职校生在学校学习和生活的主要场所，职校生在学校的绝大部分时间是在班级里度过的，班级对职校生的影响是其他群体不可替代的，班级的活动和气氛对职校生的行为、认知能力和个性发展都产生着重要的影响，是一种与职校生的学习和发展息息相关的微观环境。职校生在班级中，通过集体的共同学习与生活，养成行为规范，积累社会经验，培养责任意识、平等意识、合作意识和竞争意识。可以说，班级既是职业学校学生个性发展的舞台，又是进行集体教育的重要场所。因此，有经验的职校教师都十分重视班级的建设。

(二)职业学校班级集体的形成

变化发展是一切事物的属性，任何事物都有一个产生、发展的过程。职业学校班级集体也是如此。一般认为，职业学校班级集体的形成要经过以下三个阶段：②

第一阶段可称为班级主体与个人属性之间的矛盾阶段。这是班级形成的初始阶段。在群体动力学的研究中，称此阶段为"松散型班级群体"。所谓松散群体是指学生们只在空间

① ［日］片冈德雄著，贺晓星译. 班级社会学［M］. 北京：北京教育出版社，1993：8
② 王守恒，查啸虎，周兴国主编. 教育学新论［M］. 合肥：中国科学技术大学出版社，2005：280

和时间上结成群体，但成员之间尚无共同的活动目标和内容。[①] 具体说来，此时班级主体缺乏必要的了解，还没有形成大家认同并愿意遵守的行为规范，群体意识薄弱。此时，教师尤其是班主任要尝试用各种方式了解、掌握学生的各方面的情况，做到对学生有一个真实、客观的了解；学生更是要把注意力集中于了解班主任和教师、尝试与同学建立稳定的人际关系，形成各种基于亲缘及游戏、兴趣倾向等因素结合起来的小团体。

第二阶段可称为团体要求与个人属性之间的矛盾阶段。这是班级体形成的中间阶段。在群体动力学的研究中称此阶段为"合作型班级群体或联合型班级群体"。此时大家已经有了必要的了解，小团体也基本稳定，班级成员们试图在进一步的交往中满足各种需求。这一阶段还可以分为三个小的时期，但是焦点都是团体要求与个人属性之间的矛盾。第一个时期是师生矛盾时期。这个时候班级多数学生的注意力集中在教师尤其是班主任身上，以是否获得班主任及教师的认同作为满足自身自尊和成就感的标准。所以在这一阶段，尤其是班主任，应该较快形成起骨干作用的班干部队伍并有效地发挥他们的作用，师生的矛盾将得以转移和缓解，学生的自治能力也将得到及早而有效的培养。第二个时期是师生、生生矛盾交织的时期。此时班干部在教师尤其是班主任的支持和指导下带领全班开展活动，班级主体的注意力大多集中到活动的内容、决定于班干部的做法上。由于大家对引发矛盾的来源的归因方式的不同，因此此时矛盾既可能是师生之间的，也可能是生生之间的。但总体来说，这时候学生在班级活动中对班干部和教师的依赖性还较强。第三个时期是学生团体之间的矛盾时期。此时在教师和班主任的指导下已组成以班干部为核心的群体。由于此时班级活动的开展已基本由班干部负责，班主任、教师与学生之间的矛盾减少了，而学生之间的矛盾却呈现增多的趋势。

第三阶段可称为团体要求框架内的矛盾的阶段。这是班级体形成的最后阶段，在群体动力学中称为"集体"。进入这一阶段，其成员所进行的共同的活动不但对每个成员都具有个人意义，而且还具有重要的社会意义。班级中的大多数学生已经接受集体的要求，于是班集体内部的矛盾的实质与前两个阶段相比已经发生了质的变化，已经由要不要做和做什么转向了如何做才更好的问题；这一阶段的矛盾虽然较多的表现在"管理权"的竞争上，但此时的矛盾主要不是情感上的对立，而是认识深浅、价值多元、个性体验等造成的逻辑和思路的差异。

(三)职业学校班集体的建设与发展

职业学校班集体的建设与发展，是一个教育培养的过程，是一种复杂的工作过程。从班级初建到成为一个良好的班集体，需要采用有效的经营方式和一定的时间。根据班集体的理论和优秀班主任的工作经验，班集体的建设要从以下几个方面进行：

1. 确立班集体共同的奋斗目标

目标是一个集体预期要达到的工作目的和结果，是一个集体的奋斗方向。目标是一种

[①] 皮连生主编 . 学与教的心理学 [M]. 上海：华东师范大学出版社，1997：302

社会过程的预测，它具有指向、激励和凝聚的作用，可以成为推动集体发展的巨大动力。[①]
一般说来，集体的共同目标具有凝聚作用，是班级团结的基础；集体的共同目标具有导向作用，是班集体前进的动力和航向；集体的共同目标具有调控作用，调控学生的个人行为和活动；集体的共同目标具有教育作用，体现社会要求，促进学生的发展。

在确立班级奋斗目标时，应遵循目标整合的心理学原则。这个原则有两层意义，对集体来说，班级的总目标应包括和满足学生个体的需要和愿望，使学生个体目标在班集体内得以实现。因为班集体不仅具有社会化功能，而且具有个性化功能，在班集体的建设和发展中也应让学生个体得到良好的发展。同时对班级成员来说，学生个体目标必须与班级目标一致，或趋向于统一，当班级目标与个体目标发生矛盾时，应以集体利益为重，修正个人目标，甚至牺牲个人目标。因此，班主任在确定班级目标时应正确理解国家的教育目的，明确我们的办学宗旨，深入分析班级的问题和学生的需要、愿望及能力，与班干部一道发动全体同学进行讨论，提出符合实际和鼓舞人心的班集体奋斗目标，围绕奋斗目标安排好各项工作，并经常督促检查目标的落实情况，强化目标的引导和激励作用。可见，确定班级奋斗目标的过程，实际上就是班级组织上下形成共同的价值观念和统一的协调行动，促进集体目标与个人目标统一实现的过程。这是班集体凝聚力形成的关键。因为高凝聚力的集体应能给其成员以满足，在班集体共同目标实现过程中，个人合理需要和愿望也得以实现。[②] 同时，在提出目标时，应遵循激励性、民主性、可行性和阶段性的原则。

2. 尊重学生个性，引导学生进行自我教育

个性培养是现代教育普遍关注的问题，班级建设与学生个性的培养是相辅相成的，只有在班集体中，学生的个性才能得到最充分、最全面的发展。集体促进学生个性发展的功能表现为按照学生身心发展的特征、水平及形成和发展的规律，以环境和教育的社会化为媒体，通过学生主体性的内化机制，形成和发展学生的个性。

在班集体中，学生既是教育的客体，又是教育的主体。外在的教育只有在调动了学生的主体能动性的情况下才能发挥作用，班集体的建设和发展是在教师的指导下，学生自我教育的结果。"促进自我教育的教育，才是真正的教育。"[③]所以，在班集体的建设和管理过程中，要树立"以学生为本"的教育理念，改变以往传统的班主任事事亲为的管理模式，退居幕后当好"导演"，确立学生在班级管理中的主体地位，"让每个学生成为班级的主人"，班级的一切活动都要围绕调动学生的积极性、主动性和创造性开展。

3. 培养班干部，形成集体的领导核心

班主任是班级工作的主导，班主任的管理水平和素质会对班级建设产生至关重要的影响。选好、使用好班干部，尊重班干部的工作，还要动态地调整班干部队伍。班主任应通过民主选举的方式选出学生认可的、具有较强组织能力和号召力并能团结同学、关心集体、乐于为班集体服务以及具有奉献精神的同学组成班团委。班主任根据每个成员的兴

---

① 邵宗杰，裴文敏，卢真金主编．教育学[M]．上海：华东师范大学出版社，2006：329

② 侯秋霞．班集体凝聚力形成的心理学分析[J]．广东教育学院学报．2000(12)

③ 丁锦宏主编．教育学[M]．南京：南京大学出版社，2006：439

趣、爱好、特长进行分工，明确责任，人尽其才，自理自治，同时由班主任加强领导和指点。比如，对班级工作中的困难要及时予以鼓励，对工作中的失误要承担责任，对工作中的成绩给予表扬和奖励。充分调动班团委的工作积极性，培养他们的工作能力，发挥他们在班级管理中的骨干作用，这样良好的班集体才能得以长期维系。[①] 同时也要注意对于班干部队伍的调整，可以不断地激励班干部以及全体同学的进取心，也可以在不同的岗位上锻炼班干部，提高他们的领导素质。一个健全良好的班级，应逐步建立班主任—核心班干部—班干部—大批积极分子—普通学生的班级管理模式。[②] 具体来说在培养班干部时应注意：将选择与培养并重；优化学生干部结构；明确干部分工；创造更多的角色，为每个学生提供锻炼的舞台；利用好非正式群体领袖的优势；给予班干部充分施展才华的机会，实行班级学生自主管理。

4. 开展丰富多彩的班级活动

班级教育活动是班集体形成、巩固与发展的基础，班集体也正是在实现共同目标的活动过程中逐渐形成的。因为只有在为实现班集体的共同目标而进行的系列活动中，全班学生才能充分交往、互相理解、建立友谊，为形成集体奠定感情基础；才能健全班级的组织机构及其功能，更好地分工协作，把全班学生的积极性都调动起来；才能激发学生的责任感与集体主义精神，帮助学生学会正确处理自己与他人、个人与集体、班级与学校、学校与社会之间的关系。

【相关链接】

对于职业学校班级活动的主要要求

(1)要有明确的目标。

教师在组织班级活动时不应该为活动而活动，只图表面的热闹，更应该重视活动背后的教育作用和意义，充分认识到只有有利于学生发展的活动才是好活动。

(2)教育性与娱乐性相结合。

做到寓教于乐，目的明确，内容健康，针对性强，生动活泼。

(3)计划性与灵活性相结合。

班级活动既要围绕本班的目标，有系统有计划地开展，又要根据实际情况灵活变通，增加活动的可操作性和教育意义。

(4)主题鲜明，具有时代性、启迪性和针对性。

教育在向学生传递人类知识文化的同时，更应让学生触摸到时代的脉搏，扮演好沟通学生成长与社会发展的角色。所以教师在选择班级活动主题时要选择那些有时代感的主题。可以从时事中选材，从生产科技发展中选材，也可以从身边的新鲜事中选材。但要注

---

① 伍祥昕. 形成良好班集体的意义和途径[J]. 2008(21)
② 陈洁. 班集体的形成和发展撷议[J]. 陕西教育，2008(6)

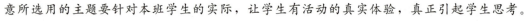

意所选用的主题要针对本班学生的实际，让学生有活动的真实体验，真正引起学生思考。

（5）内容充实。

班级活动的内容要在整体教育观的指导下进行，活动内容应该包含德、智、体、美、劳诸方面，形成教育活动的全面网络型，使学生得到多方面的教育和发展。

（6）重视准备过程。

班级活动旨在教育、锻炼学生，尽可能地让更多的学生参与到班级活动的准备和开展过程中，在准备和参与的过程中受到教育。所以说，班级活动既要重视结果，更要重视过程。

（7）要有创造性。

形式、内容、过程等都应力求新颖、灵活、多样。要求采用丰富多彩、变化新奇的活动形式进行，可以充分利用如故事会、演讲、团体心理训练等形式；在活动的组织形式方面也应多样化，除了集体活动外，还可以采取小组活动和社团活动等形式。要兼顾学生的兴趣、爱好、发展需要，让活动的形式和内容实现有机地统一。

（8）充分发挥集体的作用。

班级活动不仅要依靠班干部，更要依靠大多数的学生。只有充分调动了班级全体学生的积极性和创造性，活动才能取得应有的效果。

（9）争取家长的支持。

家长是重要的教育力量，班级活动在材料准备、安全等方面都可能需要取得家长的理解和支持。因此教师，尤其是班主任，应努力做好与家长的沟通工作，争取家长的支持与配合。

（10）组织富有专业特色的班级活动。

职业学校作为以向学生传递技术技能为主的教育机构，在开设班级活动的类型方面应与其他类型学校有所不同，更应该突出专业特色。比如说可以组织专业主题性活动，这样不仅使班级活动的内容和形式更加丰富，而且使课堂教学中的专业知识在活动中得到应用、展示和延伸，进一步挖掘学生的兴趣，激发学生的专业潜能，促进中职学生的专业成长；还可以开展专业体验性实践活动，让学生学习一些简单的专业知识和技能，体会独特的专业感受，了解企业中的各种制度、行业规范、职业道德等，增强学生合作与竞争的意识。如对于汽车专业的学生来说，可以尝试着进行专业服务性质的实践：组建爱车卫士，定期向公交车、相邻社区内的汽车司机和校园内有车的教师宣传汽车保养知识，并提供清洁服务；专业岗位的模拟实践：组织车模的拆装比赛，开展模拟汽车销售和服务、汽车导购等活动。

5. 培养正确的舆论和良好的班风

制度管理固然重要，但群体规范与道德舆论更具有强大的感召力和影响力。班级有了正确的舆论导向和良好的班风，才能使班上大多数学生具有明辨是非、分清好坏的能力，成为几十名学生发展的巨大精神力量，并内化为学生的行为规范和准则。同时积极向上的集体舆论对班级建设产生极大的约束力，有利于培养健康进取的良好班风。[①] 正确舆论和良好班风的建立是教师和学生共同努力的结果。教育实践证明，班风一旦形成，就具有一种无形的压力和约束力，深深地影响着班级成员的思想、情感、态度和社会行为，并起着潜移默化的影响作用。班风的形成受班集体的性质、班主任的领导风格、家庭环境、学校环境和社会风气等因素的影响和制约。马卡连柯指出，良好的班风应该是朝气蓬勃的，有进取精神的，有随时行动的准备。[②] 在班风建设方面，对于教师而言，要求教师尤其是班主任老师以身作则，给学生提供行为标准，让学生在观察中明辨是非，分清善恶；要严格执行班规，督促学生形成良好的行为习惯；要按规定处理问题，避免感情用事，力求前后态度和方法的一致性，做到平等地对待所有学生；要特别重视发挥集体的教育力量，善于从本班的实际出发，不断振奋学生的精神，鼓励学生前进的目标，使每个学生都自觉地为实现班集体的目标而严格要求自己，形成班集体的凝聚力，从而促进文明班风的形成。[③] 在正确积极舆论的树立方面，班主任要让学生树立正确的是非观，善于抓住一切时机，通过讨论、评比等方式在班级中树立积极正确的班级舆论氛围。还可以通过典型示范和班主任的言传身教，努力在全班形成正确的精神激励机制、道德压力机制、环境影响机制，使班级初步具备学生自我教育和自我提高的舆论道德管理模式。[④]

6. 建立良好的班级人际关系

人际关系指人与人在交往过程中形成的直接而稳定的心理关系。教师与学生之间、学生与学生之间，由于生活在同一个集体中，为了完成共同的目标，需要进行不同层次、不同性质的人际交往，班集体中的教育活动都是以人际交往的形式进行信息沟通的。所以，建立良好的人际关系是班集体建设和发展的需要。

7. 开展富有专业特色的就业与创业指导

在实际工作中，根据学生在校学习的三个阶段，将职业指导和创业设计教育渗透到日常班级教育中，引导学生树立正确的职业理想，选择和设计自己的职业生涯。一年级是学生刚刚进入学校生活的第一年，班主任应该在多渠道、全方位地向学生介绍专业特点、专业背景、专业现状等，及时掌握学生的个性特点、内心世界和思想动态，积极引导学生形成良好的专业意识，努力帮助学生树立正确的职业观和就业观，培养学生的专业精神；二年级是学生增加专业知识和技能的重要时期，这一阶段班级德育工作的重点是协助专业课教学，通过开展一定形式的主题班会活动和社会实践活动，及时消除学生专业课学习的畏难情绪，提高学生学习专业的兴趣；三年级学生进入顶岗实习阶段，同时即将面临就业，因此这一阶段的班级德育内容着重就业政策的学习，就业形势的分析，就业信息的搜集，求职技巧、实习准备、自主创业、心理调适等具体问题的指导和训练。在实践中，可一方面邀请企业人力资源主管定期开展信息咨询活动，并对学生进行模拟面试训练；另一方面

① 陈洁. 班集体的形成和发展摭议[J]. 陕西教育，2008(6)
② 丁锦宏主编. 教育学[M]. 南京：南京大学出版社，2006：443
③ 贺岩. 做好中等职业学校班级管理工作的思考[J]. 才智，2008(12)
④ 陈洁. 班集体的形成和发展摭议[J]. 陕西教育，2008(6)

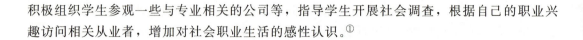

积极组织学生参观一些与专业相关的公司等，指导学生开展社会调查，根据自己的职业兴趣访问相关从业者，增加对社会职业生活的感性认识。[①]

三、职校生的非正式群体与参照群体

（一）职校生的非正式群体

美国心理学家梅约将组织内的群体分为正式群体和非正式群体两大类。[②] 在职业学校中，正式群体是指由教育行政部门明文规定的群体，其成员有固定的编制、明确的职责权利和确定的组织地位。班级、小组、团支部等都是正式群体。与正式群体相对的是非正式群体，非正式群体是指在正式群体内部因相互交往而形成的以个人好恶、兴趣爱好为纽带，具有强烈感情色彩的群体。[③]

在职业学校的班级中，往往有学生非正式群体的存在。这样的群体通常称为"小圈子"，其群体成员彼此非常了解，在完成某种活动时积极的相互合作。这种群体在职业学校中的最主要表现形式为友伴群体，它的特征主要有：①群体规模小，能量大。职业学校中较为稳定的非正式群体往往是小型的，它的典型人物是两三个人，由于非正式群体的成员是为了满足共同的优势需要而活动的，因而它能为每个成员提供充分表现自我的机会，使其发挥聪明才智，使有限的成员组合发挥巨大的能量。②交往频繁，凝聚力强。非正式群体是以满足各自的心理需要而结合形成的，成员之间情投意合、感情融洽、信息沟通渠道畅通无阻。而且，非正式群体是以情感为纽带，以心理契约为行为准则而建立和发展起来的，因此在非正式群体内部成员之间相互信任、群体凝聚力较强烈，具有较强的排他性。③角色相同，地位平等。职业学校中非正式群体的所属成员的权利、义务和地位是相同的，彼此平等，没有按照一定制度而产生的领导人，其核心人物是自然而然产生的，因此可以自然更替。同时，在非正式群体中，成员可以既是正式群体中的一员，也可以是非正式群体的成员，可以按照自己的兴趣爱好自主地决定加入或退出某一非正式群体。④行动一致，作用具有二重性。职业学校中的非正式群体有一定的行为规范和群体目标，大家在行动中相互配合，相互鼓励并力求行动的协调一致。而非正式群体其作用的二重性则主要是指当其目标和规范与学校、班集体的教育目标相一致时，其作用一般是积极的；反之则是消极的。[④] 一般说来，非正式群体主要有四种不同的性质：积极型、中间型、消极型和破坏型。在处理非正式群体的班级管理活动时，可以利用其成员间情感密切的特点，引导他们相互学习、取长补短；利用其成员相互信任、说话投机的特点，引导他们开展批评和自我批评；利用其成员间信息沟通迅速的特点，可以及时收集学生的反应，做到班级管理心中有数；利用其成员归属感强、爱好社交的特点，把正式组织无力顾及的任务交给他

---

① 张平君. 中等职业学校特色班级的创建——以汽车专业为例[J]. 职业技术教育，2008(2)
② 章志光主编，金盛华副主编. 社会心理学[M]. 北京：人民教育出版社，2006：386
③ 皮连生主编. 学与教的心理学[M]. 上海：华东师范大学出版社，1997：302
④ 张承芬主编. 教育心理学[M]. 济南：山东教育出版社，2001

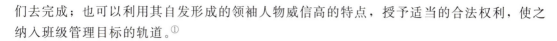
们去完成；也可以利用其自发形成的领袖人物威信高的特点，授予适当的合法权利，使之纳入班级管理目标的轨道。①

(二)职校生的参照群体

参照群体是指个人作为行动标准和指南，加以模仿和效法的群体。它相对于隶属群体。隶属群体，又叫成员群体，是个体直接参加或隶属的群体，比如家庭、游戏群体、学校等；当一个群体的目标、规范成为职校生行为的动机时，这个群体便成了职校生的参照群体。当职校生把某一群体的目标、规范、价值作为自己行为的指南时，他就会以此推动并激励自己努力按照其规范约束自己，经常把自己的行为与该群体规范相对照，若不符合这些规范就改正自己的行为。比如说一流的技术工程师群体往往是职业学校学生的参照群体，在这一参照群体的感召和影响下，职校学生会严格要求自己，逐渐将其所具有的信仰、价值观和人格等内化为自己的一部分，最终成为参照群体中的一员。

四、职业学校群体影响学生个体行为的心理机制及方式

任何一个群体的行动都是在某种力量的推动下实现的。所有影响群体及其成员个人行为发展变化的力量的总和就是群体动力。最早研究群体动力学的是美国心理学家勒温，他用场理论和力学概念说明群体成员之间各种力量相互依存和相互作用的关系，认为群体不是个体的简单总和，群体会对个体产生巨大的影响，个体在群体中会产生不同于单独环境中的行为。了解和正确运用制约群体成员的群体心理机制，有助于职业学校教师更好地开展教育教学工作。

(一)职业学校群体影响学生个体行为的心理机制

1.群体规范与舆论

群体规范是指约束群体成员的行为准则，它是群体成员保持思想、情绪、态度和行为一致的保证。如果没有群体规范，群体就会失去整体性，也将不能称为群体。群体规范可分为正式规范和非正式规范。正式规范是在正式群体中明文规定的行为准则，由上级或群体其他成员监督执行，如职业学校的各种规章制度。非正式规范是成员约定俗成的、无明文规定的行为准则，如风俗、习惯等。需要注意的是，非正式规范的制约能力有时比正式规范的还要大。在学校中主要存在两种类型的社会规范：一是国家教育部门明文规定的学生守则、各种规章制度；二是学生在自己的群体交往中形成的为大家所认同的潜在规范。无论哪种规范都同样具有约束力和指导群体成员行为的作用。群体规范的形成受模仿、暗示、从众等心理因素的影响。它能够潜移默化地影响群体成员的行为和思想。②

群体规范作为一个群体内部公认的行为准则，它对保持群体团结具有重要作用。群体规范一旦形成就会反过来对群体发生作用，约束每个成员的行为，使群体内成员的思想与

---

① 皮连生主编.学与教的心理学[M].上海：华东师范大学出版社，1997：302
② 郑雪主编.社会心理学[M].广州：暨南大学出版社，2004：207～208

行为按照规范执行，维护群体的生存和发展。但另一方面，由于规范代表的是多数人的意见，所以在规范的限制下，人们往往把一些创造性的行为看作是越轨的行为、不符合社会要求的行为，这些行为者往往会受到打击和排斥，这就容易使人们习惯于在规定的范围内思考，不利于人们积极性和创造性的发挥。

舆论是群体中占优势的观点和意见，它与社会规范相联系。它对群体成员的心理和行为具有强大的动力作用，它可以成为一种社会控制力，对人们的行为进行评价和约束。舆论是一种社会心理现象，它所反映的多半是多数人的意见，一般具有较多的合理成分并有浓厚的情绪色彩，因而比较容易得到显著的心理效果。但在某种情况下，舆论的倾向也可能有消极的性质，特别是在某些事实真相尚未被多数人所了解的时候。由于舆论的形成比较复杂，特别是它在传播扩散的过程中，能作为一种信息的沟通而获得多数人的共鸣，就往往有积极和消极两种可能性。因此，就有必要控制学校的舆论，要按照舆论形成的规律来制造正确的舆论导向，抵制错误的舆论，使其发挥应有的作用。[1]

2. 群体压力

群体大多数成员的意见会产生一种无形的力量，它使群体内每一个成员自觉或不自觉地保持与大多数人的一致性，这个力量就是群体压力。

群体压力虽然不具有强制的性质，但它对于个体来说却是一种难以违抗的力量。因为当一个人的意见与群体内大多数人的意见和行为不一致时就会感到紧张，这种紧张来自于对偏离群体的恐惧。每个人都有归属一定群体的需要，而偏离大多数人的意见则意味着对这种归属感的威胁。[2]

群体压力的作用有积极的一面，也有消极的一面。当群体大多数人的意见正确的时候，它的作用一般是积极的；如果大多数人的意见是错误的，群体压力往往会带来消极的后果，使少数正确的意见受到压制，把群体导向错误的方向。因此，在保证学生群体压力具有正确方向的前提下，教育者应充分利用群体压力去转变某些学生的不当行为；同时还要警惕群体压力的负作用，以免让其窒息了群体成员的独创性，要防止学生中一些正确而有价值的意见因群体压力而遭压抑。

3. 群体凝聚力

群体凝聚力是指群体成员之间相互吸引并愿意留在群体中的程度。它包括两个方面：一是群体对成员的吸引力；二是成员彼此之间的吸引力。[3] 它对集体的活动和团结有极其重要的作用。在学校中，一个高凝聚力的集体，成员之间言行一致，相互配合，相互支持，齐心协力为完成共同的目标而努力奋斗；一个缺乏凝聚力的群体，成员之间互不信任，意见分歧，士气涣散，成为一盘散沙。[4]

一个集体凝聚力高低主要取决于群体领导者及领导方式、群体目标与个人目标的一致

① 张承芬主编. 教育心理学[M]. 济南：山东教育出版社，2001
② 周晓红著. 现代社会心理学[M]. 上海：上海人民出版社，2005：341
③ 郑雪主编. 社会心理学[M]. 广州：暨南大学出版社，2004：209～210
④ 张承芬主编. 教育心理学[M]. 济南：山东教育出版社，2001

性、群体成员之间的相似性、群体规模、群体活动的目标结构和群体的外部压力六方面。以群体领导者及领导方式为例，在班级管理活动中，教师尤其是班主任的领导风格会直接影响到班级的凝聚力情况。在民主的教师领导方式下，老师会有机地将学生的个体目标与班级建设的总体目标统一起来，鼓励合作目标结构的建构，为班级同学提供较大的自由空间，从而实现在宽松自由的班级氛围中学生自觉地为班级目标的实现自我约束，自我管理，使班级整体凝聚力提高。

和群体规范一样，群体凝聚力对于群体的影响作用也有正面作用和负面作用两方面。一方面，群体凝聚力有利于调动群体成员参加活动的积极性；有利于提高群体活动效率的提高，发挥群体的优势效应；同时对于群体成员而言，有利于使其收获更多的安全感和归属感，提高自尊心和自信心。另一方面，在不同性质的外部诱导影响下，不同水平的凝聚力群体会表现出不同的工作效果。对于高凝聚力的群体而言，其成员行为高度一致，个人服从群体的倾向较强，如果加以积极诱导则可以极大地提高群体活动的效率。反之，若出现消极的诱导，则有可能降低群体的活动效率。[①] 同时，在凝聚力高的群体中，也容易压制不同意见的发表，容易滋生小团体意识。

凝聚力作为群体存在和发展必不可少的重要因素，对群体健康有效地运转发挥着重要的作用。作为教学活动主导的教师应该采取措施提高班级的群体凝聚力。首先要努力提高自身的班级领导和管理素质，实行民主的班级管理制度，为每个班级成员营造自由发表观点言论的氛围；其次要强化群体目标与群体规范，在设立班级目标时，注意把群体的发展与个人的发展结合起来，把个人目标融合在群体目标之中，同时还要建立、健全各项班级制度，明确每个学生的权利和义务，为学生提供明确的行为参照标准；最后应组织适当的合作和竞争，做到在活动中促进成员的交往和合作，增进班级成员之间的相互了解，从而增强彼此的吸引力，提高班级凝聚力。

4. 群体的心理气氛与士气

群体心理气氛是指在群体中占优势的某种认知态度和情感的综合表现。群体的心理气氛作为群体内部特征和社会心理现象，给学生群体生活染上了一层特有的情绪色彩，影响着每个学生的心理和行为。[②] 和谐、欢乐、严密、团结、合作是积极的心理气氛；相互猜忌、相互不信任、懈怠、苦恼是消极的心理气氛。良好的心理气氛和士气对于缓解群体矛盾、提高群体工作效率、促进群体成员个性和谐发展都具有重要意义。在具有良好班级心理气氛的环境中，学生彼此之间相互信任、相互帮助，共同为实现班级学习和其他目标努力。群体士气是指群体成员在完成共同任务时显示的态度和情绪。一个具有高昂士气的群体一般表现出下列特征：集体的内聚力强，群体成员能明确的掌握群体的共同目标，对目标予以有力的支持，因而全体成员有强烈的认同感和归属感，一致维护群体存在的价值。可见，良好的心理气氛和高昂的士气是学生集体形成的重要标志之一。

① 皮连生主编. 学与教的心理学[M]. 上海：华东师范大学出版社，1997：303
② 张承芬主编. 教育心理学[M]. 济南：山东教育出版社，2001

实践表明，影响心理气氛好坏和士气高低的因素有很多。一般说来，凡是符合群体中比较一致的观点与共同需要的事物，大都能引起积极、舒展的心理气氛和高昂的士气；凡是与群体的观点与需要相抵触的事物，则容易引起消极、沉闷的心理气氛和低落的士气。群体的心理气氛与士气，可以表现在课堂学习中，也可以表现在文体活动中，最明显的表现是在群体之间的各种竞赛活动中。课堂心理气氛是由教师的教风和学生的学风构成的班集体的风气，它在一定程度上是学生群体与教师之间某种关系的反映。良好的课堂心理气氛对于提高教与学的质量都具有重要的意义。以教师的不同领导方式为例，相关研究表明，不同类型的教师领导方式会对学生的心理和个性形成不同的影响，从而形成不同的班级气氛。比如说在强硬集权型的班级群体，学生会形成屈服、推卸责任、易激怒、不愿合作等消极行为反应；相反，如果在民主的班级环境中，学生会形成喜欢学习、喜欢同别人尤其同教师一道工作，学生相互鼓励且独自承担各自责任，学生工作的质和量都很高的优秀行为。[①]

那应该如何构建良好的心理气氛呢？可以从如下三方面着手：（1）目标整合。即保证社会目标、群体目标和个体目标的一致性。（2）个性倾向的一致，即培养在理想、动机、信念、兴趣、爱好等方面的一致性。（3）心理相容。即造成群体成员间相互尊重、相互信任、谅解、友好和合作的气氛。[②]

(二)职业学校群体影响学生个体行为的方式

1. 社会助长和社会致弱

社会助长是社会影响的主要方式之一。我们把在群体活动时，由于他人的在场或参与会提高活动效率的现象称为社会助长。与社会助长相反的是社会致弱，指群体一起完成一件事情时，个人所付出的努力比单独完成时偏少的现象。社会助长和社会致弱现象在我们的日常生活中随处可见。比如在运动员比赛时，如果有很多观众为他加油鼓励，他往往能顺利甚至超水平发挥，所以在比赛中东道主更容易获胜；相反，如果演员表演面对的是寥寥无几的观众，无人喝彩，那他们的效果和激情都要大打折扣。可是，有时群体也会对个体的行为产生阻碍作用，使个人在群体里活动的效率比单独一个人的低，这叫社会致弱作用。比如说有的教师在课前做了充分的准备，可是上课时发现几十双眼睛盯着自己，气氛紧张，导致心慌意乱而怯场。

在心理学中认为主要有三个影响社会助长和社会致弱的因素：一是活动的难易情况。如果学生从事的是那些已经学习和掌握得相当熟练的活动，或者是那些简单的手工操作或机械操作时，其他成员在场会提高其活动效率；相反，如果学生从事的是像写文章那样需要复杂判断、推理的活动时，他人在场则会干扰活动的完成，产生社会致弱作用。二是评价意识的激发。他人在场这一活动背景，会唤起人们竞争和被评价的意识，一旦个体产生希望自己做得比别人好的愿望时，社会助长现象便发生了。但需要注意的是，如果被他人

---

① 邵宗杰，裴文敏，卢真金主编．教育学[M]．上海：华东师范大学出版社，2005：337
② 黄强，张燕逸，武任恒主编．职业技术教育心理学[M]．天津：天津人民出版社，1991

评价的意识过于强烈，活动的难度又大而复杂时，则会引起过度焦虑而产生社会致弱现象。所以说，只有当被别人评价的意识适中时，才容易发生社会助长效应。三是注意力的干扰。当一个人在从事一项工作的时候，他人在场会造成他注意力的分散和转移，从而对其工作效率产生影响。如果从事的是他不熟悉或难度较大的工作，需要高度集中的注意力才能完成，此时他人在场会成为一个新刺激，干扰工作的进行；如果从事的是熟练的或简单的任务，工作者已达到"自动化"的程度，此时分散注意力不仅不会降低工作效率，甚至还会在潜移默化中形成一个促进效率提高的场。在生活中这样的现象很多，比如说当我们跟别人聊天时，并未注意应该如何说话但都会说得非常流畅，因为说话已成为我们自动化的反应；但如果是在用外语与别人交流时，则会由于对语音语调的过分注意而导致磕磕巴巴，发生错误。这启示教师在布置学习任务时，对于比较复杂的作业，应避免过多的人参与竞争，以保证参与的学生对学习内容的充分掌握；对于比较简单的任务，则可以通过竞争的方式激发学生的学习动机，并及时给与评价，充分发挥社会助长作用的优势。

2. 从众

从众是指个体在群体的压力之下，在知觉、判断、信仰及行为上表现出与群体大多数人一致的现象。从众现象广泛的存在于我们的生活中，了解和把握从众现象背后的心理机制有利于更好地指导职业学校的教学和班级管理。

从众是一种复杂的心理现象，这种现象在职业学校中时有发生。师生间的从众大体可以分为三种类型：（1）真从众，即心服口服型，例如当大多数同学去参加义务劳动时，某同学也情愿跟着一起去，他的这种行为就是表里一致的真从众行为。（2）口服心不服型，即表面从众，内心拒绝，这是一种权宜的从众，比如，在班里多数同学都评选某一同学为三好学生，自己内心虽然也有想法，但在表决时也表示赞成。（3）心服口不服型，即内心接纳，而表面不服从型。这种情况多是在个人内心赞同多数人的意见，但碍于身份、地位、自尊等的考虑，而违心地发表相反的意见。

从众现象发生的原因，一般认为有三个：寻找行为参照，相信他人的心理；对偏离的恐惧，寻求安全的心理；群体凝聚力，忠于群体的心理。从众作为一种群体行为，它的产生和发展是受一系列因素影响和制约的，主要有群体因素、个体因素、刺激因素和文化差异四个方面的影响因素。群体因素主要包括群体的一致性、群体规模、群体凝聚力和个体在群体中的地位四个因素；个体因素主要包括年龄和性别、知识经验、个性特征和个人自我卷入水平；刺激因素主要包括刺激物的清晰性和内容；不同的文化背景会对从众行为是否发生及发生情况有影响。

从众现象启示我们：在职业学校教学活动中，学生的从众行为具有二重性。它既可以通过先进集体的影响，改变个人的行为，促使个人的行为向积极的方面转化，也可能造成学生之间虽然一团和气，但随波逐流，盲目顺从，甚至可能造成小集体现象，影响正确决策的作出。在职业学校的管理中，要注意优化学校的育人环境，发挥校园文化的作用，建立积极的学校文化，加强正确的舆论引导，树立良好的校风、班风。同时，要注意发挥学生会等团队组织的积极作用，防止在活动中可能产生的消极作用。

3. 社会标准化倾向

多数人在一个群体里共同学习和工作时，往往对事物的知觉、事物的分析判断、动作反应速度及工作效率方面有趋向一致的倾向，这种倾向即社会标准化倾向。

心理学家迈耶（A. Mayer）在一项词汇默写、心算、笔算的测验中发现类似情况。他把被试分为两组：一组在教室中做；另一组在教室外单独做。结果发现，在共做的情况下，原来单独做而成绩差的学生在测试中成绩普遍提高；那些单独做而成绩好的学生没有明显的提高，群体的平均差有所减少。这表明共做时成绩差异的减少是由于其他人的动作速度和努力的整体水平的暗示所起的激励和促进作用，而成绩较好者则因缺乏更强刺激的鼓励放松了追求的目标，因而只保持了原来的成绩或成绩有所降低。

据此，教师应注意协调班级先进人物与全体学生之间的关系，在表扬先进同学时要考虑他们的处境，尽量避免由于表扬而使先进人物在群体中受到孤立，甚至遭到打击。教育实践告诉我们，要帮助一个学生进步，与其针对个人做工作，不如从改变群体的规范入手。由于群体的规范改变了，会产生积极的群体压力，促使个人行为的改变。[①]

第二节　职业学校学生班级人际关系

一、职业学校班级人际关系概述

（一）班级人际关系的含义

"人际关系"作为专业名词最早是在 20 世纪 30 年代由美国人事管理协会提出的。[②] 人际关系有广义和狭义之分。广义的人际关系是指包括社会中所有的人与人之间的关系，以及人与人关系的一切方面，包括经济关系、政治关系、法律关系、文化关系等。狭义的人际关系是指人与人之间通过交往与相互作用而形成的直接的心理关系，它反映了个人或群体满足其社会需要的心理状态，它的发展变化决定于双方社会需要的满足程度。从外延来看，人际关系的内容非常广泛，包括亲子关系、朋友关系、师生关系、同学关系等。[③]

职业学校班级人际关系是指班级成员之间由交往而形成的心理上的关系即心理距离，它反映了班级成员需要得到满足与否的心理状态。班级人际关系主要包括师生关系和同学关系，班级人际关系的好坏取决于这两部分关系的有效整合。对于班级人际关系中的师生关系将在本节"良好师生关系培育的心理技术"部分进行着重介绍。在这里仅介绍生生关系这一班级人际关系。

生生关系又称同伴关系，指同学之间在进行交往和相互作用的基础上建立起来的同学

① 张承芬主编. 教育心理学［M］. 济南：山东教育出版社，2001
② 吴薇莉，陈秋燕主编. 心理素质教育与训练［M］. 成都：四川科学技术出版社，2009：88～89
③ 郑雪主编. 社会心理学［M］. 广州：暨南大学出版社，2004：79～81

之间的心理关系，它是除教师之外班级成员间关系的总和，包括学生个体之间的关系、班级内学生群体之间的关系以及学生群体与个体之间的关系。在职业学校情境中，学生间的相互作用以及由此形成的同伴关系是课堂教学和管理的前提和背景之一，也是影响学生学习的重要因素之一。心理学研究发现，具有更经常、更亲密同伴关系的学生，其学习成绩要高于没有亲密同伴关系的学生。[①]

学生之间的交往途径是多渠道的，交往网络是广泛的。社会心理学家巴维拉期对群内成员的信息沟通做了研究，提出了交往结构的许多模式，其中主要的有三种(图 9-1)。

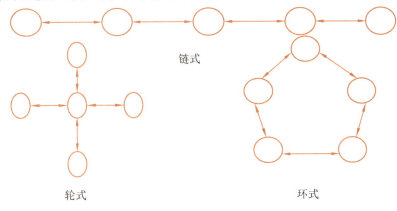

链式

轮式

环式

图 9-1 巴维拉期的三种交往结构的模式

从图上可见，链式交往是一种层级的交往形式，信息沟通速度比较快，但容易导致信息失真、士气低；轮式交往是通过核心人物分别与各方面的人物进行收集和传递信息，核心人物起着一种领导、支配和协调的作用，而且速度快、信息准，但群体成员缺乏相互了解，难以产生良好的支持和配合；环式交往只是临近的成员之间依次相互联系，尽管士气高，但缺少核心人物。

相关心理学研究证明，学生之间的交往频率大大高于师生之间的交往频率。学生认为，他们在与同伴交谈时感到轻松、愉快和友好。虽然他们在描述与成人之间的相互交往比在同伴之间更令人兴奋，但也感到更多的压抑、被动和软弱。研究还证明，不同年龄阶段的青少年对交往的期望和交往活动也不同。比如在二年级时学生的交往期望主要是找朋友、寻找帮助、共同活动等，而到了三年级这种期望则是临近关系、刺激价值等；四年级的是可接受性和钦佩性等；五年级的是忠诚和赞成等；六年级的是真诚、把朋友当成自己付出的接收者；七年级的是寻求亲密的倾向等。这些不同的交往期望是由于交往需要不同而导致的。而且交往需要的发展在不同的性别之间也存在着差异。敏感性和移情方面的主题，男孩几乎不理会；而共同消遣、结群活动和在遇到麻烦事需要帮助之类的题目，男孩的得分明显高于女孩。[②]

---

①　莫雷主编.教育心理学[M].广州：广东高等教育出版社
②　张承芬主编.教育心理学[M].济南：山东教育出版社，2001

班级中的生生关系除了表现为个体与个体之间的交往外，还主要表现为两类学生群体的交往。学生的群体有两种：一种是按教育管理的要求而组织起来的正式群体，最典型的是班集体；另一种是非正式群体，其成员不受某种规章制度制约，也就是通常所说的小团体。正式群体和非正式群体的存在是学生的生活实际。对这两种群体教育上不能顾此失彼，而应加以协调和兼顾。首先，兼顾和协调的关键是处理好群体领袖的问题。小团体的领袖常常是日常生活基础上竞争后自发产生的，他们至少在某些方面有突出的表现，并在业余和校外等非正式场合显示出较高的威望。如果他们也是班集体中的班干部，两种群体就会和谐合作并充分发挥群体功能。其次，要不断巩固和发展正式群体，使班内同学之间形成共同的目标和利益关系，产生共同遵守的群体规范，并以此协调大家的行动，满足群体成员的归属需要和彼此之间的相互认同，从而使班集体成为坚强的集体。最后，要正确对待非正式群体。非正式群体对个体的影响是积极的还是消极的主要取决于非正式群体的性质以及与正式群体目标的一致程度。对于积极的非正式群体，应该支持和保护。可以利用其成员之间的情感联系密切的特点，引导他们相互学习，取长补短；利用其成员相互信任、说话投机的特点，引导他们开展批评和自我批评；利用其成员间信息沟通迅速的特点，可以及时搜集学生的反映，做到班级管理心中有数；利用其归属感强、爱好社交的特点，把正式群体无力顾及的工作交给他们去完成。

(二)班级人际关系的构成成分

人际关系是多种心理因素的复合体，是由认知因素、情感因素和行为因素构成的一个动态系统。任何人际关系的发生、发展和改变多是这三种因素相互作用的结果。

1. 认知因素

认知因素包括人的整个认识过程，如感知觉、记忆、表象和思维等，都是人际关系的心理因素，它是人际关系形成、发展和改变的基础。学生和教师在直接交往的过程中，相互感知、理解、判断和评价，并能在认知的基础上产生相应的情感。在人际关系中，认知既能唤起情感的产生，又能控制和改变情感的发展。当教师、学生能认识到维持良好人际关系的重要性时，就会自觉地克服有损这种良好关系的各种冲突，反复地交换意见，交流思想，使人际关系得到进一步的协调，保证教育教学任务的完成。

2. 情感因素

情感因素是人际交往的主要成分，是人际关系好坏的重要标志。人际关系是在人们彼此之间的情感基础上产生和形成的，这种情感可以分为两种：一是结合性情感，它能驱使人们相互喜欢、友好、合作，使人际交往的双方都感到满意；另一类是分离性情感，它能驱使人们相互厌恶、敌对、憎恨，使人际交往的双方都感到不满意。教师学生的结合性情感越多，彼此就越相容，越有利于良好师生关系的建立和教学任务的完成；反之，分离性情感越强烈，彼此就越不相容。因此，情感相容是形成良好人际关系的动力和主要特征。

3. 行为因素

行为因素主要包括行为的模式、活动和举止的作风、表情、语言、手势等。通过这几个方面表现出个人的个性及其他可以观察到的一切。班级中教师、学生在教育活动中所表

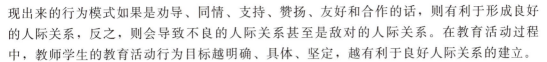

现出来的行为模式如果是劝导、同情、支持、赞扬、友好和合作的话，则有利于形成良好的人际关系，反之，则会导致不良的人际关系甚至是敌对的人际关系。在教育活动过程中，教师学生的教育活动行为目标越明确、具体、坚定，越有利于良好人际关系的建立。

总之，班级人际关系是由多种心理因素构成的一个动态系统，这些成分共同调节着人际关系的稳定性、深度和亲密性。

(三)班级人际关系的功能

班级人际关系对班级每个成员、所属群体和整个组织系统的存在和发展，对班级管理活动、教育和教学活动等方面都有重要的影响，并最终影响到整个学校的教育职能和组织效能的发挥。一般来讲，班级人际关系主要有以下几方面的功能：

1. 影响班级成员的团结与凝聚力

人际关系是团结与凝聚力的基础，人际关系的性质和状况往往反映出群体的士气、凝聚力和团结的好坏。一个班级内部人与人之间的关系融洽、和谐，则这个班级一定是团结、士气高的团体；反之，人际关系紧张，内耗严重，矛盾重重则会破坏班级的团结。

2. 影响学习和工作效率

在班级中，人际关系的好坏会影响到学习与工作的效率。班级内部人际关系良好，可以作为一种外部条件激发人们学习与工作的热情，促进人们积极性、主动性和创造性的发挥，从而大大提高效率。

3. 影响个体的成长与发展

人的心理发展是通过人与人之间的密切交往来实现的。良好的班级人际关系能增加其成员交往的频率和深度，提高交往的水平，能使彼此通过交往，在知识、信息、思想情感等方面及时相互交流、摄取，从而保证其成员之间进行最有效的心理交换，使彼此都得到成长和发展。

4. 影响心理健康

人际协调是个体健康的重要内容，这是因为人际关系总是与一定的情绪体验相联系，而且人际关系的情绪作用具有比较直接、持续和强烈的特点，因此对人的身心健康有着直接和巨大的影响。不协调的人际关系会引起人心理上的紧张与不安，严重时还会导致心理问题。

(四)最基本的班级人际关系形态：合作与竞争

人与人之间的人际关系经常表现为合作与竞争。合作关系与竞争关系是最基本的班级人际关系形态。在一个班级中既有合作，又有竞争，两者往往是并存的。

合作是指学生们为了共同的目的在一起学习或完成某项任务的过程。合作是实现班级管理的必要条件。第一，在解决新的复杂的问题时，往往需要提出各种可供选择的假设情况，此时学生间的合作显然要胜过个人的努力。第二，合作能够促进学生认知的发展。对尚无定论或有争议问题的讨论，可以开拓学生的眼界，激发学生多角度深层次的思考，促进学生在倾听别人观点的同时不断反思自己的观点并尝试着做到修正和完善。[①] 第三，合作有利于学生社会性的发展。在合作学习的过程中，每个学生都是站在自己的视角和生活经历的基础上提出观点，不同的学生会对同一问题提出不同的观点，这便需要学生耐下心来，认真倾听别人的观点而不是一味地反对或批评，同时学生还会在合作的过程中体验到应该如何将个人观点与他人观点、个人观点与集体观点有机地统一在一起。这本身就是对学生社会性的训练和培养。第四，合作能使能力较差的学生在讨论中，通过观察别人的学习和思考方式学会如何学习，如何改善自己的学习方法。但是，班级中的合作也有不足之处。首先，在课堂教学过程中，如果学得慢的学生需要在学得快的学生的帮助下才能进步，那么对于学得快的学生而言，在一定程度上就需要放慢自己的学习速度，从而会影响自身的发展；其次，在班级活动中，能力强的或活泼好动的学生往往会占优势，因而可能会支配那些能力差或沉默寡言的学生，使他们更加畏惧和退缩，不利于班级全体成员的发展；最后，合作也容易忽视学生的个别差异，影响一些不愿合作的学生的进步。

竞争是指个体或群体充分实现自身潜能，力争以优胜的标准超过对手的过程。竞争是一种普遍存在的社会心理现象。各种竞争通常都能激发个人的努力，提高成就动机和抱负水平，缩小个人的能力与成绩之间的差距，提高学习的效率。竞争也能使学生较好地发现自己尚未显示出来的潜力和自己的局限性，有助于自觉地克服某些不良的人格特征。竞争还可以增加学生学习和工作的兴趣，使集体生活更富有活力。因而适度的竞争是班集体建设和发展的必要条件。但教师应该注意竞争活动开展的次数和范围，使竞争真正成为一种有效促进学生班级人际关系的手段，而不只是一种为了竞争中的获胜而损害学生班级人际关系的方法。

为了发挥合作和竞争的优势，克服其不利的一面，有许多心理学家对学校中的合作和竞争进行了研究。这些研究改变了课堂学习应该是一种竞争性学习的传统观念，证明了合作性课堂与传统的竞争性课堂相比，不仅不会降低学生的成绩，而且在大多数的情况下反而会大大提高学生的学习成绩。合作性课堂有利于改善课堂内的社会心理气氛，大面积提高学生的学习成绩，而且使学生更加相信自己的成功取决于自己的努力。进一步的研究还表明，课堂中的合作在对学生的学习产生积极影响的同时，还会对一些社会性的、动机性的和态度性的这些非认知教育结果起到积极的影响。不少研究都证明，实施合作学习的学生更加热爱学校，也更加热爱他的同学，他们比其他同学更具有利他行为和与他人协同合作的能力。合作学习的学生也比其他学生更能理解他人的观点，善于设身处地地为他人着想，以他人的眼光看待问题，合作还能使学生产生比竞争更高的自尊水平。合作学习论者认为，在竞争的学习情境中，个人目标的实现与群体目标的实现是一种负关系，个人目标的实现与群体的竞争相联系。当学生为了取得一个好的成绩而彼此竞争时，他们努力学习的目的就是为了达到一个只有少数几个学生能够达到的目标。在这种情况下，学生的成绩通常是以常规参照为基础来评定的。这要求学生们要比他们的同伴做得更好才行。只有当

---

① 皮连生主编. 学与教的心理学[M]. 上海：华东师范大学出版社，1997：309

班上其他同学达不到目标时，自己才有可能达到目标，其间的相互关系是消极的。大家都想胜过别人，庆幸他人的失败。而在合作学习的情景下，个人目标与群体目标是一致的，个人目标的实现与群体的合作相联系。个人所追求的结果不仅有益于自己，而且也有益于合作群体中的其他成员。合作的努力使学生都卷入一种追求互利的活动中。因此，学生之间是一种积极的关系。为了使整个合作群体获得成功，成员之间就得彼此鼓励，相互帮助，并为其他成员的成绩而自豪。[①] 在和谐、融洽的班集体氛围中开展竞争，同学彼此之间既是对手又是朋友，相互帮助，资源共享，那么，个人成长与班集体建设就可能实现"双赢"的目标。也有的心理学家提倡自我竞争，以学生现在的我与过去的我竞争，力争以现在的我超越过去的我。这样就既能发挥竞争的积极作用，[②] 又可以有效地避免由竞争带来的焦虑紧张情绪，真正做到将竞争视为更好发展的手段，而不是为了竞争而竞争。

　　鉴于上述认识，现在不少教育心理学者认为，如果我们希望学生学得更成功，更加热爱学校，彼此团结并学会更多有效的社会技能的话，学生之间的合作是非常必要的。在一个理想的课堂里，所有的学生都应当学会如何与他人合作。当然，合作学习并不排斥竞争。如果仅把合作作为学生在学校学习的唯一方式，学生将永远学不会适当的竞争。斯莱文（R. E. Slavin，1977）指出："合作与竞争，或合作与个人单干奖励结构的混合运用是对学生的学业成绩和社会关系产生积极影响的最有希望的途径。"但目前的研究也已证明，学生之间的合作应当成为现代课堂的主流。

【相关链接】

关于合作的团体心理训练

　　活动目标：

　　(1)帮助团体成员了解合作的意义。

　　(2)培养团体成员的合作精神，并引导其实施合作行为。

　　(3)进一步提高合作的技巧。

　　活动带领人：两人，一人为主要领导者，负责团体活动的进行；另一人为助理，协助处理团体在活动中出现的情况以利于活动的顺利进行。

　　活动地点：安静的、有活动桌椅的封闭性教室或场所。

　　活动时间：1.5～2 小时，可依据不同的情况进行调整。

　　活动内容：分为热身活动和主体活动两部分。以下介绍的活动使用一个共同的热身活动，主体活动可由教师按照实际情况自主选择。

---

①　张承芬主编．教育心理学[M]．济南：山东教育出版社，2001

②　皮连生主编．学与教的心理学[M]．上海：华东师范大学出版社，1997：309

1. 热身活动：一圈到底

(1)活动目的：成员之间相互了解、相互熟悉。

(2)活动时间：10分钟。

(3)活动材料：呼啦圈。

(4)活动程序：

①全体成员手拉手围成一圈，用呼啦圈穿过所有人的身体后回到原位。

②在活动过程中，成员相互拉着的手不能放开，也不能用手去勾呼啦圈。

(5)注意事项：

①注意形成积极的氛围。

②如果完成任务有困难，领导者要积极鼓励并加以指导。

2. 主体活动

活动一：同心协力

(1)活动目的：在难度递增的活动中，锻炼学生的合作能力和合作技巧。

(2)活动时间：30分钟。

(3)准备材料：呼啦圈。

(4)活动程序：

①随机选择两位成员，背靠背屈膝坐在地上。

②两人双臂相互交叉，合力使双方一同站起。

③以此类推，每次增加一个人，如果尝试失败需再来一次，直到成功才可再加一个人。

(5)问题讨论：

①仅靠一个人的力量可以完成起立的动作吗？

②如果参加游戏的成员能够保持动作的协调一致，这个任务是不是更容易完成？为什么？

③有什么办法可以保证队员之间的动作协调一致？

(6)注意事项：

①领导者要注意在活动中成员的安全。

②在讨论过程中，要创造安全和安静的环境，使成员说出内心的话。

活动二：孤岛求生

(1)活动目的：让学员学会解决问题时可依靠团体合作与思考达到目的，明白每个成员在团体中都有一定的重要性。

(2)活动时间：35分钟。

(3)准备材料：报纸数张。

(4)活动程序：

①领导者先将全体成员分成两小组，每组约10人(可依据班级容量等人数分组)。

②领导者在地上铺两张全开的报纸，请两组成员各自进入报纸上，用任何方式都可

以，但不可以把脚踏到报纸之外。

③各组完成后，领导者指导成员自己想办法将报纸折为原来的二分之一，并保证在折叠的过程中脚不踏到地上。如果脚接触地面则宣布该组游戏结束，另外一组继续进行。

④两组均失败后，此游戏结束。

（5）问题讨论：

①游戏过程中，各组什么地方表现得好，哪些地方仍需改进？

②日常生活中有没有类似的情况？

③如何将现在的想法应用到日常生活中？

（6）注意事项：

①领导者要注意在活动过程中成员的安全。

②准备较多的报纸，如果报纸被踩烂了可以再给成员一张。

（资料来源：许思安主编，黄喜珊副主编.心理危机干预——团体心理训练的主题与方法[M].暨南大学出版社，2009：129，133.）

二、班级人际交往中的心理效应

（一）首因效应

人们在对他人形成印象的过程中往往根据最先接收到的某些信息形成印象，这种最先的信息对人形成印象具有强烈影响的现象称为首因效应。[①]

为了验证首因效应的存在，心理学家卢钦斯设计了两段描写一个叫吉姆的男孩一天活动的文字。其中一段（简称E）描写吉姆与朋友们一块上学、在阳光下取暖、在商店与人聊天、与前几天认识的女孩子打招呼。这一段将吉姆描写成一个活泼外向的人。而另一段（简称I）则将其描写成一个沉默内向的男孩，如吉姆放学独自一人回家、走在街道阴凉的一边、在商店里静静地等候买东西、见到前天刚认识的女孩不打招呼。研究者将两段文字分别作E-I、I-E、只有E和只有I四种排列，让被试看完文字描述后在人格特质表上评价吉姆是一个什么样的人，四种情况下被试认为吉姆友好外向的百分比分别为：78%、18%、95%、3%。这一结果证明了首因效应的存在，即前面一段信息对被试印象的形成起了很大作用。后来卢钦斯改变了实验条件，其一是提醒被试不要受第一印象的误导，要全面的进行评价，其二是将E、I两种描述隔开呈现给被试。念完一段后花五分钟时间让被试做无关的工作，如做数学题、听故事等。然后再将另一段呈现给被试。在这种情况下，大部分被试根据后一段的描述去评价吉姆的特征，这证明了近因效应在起作用。

---

① 章志光主编，金盛华副主编.社会心理学[M].北京：人民教育出版社，2006：109

【请你思考】

作为教师的你，首因效应在教育中给你什么启示？

提示：

1. 教育者要尽量避免首因效应的影响而对学生产生偏见，要全面了解学生。

2. 在与学生第一次接触时争取给学生一个好的第一印象，以便为以后实施有效教育奠定基础。教师给学生的第一印象，对教师威信的形成有重大影响。要注意做好如下五个最初印象管理。

(1)见好第一次面。教师与学生进行第一次见面或谈话时，要事先做好充分准备，要表现出对学生的热爱、关心和体贴，要注意与学生建立情感上的联系，力求一开始就留给学生"是他们知心朋友"的印象。

(2)讲好第一次课。第一次课，教师必须充分做好准备，不但在教材上作好准备，还须在课堂语言、表情、方法等方面做好准备，要力求留给学生热心教学、知识渊博、有教学艺术等良好印象。

(3)批好第一次作业。教师对学生作业的认真批改，对学生的学习能起到"绩效强化"的作用。学生对老师的第一次作业批改，往往极为重视，印象也十分深刻，故教师批改第一次作业时，应特别认真仔细，严格要求，不马虎从事，一开始就留给学生要求严格、一丝不苟的印象。

(4)处理好第一件意外事件。教师在处理第一件意外事件时，要表现出高度的教育机智，快速作出反应，及时采取恰当的措施，应力求留给学生沉着稳重、思维灵活、善于机智处事的印象。

(5)开好第一次班会。第一次班会给学生的印象是深刻的。教师要精心安排和组织，达到教育目的，要表现出教师较高的政治素质和组织才能，力求留给学生政治思想水平较高、组织管理能力强、工作有方法等良好印象。当然，获得良好的第一印象并不是纯粹的方法问题、策略问题，更不是假惺惺的伪装，而是平素积累和养成的作风、思想、知识、才能、方法等的一种表现。每一个教师都应切记"路遥知马力，日久见人心"的俗语。也就是说，教师在放好"第一把火"后，还要紧跟着放好第二、三……把火，只有这样，才能得到学生真正的信任。

(二)晕轮效应

社会心理学家戴昂等人曾在1972年进行了这样一项研究。实验者分别让被试看一些很有吸引力的人、没有吸引力的人和一般人的照片，然后要求被试评定这些特点，要评定的这些人的特点与有无吸引力并没有关系。结果发现有吸引力的人得到了很高的评价，而没有吸引力的人则得到了较低的评价。

有吸引力的人在其他方面也一定十分优秀吗？还是我们的心理因素在发生作用呢？为什么会产生这样的结果呢？其实，在生活中这样的现象也比比皆是。我们在知觉他人时，往往只根据少量的信息将人分为好人和坏人两种，如果认为某人是"好"的，则被一种好的光环所笼罩，赋予其一切好的品质；如果认为某人"坏"，同样会在对其评价时仿佛被笼罩了一层坏的光环，认为这个人所有品质都很坏。这种由知觉对象的某一有关特征推及到对象的总体特征，从而产生美化或丑化对象形象的心理倾向就是晕轮效应[①]。这就像月亮形成的光环一样，向周围弥漫、扩散，从而掩盖了其他的品质或特点，所以也形象地称为"光环效应"。如果是消极品质的晕轮效应，有时也被称为"扫帚星效应"。[②]

晕轮效应是一种"以偏概全"的评价倾向，严重者可以达到"爱屋及乌"的程度，即只要认为某人不错，便认为他所使用的东西、跟他要好的朋友、他的家人都不错。近年来流行的追星族便是因青少年喜欢某位歌星的某一特征而盲目崇拜、模仿歌星，甚至不惜代价去搜集歌星使用过的物品。[③]

在教育中师生双方的评价往往会受到光环效应的影响。为防止晕轮效应带来的不良后果，教师应实事求是、全面地掌握学生信息，切忌一叶障目。仅凭对学生的点滴了解而对学生作出评价，往往不符合学生的实际。只有全面了解学生的心理行为特点，才能有针对性地教育学生，避免因对学生的不公正评价而损伤学生的自尊心。同时教师应树立学生发展的整体观念。不管学生成绩好坏，聪明或愚笨，听话或顽皮，都是可爱的，都要教育他们进步，低分并不意味着低能。在实际教学中，教师应该承认既没有十全十美的学生，也没有一无是处的学生，即好学生也有不足之处，坏学生也有闪光点。教师不可能喜欢学生的一切，但必须承认学生是有价值的人。在校园文化建设中，我们一方面应该发挥光环效应的作用，打造名校长、名教师，宣传本校的杰出校友，培养尖子生，用以扩大学校的影响，用以激励学生和教师。同时，也要注意，在评价教师和学生时要坚持实事求是，防止以偏概全。

（三）罗森塔尔效应

1968 年，美国著名心理学家罗森塔尔和助手们来到一所小学，说是进行七项试验。他们从 1～6 年级各选了三个班级，对 18 个班的学生进行了"未来发展趋势测验"。之后，罗森塔尔以赞赏的口吻将一份"最有发展前途者"的名单交给校长和相关老师，并叮嘱务必保密，以免影响实验的正确性。8 个月后，罗森塔尔对这些学生进行了复试，结果奇迹出现了：凡是上了名单的学生，个个成绩有了较大的进步，且性格活泼开朗，自信心强，求知欲旺盛，更乐意与别人打交道。罗森塔尔教授这才对他们的老师说，自己对这几个学生一点也不了解，这让老师们很意外。实际上，名单上的学生是随机挑选的，那为什么会在短短 8 个月的时间里发生这么大的变化呢？谎言何以成真？其实是"期望"这一魔棒发挥了作用。在心理学上，将由他人的期望和热爱使人们的行为发生于期望相一致的变化，称为罗森塔尔效应。在实验中，作为著名心理学家的罗森塔尔在人们的心中享有很高的权威，

① 张满堂，褚远辉主编．大学生心理健康教程［M］．昆明：云南大学出版社，2004：61
② 刘儒德等．教育中的心理效应［M］．北京：北京师范大学出版社，2005：96～97，124
③ 章志光主编，金盛华副主编．社会心理学［M］．北京：人民教育出版社，2006：127

老师们对他的话都深信不疑，名单对老师产生了暗示，左右了老师对名单上学生的能力评价，对学生产生了积极的期望。这种期望通过老师的情感、语言和行为传递给学生，让学生也感受到老师的这种期望，认为自己是聪明的、优秀的，从而提高了自信心，提高了对自己的要求标准，最终成为了优秀的学生。对此心理学家认为，良好的期待往往会有意无意地在对待学生的态度上表现出来，亲切的关怀、热情的帮助、耐心的辅导，都能够给学生以更多的激励。学生也能够从教师的表情、态度、语气中感受到亲切、温暖。由此在学生身上就会出现一种效应，即学生越信赖老师、亲近老师，就越增强学习的信心，从而调动各种积极因素，取得老师意想不到的进步。

【相关链接】

顽童当州长的故事

罗杰·罗尔斯出生在纽约的一个叫做大沙头的贫民窟，在这里出生的孩子长大后很少有人获得较体面的职业。罗尔斯小时候，正值美国嬉皮士流行的时代，他跟当地其他孩童一样，顽皮、逃课、打架、斗殴，无所事事，令人头疼。幸运的是，罗尔斯当时所在的诺必塔小学来了位叫皮尔·保罗的校长，有一次，当调皮的罗尔斯从窗台上跳下，伸着小手走向讲台时，出乎意料地听到校长对他说："我一看就知道，你将来是纽约州的州长。"校长的话对他的震动特别大。从此，罗尔斯记下了这句话，"纽约州州长"就像一面旗帜，带给他信念，指引他成长。他衣服上不再沾满泥土，说话时不再夹杂污言秽语，开始挺直腰杆走路，很快成了班里的主席。四十多年间，他没有一天不按照州长的身份要求自己，终于在 51 岁那年，真的成了纽约州州长，而且是纽约历史上第一位黑人州长。

这个故事说明，教师对学生的赞扬与期待，将对学生的学习、行为乃至成长产生巨大作用。是的，爱总是能创造奇迹，尤其是在孩子身上。

早在半个世纪前，人民教育家陶行知就曾提醒教师："在你的教鞭下有瓦特，在你的冷眼里有牛顿，在你的讥笑中有爱迪生。"[1]美国心理学家威廉·詹姆斯也发现，"人类本性中最深刻渴求的就是赞美。"其实每个人的内心世界都一样，没有一个学生不想得到老师的赞美和期待。所以，不妨让我们换一种眼光、换一个角度来看待职校生，更加积极地期望职校生，相信我们一定会有许多新的发现。其实，每一位教师都能创造出"神奇"，真实的谎言每天都可以上演，关键看你愿不愿意行动。

(四)马太效应

《新约·马太福音》中讲了这样一则故事：有一个主人要出一趟远门，临走之前，他叫来三个仆人，按照他们不同的能力水平分给不同量的银子：第一个仆人分得了五千两；第二个仆人分得了两千两；第三个仆人分得了一千两。一段时间以后，主人回来了，第一个仆人汇报："您不在的这段时间，我去做生意了，赚了五千两银子。"主人非常高兴地说：

---

① 刘儒德等. 教育中的心理效应[M]. 北京：北京师范大学出版社，2005：124，191

"好，我要让你管理许多的事情，体会做主人的快乐。"第二个仆人汇报赚了两千两，主人说："不错，我要把一些事情派给你管理，让你感受一下做主人的快乐。"最后，第三个仆人汇报说："我把银子藏到了地底下，一点都没少。"主人听了非常不高兴，于是就拿回了那一千两银子给了第一个仆人。在故事的结尾有这样几行诗："凡有的，还要加给他，让他有余；没有的，连他现有的也要夺过来。"

罗伯特·莫顿据此首次提出了马太效应。马太效应是指人们对已有声誉的科学家作出的贡献给予的荣誉越来越多，而对于那些还没有出名的科学家则不肯承认他们的成绩。

马太现象在职业学校中也是处处可见的。现实生活中，人们往往乐于"锦上添花"，学校里对优等生处处优待，对差生则事事刻薄。然而，教师过分表扬得宠的学生，往往使其中一些人因没有清醒的自我认识和没有理智态度从而骄傲自满起来；而对已取得进步的不得宠学生漫不经心、态度淡然，使他们丧失信心。因此，为了避免"马太效应"的负面影响，职校教师要做到客观公正，平等待人，关爱每一位学生。对于得宠和不得宠学生，如果他们犯了同样的错误，教师一定要一视同仁地给予惩罚，而不能出现强烈的反差。这样带有偏见和因人而异的惩罚，不能使不得宠的学生心服口服，因而不但不会减少班级管理问题，反而使各种问题层出不穷，产生感情隔阂，甚至对立；要鞭策优等生，并抓好后进生的转变。对于成绩好的学生，要保持他们的先进性，继续发挥他们的聪明才智，专业技术达到高、精、尖。在对差生实施教育的过程中，对于他们的缺点要及时批评但不宜太多，要多表扬，多鼓励，用理解和宽容的心态对待他们，让他们知道老师重视他们及他们的优点和长处，这将会使他们心底蕴藏的一种自我肯定的强烈需要渗透出来，增强信心，拼搏努力，把专业技术学扎实，将来在社会上一定能成为有用之才。

(五)定型效应

定型效应又叫刻板印象。所谓刻板印象，是指对于某一类人或事物产生的一种比较固定、概括而笼统的看法。在人际交往中有些人习惯于机械地将交往对象归于一类人，不管他是否表现出该类人特征，都认为他是该类人的代表，而把对该类人的评价强加于他。这会影响正确的认知，尤其是当这类评价带有个人偏见时，就可能损害人际交往。比如，有些年轻人认为老年人必保守、死板；男生认为女生娇气、傲气；女生认为男生粗鲁、霸气等。这些刻板印象容易形成"先入为主"的心理定势作用，而妨碍人际交往的正常进行。

刻板印象的形成主要受个体直接和间接经验的影响。当人们第一次与一个群体接触时，其实只与其中的一两个成员进行交往，但正是这些与个别成员直接交往的经验构成了刻板印象的基础。这样的刻板印象很难避免产生偏差，甚至有时候即使人们有意识的与更多的群体成员交往以形成准确和无偏差的印象，交往本身仍会产生不准确的刻板印象。个人的亲身经历不是刻板印象形成的唯一途径，也可以从父母、老师以及同辈或朋友等处间接习得。有时候某些刻板印象已经被某些人接受和认可，这样我们往往能在特定的社会经济、文化、政治背景下，从他们言语和行为中学到这些刻板印象。在这种情况下，他人的言行反应了一定的社会规范，这种社会规范是被普遍接受和认可的、针对某一群体的思考和行为方式的，当刻板印象成为社会规范的一部分时，它们就会像人们自身的成长一样被自然地学到。

刻板印象虽然可以大大简化我们的认知过程，但有时候由于认知主体知识经验结构的不全面，往往会产生错误的印象，直接影响日后的人际交往。在教学中，教师作为教育活动的主导，他的一言一行对于学生而言都具有一定的权威性，他对学生的认识和评价直接影响他与学生之间的人际关系。所以教师应该用一种动态的眼光去了解学生，真正把每个学生看作一个不断成长不断变化的生命体，而不是将他们看成一幅静止的画面。也只有这样，教师才能在年复一年的教学活动中时刻体验到生命的新鲜与活力。

三、良好师生关系培育的心理技术

(一)师生关系的特点

师生关系是指教师和学生在教育过程中结成的相互关系，包括彼此所处的地位、作用和相互对待的态度等。师生关系是教育过程中人与人的关系中最基本、最重要的方面，是教师与学生在教育过程中以"传道、授业、解惑"为中介而形成的一种最基本、最主要的人际关系，也是一定社会政治、经济、道德等关系在教育领域中的体现。它是一种特殊的社会关系和人际关系，是教师和学生为实现教育目标，以各自独特的身份和地位通过教育学的直接交流活动而形成的多性质、多层次的关系体系。职业教育是我国教育事业的重要组成部分，它担负着培养数以千万计的建设有中国特色的应用型人才的使命。因此，和谐的师生关系是职业教育得以开展的载体，是实现教育目标、提高教育质量的重要因素，对学生的全面、健康发展起着举足轻重的作用。[1] 良好的师生关系是有效进行教育、教学活动，完成教育任务的必要条件和重要保证。[2]

师生关系是教育过程中一对最重要的关系，它在师生互动过程中形成和发展。由于师生之间角色地位的差异，这一关系有一定的特殊性。

1. 师生关系的教育性

师生关系的教育特征有两个方面：它既是教育的目的，也是教育的手段。说它是教育的目的，是因为学会处理人与人之间的关系是学生学习的一个重要组成部分。特别是在现代化社会里，由于人们的合作领域、职业流动和交往范围的日益扩大，社会对教育的这种要求更加强烈。没有良好的师生关系，学生的这种学习就无法实现。师生关系作为教育的手段主要表现在：一方面它是一种有效的激励手段，良好的师生关系无论对于学生的学习活动还是对于教师工作本身都具有激励和鼓励作用；另一方面，它也是"传道、授业、解惑"的渠道。无论是知识传授、思想教育还是智力开发，师生关系的作用都是不可忽视的。

2. 师生关系的非对等性

在师生关系中，教师起着主导作用。教师热爱学生，不是一种直觉的情绪反应，而是一种具有巨大社会意义的情感活动，认真地说，是一种通过理性培养起来的普遍的责任

① 杨丽萍. 论职业院校和谐师生关系的培养[J]. 文教资料，2009(8)
② 刘慧贤主编. 教育学[M]. 呼和浩特：内蒙古教育出版社，2003：210

感。所以，这种爱不仅限于学生目前的表现所引起的感情体验，更主要的是受教师的理想、信念、教育观点、职业道德和事业心支配，因此更富有理智型的特点。而学生的尊师则是对爱生的反映，往往是根据个人的主观判断和直接情绪体验来决定的。所以这种感情更富有情绪色彩，容易受情境因素的影响，有很大的片面性和不稳定性。随着学生年龄的增长，这种感情也在逐渐深化。

3. 师生关系的多重性

由于教师的身份及其任务的广泛性、复杂性，形成师生多重关系。他们之间不仅具有教育者与受教育者的关系，同时也具有领导者与被领导者、成熟者与未成熟者、长辈与晚辈等角色关系。这种关系的特点要求教师应该具备多方面的吸引力和影响力，比如高尚的品德和行为，渊博的学识和良好的教学艺术，对学生始终如一、一视同仁的关怀和爱护等。

4. 师生关系的不可选择性

师生之间一般不能自由选择，学生一般不能选择教师，教师也不能选择学生。因此，教师所面临的对象不可能个个都是其满意的学生。如果教师缺乏对教育事业的热爱和对教师这一"太阳底下最光辉职业"的高度责任感，不具备无私纯净的感情的话，就可能出现偏爱自己喜欢的学生，厚此薄彼地对待学生，从而造成教育上的不公正和引起学生的不满。

5. 师生关系的相对纯洁性

纯洁性主要表现为道德规范对其调节的有力作用。师生关系这一特征与学校本身的组织性质是分不开的。学校是传播人类精神文明、传播历史和现实中一切真善美的精神财富的组织；另一方面，教师为人师表的地位，学生的相对天真和纯洁，这些客观的现实条件必然要反映到师生的关系中，就使师生关系较之其他的人际关系相对更为单纯，更加规范一些。

(二)良好师生关系的意义

职业学校师生之间和谐人际关系的建立，意味着学生在心理上趋向于老师，师生心灵相通，空间上的距离缩短，这样教师的工作才会易于开展，学生才会更全面地发展，对学校、社会都具有积极的意义。其意义主要表现为：[1]

1. 良好的师生关系是教育教学活动顺利进行的重要条件

教师是以学生的发展为最终的教育目的。要达到这一目的，就必须充分调动学生的主动性、积极性，使其生动活泼地成长，而这一切的前提是学生是否认可、接纳教师的教育影响。因此良好的师生关系直接影响到教育效果的好坏。良好的师生关系不仅使学生产生安全感，激发学习兴趣，集中注意力，调动积极性，使之"学而不厌"；同时能使教师的教学富有热情，精神饱满，"诲人不倦"，真正实现"教学相长"。相反，师生关系紧张，互不信任，彼此戒备，就会干扰教育教学活动的顺利进行，降低学生的学习兴趣和教师的教学热情，影响教育教学质量。

---

① 刘慧贤主编. 教育学[M]. 呼和浩特：内蒙古教育出版社，2003：210～211

2. 师生关系是衡量教师和学生学校生活质量的重要指标

教育教学活动是教师和学生的生命活动，特别是精神活动的方式，教育教学中结成的师生关系是教师和学生生存方式的具体表现。因此，师生关系对教师和学生的发展具有本体价值、目的价值。学生在教育交往中感受到人格的尊严，体现出自主、张扬的个性，体验着生命的价值和最初的人生幸福，进而发展自由的个性，形成健康的人格。教师在与丰富多彩的生命交往过程中感受到生命的神奇与可敬，体验到自己工作的价值。

3. 师生关系是校园文化的重要内容

师生关系是学校中最基本、最重要的人际关系，是一所学校精神风貌、校风、教风、学风的整体反映和最直观反映，师生关系状况投射出学校价值取向、人际关系状况、管理水平等。师生关系作为校园文化的组成部分，对学校精神文化的建设，以及学生在校发展和今后的成长都起着重要的作用。

4. 良好的师生关系也是推动教师积极工作，使其有所创造和成就的动力

尊师和爱生是密切联系、相互促进的。教师受到学生的尊敬，会产生教育工作的光荣感，能感受到学生具有积极向上、活泼热情和淳朴可塑等本质特点，看到自己的教育成效会更加热爱学生和教育事业，更加自励。对一个教师来说，最大的精神满足和安慰莫过于能得到学生的尊敬和爱戴，在学生中赢得崇高的威信。[①]

(三)改进师生关系的心理技术

有效的教学必须要以融洽的师生关系为前提。有了融洽的师生关系，学生的想象力和创造力就可能得到充分的发挥。新近人本主义心理学的兴起，为改善师生人际关系提供了新的思路和方法。[②]

1. 教师有效性训练

为了帮助教师贯彻人本主义的教育主张，戈登(T. Gordon)根据人本主义心理学原理，设计了一个改进师生关系的训练计划，名为教师的有效性训练(Teacher Effectiveness Training，简称 TET)。

TET 要求教师区分三类问题：教师自身的问题，学生自身的问题和师生共有的问题。学生自身的问题可能是高度的焦虑或不良的自尊心。对于这样的问题，戈登建议，教师只需耐心倾听学生对自己的关切和对问题的诉说，与他们交谈并积极地倾听。最后教师要向学生表示，他不仅注意到了学生所谈的问题，而且对这些问题非常地关切。如果由于学生的行为使教师愤怒，使教师感到受挫，这种问题便是教师的问题。解决的方法是，教师一方面积极地倾听；一方面尽可能真诚和坦率地说出自己的感情，包括具体说明使自己生气的行为及其确切的后果，以及教师后来有什么样的感受。如教师可以说："上课时你们讲话(令人讨厌的行为)，打乱了我的讲课(结果)，我感到痛心(情感)。"教师表达的这种信息在师生之间造成一种亲切感，没有强制的味道。

---

① 张承芬主编. 教育心理学[M]. 济南：山东教育出版社，2001
② 皮连生主编. 学与教的心理学[M]. 上海：华东师范大学出版社，1997

如果问题是师生双方共有的，则会有较复杂的冲突。例如，学生可能有不良的自尊心（学生的问题），因此可能会作出让教师感到不愉快的举动（教师的问题）。在这样的条件下，戈登仍然坚持认为，只要积极地倾听并坦承地陈述自己的看法，这些问题仍然可以得到解决。在遇到冲突时，教师应采取一种"不失面子"策略，问题的解决应使有关各方面都满意，不以牺牲任何一方为代价。这对教师来说是一种挑战，因为教师有"师道尊严"的思想，他们希望使用自己的权利。戈登认为，如果教师不适当地使用了自己的权力，他们将失去与自己的学生建立真诚、有效关系的机会。

2. 罗杰斯的非指导性教学技术

罗杰斯是美国著名的人本主义心理学家，以他为代表的心理学家创立了一个新的心理学学派——人本主义心理学派，它是在20世纪最有影响的两个心理学学派——行为主义和精神分析的争论中发展起来的，因此它被称为心理学中的"第三势力心理学"（Third Force Psychology）。

罗杰斯的教育思想是他"以人为中心"的非指导性心理咨询疗法在教育领域中的直接运用，他"以学生为中心"的非指导性教育思想影响了一代教育者。"非指导性"教学模式有它自己的理论假设，那就是，学生乐于对他们自己的学习承担责任。学习的成功取决于师生坦率地共享某些观念和具有相互之间真诚交流思想的愿望。罗杰斯相信，积极的人际关系能使人成长，所以教学应以人际关系的概念而不是以教材的概念、思想过程或其他理智来源为基础。由此可以发现，罗杰斯的非指导性教学并不注重具体知识的教学，相反他把人的价值、尊严、自由、创造、潜能的充分实现置于最重要的地位。

"非指导性"在英语中为"nondirective"，从词源学上可以得知，"非指导"并不是不要指导，而是另一种指导，即更多地具有"不明示、间接性、非命令性"等特征。因此它有别于传统教学中的"指导"，不是"不指导"而是"不明示"的指导。严格地说，"非指导性"是教学指导形式的深化和艺术化，是一种策略、一种思想、一种教学态度，而不是一种固定不变的方法。"非指导性"教育代表的是一些普遍原则，是"一些并不那么容易获得的价值观念。它强调个人尊严、个人选择以及责任的意义和创造的乐趣。它是建立在民主和个人权力基础上的哲学"。正如罗杰斯所言："'非指导性教学'思想是一幅对人际关系问题作一般性处理的动态图画，而不是某种相对刻板、技术多少能得到的机械应用的情境。""非指导性教学"目标在于促进学习，促进学生的发展和变化，促进人的"自我实现"，以培养具有"完美人格"的人，即"躯体、心智、情感、精神、心力融为一体"的人，也就是知情融为一体的人。①

人本主义者主张教师的主要任务不是教学生如何塑造自己的行为，也不是教学生学会如何学习知识，而是在扮演教学角色的同时更要成为一位真诚地与学生建立积极友谊关系的人，才能与学生真诚互动，进而提高学生的学习效果。为此，教师的个人人格特质中必须具备亲切和热心的素质，因为亲切与热心是颇受学生喜爱的；教师需为学生提供各种学

① 尹小玲，唐忠顺.罗杰斯"非指导性教学"对转化后进生的启示[J].成都大学学报，2008(8)

习资源，为学生提供一种促进学习的良好气氛，让学生决定如何学习。[①] 罗杰斯对教师和学生有不同于传统的看法，并将师生间富有情感的人际关系看作师生关系的基础，认为师生关系是一种生命与生命的共鸣。

（1）学生观

在人本主义学习理论之前，教育中处于主体地位的是强调师道尊严的以教师为中心的理念。在这种理念的支配下，教师在制定教学大纲、确定教育内容和选择教育手段与方法等时往往只从自身考虑，不太考虑学生的兴趣、爱好和已有知识背景在学习中所起的作用。与此相反，人本主义者根据自己对人性的了解来认识学习的本质和过程，认为人的本质是积极向上的，是可以自我实现的，学习是人固有潜能的自我实现过程。因此强调学习过程是学习者通过自我指导实现自我的过程，主张以学习者为中心，激发学生的学习积极性，让学生自我指导、自由学习；同时，人本主义根据人本的准则来考虑学习的条件，强调人的尊严和价值；强调要关注学生的情感、需要和愿望；重视个人的选择、个别差异和自我概念；充分尊重、了解与理解学生；创设自由、友爱和宽松的学习氛围，让学生在一个和谐、融洽、被人关爱和理解的氛围中；强调无条件地积极关注个体成长过程中的重要作用。所有这些做法都在很大程度上尊重了学生的心理需求，从而易于激发学生的学习动机与学习积极性。

在罗杰斯的非指导性教学理论中认为，学生乃自我实现的人，应该充分尊重和信任学生，他提出了"以学生为中心"的口号。自我发展、自我实现是人类最基本的需要，人天生就有发展自我、表现自我的本能欲望，并且每个人都有能力权衡利益作出个人的决定。在个体自我发展、自我实现过程中，人人都有自我指导能力，保持"自我"向着既定的目标和正确的方向前进。可以说，每个人都是自发的自我指导的自我实现者。罗杰斯将自我实现认定为学校教学的培养目标，并以此为依据来确定学校课堂教学工作的组织与安排，重新确定学生在教学过程中的角色扮演，强调学生的主体地位。[②] 这就要求教师改变传统的学生观，不应把学生看作知识的被动接受者，而应把他们看成知识的主动探求者。[③]

（2）教师观

基于在以患者为中心的心理咨询和治疗中心理专家只是扮演病人的朋友、顾问的角色，不对病人指手画脚，罗杰斯要求教师扮演同样的角色。罗杰斯的"以学生为中心"的教学强调学生的中心地位，并没有否定教师的作用。实际上"以学生为中心"教学的成败关键是在于教师的，在于教师能不能在课堂上创造出一种自由学习的氛围，教师的作用不是降低了而是加强了。"非指导"不等于不指导，罗杰斯所提出的"非指导"可以说是指导的另一种或特殊形式，也是真正的、高水平的指导。强调教师教学指导的间接性、非命令性，以

① 汪凤炎，燕良轼主编. 教育心理学新编[M]. 广州：暨南大学出版社，2005：256～257

② 闫守轩. 罗杰斯"非指导性教学"思想新释：生命哲学的视野[J]. 南京航空航天大学学报（社会科学版），2006（2）

③ 皮连生主编. 学与教的心理学[M]. 上海：华东师范大学出版社，1997

区别于传统教学中的那种直接告诉、简单命令、详细指示式的指导。[①] 罗杰斯认为，传统教学中教师对学生的指导不仅是多余的，而且也是有害的，所以他认为教师在教学过程中不是选择者、组织者、计划者、指导者、决定者和评估者，而是学生的促进者、鼓励者、帮助者、辅导者、合作者和朋友，是尽职于学生的一个"侍者"，并形象地比喻为"音叉"（Tuning Forks），意为应学生之呼声而共鸣。为了方便学生的自我学习，促进学生的自我实现，教师在教学过程中的主要职责表现为四个方面：帮助学生澄清自己想要学习什么；帮助学生发现他们所学东西的个人意义；帮助学生安排适宜的学习活动与材料；维持滋育学习过程的心理气氛。[②]

（3）教学观

师生关系乃生命与生命的交融。罗杰斯非常重视个体内在的情感因素，他的"以学生为中心"的教学实质上是情感性的。所以，他强调营建一种良好的、开放的自由心理氛围，以保证个体自身巨大资源的开发。潜能的实现作为人类的本能需要，必然要求人性的"自由运行"，必然要求一种真实、信任、理解的人际关系，也就导致人类有"一种对亲密和真实的人际关系的渴求"。罗杰斯将上述思想运用于课堂教学，认为课堂内所形成的某种心理气氛是教学获得成功的基本条件。这种自由的心理气氛实际上就是课堂中师生之间、学生之间的情感沟通与交流。罗杰斯深信教学成败的关键不在于教学技巧，而在于人际关系、情感态度，因此，他特别重视建立新的师生关系。罗杰斯认为这种新的师生关系必须具备三个要素：真诚一致、无条件积极关注和同理心。

第一，真诚一致。指教师在师生交往中应坦诚相待，如实的表达自己的观点、想法和感情，特别是教师必须丢掉假面具，抛弃虚伪和欺诈。罗杰斯在《促进学习中的人际关系》一文中指出，在教师应有的态度中，最基本的是诚实和真实。当促进者是一个真实的人，袒露无疑同学生建立关系时，这个时候他总是富有成效的。这意味着：他体验到的感情对他的意识是有用的，他能将这种感情诉诸于生活，表现他们并且表述它们。当然真实也是有一个前提的，即教师的这些观点、想法和感情纯属他自己的真实感情，如喜欢和厌恶。但决不能暗示这种活动实际上是好的或坏的，教师的好恶只代表他自己。对教师而言，真实意味着他在师生关系中是一个真实的人，而不是老师这一角色，他可以激情迸发，也可以感到心烦；可以表达对学生的兴趣，也可恼怒；可以敏感，也可以同情。总之，他是一个活生生的生命体。

第二，无条件积极关注。无条件积极关注是指教师对学生的各个方面能无条件的加以接纳，相信学生有能力进行有效的自我学习。这种态度意味着教师对学生是发自内心的、无条件的、不要理由的珍爱和关怀，但这种珍爱和关怀又不带有占有的色彩，它是尊重学生的独立性。罗杰斯说，具有这种态度的老师既能接受学生成功时的喜悦，也能接受学生在面对新问题时的彷徨和害怕；他既能接受孩子自觉自律，也能接受孩子偶尔的分心。

---

① 闫守轩. 罗杰斯"非指导性教学"思想新释：生命哲学的视野[J]. 南京航空航天大学学报（社会科学版），2006（2）

② 曹树真. 论罗杰斯的师生观[J]. 外国教育研究，2000（12）

在他看来，教师对学生的赏识或接纳是他对人类机体能力具有基本信心和予以依赖的一种具体体现。

第三，同理心，即设身处地的理解。因此，教师理解学生也就是掌握每个学生的素质、生活环境、成长经历、性格倾向等。罗杰斯认为，同理心有两种：一种是评价性的理解，指教师在考察学生时，预先用自己的框框给以相对的评价，这是借以了解学生的一种典型方式；另一种是设身处地的理解，指教师在考查学生时，以同情的态度体验学生本身所感所想达到理解的方法。教师在这种理解中由于感情移入地了解学生的内心世界，因而学生便会信任教师并能全面地把握他的优缺点，并发展起师生间"忧乐与共"的行为。罗杰斯认为，同感理解是老师最缺乏、也是最重要的一种态度。关爱、尊重学生的态度并不鲜见，但能够以同感理解的态度跟学生相处的老师相当难得。同感理解要求教师用孩子的眼光看世界和自己，不带评判的色彩，不把孩子的表现和自己的善恶联系在一起，以一颗童心看世界。

人本主义心理学家强调学习中的情感作用，强调建立和谐融洽的师生关系，强调学生的积极主动精神，这些思想对传统的教学观提出了挑战，有一定的积极的意义。但批评者认为，人本主义心理学的教学主张只表明了他们的某些态度，并没有提出什么具体技术，而且他们的教育主张主要依赖教师的品质。这些教师创造的经验难以被别人重复。他们提倡的教学效果也无法客观地检验。

本章总结

1. 群体也称团体，是指人们彼此之间为了一定共同目的，以一定方式结合在一起的、彼此之间存在相互作用、心理上存在共同感和情感联系的人群。

2. 职业学校群体影响学生个体的心理机制有：群体规范与舆论、群体压力、群体凝聚力、群体的心理气氛与士气。在这些机制的作用下，职业学校群体通过社会助长和社会致弱、从众、社会标准化倾向等影响方式对其成员产生不同的影响。这些对职业学校班级管理与建设工作提供了许多有价值的参考意见。

3. 职业学校班集体是学校根据一定的目的任务和规章制度组组织起来的，有目标、有计划的执行教育教学与管理职能的正式群体。职业学校班集体作为一种教育领域内的群体性形式，具有有别于其他社会群体的特点和形成过程。针对职业学校班集体的特殊性，在班级建设方面也应采取有所针对性的措施和方式，注重班级群体建设的教育性和各种资源手段的综合应用。

4. 职业学校班级人际关系是指班级成员之间由交往而形成的心理上的关系即心理距离，它反映了班级成员需要得到满足与否的心理状态。班级人际关系由认知因素、情感因素和行为因素三种成分构成，主要包括师生间的人际关系和生生间的人际关系两部分。师生关系是教育过程中一对最重要的关系。师生关系是指教师和学生在教育过程中结成的相互关系，包括彼此所处的地位、作用和相互对待的态度等。生生关系又称同伴关系，指同学之间在进行交往和相互作用的基础上建立起来的同学之间的心理关系，它是除教师之外班级成员间关系的总和，包括学生个体之间的关系、班级内学生群体之间的关系以及学生群体与个体之间的关系。一般说来学生之间的交往方式主要有链式、轮式和环式三种，三种交往方式会带来不同的人际关系效果，进而影响班级整体的建设与发展。

5. 合作与竞争是职业学校班级人际关系中最基本的形态，对教学和班级管理具有重要的意义。合作是指学生们为了共同的目的在一起学习或完成某项任务的过程；竞争是指个体或群体充分实现自身潜能，力争以优胜的标准超过对手的过程。根据合作与竞争的特点及作用过程，心理学家提倡"合作性学习"，鼓励群体间的竞争和个体的自我竞争。

6. 在职业学校班级的人际交往过程中，会出现各种心理效应，主要包括首因效应、晕轮效应、罗森塔尔效应、马太效应和定型效应五种。

7. 新近人本主义心理学的兴起，为改善师生人际关系提供了新的思路和方法。教师有效性训练和罗杰斯的非指导性教学是两种改进师生关系的心理技术。

思考题

1. 试应用教师有效性训练和非指导性教学模式，设计一节课的教学内容。
2. 结合班集体的具体情况，你认为什么样的班集体才是最好的？应该如何建设？

（本章作者：屈正良 杜彦霖）

专题十　职业学校学生的心理健康教育

　　职业学校学生正处在身心发展的转折时期，随着学习生活由普通教育向职业教育转变，发展方向由以升学为主向以就业为主转变，以及未来将直接面对社会和职业的选择，他们在学习、成长、人际交往以及求职择业等方面难免产生各种各样的心理困惑或问题，因而对职业学校学生进行心理健康教育势在必行。什么是心理健康？职业学校心理健康教育是一种什么样的教育？职业学校心理健康教育的目标、内容和途径是什么？职业学校学生主要的心理问题有哪些？这些就是本章要讨论的问题。

第一节　健康与心理健康

一、什么是健康

什么是健康？从内涵来看，有两种定义。

1979 年我国的《辞海》对健康的定义是："人体各器官系统发育良好、功能正常、体质健壮、精力充沛并具有良好劳动效能的状态。通常用人体测量、体格检查和各种生理指标来衡量。"这一定义，对健康的理解停留在生物医学模式，考虑的仅仅是身体健康。

1948 年世界卫生组织（WHO）在宪章中将健康明确定义为："健康乃是一种生理、心理和社会适应都臻完美（well－being）的状态，而不仅仅是没有疾病和虚弱的状态。"显然，这一定义对健康的理解已转向生物—心理—社会学模式，认为健康不仅仅指身体健康，而且要心理健康和社会适应良好。1989 年，WHO 又将健康的定义修改为："健康不仅仅是身体没有疾病，而且还要具备心理健康、社会适应良好、道德健康。"

从外延分析，过去人们将健康与疾病看成非此即彼的两个极端，无病便是健康，健康就是无病。现在人们更多地认为健康是一个连续体，健康与疾病之间没有截然的分界点，两个端点之间的空间既非健康，又非疾病，称为"亚健康状态"或"第三状态"。从医学上看，处于"第三状态"的人，虽然各项体检指标均为正常，也无法证明有某种器质性的疾病，但与健康人相比，却又显得生活质量差、工作效率低、极易疲劳，许多人常有食欲不振、睡眠不佳、腰酸腿痛、疲乏无力等不适。从心理健康的角度看，处于"第三状态"的人，虽然没有明显的精神疾病与心理障碍，但属心理的非健康状态，表现为学习、工作效率不高，注意力分散，情绪烦躁焦虑，缺乏生活目标与动力，常感觉生活无聊，提不起劲，人际关系不好，经常有矛盾、冲突等。

"第三状态"是一种非健康状态，虽然不是明显的病态，但却严重影响人的心理生活质量，浪费精力，将精力引向非建设性的渠道，降低人际吸引力，毁坏人的自我感受，降低人的自我满足感，束缚人的创造性。所以，无论是身体健康还是心理健康，不仅仅指没有疾病，而且是指要超越"第三状态"。

二、心理健康及其标准

心理健康是现代健康观的重要组成部分，那么，什么是心理健康？怎样才算心理健康呢？

（一）心理健康的含义

关于心理健康的含义，国内外学者有不同的看法。

心理学家英格里士(H. B. English)认为："心理健康是指一种持续的心理状态，主体在那种状态下，能做良好的适应，具有生命的活力，而且能够充分发挥其身心的潜能，这是一种积极的、丰富的状态，不仅仅是没有疾病。"①

精神病学家梅尼格尔(Karl. Menniger)认为："心理健康是指人们对客观环境具有高效、快乐的适应状况。心理健康者应能保持稳定的情绪，敏锐的智能，适应社会环境的行为和愉快的心态"。② 社会工作者波孟(W. W. Bochm)指出"心理健康是合乎一定水准的社会行为；一方面能为社会所接受，另一方面能为本身带来快乐"。国内学者刘艳(1996年)认为："心理健康是个体内部协调与外部适应相统一的良好状态"。③学者冯忠良等认为："心理健康是人类个体对其生存的社会环境的一种高级适应状态。"④

1946年第三届国际心理学卫生大会也对心理健康下过定义："所谓心理健康是指在身体、智能、情感上与他人的心理健康不相矛盾的范围内，将个人心境发展成最佳的状态。"

《简明大不列颠百科全书》认为："心理健康是指个体心理在本身及环境条件许可范围内所能达到的最佳功能状态，但不是十全十美的绝对状态。"

台湾师范大学张春兴教授(1991年)提出了六条心理健康标准：了解自己并肯定自己；掌握自己的思想行动；自我价值感与自尊心；能与人建立亲密关系；独立谋生意愿和能力；理想追求不脱离现实。

苏州大学朱永新教授(1995年)提出六条心理健康标准：认知健康适应；情感饱满适度；意志坚强可控；个性和谐统一；人际关系和谐；杜绝心理异常。

华中师范大学刘华山教授(2001年)提出的心理健康标准是：对现实的正确认识；自知、自尊与自我接纳；自我调控能力；与人建立亲密关系的能力；人格结构的稳定与协调；生活热情与工作效率。

安徽师范大学姚本先教授(2002年)提出的心理健康标准是：智力正常；情绪适中；意志健全；人格统一完整；自我意识正确；人际关系和谐；社会适应良好；心理特点符合年龄特征。

虽然关于心理健康的含义，国内外学者的理解各有不同，众说纷纭，但都比较倾向地认为：第一，心理健康是一种心理状态；第二，心理健康为一种内外协调统一的良好状态；第三，社会适应良好是心理健康的重要表现或重要特征；第四，心理健康是具有一种积极向上发展的心理状态。

我们认为所谓心理健康(mental health)是指个体在与各种环境的相互作用中，在内外条件许可范围内，能不断调整自身心理结构，自觉保持心理上、社会上的正常或良好适应的一种持续而积极的心理功能状态。

心理健康作为一种心理功能状态，其最终的规定性是个体与其存在的内外环境能保持

---

① 周燕. 关于我国学生心理健康研究的几点思考[J]. 教育研究与实验，1995(1)

② 倪亚红，杨雪花. 大学生心理健康教程[M]. 南京：东南大学出版社，2007.4：4

③ 何金彩，唐闻捷. 大学生心理健康与发展[M]. 杭州：浙江大学出版社，2005.8：1

④ 冯忠良，冯姬. 心理健康教育概述(上)[J]. 中小学心理健康教育，2000.9：9

一种正常或良好的适应。适应是来自于生物学的一个名词，用来表示能增加有机体生存机会的那些身体上和行为上的改变。心理学上用它来表示人对环境变化作出的反应。心理健康意义上的适应，是指主体能够通过自身调节系统作出积极而能动的反应，从而使主体和环境之间达到新的平衡的过程。因此，从心理的能动反映论出发，心理健康的实质也可以说就是个体心理调节机制的建立与完善。因此，可以认为，适应就是心理健康的本质。就显性表现来看，心理健康状态是个体的适应状态；就隐性机制来看，心理健康是个体的心理功能不断发挥与调节的过程。

(二)心理健康的标准

1. 关于心理健康标准的看法

和心理健康的定义一样，对于心理健康标准的看法，国内外学者看法也不一致。

美国心理学家马斯洛和麦特曼在20世纪50年代提出了被认为是"最经典"的心理健康的十条标准[1]：

(1)充分的安全感。

(2)充分了解自己，并对自己的能力作适当的估价。

(3)生活的目标切合实际。

(4)与现实的环境保持接触。

(5)能保持人格的完整与和谐。

(6)具有从经验中学习的能力。

(7)能保持良好的人际关系。

(8)适度的情绪表达与控制。

(9)在不违背社会规范的条件下，对个人的基本需要作恰当的满足。

(10)在不违背社会规范的条件下，能作有限的个性发挥。

1946年第三届国际心理学卫生大会对心理健康下过定义，并且指出心理健康的四条标准[2]：

(1)身体、智力、情绪十分和谐。

(2)适应环境，在人际关系中彼此谦让。

(3)有幸福感。

(4)在工作中，能充分发挥自己的能力，工作有效率。

美国心理学家阿尔伯特(G. W. Allport)认为，心理健康的人不被无意识的冲动所驱使，他们的行为是在理性和有意识的水平进行的；这样的人积极追求目标、希望和理想，并形成自我统一性，他认为心理健康包括以下七个方面[3]：

(1) 自我意识广延。

① 刘鲁蓉. 大学生心理卫生[M]. 北京：北京科学出版社，2006.8

② 陈国梁. 大学生心理健康教育——21世纪高等职业院校教材[M]. 广州：华南理工大学出版社，2006.7：5

③ 倪亚红，杨雪花. 大学生心理健康教程[M]. 南京：东南大学出版社，2007.4：6～7

（2）良好的人际关系。

（3）情绪上的安全性。

（4）知觉客观。

（5）具有各种技能，并专注于工作。

（6）现实的自我形象。

（7）内在统一的人生观。

《简明大不列颠百科全书》认为，心理健康的具体标准是：

（1）认知过程正常，智力正常。

（2）情绪稳定乐观，心情舒畅。

（3）意志坚强，做事有目的。

（4）人格健全，性格、能力、价值观等均正常。

（5）养成健康习惯和行为，无不良行为。

（6）精力充沛地适应社会，人际关系良好。

20世纪90年代，世界卫生组织提出了人的身心健康的八大标准："五快""三良"。"五快"指食得快、便得快、睡得快、说得快、走得快；"三良"指良好的个性、良好的处世能力、良好的人际关系。

关于心理健康的标准，我国学者叶一舵认为，既然心理健康的实质是一种适应，心理健康的标准就是个体适应正常或良好。具体地说，从个体横向适应的角度看，心理健康的标准应分为心理适应（自我适应）标准和社会适应标准，从个体纵向适应的角度看，心理健康标准应分为生存适应标准和发展适应标准，这两个维度共同形成一个心理健康标准的二维结构。如图所示：[①]

图 10-1　心理健康标准的二维（适应）结构

2. 关于心理健康标准的几点认识

（1）心理健康是一个相对概念

对心理健康的理解，可以有三个不同层次。最低层次：克服心理疾病；中间层次：超越"第三状态"；理想层次：自我实现。所以，心理健康不是指某种固定的状态，而是富有弹性伸缩的一个相对状态。

心理健康是一种状态，它是一个不断变化发展的动态系统。一方面，心理健康在不同

---

① 叶一舵. 心理健康标准及其研究的再认识[J]. 东南学术，2001（6）

的历史时期，有不同的要求。这是因为随着社会的变迁，不同的社会对人有不同的要求。安贫乐道，在封建社会可能是一种理想的保持心理平衡的观念，而在现代社会，就会使人不思进取，就容易在竞争的社会中遭到淘汰。另一方面，人的一生发展会经历不同的阶段，各个阶段的人，其心理特征和心理健康标准不是完全划一的，而应该各有侧重。特别是处于发展中的青少年学生容易出现一些比较突出的问题，这些问题具有阶段性和暂时性，是个体心理发展过程中的现象，有些甚至是学生心理发展过程中必然出现的具有一些年龄特点的心理行为特征。这种问题随着学生心理的成长与发展，通过正确的教育与引导，自然是可以得到解决的。

【相关链接】

关于正常心理与异常心理的划分标准

异常心理的划分标准一般公认的有四种方法：

(1)经验标准 这里有两种含义：一是指病人自己的主观经验，他们自己感觉到忧郁、不愉快，自己不能自我控制某些行为，从而寻找医生的帮助。二是指根据自身的活动体验来判别正常或异常。这是一般人把常态的已有经验作为出发点。这种标准的主观性甚大，因为不同的研究者的判断有较大的差异。

(2)社会规范标准 即在社会规范的基础上来衡量、判断行为是否异常。一般来说，人的行为总是与环境协调一致的。人依照社会生活的需求和道德规范行事。所以这一标准是根据人的行为的社会意义及个人的适应程度为出发点。研究者主要考察当事人对人、对己的态度，在群体中的表现，与他人交往和处理人际关系是否恰当，对社会事件的看法和反应是否符合社会的要求。社会规范的标准为较多的临床心理学家采用。但人的社会适应行为和能力是受时间、地区、习俗、文化等条件影响的，因此，这一标准也并非是一成不变。

(3)临床诊断标准 有些异常心理现象或致病因素在常人身上是不存在的，若在临床诊断中发现某人身上有这些病因或症状，就可以被认定为"异常"，如神经症或精神病症状的人，是心理异常者。这一标准为医学界人士所支持，比较客观，也比较准确，但运用的范围比较狭窄。因为疾病的病因与症状的出现也远远不是单一的，心理异常现象是多种因素导致的身心生理机制的障碍。

(4)统计学标准 来源于对正常心理特征的心理测量，它是以大样本统计中的人数频率的常态分布为依据，居中间的大多数人为正常，居两端者为异常。确定一个人的行为异常与否即是以其心理特征是否偏离平均值为依据。这里，异常是一个相对的概念，其长度是根据其与全体的平局偏离长度来确定的。这个标准比较机械，不是在任何情况下都可以适应的，有些行为的分配不一定是常态曲线，有些数量虽然是常态分布，但仅有一端是表态，另一端是优秀状态，如智力水平，一端是低能，另一端是超常。

与统计学标准相联系的是心理测验的判断标准，这两者是根据同一原则进行判断的。

上述这些标准各有所长，也各有缺点，目前还没有一个完善的标准。可见区别心理正常或异常，是由多种因素决定的，不能单凭一个标准下结论。同时，这项工作必须由专业工作者来做。但对于常人怀疑自己某种行为是否异常，也可以从以下几点做自我检测：

这项行为有无明显妨碍你的工作，使工作效率显著降低；

这项行为有无明显影响你对自己的态度，使你讨厌自己；

这项行为有无明显妨碍你和别人的关系，使别人不愿和你交往，或使你不愿和别人继续交往；

这项行为是否明显妨碍你和现实环境的接触，使你不易辨认环境，或想远离环境。

如果你对上述问题的答案回答都是否定的，则这项行为对你没有什么不良影响；若是肯定的，那么最好寻找心理咨询医生，或临床心理学家。

（资料来源：朱敬先. 健康心理学[M]. 中国台湾：五南图书出版公司，1992）

（2）心理健康标准带有明显的文化特征

由于文化的差异，东西方心理健康的标准存在一定的差异。

中国传统文化（虽没有心理标准之说，但对理想人格有丰富的记述）重视人内心世界的圆融和谐，重视心理的平衡与统一，强调个人、自然、社会保持和谐关系、"天人合一"。当内心发生冲突时，不争论表达与发泄，当个人与社会发生矛盾时，强调牺牲个人服从社会，总之，中国人的心理健康以"和"为核心，不大强调人格的独立性、人的个性与创造性。有学者提出，我国的传统文化是无我的文化，即中国文化的我是"社会我""他人我"，注重社会及他人对自己的评价，缺乏独立而鲜明的个性。

西方的心理健康观念，则以崇尚自我为核心，重视个人的成长、潜能的发挥，尊重个体的独特性与创造性，重视直接而坦率的自我表达。

从东西方的人格发展来说，西方人的个性偏于外向，东方人的性格偏于内向，心理学上对个性的内外向不做好坏的判断，但从心理健康的角度看，外向的人比内向的人心理负担与心理困扰更少，更易保持心理健康。

（三）职业学校学生心理健康的标准

职业学校的学生是社会群体的一部分，也是青少年学生群体的一部分，在研究领域，关于青少年心理健康的标准有一些表述。如上海市教科院吴增强教授认为，儿童青少年的心理健康标准应该有别于成年人，具体表述为：[①]

（1）具有良好的认识自己、接纳自己的心态和意识；

（2）能够调节、控制自己的情绪，使之保持愉悦、平静；

（3）能够承受挫折；

（4）能够较客观地认识自己周围的环境，适应环境并能改造环境；

（5）人际关系协调，具有合群、同情、爱心、助人的精神；

（6）具有健康的生活方式与生活习惯；

---

① 吴增强主编. 学校心理辅导通论——原理　方法　实务[M]. 上海：上海科技教育出版社，2004.10

（7）思维发展正常，有创造力；

（8）有积极的人生态度、道德观和良好的行为规范。

又如，我国的一些教育工作者根据国内外学者们的论述、学生心理发展的特征以及学校心理健康工作的实践，从四个方面描述了学生心理健康的标准。[①]

（1）对自己有信心。即对自己有基本的了解，能作正确的自我评价。不仅知道自己的弱点、缺点和局限，而且还知道自己的优点、长处和发展的潜能；对自己持肯定态度且怀有信心，有良好的自我形象，自尊、自爱、自信；对自己的未来抱有切合实际的希望。

（2）对学校生活有兴趣。即喜欢自己担负的学业和工作任务，能在学习和工作等活动中发挥自己的智慧和才能，获得满足感和成就感，认识并肯定自己的价值，从而热爱学习和班级工作。

（3）喜欢与人交往，有较好的人际关系。在家里，关心家庭和家人，与父母有良好的沟通；在学校里，与同学和老师有比较多的接触，与他们建立友好和谐的关系，共同分享快乐，分担忧虑；喜欢交结朋友，对人的态度正面的（信任、尊重、喜欢、热爱）多于负面的（敌意、怀疑、憎恨、冷漠）；能帮助别人，也愿意接受别人的帮助。

（4）具有良好的心理适应能力。能根据环境的变化，调整自己，积极地适应环境变化；能面对自己的成长变化，学会调整自己；遇到失败和挫折，不过分焦虑不安和颓废丧气，具有一定的挫折容忍力。

目前还未见单列的职业学校学生心理健康标准的研究成果，纵观中外心理学家和医学家从不同角度提出的心理健康标准，结合职业学校学生身心发展的特征及特定的社会角色，我们认为职业学校学生的心理健康标准可概括为以下几个方面：

（1）有正常的智力。智力是衡量心理健康与否的基本标准之一。智力正常是职业学校学生进行正常学习、生活的最基本的心理条件，是职业学校学生胜任特定职业学习，适应周围环境，达到心理平衡的心理基础和保证。

（2）有完善的人格。具有完善人格的人，心胸开阔，真诚待人，言行一致，表里如一，热爱生活，善于生活；面对困难，能发挥自己的潜能和调整自己的行为；遇到挫折，能够采用自己所特有的方法及心理防御机制，战胜困难，消除消极情绪，保持自身人格的完整，维持心理平衡。这是职业学校学生保持心理健康、适应职业环境和社会需求之最根本的条件和努力方向。

（3）有健康的体魄。健康的体魄是心理健康的基石。因此不管对于职业学校学生还是其他学生群体，都要加强身体锻炼，保证有良好的生理机能，形成心理健康的本钱。

（4）有尊重感。尊重感包括尊重自己与他人，尊重自己就是要有良好的自我意识和自知之明。同时也要尊重他人，讲礼貌，多看到别人的长处，宽容别人，认识和改正自己的不足，达到取长补短、不断提升自身素质的目的。

（5）有和谐的人际关系。人是社会的人，他与周围的社会环境有着千丝万缕的联系，

---

① 崔景贵主编．职业教育心理学导论[M]．北京：科学出版社，2008.8

心理健康的学生能够正确地处理好周围的人际关系，如亲子关系、师生关系、同学关系等，与他人和睦相处。

(6)心理和行为与年龄特征相适应。不同的年龄有其不同的心理特征。一个人的言语和行为符合其年龄特征者，是心理健康的表现；反之，如果严重地偏离了他的年龄特点，则是不健康的表现。作为职业学校学生应该有与其年龄和角色相适应的心理和行为特征，若经常严重地偏离所在群体的心理行为特征，他的心理很可能是不健康的。

(7)有正确的人生哲学。一个心理健康的人要有正确的世界观、人生观和价值观，有与当时社会相适应的理想和生活目标，并把自身的价值深深扎根于社会价值中，进而形成自己的目标，不懈追求。

(8)有较强的自我调节能力。一个心理健康的人无论在顺境还是逆境，都能始终保持一种冷静和谨慎的情绪，有一个平和的心态，有一种积极向上的精神，并能很快地排除干扰而正常地生活、学习。

(9)有健全的意志。这是在行为的自觉性、坚决性、果断性和自制力等方面心理素质的反映。心理健康的人意志坚强，在各种活动中都有自觉的目的性，善于分析问题，解决问题，在苦难和挫折面前能以自己的坚强毅力去面对，能有效地解决问题，克服困难、战胜挫折，并能在行为中适度地控制自己的语言、行为及情绪，而不是盲目行动、轻率、意志薄弱或者顽固不化。

(10)有团结协作和集体主义精神。具有集体主义精神，能够团结协作，这是21世纪人才的最根本要求。一个具有良好心态的人要识大体、顾大局，能够融入集体，为集体建设出力，同时也要能团结他人，共同协作，这样才能有发挥才智的空间。

(11)有吃苦的精神。这也是心理健康的一种表现。对于职业学校学生这个特殊的群体尤其如此。深圳职业技术学院院长俞仲文教授说过这样一句富有哲理的话："一个人能吃苦是人生最大的能力之一，吃过苦是人生的财富之一。"这表明具有吃苦精神，就能在各种困难和挫折面前，始终保持一种乐观主义精神，从而战胜各种困难获得成功。

【相关链接】

心理健康自评(SCL—90自测)

注意：以下表格中列举了有些人可能会有的问题，请仔细地阅读每一条，然后根据最近一星期以内下述情况影响你的实际感觉，在5个方格中做出选择。

表 10-1

	没有	很轻	中等	偏重	严重
1. 头痛	☐	☐	☐	☐	☐
2. 神经过敏，心中不踏实	☐	☐	☐	☐	☐
3. 头脑中有不必要的想法或字句盘旋	☐	☐	☐	☐	☐
4. 头晕或昏倒	☐	☐	☐	☐	☐

	没有	很轻	中等	偏重	严重
5. 对异性的兴趣减退	☐	☐	☐	☐	☐
6. 对旁人求全责备	☐	☐	☐	☐	☐
7. 感到别人能控制你的思想	☐	☐	☐	☐	☐
8. 责怪别人制造麻烦	☐	☐	☐	☐	☐
9. 忘性大	☐	☐	☐	☐	☐
10. 担心自己衣饰不整及仪态不端正	☐	☐	☐	☐	☐
11. 容易恼怒和激动	☐	☐	☐	☐	☐
12. 胸痛	☐	☐	☐	☐	☐
13. 害怕空旷的场所或街道	☐	☐	☐	☐	☐
14. 感到自己的精力下降，活动减慢	☐	☐	☐	☐	☐
15. 想结束自己的生命	☐	☐	☐	☐	☐
16. 听到旁人听不到的声音	☐	☐	☐	☐	☐
17. 发抖	☐	☐	☐	☐	☐
18. 感到大多数人都不可信	☐	☐	☐	☐	☐
19. 胃口不好	☐	☐	☐	☐	☐
20. 容易哭泣	☐	☐	☐	☐	☐
21. 同异性相处时感到害羞不自在	☐	☐	☐	☐	☐
22. 感到受骗、中了圈套或有人想抓住你	☐	☐	☐	☐	☐
23. 无缘无故地突然感到害怕	☐	☐	☐	☐	☐
24. 自己不能控制地想大发脾气	☐	☐	☐	☐	☐
25. 怕单独出门	☐	☐	☐	☐	☐
26. 经常责怪自己	☐	☐	☐	☐	☐
27. 腰痛	☐	☐	☐	☐	☐
28. 感到难以完成任务	☐	☐	☐	☐	☐
29. 感到孤独	☐	☐	☐	☐	☐
30. 感到苦闷	☐	☐	☐	☐	☐
31. 过分担忧	☐	☐	☐	☐	☐
32. 对事物不感兴趣	☐	☐	☐	☐	☐
33. 感到害怕	☐	☐	☐	☐	☐
34. 你的感情容易受到伤害	☐	☐	☐	☐	☐
35. 认为旁人能知道你的私下想法	☐	☐	☐	☐	☐
36. 感到别人不理解你，不同情你	☐	☐	☐	☐	☐
37. 感到人们对你不友好，不喜欢你	☐	☐	☐	☐	☐
38. 做事必须做得很慢以保证做得正确	☐	☐	☐	☐	☐
39. 心跳得很厉害	☐	☐	☐	☐	☐
40. 恶心或胃部不舒服	☐	☐	☐	☐	☐
41. 感到比不上他人	☐	☐	☐	☐	☐
42. 肌肉酸痛	☐	☐	☐	☐	☐
43. 感到有人在监视你、谈论你	☐	☐	☐	☐	☐
44. 难以入睡	☐	☐	☐	☐	☐

	没有	很轻	中等	偏重	严重
45. 做事必须反复检查	☐	☐	☐	☐	☐
46. 难以作出决定	☐	☐	☐	☐	☐
47. 怕乘电车、公交汽车、地铁或火车	☐	☐	☐	☐	☐
48. 呼吸有困难	☐	☐	☐	☐	☐
49. 一阵阵发冷或发热	☐	☐	☐	☐	☐
50. 因为感到害怕而避开某些东西	☐	☐	☐	☐	☐
51. 脑子变空了	☐	☐	☐	☐	☐
52. 身体发麻或刺痛	☐	☐	☐	☐	☐
53. 喉咙有梗塞感	☐	☐	☐	☐	☐
54. 感到前途没有希望	☐	☐	☐	☐	☐
55. 不能集中注意	☐	☐	☐	☐	☐
56. 感到身体的某一部分软弱无力	☐	☐	☐	☐	☐
57. 感到紧张或容易紧张	☐	☐	☐	☐	☐
58. 感到手或脚发重	☐	☐	☐	☐	☐
59. 想到死亡的事	☐	☐	☐	☐	☐
60. 吃得太多	☐	☐	☐	☐	☐
61. 当别人看着你或谈论你时感到不自在	☐	☐	☐	☐	☐
62. 有一些不属于你自己的想法	☐	☐	☐	☐	☐
63. 有想打人或伤害他人的冲动	☐	☐	☐	☐	☐
64. 醒得太早	☐	☐	☐	☐	☐
65. 反复洗手、点数目或触摸某些东西	☐	☐	☐	☐	☐
66. 睡得不稳、不深	☐	☐	☐	☐	☐
67. 有想摔或破坏东西的冲动	☐	☐	☐	☐	☐
68. 有一些别人没有的想法或念头	☐	☐	☐	☐	☐
69. 感到对别人神经过敏	☐	☐	☐	☐	☐
70. 在商店或电影院等人多的地方感到不自在	☐	☐	☐	☐	☐
71. 感到做任何事情都有困难	☐	☐	☐	☐	☐
72. 一阵阵恐惧或惊恐	☐	☐	☐	☐	☐
73. 感到在公众场合吃东西很不舒服	☐	☐	☐	☐	☐
74. 经常与人争论	☐	☐	☐	☐	☐
75. 单独一人时神经很紧张	☐	☐	☐	☐	☐
76. 认为别人对你的成绩没有做出恰当的评价	☐	☐	☐	☐	☐
77. 即使和别人在一起也感到孤单	☐	☐	☐	☐	☐
78. 感到坐立不安，心神不定	☐	☐	☐	☐	☐
79. 感到自己没有什么价值	☐	☐	☐	☐	☐
80. 感到熟悉的东西变成陌生或不像是真的	☐	☐	☐	☐	☐
81. 大叫或摔东西	☐	☐	☐	☐	☐
82. 害怕会在公共场合晕倒	☐	☐	☐	☐	☐
83. 感到别人想占你的便宜	☐	☐	☐	☐	☐
84. 为一些有关"性"的想法而很苦恼	☐	☐	☐	☐	☐

	没有	很轻	中等	偏重	严重
85. 认为应该因为自己的过错而受到惩罚	☐	☐	☐	☐	☐
86. 感到要赶快把事情做完	☐	☐	☐	☐	☐
87. 感到自己的身体有严重问题	☐	☐	☐	☐	☐
88. 从未感到和其他人很亲近	☐	☐	☐	☐	☐
89. 感到自己有罪	☐	☐	☐	☐	☐
90. 感到自己的脑子有问题	☐	☐	☐	☐	☐

表 10-2　SCL－90 测验结果处理

因子	因子含义	项　　　目	T 分＝项目总分/项目数	T 分
F1	躯体化	1、4、12、27、40、42、48、49、52、53、56、58	/12	
F2	强迫	3、9、10、28、38、45、46、51、55、65	/10	
F3	人际关系	6、21、34、36、37、41、61、69、73	/9	
F4	抑郁	5、14、15、20、22、26、29、30、31、32、54、71、79	/13	
F5	焦虑	2、17、23、33、39、57、72、78、80、86	/10	
F6	敌对性	11、24、63、67、74、81	/6	
F7	恐怖	13、25、47、50、70、75、82	/7	
F8	偏执	8、18、43、68、76、83	/6	
F9	精神病性	7、16、35、62、77、84、85、87、88、90	/10	
F10	睡眠及饮食	19、44、59、60、64、66、89	/7	

表 10-3　正常成人 SCL－90 的因子分常规

项　　目	$\overline{X}$＋SD	项　　目	$\overline{X}$＋SD
躯体化	1.37 ＋ 0.48	敌对性	1.46 ＋ 0.55
强迫	1.62 ＋ 0.58	恐怖	1.23 ＋ 0.41
人际关系	1.65 ＋ 0.61	偏执	1.43 ＋ 0.57
抑郁	1.50 ＋ 0.59	精神病性	1.29 ＋ 0.42
焦虑	1.39 ＋ 0.43		

（资料来源：张玲等．心理健康研究与指导［M］．北京：教育科学出版社，2001(1)：29～34）

第二节　职业学校心理健康教育的含义、目标、内容和途径

一、职业学校心理健康教育的含义

职业学校心理健康教育是教育工作者根据职业学校学生心理和生理发展特点，运用心理学、教育学及其相关学科的理论与技术，通过有关心理健康教育的途径和方法，帮助职业学校学生解决成长过程中的心理问题，促进职业学校学生心理素质全面提高和心理机能健康发展的教育活动。它与德育、智育、体育、美育一样，是素质教育的重要组成部分。职业学校中通常所进行的情感教育、人格教育、社会适应性教育、择业辅导、性心理卫生教育、人际交往训练、学习指导等，都属于心理健康教育的范畴。

为了更好地掌握职业学校心理健康教育的含义，我们可从以下几个方面理解：

1. 职业学校心理健康教育是一种以发展为理念的教育活动

职业学校心理健康教育包含了一系列的发展性理念：一是可持续发展理念，即职业学校心理健康教育要为学生的可持续发展打下坚实的基础；二是全体发展的理念，即职业学校开展心理健康教育面向的不仅仅是个别有问题的学生，而是全体学生，特别是健康的正常学生，要让每个学生都得到发展；三是全面发展的理念，即要促进职业学校学生个体身心的全面和谐发展；四是潜能开发的理念，即坚信每一个学生都会发展，都有发展的潜力。因而，职业学校的心理健康教育要最大限度地激发、开发每一个学生的潜能。

2. 职业学校心理健康教育是一种以学生为中心的教育活动

传统教育在很大程度上强调以教师为中心、以教材为中心、以课堂为中心，而职业学校心理健康教育强调以学生为中心、以学生的学为中心、以全体学生主动参与为中心。职业学校心理健康教育坚持学生是认识、成长和发展的主体，强调学生的主体地位，突出学生的主体作用，鼓励学生的自主探索，通过充分发挥学生的积极性、主动性和自觉性，使学生能成为自主自动的能掌控自己心灵世界的"思想家"。因此，职业学校心理健康教育是一种以学生为主体的教育，是一种真正体现"创造适合学生的教育"的教育。

3. 职业学校心理健康教育是建立在新型师生关系基础上的教育活动

在职业学校的心理健康教育中，心理教师和学生的关系有两层：一层是指导者、教育者对被指导者、受教育者的关系；另一层是作为平等的个人对个人的关系。这种人际关系的特点是师生之间的真诚、亲密、尊重、理解、信任和支持。在这种积极地人际互助过程中，教师多持非批评性态度，不以命令或教训的方式对待学生，站在学生的角度，换位思考。更多的是扮演学生的朋友、参谋乃至同伙的角色。当然，职业学校心理健康教育不是放纵学生，也不是任其自然。可见，职业学校心理健康教育是一种新型的师生关系。

4. 职业学校心理健康教育是一种具有独特目标的教育活动

职业学校心理健康教育作为职业学校教育的一部分，其目标与职业学校教育的目标是

一致的。但心理健康教育的性质又不同于学校其他工作，它直接指向学生的心理健康，因而，其目标具有独特之处。具体来讲，有矫治性目标、预防性目标和发展性目标三种。矫治性目标是针对少数已产生心理问题的学生提供具体的心理咨询或心理治疗；预防性目标是根据学生的心理发展特点提供防患于未然的心理辅导；发展性目标是在学生当前的心理发展水平上发展学生更成熟、更丰富、更健全的心理品质和心理生活。也就是说，职业学校的心理健康教育既要让少数有心理问题的学生恢复正常，又要促进大多数正常学生有更好的发展。

5. 职业学校心理健康教育是一种以"他助—自助"为机制的教育活动

职业学校心理健康教育的目的在于提高学生的心理素质，帮助学生健全健康的心理机能，引导学生形成积极的心理取向，教育学生具有在动态中保持心理平衡的能力。因此，职业学校心理健康教育既是为培养学生某种品格、增进学生心理适应能力乃至为改变学生个体意识行为倾向而实施的操作过程，也是学生个体成长的过程。从职业学校心理健康教育的内在规律来看，这个过程是一种以"他助—自助"为机制的教育过程。也就是说，职业学校心理健康教育的过程就是"助人自助"的过程。在这一过程中，学生将他们在"他助"与"互助"中学到的经验内化成自己的技能，从而实现"自助"，进而达到自我完善与发展。

6. 职业学校心理健康教育是一种需要专业化技能的教育活动

职业学校心理健康教育是专业知识、技能与技术的运用。作为一种教育活动，心理健康教育除了需要一般的教育技能以外，还需要掌握特殊的专业技能与技术。如咨询过程中，辅导人员需要运用专注、接纳、倾听、同感、澄清、自我暴露、反馈、影响性总结等专业技能，也需要运用角色扮演、心理剧、系统脱敏、行为矫正等专业技术。除此之外，还需要运用心理测量和统计、心理学调查研究方法和案例研讨等方面的技术。

7. 职业学校心理健康教育是一种服务性的教育活动

职业学校心理健康教育是一种服务。心理健康教育对学生是一种帮助，因此，辅导教师必须坚持为学生服务的观念，用爱心和耐心帮助每一个学生。在学校教育中，心理健康教育有其特定的服务内容。从学校心育自身的功能来看，它要直接为学生的成长、发展服务，如，"鉴别"——对学生个别差异的了解；"资讯"——向学生提供学习、职业、生活方面的资料；"咨商"——帮助学生自我了解和自我发展；"咨询"——向教师、家长、学生提供背景性资料；"定向"——帮助新生认识环境，适应环境；"安置"——帮助学生选课、进行升学与就业辅导；"延续"——继续与毕业的学生保持联系，提供必要的心理服务；"研究"——对于辅导的需求与辅导的实效进行研究与评价，以保持辅导工作的朝气与活力。同时，职业学校心理健康教育还要为教师的心理健康服务。从学校心育的延伸功能来看，它还要为学校的教育教学及其改革服务，为优化学校的育人环境服务，为家庭教育服务，为社区教育提供力所能及的服务与协助。

二、职业学校心理健康教育的目标

职业学校心理健康教育的目标是多层面的。

首先，从社会角度来看，职业学校教育占据我国中等教育的半壁江山，担负着培养我国具有一定技术的广大劳动者的任务。职业学校心理健康教育作为职业学校教育的一部分，是培养人才的重要环节，是提高国民素质和民族兴衰成败的重要举措。正如江泽民同志所指出的，"一个民族的新一代，没有强健的体魄和良好的心理素质，这个民族就没有力量，就不可能屹立于世界民族之林"，所以从社会角度而言，职业学校心理健康教育的目标是提高国民素质，振兴民族精神。

其次，从教育角度来看，职业学校心理健康教育的目标与职业教育的目的保持一致，即为社会发展和经济文化建设服务，培养德、智、体、美、劳等诸方面全面发展的社会主义事业建设者和接班人。因此，其目标是促进学生个性全面、和谐发展，使学生身心潜能得到充分发挥。如前所述，职业学校心理健康教育的性质又不同于职业学校其他工作，它直接指向学生的心理健康，因而，其目标具有独特之处。具体来讲，有矫治性目标、预防性目标和发展性目标三种。矫治性目标是针对少数已产生心理问题的学生提供具体的心理咨询或心理治疗；预防性目标是根据学生的心理发展特点提供防患于未然的心理辅导；发展性目标是在学生当前的心理发展水平上发展学生更成熟、更丰富、更健全的心理品质和心理生活。也就是说，职业学校的心理健康教育既要让少数有心理问题的学生恢复正常，又要促进大多数正常学生有更好的发展。

最后，从学生角度来看，职业学校心理健康教育的目标是提高全体学生的心理素质，帮助学生树立心理健康意识，培养学生乐观向上的心理品质，增强心理调适能力，促进学生人格的健全发展；帮助学生正确认识自我，增强自信心，学会合作与竞争，培养学生的职业兴趣和敬业乐群的心理品质，提高应对挫折、匹配职业、适应社会的能力；帮助学生解决在成长、学习和生活中遇到的心理困惑和心理行为问题，并给予科学有效的心理辅导与咨询，提供必要的援助，提高学生的心理健康水平。

三、职业学校心理健康教育的主要内容和分阶段具体内容

教育部印发的《中等职业学校学生心理健康教育指导纲要》明确了中等职业学校开展心理健康教育的主要内容和分阶段的具体教育内容，这是中等职业学校心理健康教育相对稳定的内容，现将这些内容摘录如下：

1. 心理健康教育的主要内容

职业学校心理健康教育的主要内容包括：普及心理健康基本知识，树立心理健康意识，了解简单的心理调适方法，认识心理异常现象，正确认识和把握自我，以及掌握一定的心理保健常识。其重点是根据学生特点和他们在成长、学习、生活和求职就业等方面的实际需要进行教学、咨询、辅导和援助。

2. 分阶段的具体教育内容

职业学校必须根据学生不同年龄阶段身心发展的特点和职业发展的需要，分阶段、有针对性地设置心理健康教育的具体内容。

一年级阶段：

帮助学生适应职业学校的生活和学习环境，调整心态，建立信心，在学习中培养良好的学习方法和习惯，体会成功的愉悦，激发学习兴趣；鼓励学生在学习和生活中不断认识自己，开发潜能，悦纳自己，完善自己；帮助学生在专业课和其他活动中了解未来要从事的职业以及所学专业的培养目标、学习目标和生活目标，培养职业兴趣；帮助学生融入集体，在集体的建设中培养责任感、义务感、荣誉感、友谊感；了解青春期性心理现象，帮助学生学会调控情绪，正确对待异性交往。

二年级阶段：

帮助学生掌握有效的学习方法和策略，提高他们的思维能力、创新能力和操作能力；引导学生了解自己的情绪、性格和能力特征，提高自我意识，培养良好的职业意识，了解社会、认识社会，关注现实和未来职业选择的关系，树立正确的职业理想；帮助学生发展人际交往能力，建立良好的同学关系、师生关系和亲子关系；帮助学生了解生命的意义，珍惜生命，不断完善自己的人格。

三年级阶段：

帮助学生做好就业的心理准备，确立就业目标或继续学习的发展方向；引导学生利用学习和各种实践机会熟悉社会、体验社会、体验职业，根据自己的兴趣、能力和个性特点，树立正确的择业观、职业观、创业观，培养创新精神和实践能力；帮助学生树立合作与竞争意识，增强迎接职业挑战的信心，提高生活和社会适应能力，学会应对压力与挫折，保持健康、良好的心态。

四、职业学校心理健康教育的实施途径

职业学校心理健康教育要完成其规定的教育内容、实现其预定的教育目标，就必须通过一定的途径加以实施。学生心理品质形成的复杂性，决定了职业学校心理健康教育开展的多种途径与多种形式。当前职业学校心理健康教育还是一项相当年轻的事业，不仅要求在认识上明确它的重要性，还要在实践上寻求行之有效的途径与形式，而且要将这些途径与形式有机构成一个完整的心理健康教育的运行系统。

1. 开设心理健康教育课程并开展心理咨询与辅导工作，是职业学校开展心理健康教育的专门途径

目前职业学校开展心理健康教育的专门途径有两类：（1）开设专门的心理健康教育课程。即把心理健康教育课程纳入学校的教学计划，做到定时、定点、定员，以保证心理健康教育课程的实施。根据教育部印发的《关于中等职业学校德育课课程设置与教学安排的意见》的规定，将心理健康教育纳入德育课课程体系之中，开设心理健康教育选修课程，一般每学期不少于 10 学时。职业学校心理健康教育课程的开设，是职业学校德育工作不可缺少的环节，也是心理健康知识宣传普及最普遍的途径，具有传授面广，且知识全面的特点。在课堂给学生进行有关心理健康知识的普及，让学生对心理健康有清楚地认识和整

体的把握，树立起维护自身心理健康的意识；帮助学生掌握维护心理健康的知识和方法，了解自身心理发展的特点与规律，学会自我保健和自我调节，从而树立正确的成才观和人生价值观，这是学生心理健康的重要前提条件。在职业学校心理健康教育课程开设的过程中，要注意防止心理健康教育学科化倾向。（2）开展个别心理咨询与辅导。心理咨询与辅导是受过专门训练的专业人员向来访者提供职业性的帮助。《中等职业学校学生心理健康教育指导纲要》指出："学校要积极创造条件，建立心理咨询（辅导）室，并通过团体辅导、个别咨询、心理行为训练、书信咨询、网络咨询、开设热线电话等多种形式，对学生在成长、学习和生活中出现的心理行为问题给予指导，帮助他们排解心理困惑。对于个别有严重心理障碍和心理疾病的学生，应该及时识别并转介到专业诊治部门。"个别咨询与辅导是教师和学生通过一对一的沟通方式，对学生在学习和生活中出现的问题给予直接的指导，排除心理困扰，提高学生心理平衡能力和承受能力。

心理健康教育课程作为团体辅导的一种形式，面对的是学生成长中的共同问题；个别咨询与辅导解决的则是个别学生的心理问题。因此，在职业学校的心理健康教育中，开设心理健康教育课程和开展个别心理咨询与辅导相辅相成、相得益彰。

2. 在整个学校教育过程中全面渗透心理健康教育，是职业学校开展心理健康教育的基本途径

职业学校的心理健康教育是一项系统工程，它只有与学校各项工作相互结合、相互促进，才能实现心理健康教育的最终目标。因此，必须把心理健康教育全面渗透在整个职业学校教育过程中。《中小学心理健康教育指导纲要》指出："要把心理健康教育贯穿在学校教育教学活动之中。要创设符合心理健康教育所要求的物质环境、人际环境、心理环境。寻找心理健康教育的契机，注重发挥教师在教育教学中人格魅力和为人师表的作用，建立起民主、平等、相互尊重的新型师生关系。班级、团队活动和班主任工作要渗透心理健康教育。"这些同样适应于职业学校的心理健康教育。除了这些以外，正如《中等职业学校学生心理健康教育指导纲要》所指出的："在实习实训中渗透心理健康教育。实习实训是学生接触社会、体验职业的重要渠道，要引导学生进行职业心理调适，帮助学生巩固和强化积极的情感体验，克服不利于将来就业的心理倾向，正确对待职业选择和职业的变化发展，了解职业的社会意义和价值，培养职业兴趣、爱岗敬业精神和良好的职业心理素质。"

"全面渗透"是职业学校开展心理健康教育的基本途径，它最能体现职业学校心理健康教育"全员参与、全体受教、全面铺开、全程实施"的"四全教育"思想。全面渗透主要体现在以下几个方面：在学科教学中渗透心理健康教育；在实习实训中渗透心理健康教育；在德育工作、学生工作中渗透心理健康教育；在课外活动中渗透心理健康教育；在校园环境和校园文化中渗透心理健康教育。

3. 建立家庭、学校、社区一体化的心理健康教育网络，是促进职业学校心理健康教育实现其整体目标的不可忽视的支持性途径

职业学校学生心理的健康发展受学校教育及其以外的许多因素的制约，单靠职业学校方面的力量开展心理健康教育是不够的。职业学校应该与学生家庭、所在社区密切联系，

协同开展，建立一种以学校为主导，家庭、社区共同参与的一体化的心理健康教育网络。具体说来，第一，职业学校要加强教师的心理健康教育，提高教师对自身心理健康重要性的认识，提高教师的职业修养和心理健康水平，尽量减少或杜绝对学生心理健康的师源性伤害。第二，要发动、指导学生家庭开展心理健康教育。学生心理问题的产生和发展，家庭环境、家庭教育是不可忽视的因素，因此学校应加强与学生家庭的沟通与联系，通过家长学校、家长会、教师家访等各种形式，加强与学生家长的沟通，发挥家庭的作用，使学校和家庭形成合力，共同做好心理健康教育工作。同时学校要指导家庭心理健康教育的开展，引导和帮助家长树立正确的教育观，改善家庭环境，以良好的行为、正确的方式、和谐的气氛去影响和教育子女，创建文明、和睦、愉快的家庭内部环境，是培养学生良好心理素质的前提，是每一个学生身心健康发展的保证。第三，要充分发挥社区教育的作用。职业学校要加强与校外心理卫生机构、街道居委会、关心下一代协会等社会、群团组织以及其他社区热心人士、志愿服务者的联系，充分利用和挖掘社区资源，建设社区高雅文化和校外心理健康教育活动基地，净化社区环境，发挥社区高雅文化的辐射作用。

总之，上述专门途径、基本途径和支持性途径共同构成一个相对完整的职业学校心理健康教育的途径操作系统。职业学校在实施心理健康教育时，既要注意各种途径的相互结合和补充，也要注意发挥各种方式和途径的综合作用，以增强心理健康教育的效果。

【相关链接】

心理咨询室的选址、布置与必备的工具

学校心理咨询室在选址时，考虑到学生心理咨询所需要的隐秘性和安全性，不适合设置在行政楼内，或者跟教师、行政办公室相邻，那样离教师太近，会给咨询的学生造成压迫感，影响学生自由地到访。也不适合在教学区，跟公共教室接临，同样会给到访学生很多顾忌，会担心被很多同学看见、猜测，尤其在心理健康概念还未普及的今天，很多有心理困惑的同学特别忌讳被人认为自己有心理问题。这样无形中就增加了这些同学求助心理咨询的压力。而过于偏僻也不利于开展心理咨询工作，因为过于难找，离得太远，影响学生主动求询。所以，咨询室需要设在学生经常会光顾的区域，比如学生活动中心，图书馆，休闲生活区等。方便学生求助，并且有明确的咨询室指示牌。但是，心理咨询也需要考虑安静的氛围，且从人文关怀出发，集体的咨询房间可能设置在相对僻静的楼层或角落为好，或者门的朝向可以设置得间接些，避开主干道，同时房间尽量有好的隔音效果，以保持室内安静。这样既离日常生活起居的地点不远，便于学生寻找，同时又相对私密，有安全感。

学校心理咨询室的设计一般包括了个别咨询室，团体咨询室，以及接待室。接待室通常是用来接听预约电话和接待来访学生的，也可以用来处理咨询记录，因此需要提供一套简易舒适的桌椅，并配备电话机等通信设备。接待室的总体风格应显得简洁温馨并具有专业化的感觉，需要在装饰时配备一些绿色植物，挂一些墙上饰物，也可以挂一些体现专业

水平的证书，或心理咨询领域的名人画像，这样都会使来访学生感到舒心、自然和产生信心，增强学生的安全感。

个案咨询室的布置是最为讲究的，往往于细节处体现着心理咨询以来访者为中心的基本精神。一般而言，学生最常见的心理问题多属于发展性领域，采用的方式也是一对一面谈的方式，因此，心理咨询室的规模需要适中，过大会让人产生自我渺小的感觉和不安全感。过小则会显得压抑，最好控制在 10～16 平方米左右的规模。咨询室的布置风格以简洁素雅为主，一般可放置 2～3 把椅子或单人沙发，在坐椅间摆放一个茶几，茶几的作用一是可以在上面放一些鲜花和纸巾，二是可以在来访者和咨询师之间形成一个适当的距离。墙壁的颜色以浅色为主色，可以是白墙，但需要简单装饰一下，以免在有些灯光的反射下过于刺眼。墙壁上可以挂一些素雅的画和挂钟，需要注意的是挂钟最好挂在一个视角宽阔的角度，便于咨询师在咨询时随时掌握时间。

团体咨询室往往会举行一些团体活动或小组活动，一般规模可以控制在从五六人到二十人不等。人数再多一些的团体一般就不适合在团体咨询室内活动了，可以到室外或教室里活动。这样，团体咨询室至少要求 20 平方米以上的空间。由于学生正处于人生最活跃、最有活力的年纪，在活动中难免会发出欢快或嘈杂的声音。因此为避免影响其他咨询，也需要满足隔音的要求。在团体咨询室里需要添置若干把折叠桌椅（或坐垫），这样在不用的时候可以收好，以免占用过多的空间。一些团体活动时的工具可以放置在带有锁的柜子里，以便于使用时可以随时取出。在墙壁上可以挂一些名言警句或对团体成员有约束力的契约等装饰。有些时候限于条件，一些学校心理咨询机构往往会把活动室当作培训室，因此还可以添置一些教学用的移动式白板，或者一部投影仪。

心理测量工具是咨询室必备的条件之一，在诊断学生的问题时，除了凭借咨询教师的经验外，有时候还需要一些专业的测量工具以对学生存在的问题作出合理的诊断。如心理量表、测试器材等了解学生的心理状况。常用的心理测量工具有韦氏成人智力量表（WAIS）、瑞文推理能力测验、明尼苏达多项人格调查表（MMPI）、艾森克人格问卷（EPQ）、卡特尔 16 种人格因素问卷（16PF）、人际关系综合诊断量表、气质调查表、症状自评量表（SCL－90）等。

另外，在学校条件允许的情况下，咨询室还可以配置电脑与打印设备。电脑不仅可以作为存放学生心理咨询材料的工具，还可以进行一些心理测试，通过网上咨询，或查阅相关心理咨询网站等，给学生提供更多获得心理健康知识的途径。同时帮助由于各种原因不能当面咨询的学生，解决他们的心理困扰。

第三节　职业学校学生心理辅导

职业学校学生大都在 15～20 岁之间，正是青春期的重要阶段，是身心发展的重要时期。随着生理、心理的发育和发展以及竞争压力的增大，特别是当前社会的快速发展，职校学生发展与成长的日趋复杂，影响身心健康的因素越来越多，职业学校学生的心理健康问题较以前更显著和突出，最常见的心理行为问题表现在自我意识方面的问题、情绪情感的困扰、性心理问题、师生关系问题、亲子关系问题、学习态度问题、学习方法问题、求职就业问题等。根据职业学校学生常见的心理行为问题，职业学校心理辅导的内容应集中在挫折教育、学习辅导、适应（包括青春期）辅导、生活辅导和生涯辅导等方面。对职校生而言，尤其以挫折教育、学习辅导和适应辅导最为重要。[①] 这里重点介绍挫折教育、学习辅导、适应辅导中的青春期辅导、求职择业辅导。

一、挫折教育

古人说："人生逆境十之八九"，即人人都会遇到挫折。古往今来，没有一个人能完全顺利地实现其动机和抱负，因此，人总会有挫折感。对于挫折，应寻求正确的心理应对，以维持心理平衡，这是保持心理健康的重要方法。

挫折适应是指人在碰到挫折情景时，对引起挫折的种种因素，采取有效的策略。对挫折的反应方式，存在着积极型与消极型两大类。职业学校的心理辅导要引导职校生在遭受挫折时采取积极的反应，避免消极反应，并帮助学生找出产生挫折的真正原因，予以克服，达到真正战胜挫折、取得成功的目的。要做到这一点，职业学校心理辅导在进行挫折教育时重点可放在两方面：一是提高学生的挫折承受力；二是教会学生积极适应挫折的方法和技术。

（一）提高学生挫折承受力的方法

1. 帮助职校生树立正确的挫折观

挫折承受力标志着一个人适应环境的能力。这种能力不是先天就有的，是后天学习、实践、锻炼的结果。提高挫折承受力，对于正处在学习、成长中的职校生尤为重要，不仅可以使其意志更加坚强，人格更趋成熟，而且使他们有能力应付充满挑战和机遇的社会。

首先，帮助职校生正确认识挫折。要提高承受挫折的能力，最重要的是要正确认识挫折，建立一个正确的挫折观。挫折是客观存在的，是人生不可避免的。现实生活中，考试不理想、人际关系困难、生活不适应等挫折是几乎每个人都曾遇到过的。有的职校生总认为生活中的挫折、困境、失败是消极、令人恐惧的，因而受挫折后消极悲观，沉闷抑郁，个别人甚至丧失了生活的勇气。为此，职业学校教师应帮助职校生树立正确的挫折观，教会学生对挫折有正确认识与思想准备，使其对在学习、生活中可能出现的挫折与困难事先有充分的估计，心理有所准备，就会减轻挫折感，增强战胜挫折的信心与勇气。职业学校可以通过开展一些活动课如"憧憬未来、面对现实""我的理想、我的现实"等进行讨论，让学生真正认识到"前途是光明的，道路是曲折的"，引导职校生正视挫折，对挫折有充分的心理准备。

---

① 崔景贵主编. 职业教育心理学导论［M］. 北京：科学出版社，2008：66

事实上，挫折也可以成为自强不息、奋起拼搏、争取成功的动力和精神催化剂。生活中许多优秀人物就是在挫折磨炼中成熟、在困境中崛起的。可以说，挫折也是一种机会。只要对挫折不害怕、不气馁，能坦然面对挫折，树立战胜挫折的勇气和信心，就可以适应任何变化中的环境。

其次，改变不合理观念。心理学研究表明，引起强烈挫折感的与其说是挫折、冲突，不如说是受挫者对所受挫折的看法，以及所采取的态度。常见的不合理观念有以下几种：

第一，不该发生。有些职校生把生活中的不顺利，学习、交往中的挫折、失败看作是不应该发生的。他们认为，生活应该是愉快的、丰富的，人际关系应该是和谐的、互助的。一旦生活中出现诸如人际之间的冲突、成绩滑坡、好友负心、评不上优秀等事件，他们就认为它不应该发生，而变得烦躁易怒、束手无策、痛苦不堪、失去信心。

第二，以偏概全。有些职校生常常以片面的思维方式看待事物，简单地以个别事件来断言全部生活，一叶障目。例如，有人对自己不友好，就得出结论说自己人缘不好或缺乏交往能力；一次考试不如人意，就认为自己彻底失败，不是读书的材料；一次失恋就认为自己对异性没有吸引力等，从而导致自责自怨、自卑自弃的心理而焦虑、抑郁。以偏概全不仅表现在对自己的认识上，也表现在对他人、对社会的认识中。例如，因一事有错而对他人全盘否定；因社会有缺陷，存在阴暗面，就看不到光明，而彻底丧失信心。

第三，无限夸大后果。有些职校生遇到的是一些小挫折，却把后果想象得非常糟糕、可怕。夸大后果的结果是使人越想越消沉，情绪越陷越恶劣，最后难以自拔。例如，一门功课考试不及格，就认为自己能力不行，学不下去，毕不了业，找不到工作，人生没前途，生命没价值。

只有改变不良的认知方式、纠正错误的观念，才能实事求是地评价挫折带来的后果，从困难中看到希望。

2. 帮助职校生确定适当的抱负水平

职校生关于自己的理想或抱负有不同的水平，过高的抱负水平是产生挫折感的一个重要因素。由于职校生对于未来怀有热烈的向往，想象力比较丰富，有时离开现实条件构想自己未来的前景，形成"理想我"与"现实我"的巨大反差，挫折感便会油然而生。因此，职业学校教师可通过"自我标价""镜像自我"等辅导活动引导学生正确认识自己、评价自己，根据学生的"最近发展区"帮助学生确定适当的抱负水平。

3. 让职校生适度感受挫折，锻炼挫折承受力

职校生正处于身心急速发展时期，心理脆弱、敏感，如经常遭受重大的精神打击和接连不断的挫折，就会严重影响其心理健康，因而职业学校和家庭要尽可能预测和改变重大挫折的情景和条件，以避免职校生受到更大的心理伤害。但这不等于说要对学生过分保护，不让他们经历任何挫折。事实证明，适度的挫折经历，对于个人挫折承受力的锻炼和培养是十分重要的。职业学校教师和家长可以有意识地提供或利用一些挫折情景，鼓励职校生主动地在学习、生活实践中克服困难，战胜挫折，积累经验，不断成熟。

(二)教会职校生积极适应挫折的方法和技术

通过训练和有意识的辅导，帮助职校生掌握积极适应挫折的方法和技术，使他们学会对挫折作出积极主动的适应也是挫折教育不可忽视的内容。适应可分为消极适应和积极适应两方面。常见的积极适应方式有：理智的压抑、升华、补偿、幽默、合理宣泄、优化自身人格品质等。

1. 理智的压抑

这是一种成熟的适应方式，指当一个人的欲望、冲动或本能不符合社会规范或要求而无法达到、满足或表现时，有意识地去压抑、控制，想办法延缓其满足需要。越是成熟、有修养的人，越能有效使用压抑，使自己的行为更适应社会规范。

2. 升华

泛指心理欲望从社会不可接受的方向转向社会可接受的方向的过程。当一个人意识到自己的某种欲望无法为自己接受，且与社会规范、伦理道德相悖时，为求得心理平衡，将其净化、提高，成为一种高尚的追求。职校生受挫后容易产生攻击性行为，情绪极带冲动性。因此，教师应引导学生利用升华的作用，把这种冲动性转移到体育活动、学习及兴趣小组中，使之合理化，这样既可以使不正常的情绪得以合理转移，又有益于学生身心健康。

3. 补偿

指个人所追求的目标、理想受到挫折，或由于本身的某种缺陷而达不到既定目标时，用另一种目标来代替或通过另一种活动来弥补，从而减轻心理上的不适感。正所谓"失之东隅，收之桑榆"。

4. 幽默

指个体遇到挫折、处境困难或尴尬时，用一种机智、双关、讽喻、诙谐、自嘲等语言、动作的良性刺激，来化解困难，以摆脱内心的失衡状态。幽默是与乐观相联系的，幽默一笑解千愁。幽默恰当，可使人感到愉快，使生活增添情趣和活力，所以它是一种积极的适应挫折的方式。

5. 合理宣泄

指通过创设一种情景，使受挫者能自由抒发压抑的情绪。人在受挫后往往会产生一些消极反应和心理压力，如果不及时排解将使心理健康受到影响。

6. 优化自身人格品质

挫折承受力与人格特征有关，如性情急躁、心胸狭窄、意志薄弱、自我偏颇的人格类型的人常常更容易引起挫折感。因此，提高承受挫折的能力应从培养良好的人格品质入手，从细微小事中严格要求自己，努力在实践中锻炼，使自己的心理得到充分、有效地发展，心理健康达到更高水平状态。

以上讲的教育是几种主要的方法。职业学校教师可以根据职校生的实际情况和自己的教育经验，总结出一些行之有效的方法加以灵活运用。

二、学习辅导

【请你思考】

　　韦某是某职业学校一年级机电班学生。因上初三那年贪玩，学习成绩直线下降，同学嘲笑他，父母责怪他。在这种沉重的心理压力下，韦某进入了目前就读的职业学校。在学校里因受周围同学的影响，学习成绩偏差的他，更是无心向学，对学习提不起兴趣。上课无精打采，于是经常迟到、早退、旷课、缺交作业，在这种恶性循环下，他逐渐变得抑郁、自卑、厌学，甚至装病逃学……

　　面对韦某这样的学生，你该怎么办？

　　学习辅导是职业学校心理辅导的重要内容之一。职业学校学习辅导主要包含两方面的含义：其一，发展性的学习辅导，其目的是开发职校生自身的学习潜能；其二，特殊学习问题辅导，其目的是解决职校生在学习过程中出现的心理上的困惑，通过辅导使职校生乐于学习，学会学习。

(一)发展性的学习辅导

　　1. 发展性学习辅导的目标

　　研究表明，人的学习潜力很大，目前的教育教学方法没有能够使学生的学习潜力得到最大的开发。发展性学习辅导试图通过学习策略与方法的指导以及与学习有关的非智力因素的调动来开发学生的学习潜能。在态度上，变"要我学"为"我要学"；在学习效果上要变"教学生知识"为"让学生学会学习"。

　　2. 发展性学习辅导的内容

　　发展性学习辅导实际上就是解决学生能不能学、爱不爱学、会不会学等问题。发展性学习辅导主要有以下内容：

　　首先，学习动机辅导。这是解决学习动力问题，也就是学生"想学"的问题。如人为什么要学习？我是为谁而学习？学习动机是推动和维持学生学习的动力，分为内部驱力和外部诱因两种。内部驱力又包括认知内驱力（即求知动机，指对知识的好奇和渴望）和自我提高内驱力（即自尊动机，指个体对因自己的胜任能力或学习能力而赢得相应地位的需要）。这两类动机均属于内部动机。外部诱因指学生为了赢得家长、教师等的赞许或认可而表现出来的学习动机，它也被称做外部动机或附属内驱力。心理学家一致认为，学生学习不良的主要原因之一，在于没有养成良好的注意习惯，注意广度不足，学习动机对学习的促进作用主要是以注意的加强作为中介的，尤其是内部动机对学习和注意的维持更为持久，使学习者有更大的主动性。很多职校生学习成绩差，究其原因是没有明确的学习动机，不少职校生觉得自己学习只是为了满足父母的愿望或是为了应付来自老师的压力，因而他们的学习往往是被动的。这个问题解决得好就能变"要我学"为"我要学"。在辅导中，可以通过心理辅导帮助职校生认识学习动机的重要性，自我澄清学习动机，激发职校生的好奇心和求知欲，还可以通过组织心理训练课来提高职校生的自信心和自尊心，从而帮助学生产生自我提高的内驱力。如通过"自画像""夸夸我"等活动课增强职校生对自己优点和长处的自我认识，从而提高自信心和自尊心，间接地增强学习动机。

其次，学习情绪辅导。这是解决"乐学"的问题。学习情绪是指个体对学习的喜恶感受和体验。它可分为良好的学习情绪与不良的学习情绪。良好的学习情绪指对学习所持有的喜爱、快乐、愉快、高兴的体验，是一种积极的情绪。不良的学习情绪则是对学习产生厌恶、痛苦、不愉快的体验，是一种消极的情绪。研究表明，积极的学习情绪唤起积极的促进作用，有利于促进智力的发展。而不良的情绪则对学习起阻碍作用，妨碍智力的开发。许多学习落后的职校生的学习问题无不伴随着消极的情绪体验，此外，消极情绪既是学习落后的成因，又是学习落后的结果。因此，学习情绪辅导的主要任务就是帮助职校生形成良好的学习情绪以及调控不良的学习情绪。职校教师可通过让职校生认识学习情绪对学习的影响、教会职校生学会主动控制自己情绪的方法和手段、创设情景让职校生体验学习与成功的快乐、消除考试焦虑等方法进行。值得一提的是，职校生学习情绪的积极与否，很大程度上取决于教师，如教师的积极的教育教学情绪、教师对自己所教学科及对学生的热爱、良好的师生关系等，对于学生良好学习情绪的形成起着极为重要的作用。因此，学习情绪的辅导不仅对职校生而且对教师同样重要。

再次，学习能力辅导。这是解决职校生"会学、巧学"的问题。学习能力辅导是学习辅导的核心与归宿，因为有了较强的学习能力，学习才能事半功倍。过去往往把职校生学习能力差归因于智力落后，但近些年对学习落后职校生的研究证明，特定的知识和技能的缺陷是导致学习能力低下的主要原因。因此，当职校生在学习某一门功课感到困难时，任课教师应勇敢承担起知识上查漏补缺和学习策略上有效指导的责任。学习能力培养是职业学校教育教学的重要目标，应成为职业教育教学的主要课程内容。学习能力辅导具体可包括自学能力辅导（如阅读的方法、做笔记的方法等）、思维能力辅导（包括集中思维、发散思维及逻辑思维的培养）、操作能力辅导（即动手能力，是一种解决问题的能力）及掌握学习策略等，对这些辅导内容的学习是职校生学会学习的关键。

最后，学习行为辅导。这是解决学习习惯的问题。学习习惯是学习态度与学习方法相结合而形成的一种稳定的动力定型。它与学习态度有关，又与学习方法紧密相连，是学习态度和学习方法经常化的行为表现，是经过反复训练而养成的学习方式。从心理机制上看，习惯是一种内在的需要，如果不这样做，人就感到难受和别扭。它不需要别人督促和提醒，也不需要自己的意志努力，是一种省时省力、高效率的自然动作，所谓"习惯成自然"。学习习惯包括良好的学习习惯和不良的学习习惯。在学校里可以观察到，那些成绩好的职校生总是和上课注意力集中、课后认真做作业、学习有计划、时间安排得有条不紊、及时复习、喜欢课外阅读等良好的学习习惯相伴随；而那些成绩差的学生总会表现出上课不注意听讲、做小动作、课后不认真做作业、学习无计划、不及时复习、懒得动脑筋等不良的学习习惯。因此，对职校生进行学习辅导必须对学生的学习行为进行辅导。学习行为辅导包括良好学习习惯的养成和不良学习习惯的矫治。良好学习习惯的辅导可从学习计划的制订(包括学习目标、学习内容、时间安排、休闲计划等)、课后复习(及时复习及科学的复习方法)和课前预习(预习的程序和方法)三方面进行。不良学习习惯的矫治可从不良学习习惯危害的充分认识、不良学习习惯的矫治(可采用一些行为干预的技术,如消退、暂停、反应代价、橡皮圈拉弹等技术)和良好学习习惯的培养(如强化等)等方面进行。总之,良好学习习惯的养成是学习辅导的重要内容,是解决学生"乐学"问题的关键。它不仅直接影响学生的学习效率和学习成绩的提高,而且也和提高学生修养、完善学生人格紧密相关。正如培根所言:"习惯是一种顽强的巨大的力量,它可以主宰人生"。

(二)特殊学习问题辅导

职业学校学习辅导除了重点关注全体职校生的学习发展以外,对部分学生的个别问题也不能掉以轻心,如学习障碍、厌学症、考试焦虑等。这类问题由于个体差别大、程度较一般问题严重,涉及的辅导与咨询专业性与技术性较强,所以辅导难度较大。对这类问题,职业学校心理辅导的任务重在发现和识别,一旦确定,轻微的可和家长、学校专业辅导员、班主任联合起来,采取措施,进行帮助;如果问题严重,就要及时寻求专业人员或专门的心理咨询机构的帮助,千万不可任其发展。下面就考试焦虑及其辅导做一些简单介绍。

1. 考试焦虑及对学习的影响

考试焦虑是一种情绪反应,指学生意识到考试情景对自己具有某种潜在威胁时而产生的一种紧张的内心体验。它通常有以下三类特征:①以担心为特征的、由消极的自我评价所形成的意识体验。这可视为考试焦虑的认知特征。②同自主神经系统活动增强相联系的特定的情绪反应,如心慌、心率加快、呼吸加剧、肠胃不适、多汗尿频等,这可看作是考试焦虑的生理特征。③通过防御或逃避所表现出来的一定的行为方式,如多余动作增加、胡乱答完卷子早早离开考场等。这可视为考试焦虑的行为特征。

考试焦虑对学习的影响因焦虑程度不同而不同。总体来说,考试焦虑与学习之间存在着一种倒"U"形曲线关系,即焦虑水平过高或过低,都会使学习受到抑制。只有水平适当,学习和考试效果最好。对职校生而言,过度考试焦虑的危害更大,它不仅容易分散学生的注意力,严重影响学生学习的顺利进行,同时,长时间的过度焦虑,还会危及学生的身心健康,引起诸如多种类型的神经病、社会适应障碍、冠心病、胃溃疡、内分泌系统紊乱等身心疾病。因此,学校心理辅导要给予其高度重视。

2. 考试过度焦虑的辅导

职校生的考试焦虑是由多种因素相互作用而形成的,其焦虑水平也受多方面因素的制约,其中有职校生自身的内部因素(对考试的难度与自身应付能力的评价、知识准备与应试技能、神经类型和人格特征等),同时也和学生生活的外部环境(学校、家庭对学生过高的期望和把考试成绩作为唯一的评价标准等)有密切关系。因此,职业学校教师应根据职校生的实际情况,有的放矢地进行辅导。常用的克服考试焦虑的心理训练方法有调整自我认识法、自信心训练法、放松训练法和系统脱敏法等。

下面介绍一种简易的团体辅导法，它综合了多种克服焦虑的心理调节方法，简单易行，可供职业学校教师对考试焦虑较重的学生进行团体辅导。

第一步，指导学生全身放松。指导语为："首先尽可能坐得放松舒适些，然后开始放松全身肌肉，头和额部最先放松，接着放松脸部肌肉，上下颌也不要绷紧，颈部肌肉要完全松弛，肩膀上的骨肉也跟着放松，从肩膀到肘、到手指都要放松。紧接着是使胸部骨肉放松，先作深呼吸，再慢慢呼气放松，使紧张感慢慢消失，然后继续使腰、臀、大腿直到膝盖，再到小腿、脚踝到趾端都得到放松。"此时让学生稍稍地休息一下，多数学生紧张情绪可以得到缓解。

第二步，当学生的身体完全放松后，由老师生动逼真地描绘考试的情景，学生随之假想自己进入考场进行考试。当学生感到极度焦虑时，马上让他停止假想，然后再开始做前述的松弛运动，待全身放松后，过几分钟再描绘考试的情景……这样反复多次，直到学生在假想的考试情景中不再感到焦虑为止。

第三步，老师有计划地安排学生集中进行模拟考试。在模拟考试中，让学生有意识地放松，并默诵一系列的指令："全身骨肉放松，不要紧张，考试没有什么可怕的，注意力集中在题目上；答题时保持冷静，想一想其他可能解决的办法；深吸气，再慢慢吐气，全身松弛，果断地去做。"

经过几次这样专业的辅导，职校生的考试焦虑就会明显降低。

【相关链接】

考试焦虑辅导：认知矫正法

通过影响学生对考试的知觉和评价，使学生对考试获得一种现实合理的态度，进而对即将面对考试这一情景产生一种控制感，从而减轻焦虑反应。

下面是一种自助性认知矫正程序：

步骤一：检查自己的担忧

• 把你想起的一切担忧写下来，不要去分析，不要去想这些担忧好不好，也不要怕重复；

• 整理已写下的担忧，去掉重复的项目，把各条担忧比较一下，把实质相同的合并起来；

• 按担忧程度的大小依次排列各项目。

步骤二：对担忧进行合理性分析

对考试的担忧大都有两面性，有现实、合理的一面，也有不现实、不合理的一面。结合认知疗法对非理性认知的研究，侧重寻找担忧中是否包含以下几种认知错误：

• 无事实根据的推论

• 以偏概全

• 夸大和缩小

• 情绪推理，即一个人把自己的情绪感受当作下结论的依据。常表现为"我对考试感到心慌意乱，所以我一定是毫无准备""我感到信心不足，所以我一定考不好"

步骤三：与担忧质辩

针对担忧的不合理之处，以现实的事实、理性的常识、逻辑来驳倒它们。即使是合理的担忧，也可对它进行危害分析。任何担忧都可能有以下几种危害：

• 使人分心，不能集中精力复习

• 使人背上思想负担，不能轻松地应考

• 使人紧张，影响在考场上的正常发挥

• 使人痛苦

步骤四：得出合理反应

在上述三步的基础上，得出对该担忧的合理的、积极的认知和态度。

在操作上要求将上述各步骤写下来，必要时做成一种三栏目卡片，一栏为担忧认知，一栏为分析和质辩，最后一栏为合理反应。时间安排上，第一周，要求至少每天将三栏内容读一遍或默想一遍，在逐渐巩固的基础上获得这样一种自动反应：一旦某一担忧在脑海里重新出现，就对自己说"我已经把这个问题解决了，不必为此操心。"以后再出现程度很深的反复，再重新阅读卡片。

三、性教育与辅导

伴随着男女两性身体形成的变化和第二性征的迅速发育，处于青春期的职校生性意识和性情感已经开始萌发，产生不少性心理问题。许多职校生总在为自己性征体相的不如意而烦恼，甚至茶饭不思。一些职校生经常被原始的性欲望所困，对性问题过于敏感，表现为过分热衷于性知识的引诱，过多阅读性描写的书籍，喜欢谈论性的话题，传播一些性的笑话，沉湎于性的想象或性的"白日梦"。有些职校生养成了习惯性的手淫等自慰行为，常常自责不已，有着强烈的罪恶感和内疚感，生怕别人识破自己性方面的隐私或秘密。对于遗精、月经等一些正常的性生理现象，不少职校生缺乏科学的认识，产生惊恐、疑惑、羞涩、精神恍惚、焦燥不安等心理反应。[①]

从青春期常见的心理、行为问题的分析中可以看出，青春期辅导的最基本的内容应该是性教育与辅导。

对处于青春期的职校生来说，性驱力与社会规范之间的矛盾始终是最基本的矛盾，特别是当社会的性行为规范本身正经历着剧变时，它给职校生带来的困惑就更严重了。职校生在这一时期寻求着性角色的确认，想尝试着享受成人具有的权利，但传统的与新潮的性

---

① 赵春蕾. 中等职业技术学校学生心理问题及应对[J]. 赤峰学院学报，2006(10)，22卷5期

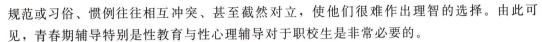
规范或习俗、惯例往往相互冲突、甚至截然对立，使他们很难作出理智的选择。由此可见，青春期辅导特别是性教育与性心理辅导对于职校生是非常必要的。

职校生性教育是内容丰富的系统教育，包括：性生理教育——使青少年正确认识人类性发育的自然规律及其本质，克服在性问题上存在的神秘感和模糊概念；性心理教育——引导职校生正确认识自身的性心理变化、性意识的各种不同表现，尤其是异性交往问题；性卫生教育——使职校生了解性器官和卫生保健常识，养成良好的卫生习惯；性道德教育——启发职校生正确处理学习、恋爱和友谊的关系，努力克制自己的性冲动，将主要精力放到人生远大目标的追求上；性法制教育——引导职校生划清正常的异性交往与性罪错的界限，增强其在性问题上的守法观念。

对处在青春期的职校生来说，适度的异性交往是有益于身心健康的。因此，对职校生的性心理问题，既不能不管不顾、放任自流，也不必如临大敌；既不必压抑职校生异性交往的需要，又要引导他们学会理智地控制自己。职业学校心理辅导的重点是教会职校生如何正确认识和尊重异性，学会与异性交往，怎样处理在异性交往中出现的各种问题，如怎样拒绝异性的追求，如何处理"情书"等。

【请你思考】

王路是一个来自农村的男孩，现就读于某职业学校。在学校他一直努力学习，老师和家长对他的期望很高。直到二年级时，新生中一个女生引起了他的注意，虽说只是一面之交，但是王路说不清怎么就喜欢上她了。感情的冲动使他上课经常走神，晚上独自时就想这个女生……理智上他知道应该克制，但是却总不能自己把全部精力用到学习上去。王路时常自责，面对突如其来的恋爱冲动，该怎样才不至于留下终身懊悔呢？

如果你是王路的老师，你会怎样去帮助他？

四、求职择业辅导

(一)求职择业中易出现的问题

求职择业是当前职业学校学生非常关心的一个热门话题。职业学校学生在求职择业过程中，容易出现以下问题：

1. 职业观念滞后

职业学校学生在进行职业选择时，具有强烈的自我价值实现的愿望，但在择业过程中往往缺乏自主性，依赖心理较强，将过多的期望寄托给社会、学校和家庭。在严峻的就业形势面前，不能主动适应市场要求，而是消极被动地等待单位选择、学校安排、家庭帮助，存在着等、靠、要的依赖思想。

2. 职业期望值偏高

职业学校学生对未来职业、岗位充满幻想，希望通过一次择业就能拥有理想的工作。

每个人都有一个职业理想，这是无可厚非的，但是也存在着择业理想与现实严重脱节的问题。职业学校学生对就业形势和用人单位的需求不甚了解，同时忽视对自身客观条件的分析与定位，完全按照自己的理想和意愿选择单位。一些学生过分强调职业的功利价值，而不考虑国家与社会的需求，不愿到条件比较艰苦的地区和行业去工作。面对激烈的竞争，由于目标不切实际，高职毕业生在求职过程中易受挫折。有些高职学生择业时过分强调专业对口，学以致用。在求职时，对与本专业无关的职业不予以考虑，人为地增加了就业的难度。尤其是自身条件较好、工作能力较强的学生，自我感觉良好，自我评价较高，导致择业目标与现实之间出现强烈反差而错失就业机会。

3. 职业定位模糊

部分职校学生在择业时，对自己未来的就业行业、岗位不能明确定位，不了解自己的优势和劣势，对择业缺乏理性思考。面对来自多种渠道的求职信息、人才交流会、招聘会常常不知所措，或盲目从众，"大多数人选择哪里，自己就选择哪里；大多数人往哪里挤，自己就往哪里挤"，一味地追求热门单位、热门地区，自己缺乏主见和开拓精神，忽视个人条件、个人兴趣和自己的专业特点，对是否发展自身专业存在很大的盲目性。有的甚至放弃发展自己专业的机会。

4. 就业信心不足

面对择业市场的激烈竞争，一些职校毕业生由于对自身能力缺乏正确认识而不敢面对竞争。一些学生在用人单位面前过分谦虚，对自己能力缺乏信心而错失择业良机。有个别学生甚至表现出悲观失望的心理，进而不思进取，丧失自信。

【请你思考】

她该怎们办？

某职业学校外贸专业学生吴婷为找到一份理想的工作，从去年11月开始，参加了多次面试，5个多月过去了，还是没有签下就业协议。按照吴婷的标准，"公司不能太小，工资不能太少"，浦东一家国际贸易公司成为她面试过的单位中最理想的一家。但她最终没能进入这家公司，原因是该公司要求比较高，不仅对英语水平要求高，对工科背景要求也高，需两者兼备。前不久，吴婷又去了另一家贸易公司参加面试，该公司规模较小，正处于起步阶段。吴婷面试很成功，招聘人员决定让她第二天就去公司上班，公司开出的条件是工资1500元加提成。然而吴婷辗转思考一夜，最后决定放弃，原因是"公司太小"。最近，吴婷面试的一家知名保险公司，通过两轮面试，被录用的希望很大。但是吴婷的父母听说后怎么也不同意她去保险公司，认为做这行没有前途。吴婷受父母的影响，最终放弃了这家单位。此时的她，感到很迷茫……

(二)职业学校学生择业辅导

择业是职业学校学生的一次重要选择，也是其综合素质，特别是心理素质的一次考

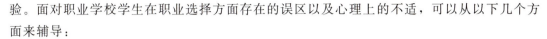

验。面对职业学校学生在职业选择方面存在的误区以及心理上的不适，可以从以下几个方面来辅导：

1. 树立正确的择业与就业观

引导职校学生树立正确的择业与就业观，首先要帮助他们树立起立足全局的思想。在选择职业时，要将个人愿望与社会需求结合起来，根据自身所处的择业环境进行切合实际的职业选择。引导毕业生对自己有清醒的认识和客观公正的评价，对自己的志向、能力、性格等进行全面的分析，选择适合自己的职业，在择业时，切忌好高骛远或自我评价过低。只有全面正确地把握自己，才能在择业中增强自觉性，避免盲目性。同时，要增强毕业生择业的主动性，教会学生如何搜集就业信息，分辨就业信息，做好就业前的准备，有针对性地提升职业的技能，增强自己在择业竞争中的优势。

2. 培养良好的心理品质

良好的心理品质是求职中，乃至以后工作的必备条件。职业学校学生良好心理品质的培养包括以下几方面：

(1)树立长远的职业意识。职业学校学生各种具体的择业行为很容易受眼前利益所驱动，而掩盖了职业的深层价值。职业的冷热只是相对的，因此要培养职校毕业生具有长远的眼光和抱负，鼓励学生在求职中寻找最适合自己的职业，而不是仅仅局限于最好的职业。

(2)培养浓厚的职业兴趣。兴趣对行为具有巨大的推动作用，浓厚的职业兴趣是职业有所成就的前提和保证。在进行职业选择时，要培养职校毕业生的职业兴趣。兴趣是最好的老师，对于职业而言，没有兴趣就不可能将自己的精力投入到工作中去，也不可能取得职业的成功。

(3)掌握求职技巧。求职是职校毕业生走向工作岗位的第一步。应聘，从某种角度来说，就是推销自己，所以教师应教给学生必要的求职技巧。一要注意求职形象。求职中应穿戴整齐，大方，举止文雅等。二要掌握听、说的艺术。会听、会说是面试的重要技巧。许多毕业生因不会听而失去良好的职位。会听，在面试时要有耐心、细心和专心，不打断对方的谈话，善于理解对方的"弦外之音"，抓住对方谈话的要点和实质。会说，就是要巧妙引导对方把谈话内容转移到你所关心的问题上来，实事求是地介绍自己，碰到对自己不利的问题，要尽力把回答的内容提到远离有损自己形象的范围，或者表示弥补缺陷的决心。

3. 强化竞争意识，提升自身专业技能

对学生进行自信心训练，让学生做好主动参与竞争的心理准备，培养学生进入人才市场的勇气和胆略，这是取得择业成功的关键。培养竞争意识，必须树立自信心，而这种自信心不是盲目的自负或自傲，而要以坚实的基础，良好的素质，雄厚的实力作为后盾。所以职业学校毕业生要在求职前，做好全方位的准备，包括基础技能知识、良好的心态、以及对应聘公司的了解等。

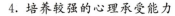

4. 培养较强的心理承受能力

职业学校的学生走出校门步入社会的一个最大的障碍就是心理承受能力差。具有较强的心理承受能力是就业中的关键。增强择业过程中的心理承受能力，可以从以下几个方面做起：第一，引导学生在日常的学习和生活中注意锻炼意志和毅力，以豁达开朗、乐观向上的人生态度，提高自己抗挫折的能力。第二，进行职业生涯规划，让学生对自身有明确认识，在择业过程中能根据自己的志趣、知识、能力和社会可能提供的机会调整就业期望值和职业定向，保持个人心理期望与社会期望的统一。第三，进行必要的抗挫折教育。在求职中遇到挫折，要及时帮助学生疏导不良情绪，做到合理的宣泄。

作为职校生应采取怎样的措施，维护自身的心理健康，促进心理不断走向成熟？一般来说，可以从五个方面进行努力：一是激发上进心，调适悲观心态；二是增强自信心，调适自卑心态；三是维护自尊心，调适虚荣心态；四是培养耐挫心，调适畏难心态；五是建立宽容心，调适自私心态。

本章小结

1. 从内涵来看，健康不仅仅是身体没有疾病，而且还要具备心理健康、社会适应良好和道德健康。从外延分析，健康是一个连续体，健康与疾病之间没有截然的分界点，两个端点之间的空间称为"亚健康状态"或"第三状态"。无论是身体健康还是心理健康，不仅仅指没有疾病，而且是指要超越"第三状态"。

2. 心理健康（mental health）是指个体在与各种环境的相互作用中，在内外条件许可范围内，能不断调整自身心理结构，自觉保持心理上、社会上的正常或良好适应的一种持续而积极的心理功能状态。

3. 心理健康是一个相对概念，它不是指某种固定的状态，而是富有弹性伸缩的一个相对状态，是一个不断变化发展的动态系统。一方面，心理健康在不同的历史时期，有不同的要求。另一方面，人的一生发展会经历不同的阶段，各个阶段的人，其心理特征和心理健康标准不是完全划一的，而应该各有侧重。心理健康标准带有明显的文化特征。

4. 职业学校心理健康教育是教育工作者根据职业学校学生心理和生理发展特点，运用心理学、教育学及其相关学科的理论与技术，通过有关心理健康教育的途径和方法，帮助职业学校学生解决成长过程中的心理问题，促进职业学校学生心理素质全面提高和心理机能健康发展的教育活动，是素质教育的重要组成部分。

5. 职业学校心理健康教育是一种以发展为理念的教育活动；职业学校心理健康教育是一种以学生为中心的教育活动；职业学校心理健康教育是建立在新型师生关系基础上的教育活动；职业学校心理健康教育是一种具有独特目标的教育活动；职业学校心理健康教育是一种以"他助—自助"为机制的教育活动；职业学校心理健康教育是一种需要专业化技能的教育活动；职业学校心理健康教育是一种服务性的教育活动。

6. 职业学校心理健康教育的目标、内容和途径列表如下：

表 10-4　职业学校心理健康教育的目标、内容和途径

目标	从社会角度而言，心理健康教育的目标应是提高国民素质，振兴民族精神；从教育角度来看，目标应是促进学生个性全面、和谐发展，使学生身心潜能得到充分发挥；从学生角度看，心理健康教育的目标是提高全体学生的心理素质，帮助学生树立心理健康意识，培养学生乐观向上的心理品质，增强心理调适能力，促进学生人格的健全发展。
内容	普及心理健康基本知识，树立心理健康意识，了解简单的心理调适方法，认识心理异常现象，正确认识和把握自我，以及掌握一定的心理保健常识。其重点是根据学生特点和他们在成长、学习、生活和求职就业等方面的实际需要进行教学、咨询、辅导和援助。
途径	专门途径：开设心理健康教育课程并开展心理咨询与辅导工作； 基本途径：在整个学校教育过程中全面渗透心理健康教育； 支持性途径：建立家庭、学校、社区一体化的心理健康教育网络。

7. 职业学校学生心理辅导的内容应集中在挫折教育、学习辅导、适应（包括青春期）辅导、生活辅导和生涯辅导等方面。

思考题

1. 谈谈你对健康观演变过程的看法。
2. 你是怎样理解心理健康概念的？心理健康的标准有哪些？
3. 影响职业学校学生心理健康的因素有哪些？
4. 如何针对处在不同学习阶段的职业学校学生进行心理健康教育？
5. 职业学校学生主要存在哪些心理问题？针对这些心理问题如何进行辅导？

（本章作者：屈正良）

专题十一 职业学校学生的职业生涯规划

　　职业生涯是一个人一生的职业经历和发展道路。每一个人都希望自己有一个成功的职业生涯，职业学校的学生也不例外，这就需要作职业生涯规划。什么是职业生涯规划？如何指导职业学校学生进行职业生涯规划？学生在职业生涯规划过程中的心理过程如何？容易出现一些什么心理误区？这就是本专题希望能够解决的问题。

第一节 职业生涯规划概述

一、职业生涯规划的含义及特点

(一)职业生涯规划的含义

所谓职业生涯规划，是指个人结合自身情况以及眼前的机遇和制约因素，为自己确立职业目标，选择职业道路，确定发展计划、教育计划等，并为自己实现职业生涯目标而确定行动方向、行动时间和行动方案。

按照规划的时间维度，职业生涯规划可以分为短期规划、中期规划、长期规划和人生规划四种类型。

(1)短期规划

指两年以内的规划，主要是确定近期目标，规划近期应完成的任务。如计划两年内熟悉新公司规划，融合到企业文化中，为此要花较多的时间与同事、领导沟通，向他人学习。

(2)中期规划

一般涉及 2～5 年内的职业目标和任务，是最常用的一种职业生涯规划。例如 3 年后要成为部门经理，完成相应的业绩，以及为实现此目标而参加的培训等可采取的具体措施。

(3)长期规划

5～10 年的规划，主要是设定较长远的目标。如规划 35 岁时成为分公司副总经理，掌握更大的权力，以及为实现此目标应采取的具体措施。

(4)人生规划

整个职业生涯的规划，时间长达 40 年左右，设定整个人生的发展目标和阶梯。

(二)职业生涯规划的特点

1. 职业生涯规划的个性化特征

个人职业生涯规划必须由我们自己来主导。为什么呢？从马斯洛的人生需求理论中，我们已经认识到发展的动力源泉在于个人自身。每个人的成长环境、文化背景、个性类型、文化资本构成、价值观、能力、职业生涯目标、对成功评价的标准等不尽相同，所以不同人对自己的职业生涯规划也必不相同。因此说，个人职业生涯规划是个性化的发展蓝图。组织和企业不能把既定的职业生涯规划强加在个人身上，别人，无论是单位的领导还是父母朋友，也无法替我们做规划。从这个意义上来说，个人职业生涯规划没有一套固定的模式，只能由我们根据自己的实际情况细加斟酌。

2. 职业生涯规划的开放性特征

个人职业生涯规划不是空想大荟萃。虽然说"走自己的路，让别人去说吧"，可你也不能无视社会、企业环境和他人的影响。毕竟人是社会的动物，如果你制定自己的职业生涯规划时，只从个人愿望出发，而不考虑社会和企业环境的需求与发展趋势，也不考虑过来人的忠告，只一味闭门造车，别说规划目标无法实现，单就执行规划中的可能遇到的种种强烈挫折感都会让你沮丧不已。一份有效的职业生涯规划必须是在对主客观环境审时度势的基础上，广泛听取领导、同事、家人以及职业顾问的意见之后，才制定出来的。而且，在这个开放变革的社会里，有效的个人职业生涯规划更要经历数次的修正和调整，绝非一成不变的。

因此，一份好的个人职业生涯规划应该是切实可行、适时严谨、弹性适应和可持续的。

二、职业生涯规划的要素

既然职业生涯规划具有明显的个性化特征，每个人因各自的职业生涯发展阶段和历程不同，其职业生涯规划的重点也有所不同，不同的人在做其职业生涯规划时，所考虑的因素也有所不同。总体说来，一些因素是必须考虑的，例如：对自我的全面认识、对外部环境的评估、个人目标的抉择以及落实目标的措施安排等，这些因素就是个人职业生涯规划的要素。

我国人事科学研究者罗双平用一个精辟的公式总结出了职业生涯规划的三大要素，即：

职业生涯规划＝知己＋知彼＋抉择

俗话说："知己知彼，百战百胜。"在职业生涯规划中，所谓"知己"就是自我认识与自我了解。"知彼"就是熟悉周围的环境，特别是与生涯发展有关的工作世界。知己知彼相互关联，确定的个人生涯目标要符合现实，而不是一厢情愿；对从事的职业要感兴趣，而不是被动地去干；所从事的工作能发挥专长，利用了个人的强项；对工作的环境能够适应，而不是感到处处困难，难以生存。这就说明你的生涯规划不仅做到了"知己""知彼"，而且还作出了正确的"抉择"。

罗双平展示了"知己""知彼"和"抉择"三大要素间的关系与具体内容，请看图 11-1：

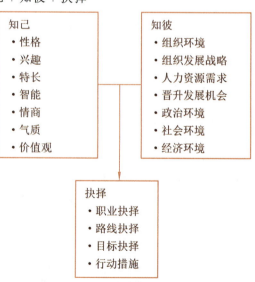

图 11-1 职业生涯规划要素关系

三、职业生涯规划的步骤

一个完整有效的职业生涯规划应包括自我评估、外部环境分析、目标确立、实施策略和反馈评估五个环节，每一环节都设计若干具体内容。

1. 自我评估

作为个人职业生涯规划的第一大要素——"知己"，自我评估是个人职业生涯规划的基础，也是能否获得可行的规划方案的前提。有效的个人职业生涯规划要求规划者首先对自己做全面的分析，通过自我分析，正确深刻地认识和了解自己，唯此才能对自己未来的职业生涯作出最佳的抉择。如果忽视了自我评估，你的职业生涯规划就很容易中途夭折。

自我评估的主要内容为与个人相关的所有因素，包括兴趣、个性、性格、能力、特长、学识水平、思维方式、价值观、情商以及潜能等。即弄清楚自己是谁，自己想要做什么，自己能做什么。

常言到"当局者迷"，一个人对自己的认识总是片面的，所以，在你的自我评估中还应当包括他人的意见，我们称为"角色建议"。

2. 外部环境分析

"知彼"更重于"知己"。毫无疑问，环境因素对个人职业生涯发展的影响是巨大的，作为社会生活中的一个个体，我们只有顺应外部环境的需要，趋利避害，最大可能地发挥个人优势，才能实现个人目标。

外部环境分析包括对社会政治环境、经济环境和组织（企业）环境的分析，即评估和分析环境条件的特点、发展与需求变化趋势，自己与环境的关系以及环境对自己的有利条件与不利条件等，以求相应地调整自己，适应环境的要求。这样你的职业生涯规划才会切实可行，而不致流于空泛。

3. 目标确立

说到底，我们制定个人职业生涯规划就是为了实现某种职业目标，进而获得自己理想的生活，所以目标抉择才是职业生涯规划的核心。职业生涯目标的确定，是指可预想到的、有一定实现可能的最长远目标，包括人生目标、长期目标、中期目标和短期目标。一般，我们首先可根据个人素质与社会大环境条件确立人生目标和长期目标，然后通过目标分解，分化为符合组织需要的中期、短期目标。

4. 实施策略

所谓职业生涯策略是指为实现职业生涯目标而制订的行动计划。在我们确定职业生涯目标后，就要制订相应的行动方案来实现这些目标，这就如同设计我们奔向目标的阶梯。要求要具体可行，容易评量，包括职业生涯发展路线、教育培训安排、实践计划等方面的措施。

5. 反馈评估

最后，有效的职业生涯规划还要求便于我们不断地反省和修正目标和策略方案。人生仿佛在一片陌生的海域航行，我们谁也无法预测下一分钟将会发生什么情况，现实社会中种种不确定因素的存在，会使我们与原来制订的职业生涯目标有所偏差，这就需要我们及时针对规划的目标和行动方案作出调整，从而保证我们的追日之途顺利持续下去，并最终实现最高人生理想。从这个意义上说，反馈评估的确是一个再认识再发现的过程。

为了便于加深印象，下面列出了职业生涯规划流程图，见图 11-2：

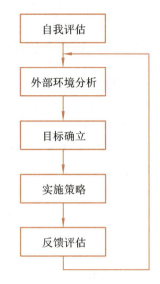

**图 11-2　职业生涯规划
步骤流程图**

四、职业生涯规划的详细内容

个人职业生涯规划应包括十项内容：

（1）题目

包括姓名、年限、年龄跨度、起止日期。

例如：×××五年职业生涯规划

2009 年 1 月—2013 年 1 月　22～26 岁

（2）职业方向及总体目标

指从业方向和当前可以预见的最长远目标。

（3）社会环境分析结果

包括对政治环境、经济环境、法律环境的分析，还包括职业环境分析。

（4）企业分析结果

包括行业分析、对企业制度、企业文化、领导人、企业产品和服务、发展领域等的分析。

（5）自身条件及潜力测评结果

个人分析包括了解自己的目前状况和发展潜能。

（6）角色及其建议

记录对自己职业生涯影响最大的一些人的建议。

（7）目标分解及目标组合

分析制定、实现目标的主要影响因素，通过目标分解和目标组合的方法作出果断明确的目标选择。

（8）成功的标准

（9）差距

即自身现实状况与实现目标要求之间的差距。

（10）缩小差距的方法及实施方案

【相关链接】

职业生涯规划文案目录

扉页

引言

一、准确评估，认识自我

1. 职业兴趣

2. 职业能力

3. 人格特征

4. 职业价值观

5. 优缺点分析

6. 具体能力素质体现

7. 自我分析小结

二、分析环境，慎重选择

1. 家庭环境分析

2. 就业环境分析

3. 职业前景分析

三、设计生涯，微观行动

1. 职业生涯短期——中职阶段

2. 职业生涯中期的实施计划

3. 职业生涯长期的实施计划（毕业后 20 年）

4. 职业生涯规划小结

四、职业评估修正

1. 职业方向的中心选择

2. 职业进程的变更

3. 阶段目标的修正

五、结束语

（资料来源：职业生涯与发展规划课题组编．中职生职业生涯与发展规划教程（公共类）[M]．北京出版社，2008.8：23）

第二节 职业生涯规划的基本理论

一、特质－因素理论

特质－因素理论是由美国职业指导专家帕森斯创立并由威廉逊发展成型的，是职业生涯规划理论中最为悠久的一种理论。"特质"是指能够通过心理测验所测得的特征；"因素"是指能够胜任工作表现所必须具备的特征。特质－因素论就是研究个人心理特质与职业因素相匹配的理论。

该理论的基本假设是：每个人都有其独特性，表现在兴趣、能力、需要、价值和人格特质上；每一个职业和工作也有其独特性，反映在工作项目、所需能力、所提供的报酬等方面；个人与职业的独特性都能够通过评估工具测量出来；如果个人的特性和职业的特性是吻合的，双方都会感到满意。因此，帕森斯在职业选择中强调"三步范式"：①必须要对你自身、你的天赋、能力、兴趣、志向、资源、限制条件，以及种种原因考虑清楚；②要对不同行业工作的要求、成功要素、优缺点、薪酬水平、发展前景以及机会有较为明确的认识。③在这两组要素之间进行最佳搭配。"三步范式"法被广泛地运用到职业选择、职业指导和职业生涯设计中，形成了三个步骤：第一步，进行人员分析，评价个体的生理和心理特征；第二步，分析职业对人的要求，并向求职者提供有关的职业信息；第三步，人职匹配，个人在了解自己的特点和职业要求的基础上，借助职业指导者的帮助，选择一项既符合自己特点又有可能获得的职业。

由于对自己和职业缺乏了解，人们在职业选择的过程中存在很多问题，威廉逊将这些问题概括为四种：①没有选择：求职者处于一种混混沌沌的状态中，不知道也无法表达自己要选择的职业；②不确定的选择：求职者虽然能说出自己希望选择的职业名称，但不知道是否适合自己；③不明智的选择：求职者所选择的职业与自身的能力、人格特征等不相符合；④兴趣与能力相矛盾：对某项工作兴趣高但能力低，能力适合某项工作但兴趣低于能力，兴趣与能力不在同一个工作领域。他强调在职业指导的过程中，对于职业选择有困难的人，必须进行仔细地诊断，通过各种各样的途径，包括进行心理测验，收集有关求职者的个人资料，如个人兴趣、职业能力、职业态度、家庭背景、教育程度、工作经验等，然后综合整理这些资料分析求职者的个人特点，将个人的情况与职业要求相对照，分析其匹配程度，协助求职者作出职业选择。

特质－因素理论为人们的职业选择提供了最基本的指导原则——人职匹配原则，成为后来许多理论的基础，具有较强的可操作性。但这种理论存在一定的局限性，只强调个人特质要和工作要求相匹配，忽视了社会因素对职业选择的影响和制约作用，而且，它以静态的观点看待个人的特质，忽略了个人和职业都在不断变化这一基本事实。

二、人格类型理论

人格类型理论是美国职业指导专家约翰·霍兰德(John L. Holland)在20世纪60年代创立的，这是一种在特质—因素理论基础上发展起来的人格与职业类型相匹配的理论。霍兰德在研究中发现，不同的人具有不同的人格特征，不同的人格特征适合从事不同的职业。由此他指出人格是决定一个人选择何种职业的另外一个重要因素，并指出决定个人选择职业的六种基本的"人格类型"：现实型(Realistic)、研究型(Investigative)、艺术型(Artistic)、社会型(Social)、企业家型(Enterprise)和传统型(Conventional)；同时指出现实中存在着与上述人格类型相对应的六种环境(职业)类型：现实型、研究型、艺术型、社会型、企业家型和传统型；人都在追求某类工作环境，这类环境能施展个人的技术与能力，能展示个人的态度与价值，能胜任问题的解决和角色的扮演。

这六大类型的第一个字母按照一个固定的顺序排成一个六角形：RIASEC(见图11-3)，六个类型之间的相对位置，表现出类型与类型之间心理相似的程度。

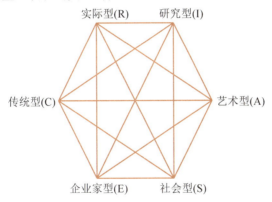

图 11-3 Holland 的六角形模式

这六种类型的内容如下所示：

实际型(Realistic type)

实际型的人：实际型的人喜爱具体明确、需要动手操作的工作环境。他们通常情绪稳定、忍耐力强，给人的印象是诚实、谦和、节俭、脚踏实地。喜欢用实际行动代替言语表达，重视现在胜于重视未来。对于操作机械、修理仪器等需要技术、体力的活动表现出浓厚的兴趣。喜欢从事机械、电子、建筑、农事等方面的工作，较不喜欢需要社交、与人接触的活动。常有以下特征：

重视物质	顺从	温和	实际
自然	坦白	害羞	谦虚
有恒心	诚实	稳定	节俭

实际型的工作环境：实际型的工作场合较多运用到身体的实际操作。通常需要运用到

某些特殊的技术，以便进行机器的修理、电子器材的维护、汽车的驾驶或动物的畜养等。在这类工作环境中，处理与物接触的问题比处理人际问题还重要。实际型的工作环境比其他的工作环境容易造成生理伤害或意外事件，例如高楼建筑工地、管线装设、户外油漆等。

研究型（Investigative type）

研究型的人：研究型的人擅长运用心智能力去观察、分析、推理，喜欢与符号、概念、文字、抽象思考有关的活动。他们个性独立、温和、谨慎、保守、内向，头脑聪明，思考理性、有逻辑。在工作上，表现出优异的科学能力，能提出新的想法和策略。喜欢从事理化、生物、医药、程序设计等需要动脑的研究工作，较不喜欢领导、竞争等需要企业能力的工作。常有以下特征：

重视方法	分析	独立	温和
谨慎	智慧	精细	好奇
批判	内向	理性	保守

研究型的工作环境：研究型的工作场合通常需要运用复杂抽象的思考能力。在这些工作环境的人常常采用数学或科学的知识，寻求问题的解决。例如：计算机程序设计师、医师、数学家、生物学家等。在大型企业，研究发展部门（R&D）也属于这类的工作场所。这类环境不需要处理太复杂的人际关系，大多数情况下，必须独立解决工作上的问题。

艺术型（Artistic type）

艺术型的人：艺术型的人喜欢自由自在、富有创意的工作环境。他们喜欢借助文字、声音、动作或色彩来表达内心想法和对美的感受。个性热情、冲动，有丰富的想象力和创造力。在工作上，乐于独立思考、创作，不喜欢受人支配。他们对美的事物有敏锐的直觉，喜欢从事音乐、文学、戏剧、舞蹈、美术等艺术气息浓厚的工作，较不喜欢从事文书处理等方面的传统性工作。常有以下特征：

崇尚理想	不从众	有创意	复杂
无条理	富幻想	善表达	直觉
情绪化	不实际	独立	冲动

艺术型的工作环境：艺术型的工作场合非常鼓励创意以及个人的表现能力。这个类型的环境提供了开发新产品与创造性解答的自由空间。例如：艺术家、音乐家、自由文字工作者等。这些人可以无拘无束地进行创作，没有上、下班时间的束缚，来去自如。工作环境鼓励感性与情绪的充分表达，不要求逻辑形式；经常使用到的工具也是为了传达内心的情绪或创意，如琴、棋、书、画等。

社会型（Social type）

社会型的人：社会型的人喜欢从事与人接触的活动。他们个性温暖、友善，乐于助人，容易与人相处。对人慷慨、仁慈，喜欢倾听和关心别人，能敏锐察觉别人的感受。在团体中，乐于与人合作，有责任感，喜欢和大家一起完成工作，不爱竞争。他们关心人胜于关心物，喜欢从事教师、辅导、护理、宗教等与帮助他人有关的工作，较不喜欢从事需要技术、体力等机械操作方面的工作。常有以下特征：

令人信服　　社会化　　助人　　敏锐

善解人意　　能同理　　宽宏　　合作

有责任心　　仁慈　　友善　　温暖

社会型的工作环境：社会型的工作场合鼓励人和人之间的和谐相待、互相帮助、和睦相处。工作场所中充满了有教无类的经验指导与交流、心理的沟通、灵性的扶持等。例如：各级学校的教师、婚姻咨询师、咨询心理学家、牧师、精神科医师等。社会型的工作氛围强调人类的核心价值，如理想、仁慈、友善和慷慨等。

企业型（Enterprising type）

企业型的人：企业型的人喜爱冒险、竞争，通常精力充沛、生活紧凑，个性积极、有冲劲。他们的社交能力强，是沟通协调的高手。在工作上表现出强烈的野心，希望拥有权力、受人注意并成为团体中的领导者。做事有组织、有计划，喜欢立刻采取行动，领导人们达成工作目标、赚取利益。喜欢销售、管理、法律、政治方面的活动，不喜欢花太多时间做科学研究。常有以下特征：

精力充沛　　冒险　　武断　　外向

善于表达　　野心　　冲动　　自信

引人注意　　乐观　　社交　　热情

企业型的工作环境：企业型的工作场合经常管理与鼓舞其他的人，力图达成组织或个人的目标。工作场所中充满了权力、金融或经济的议题，甚至为了达成预期的绩效，不惜冒点风险。例如：企业经营、保险业务、政治活动、证券市场、公关部门、营销部门、房地产销售等。企业型的工作氛围重视升迁、绩效、权力、说服力与推销能力；非常强调自信、社交手腕与当机立断。

传统型（Conventional type）

传统型的人：传统型的人个性保守谨慎，注意细节，有责任感。做事按部就班、精打细算、清清楚楚。他们喜欢安定，奉公守法，不喜欢改变、创新和冒险。在工作上，表现出有秩序、做事仔细、有效率、尽本分、值得信赖。他们喜欢在别人的领导下工作，乐于配合和服从。喜欢从事会计、秘书、银行等数字计算、文书数据处理方面的工作，较不喜欢从事艺术活动。常有以下特征：

缺乏弹性　　守本分　　顺从　　抑制

缺乏想象力　　有良知　　节俭　　保守

有条理　　谨慎　　有恒心　　有责任感

传统型的工作环境：传统型的工作场合注重组织与规划。大多数传统型的工作场所包括了办公室的基本工作，如档案管理、数据记录、进度管控等；此外，也需要运用到数字与人事行政的能力，典型部门包括秘书处、人事部门、会计部门、总务部门等。

霍兰德认为个人的人格与工作环境之间的适配和对应，是职业满意度、职业稳定性与职业成就的基础。在深入研究的基础上，霍兰德等人对六角形模式附加了一种限制，即相邻、相隔、相对，这个六角形模式表现出这样的规律性。

R、I、A、S、E、C的顺序是可以预测的。最为理想的职业选择是个体能够找到与其人格类型重合的职业环境，如实际型人格的人在实际型的制约环境中工作，这种情况就是"和谐"（congruence）或"一致"（consistency）。一个人在与其人格类型相一致的环境中工作，容易获得满意感和体会到工作的乐趣，并最有可能充分发挥自己的才能。

相邻职业环境与人格类型间的相关最大。如R与C、I或I与R、A等就属于相邻，相邻的类型具有较多的共同性，其一致性较高。霍兰德在实验中发现，尽管大多数人的人格类型可以主要归为某一类型，但每个人又有广泛的适应能力，其人格类型在某种程度上相近于另外两种人格类型，因此也能适应另外两种职业类型的工作。如实际型就与其相邻的传统型和研究型高度相关。实际型的人在传统型和研究型的职业环境中经过努力，能够适应职业环境。

相隔职业环境与人格类型的相关次之。如R与A、E等之间就是既有一致性又有不同性。在这里职业环境和人格类型有很多不一致，但也不是完全相斥。

相对职业环境与人格类型间的相关最小。在六边形中处于对角线位置的职业类型和人格类型基本上属于相斥关系，两者之间没有共同之处。如R与S、C与A、I与E就是如此。个人如果选择与其人格类型相斥的职业环境，就可能很难适应，甚至无法胜任工作。

以上几种关系，用霍兰德的话来说，即"职业类型与人格类型之间的相关与它们的距离成反比关系"。

通过测试，可以找到个人的职业代码。比如一个代码为ASI的人，在艺术型、社会型、研究型三方面得分较高，他最适合做的是艺术家、画家、记者等。

霍兰德的类型理论提供了一个重要的生涯辅导理念：把个人特质和适合这种特质的工作联结起来。生涯辅导强调生涯探索，对自我能力、兴趣、价值以及工作世界的探索，霍兰德代码巧妙地拉近了自我和工作世界之间的距离。借助霍兰德代码的协助，当事人能迅速地、有系统地，而且有所依据地在一个特定的职业群里，进行探索的行动。令人称道的是，它提供和个人兴趣相近而内容互有关联的一群职业，而不是仅仅冒险地去建议个人选择一种特殊的职业或工作。

三、职业锚理论

职业锚是美国麻省理工大学斯隆管理学院教授、哈佛大学社会心理学博士埃德加·H·施恩（Edger·H·schein）最早提出。施恩所谓的"职业锚"是指个人经过搜索所确定的长期职业定位。他认为，一个人的职业锚由三个部分组成：自己认识到的自己的才干和能力（以各种作业环境中的实际成功为基础）；自己认识到的自我动机和需要（以实际情境中的自我测试和自我诊断以及他人的反馈为基础）；自己认识到的自己的态度和价值观（以自我与组织和工作环境的价值观之间的实际状况为基础）。

职业锚有如下两个特点：

(1)通过个人的职业经验逐步稳定、内化下来。

(2)当个人面临多种职业选择时，职业锚是其最不能放弃的自我职业意向。

是自由？还是稳定？

是创业？还是就业？

是技术领域？还是服务领域？

施恩认为个人不可能在最初就业就很明确自身所向往的工作的特点，而是需要通过一段职业经历才能确定个人的职业价值观或关注的工作焦点。

施恩从大量跟踪调查研究中发现了五种职业锚，后来又补充了三种。下面介绍最初发现的五种。

(1)技术/职能型

技术/职能型的人愿意在专业领域里发展，追求在技术或职能领域的成长和技能的不断提高，以及应用这种技术/职能的机会。他们往往不喜欢从事一般的管理性质的工作，因为这将意味着他们放弃在技术/领域的成就。在我国，过去经常将技术拔尖的科技人员提拔到领导岗位，但他们本人往往并不喜欢这个工作，而是更希望能继续研究自己的专业。

(2)管理型

管理型的人有强烈的愿望去做管理人员，同时经验也告诉他们自己有能力达到高层领导职位。他们倾心于全面管理，追求权力；具有强烈的升迁动机和价值观，追求并致力于职位、收入的提升；善于与人沟通；具有较强的分析能力和领导、操纵、控制他人的能力；对组织有很大的依赖性。

(3)创造型

创造型的人需要建立完全属于自己的东西，或是以自己名字命名产品或工艺，或是自己的公司，或是能反映个人成就的私人财产。他们认为只有这些实实在在的事物才能体现自己的才干。他们具有强烈的创造需求和欲望；意志坚定，勇于冒险。

(4)安全/稳定型

安全/稳定型的人最关心的是职业的长期稳定性与安全性。他们为了安定的工作、可观的收入、优越的福利与养老制度等付出努力。对他们来说，一份安全稳定的职业，一笔体面的收入，优越的福利与良好的退休保障是至关重要的。尽管有时他们能达到一个较高的职位，但他们并不关心具体的职位和具体的工作内容。

(5)自主/独立型

自主/独立型的人更喜欢独来独往，希望随心所欲地安排自己的工作方式、工作习惯和生活方式。追求能施展个人能力的工作环境最大限度地摆脱的限制和制约。他们宁可放弃提升或工作扩展机会，也不愿放弃自由与独立。很多有这种职业向往的人同时也有相当高的技术型职业定位。但是他们不同于那些单纯技术型定位上的人，他们不愿意在组织中发展，而是宁愿做一名咨询人员，或是独立从业，或是与他人合伙开业。其他自由独立型的人往往会成为自由撰稿人，或是开一家小零售店。

施恩的职业锚之间可能存在交叉，但是，每一种都有一个最突出、最强烈的、最易识别的特性，便于识别。由于职业锚是个人和工作情境之间相互作用的产物，职业锚不可能像职业性向那样通过多种测评来预测，而必须经过若干年的实际工作的内化沉积，才能被发现。在此之前，我们不得不在职场车道中碰撞、寻觅。

在个人的职业生涯规划中，职业锚是一个必须考虑的要素。它是人们选择和发展职业时所围绕的中心，能帮助我们进行职业定位，清楚地反映出个人的职业追求和抱负。同时，职业锚是个人职业工作的长期贡献区，相对稳定的长期从事某项职业，必然增长工作经验，也使个人职业技能不断增强，直接产生提高工作效率的明显效益。

四、职业生涯发展阶段理论

职业生涯是一个人长期的发展过程，存在不同的发展阶段。在每个不同的阶段，个人有着不同的职业需求和人生追求。职业生涯发展阶段的划分是职业生涯规划研究的一个重要内容。对于具体阶段的划分，不同的专家学者有不同的观点。

(一)舒伯(Super)的职业生涯发展阶段理论

生涯发展大师舒伯(Super)集差异心理学、发展心理学、职业社会学及人格发展理论之大成，通过长期的研究，系统地提出了有关职业生涯发展的观点。1953 年，他根据自己"生涯发展型态研究"的结果，将人生职业生涯发展划分为成长、探索、建立、维持和衰退共五个阶段：

1. 成长阶段(0～14 岁)

成长阶段属于认知阶段。在这个阶段，个人通过对家庭成员、朋友以及老师的认同及他们之间的相互作用，逐渐建立起了自我的概念，经历对职业从好奇、幻想到兴趣，到有意识培养职业能力的逐步成长过程。舒伯将这一阶段具体分为三个成长期：

(1)幻想期(10 岁之前)：儿童从外界感知到许多职业，对于自己觉得好玩和喜爱的职业充满幻想并进行模仿。

(2)兴趣期(11～12 岁)：以兴趣为中心，理解、评价职业，开始做职业选择。

(3)能力期(13～14 岁)：开始考虑自身条件与喜爱的职业相符合否，有意识的进行能力培养。

2. 探索阶段(14～25 岁)

探索阶段属于学习打基础的阶段。该阶段的青少年，通过学校的活动、社团休闲活动、打零工等机会，对自我能力及角色、职业作了一番探索，因此选择职业时有较大弹性。这个阶段发展的任务是：使职业偏好逐渐具体化、特定化并实现职业偏好。这一阶段也包括三个时期：

(1)试探期(15～17 岁)：考虑需要、兴趣、能力及机会，作暂时的决定，并在幻想、讨论、课业及工作中加以尝试；

(2)过渡期(18~21岁)：正式进入就业市场或进行专业训练，更重视现实，并力图实现自我观念，将一般性的职业选择转为特定目标的选择；

(3)试验承诺期(22~24岁)：生涯初步确定并试验其成为长期职业生活的可能性，若不适合则可能再经历上述各时期以确定方向。

3. 建立阶段(25~44岁)

建立阶段属于选择、安置阶段。由于经过上一阶段的尝试，不合适者会谋求变迁或作其他探索，因此该阶段较能确定在整个事业生涯中属于自己的职位，并在31~40岁，开始考虑如何保住该职位并固定下来。这一阶段是大多数人职业生涯周期中的核心部分，是整个人生的高产期。其发展的任务是统整、稳固并求上进。一般又可分为三个时期：

(1)尝试期(25~30岁)：对初就业选定的职业不满意，再选择、变换职业工作，变换次数各人不等，也可能满意初选职业而无变换。

(2)稳定期(31~44岁)：最终确定稳定的职业目标，并致力于实现这些目标。

(3)职业中期的危机阶段(30~40岁)：处于转折期，可能会发现自己并没有朝着目标靠近或发现了新的目标，因而需重新评价自己的需要和目标。

4. 维持阶段(45~64岁)

维持阶段属于升迁和专精阶段。个体已不再考虑变换职业工作，希望继续维持已取得的成就和社会地位，同时会面对新的人员的挑战。这一阶段发展的任务是维持既有成就与地位。

5. 衰退阶段(65岁以上)

衰退阶段属于退休阶段。由于生理及心理机能日渐衰退，个体不得不面对现实从积极参与到隐退，结束职业生涯。这一阶段要学会接受一种新的角色，寻求不同方式以替代和满足需求。

(二)施恩的职业生涯发展阶段理论

美国的施恩教授立足于人生不同年龄段面临的问题和职业工作主要任务，将职业生涯分为9个阶段。

1. 成长、幻想、探索阶段

一般0~21岁处于这一职业发展阶段。主要任务是：

(1)发展和发现自己的需要和兴趣，发展和发现自己的能力和才干，为进行实际的职业选择打好基础；

(2)学习职业方面的知识，寻找现实的角色模式，获取丰富信息，发展和发现自己的价值观、动机和抱负，作出合理的受教育决策，将幼年的职业幻想变为可操作的现实；

(3)接受教育和培训，开发工作世界中所需要的基本习惯和技能。

在这一阶段所充当的角色是学生、职业工作的候选人、申请者。

2. 查看工作世界

16~25岁的人步入该阶段。主要任务是：

(1)查看劳动力市场，谋取可能成为一种职业基础的第一项工作；

（2）学会如何寻找、评估和申请一项工作，并作出现实有效的选择；

（3）个人和雇主之间达成正式可行的契约，个人成为一个组织或一种职业的成员。

在这一阶段所充当的角色是：应聘者、新学员。

3. **基础培训阶段**

处于该阶段的年龄段为16～25岁。与上一个正在查看职业工作或组织阶段不同，要担当实习生、新手的角色。也就是说，此时已经迈进职业或组织的大门。此时主要任务一是了解、熟悉组织，接受组织文化，融入工作群体，尽快取得组织成员资格，成为一名有效的成员；二是适应日常的操作程序，应付工作。

4. **早期职业的正式成员资格**

此阶段的年龄为17～30岁，取得组织新的正式成员资格。面临的主要任务：（1）承担责任，成功的履行与第一次工作分配有关的任务；（2）发展和展示自己的技能和专长，为提升或查看其他领域的横向职业成长打基础；（3）根据自身才干和价值观，根据组织中的机会和约束，重估当初追求的职业，决定是否留在这个组织或职业中，或者在自己的需要、组织约束和机会之间寻找一种更好的配合。

5. **职业中期**

处于职业中期的正式成员，年龄一般在25岁以上。主要任务：（1）选定一项专业或查看管理部门；（2）保持技术竞争力，在自己选择的专业或管理领域内继续学习，力争成为一名专家或职业能手；（3）承担较大责任，确立自己的地位；（4）开发个人的长期职业计划。

6. **职业中期危险阶段**

处于这一阶段的是35～45岁者。主要任务为：（1）现实的估价自己的进步、职业抱负及个人前途；（2）就接受现状或者争取看得见的前途作出具体选择；（3）建立与他人的良好关系。

7. **职业后期**

从40岁以后直到退休，可说是处于职业后期阶段，此时的职业状况或任务：（1）成为一名良师，学会发挥影响，指导、指挥别人，对他人承担责任；（2）扩大、发展、深化技能，或者提高才干，以担负更大范围、更重大的责任；（3）如果求安稳，就此停滞，则要接受和正视自己影响力和挑战能力的下降。

8. **衰退和离职阶段**

一般在40岁之后到退休期间，不同的人在不同的年龄会衰退或离职。此间主要的职业任务一是学会接受权力、责任、地位的下降；二是基于竞争力和进取心下降，要学会接受和发展新的角色；三是评估自己的职业生涯，着手退休。

9. **离开组织或职业——退休**

在失去工作或组织角色之后，面临两大问题或任务：（1）保持一种认同感，适应角色、生活方式和生活标准的急剧变化；（2）保持一种自我价值观，运用自己积累的经验和智慧，以各种资源角色，对他人进行"传帮带"。

需要指出的是，施恩虽然基本依照年龄增大顺序划分职业发展阶段，但并未囿于此，其阶段划分更多的根据职业状态、任务、职业行为的重要性。正如施恩教授划分职业周期阶段是依据职业状态和职业行为和发展过程的重要性，又因为每人经历某一职业阶段的年龄有别，所以，他只给出了大致的年龄跨度，并在职业阶段上所示的年龄有所交叉。

(三)格林豪斯职业生涯发展阶段理论

格林豪斯研究人生不同年龄段职业发展的主要任务，并以此将职业生涯划分为 5 个阶段。

1. 职业准备阶段(0～18 岁)

主要任务是发展职业想象力，对职业进行评估和选择，接受必须的职业教育。

这个阶段可以理解为找工作前的所有准备，在年龄上也较为符合中国的情况，即高中或中专毕业之后。此时的主要任务就是了解社会上的各种职业，并且在理论和实践上对职业进行体验、评估，结合个人偏好或目标进行大概的职业选择，同时为了达到职业入门的要求，就要接受培训、学校等方面的教育，以取得相应的从业证书和基本的职业能力。

2. 查看组织阶段(18～25 岁)

主要任务是在一个理想的组织中获得一份工作，在获取足量信息的基础上，尽量选择一种合适的、较为满意的职业。

这个阶段可以理解为"找工作、找到工作、找到适合的工作"的过程，同时此理论提出一个概念：企业化或组织化，即在了解各类雇主中确定个人所适应的企业类型，在适应企业文化中与组织达到同步发展，这是与企业达成心理契约、获得同步发展的关键时期，也是避免职场新鲜人过于频繁跳槽的有力方式，就是说我们现在过多地关注内在的职业倾向和外在的职业信息，而忽略了给我们提供工作平台的雇主，导致个人对组织有一点不满意就跳槽，这十分不利个人的发展，要知道个人在职业生涯的发展很大程度取决于组织，在组织中较久地工作，与组织共同发展，这样对个人的锻炼和提升才是最大的，尤其是对于刚工作的人来说。

一般来说，在 25 岁之前是很难找到适合的工作的，大多人都是在毕业时找工作，经过一段时间找到工作，由于对职业与企业的不了解，很多时候是适应和学习，如果不适应就会离职换工作。对于很多国人来说，25 岁甚至 30 岁之前都是职业体验期，即通过做更多的工作来了解自己的职业兴趣、评估各类职业，尤其是那些大学生，能在 30 岁时找到适合工作就不错了。

3. 职业生涯初期(25～40 岁)

主要任务是学习职业技术，提高工作能力；了解和学习组织纪律和规范，逐步适应职业工作，适应和融入组织；为未来的职业成功做好准备。

有的人一辈子都在做着自己不喜欢的工作，但因为"路径依赖"导致转换成本过高，所以只能盼着退休，从这个层面来讲，只有当个人找到了自己的"天职"时才真正地开始自己的职业生涯，当然，对职业生涯的通俗理解就是只要开始工作了就是开始了职业生涯。

4. 职业生涯中期(40~55 岁)

主要任务是需要对早期职业生涯重新评估，强化或改变自己的职业理想；选定职业，努力工作，有所成就。

经过十几年的工作之后，也有了寻找天职的念头，以前是为生存工作，现在开始考虑为内心工作，因此有了重新评估和选择的想法，这个最好还是在初期就有所准备，否则四五十岁的人家庭负担很大，不容易轻易转换职业与组织。

5. 职业生涯后期(55 岁直至退休)

继续保持已有职业成就，维护尊严，准备引退，是这一阶段的主要任务。

快退休，不犯错，维持原有辉煌成就是很不容易的事，发挥最后的余热，同时规划退休后的生活。年轻时的爱好、朋友、理想在此时都会是打发时间的较好选择。

在以上的几种阶段划分中，都以年龄为其划分的出发点和基本思路，都各有各的道理，当然也各有各的局限，特别是将其应用于中国人，更是显得不适合。首先，阶段划分的表面化导致其缺乏说服力。可以看出，在以上的几种理论中，都以年龄为划分依据，而为什么要以这个年龄，而不用那个年龄，则大多都是其理论提出者的一种观察、一种思维结果而已，没有实质上的更深层次的依据，这也是导致各种理论差异大、各持其说的主要原因之一。其次，划分笼统。主要表现在其没有对男女的生理、成长差异进行充分考虑，而根据男女之间的差异提出不同阶段划分理论。最后，中西文化的差异性导致其不适应中国人的生涯规划。西方人重视工作事业，具有英雄主义崇拜取向；而中国人在工作事业之外，更看重人情，以尊老爱幼为美德，特别尊重有德行的人。西方人工作常以薪水作为出发点，老板与工人的关系常为简单的雇佣关系，视工作为简单的人力买卖；而中国人除了考虑薪水以外，更重视工作环境的和谐，重视其工作中人与人之间的关系和谐。这便导致了西方简单以事为主、以个人主义为出发点的理论在中国行不通。

中国也有学者意识到这些西方理论在中国的适应性问题，对职业生涯发展阶段理论进行本土化研究，也有结合中国的实际国情提出的阶段划分理论，如有学者提出了五阶段理论模型，即基础教育阶段(7~16 岁)、职业初探阶段(17~23 岁)、立业阶段(24~45 岁)、维持阶段(45~55 岁)、退离阶段(55 岁以后)，其中立业阶段有细分为三阶段，即职业确立阶段(24~26 岁)、稳步发展阶段(27~45 岁)、职业中期危机阶段(35~45 岁)。其理论结合了中国的具体国情，自然比前面几种西方理论更适合中国人的应用。但始终是以西方的理论为模型，没能跳出西方文化中特有的思维而结合中国深层文化背景提出更适合中国人思维、中国人处世的理论，所以也就没能更进一步提出适应中国人的职业规划，未免可惜。

第三节 职业学校学生的心理自我评估与职业生涯规划

"人贵有自知之明。"心理学的研究以及日常工作生活的经验都提示我们，准确地认识自己并不是一件简单的事情。在很多情况下，我们每个人对自己的认识常常是模棱两可，含糊不清，有时甚至是完全错误的。我们不知道自己希望从工作中获得什么，不知道自己真正合适做什么。有些人在做职业决策时，常常是为了取悦他人——父母、老师、朋友或老板。他们让别人来判断什么适合自己。有些人追逐热门职业，被所谓"流行""时尚""声望"牵着鼻子走，这些人不是根据自己的能力、兴趣来选择自己的工作或职业。如果职业目标不能满足你的需要，或与你的价值观不一致，如果你对工作不感兴趣，如果你不具备这项工作所要求的才能，那么你所达成的职业目标对你的意义就大打折扣。

因此，职业学校的学生在做职业生涯规划之前，设法让自己弄清楚下面一些问题：

我是谁？

我想干什么？

我能干什么？

环境支持我允许我干什么？

自己最终的职业目标是什么？

简而言之，就是在做职业生涯规划之前，需要认识了解和评估自己。当然认识了解自己不是一蹴而就的事情，需要持续进行。因为，随着个人在人生中的进步与发展，你优先考虑的事情可能会发生变化，你的能力或技能可能会获得增长，你的兴趣也可能有所改变。因此，从某种意义上来说，认识自我和职业生涯规划一样是一个长达一生的过程。

我们可以借助各种心理测量工具来认识了解自己，也可以向身边的人或职业顾问寻求指导意见，同时，自我反省、自我总结也是认识自我常用的简便易行的方法，我们可以把这些方法结合起来使用。

一、职业价值观——最想从工作中获得的是什么？

价值观是人们对客观事物（人、物、事）在满足主观需要方面的有用性、重要性、有效性的总评价和总看法，常常是欲望、动机、需要的混合体。职业价值观反映了人们对奖励、报酬、晋升、发展或职业中其他方面的不同偏好，体现了一个人最想从工作中获得什么，在工作中最看重什么。每个人都可能有一套独特的对个人来说很重要的职业价值观，但有时自己却意识不到。

美国职业学家舒伯（Donald Super）曾经概括过 15 种职业价值观类型：

（1）利他主义（助人）

（2）爱美

（3）创造

（4）知识（智力）激励

（5）独立

（6）成就

（7）声望

（8）管理

(9)经济报酬

(10)安全

(11)环境(优美)

(12)与上级关系

(13)社交(协作)

(14)变化

(15)生活方式

心理学家马丁·凯茨(Katz)在 20 世纪 60 年代末不厌其烦地研究了大约 250 种职业，找出了 10 种职业价值观：

(1)高收入：指除足够生活的费用之外还有可以随意支配的钱。

(2)社会声望：指是否受到人们的尊重。

(3)独立性：指可以在职业中有更多的自己做决定的自由。

(4)帮助别人：愿意把助人作为职业的重要部分，帮助他人改善其健康、教育与福利。

(5)稳定性：在一定时间内始终有工作，不会被轻易解雇，收入稳定。

(6)多样性：所从事的职业要参与不同的活动，解决不同的问题，不断变化工作场所，结识新人。

(7)领导力：在工作中可以控制事情的发展，愿意影响别人，承担责任。

(8)在自己感兴趣的领域中工作：坚持所从事的职业必须是自己感兴趣的领域。

(9)休闲：把休闲看得很重，不愿意让工作影响休闲。

(10)尽早进入工作领域：涉及一个人是否在意进入工作领域的早晚，是否希望节省时间和不支付高等教育的费用而尽早进入工作领域。

凯茨认为，在一种职业选择中，满足个体所有重要的价值观是不可能的，因此，凯茨发展了一套用于计算机职业指导系统使用的价值澄清练习，练习中一个很重要的方面是个体必须区分价值观的优先次序。凯茨的另一个重要观点是，在生涯决策中，个人的价值体系——各个重要的价值观之间如何相互协调共存——与一个人最主要的价值观同样重要。如"高收入"和"稳定性"这两种价值观常常互不相容。

不同的人从本质上会看重不同的价值观，不同的职业和工作会在不同程度上满足人的某方面的价值观。一般地，工作越能满足人们的工作价值观，他们的工作满意度水平就越高。

【相关链接】

价值观澄清

对自己的价值观有清楚认识的人在做生涯决策时有较少的困难。一些专家(Raths, Simon & Harmin 1966)认为，最重要的是价值观的澄清过程而不是价值观本身的内容。他们确定了价值观澄清的七个步骤，它们可以分为三个阶段。第一阶段是选择一个价值观，包括：你自由地选择一个价值观，不考虑他人的压力，也不考虑其他的价值观，然后思考每一个选择的后果。第二阶段是珍视你的价值观，包括珍爱和喜欢你的价值观，愿意在合适的时候向他人公开声明自己的选择。最后一个阶段是依照你的价值观行动，包括作出一些与你的选择有关的行为(例如投票)，不断以一种与你的价值观选择相一致的模式行动。思考一下你自己的重要的工作价值观，看看是否能使你的价值观得到澄清。

(资料来源：[美]Reardon·Lenz·Sampson·Peterson 著．侯志瑾，伍新春等译，职业生涯发展与规划[M]．高等教育出版社，2005.5)

【相关链接】

如何去探测人的工作价值观？

一方面，人们可以通过分析他们的生活史，弄清过去曾做的职业生涯决定，追究其中的原因就可以了解到自己的工作价值观；另一方面，我们也可以通过更多的结构化价值观调查来补充这种非正式的分析。

下面是一项关于探测人们的工作态度和工作意义的小练习：

以下说法代表了不同人对工作的态度以及工作对他们的意义。哪三种方式是你和你的工作之间关系的真实反映？

A. 工作作为收入的来源——是一种实现目的的手段。你真正想要的是否就是金钱，或者金钱能买到的东西，是金钱带给你满足感还是挣钱本身带给你满足感？这背后的欲望是什么？

B. 工作作为一种活动——是一种让你有充实感的东西。工作为什么能产生这种效果？

C. 工作为了自我实现——是表达甚至发现自我的方式。工作是如何让你触及自己或者向你揭示出真正的自我？这种工作动机背后的欲望又是什么？

D. 工作代表了一种贡献——"工作能够改善社会福利、促进人类进步"，或者只是作为社会的一员"所应尽的义务"。这些话不一定完全适合你。用你自己的话说出你希望通过工作做什么样的贡献，而你贡献的目的又是什么？

E. 工作是一种结构——规划你每天以及每年的活动。在最简单的层面上，把工作视为安排生活的一种方式给你提供了将事情整合起来的框架；在最复杂的层面上，工作的结构可能会演变成一种对你有极大意义的仪式或艺术形式。你从这种结构中又想得到什么呢？

F. 工作作为一个家庭式的根据地——工作向你提供了感觉上像家一样的空间。如果是这样的话，你回到工作中就像回家一样，在工作的时候最放松、最能找到自己，工作是你的归属。那么，这种感觉背后的欲望是什么？

G. 工作作为能力的体现——使自我感觉有价值，使自身变得独立、内行、熟练、能驾驭一切。你是把什么样的愿望和这种感觉联系起来呢？

H. 工作是一种乐趣——工作本身就是令人愉快的。那么，更确切地说，在工作中究

竟是什么活动带给你乐趣呢？与这种满足感相关联的欲望又是什么？

I. 工作是一场比赛——工作是一场竞技性运动或者是一种有特殊规则的游戏，工作中的成功就好比赢得了一场网球或桥牌赛。在这种方式中你的欲望又是什么？

（资料来源：周文霞主编. 职业生涯管理[M]. 复旦大学出版社，2005.7）

二、职业兴趣——最喜欢干什么？

兴趣是人们力求认识、掌握某种事物，并经常参与该种活动的心理倾向，或者说兴趣是一个人喜欢做什么的表现。

兴趣可分为物质兴趣、精神兴趣和社会兴趣，又可分为直接兴趣和间接兴趣，直接兴趣和间接兴趣可以互相转化，也可以相互结合。

兴趣是在一定需要基础上，在社会实践中形成的，兴趣实际上是一个人需要的延伸。兴趣的产生和发展会经历有趣—乐趣—志趣这样一个过程。

有趣是兴趣过程的第一个阶段，也是兴趣发展的低级阶段，它往往短暂易逝，非常不稳定。处于这一阶段的兴趣常常与你对某一事物的新奇感相联系。随着这种新奇感的消失，兴趣也会自然地逝去。

乐趣是兴趣过程的第二个阶段，它是在有趣定向发展的基础上形成的，是兴趣的中级阶段，在这一阶段，兴趣变得专一、深入起来。

志趣是兴趣发展过程的第三个阶段，当乐趣同你的社会责任感、理想、奋斗目标结合起来时，乐趣便成了志趣。志趣有社会性、自觉性和方向性，是一个人取得成就的根本动力，是成功的重要保证。到了志趣阶段，一个人会心甘情愿地为他（她）钟情的事情废寝忘食而乐此不疲。

兴趣是职业选择的重要依据，它可以提高人的工作效率，充分发挥人的才能，是保证一个人职业稳定性和工作满意度的重要因素。一个人如果从事着自己感兴趣的工作，就有可能发挥他自己的积极性，努力将工作做好，而且他还可以从工作中得到满足，感到愉快，而如果一个人从事了一种他很不喜欢的工作，他就不可能积极主动的去做，甚至有时还会不自觉地表现出被动的、消极的、拖拉的工作态度，因而常常得不到领导和同事的赞扬，甚至与他们在工作上产生矛盾，进而加剧对工作的厌烦和抑郁不快的心情，使整个生活失去绚丽的色彩。

一般来说，兴趣是一个人职业生涯适应的一个基本方面，可以为职业生涯选择提供有效的信息。兴趣主要用于预测一个人的工作满意感和工作稳定性，工作满意感是职业生涯适应的一大标志。在其他条件相似的情况下，从事自己感兴趣的职业不但让自己感到满意，而且能够让自己所在的工作单位感到满意，并由此保证一个人从事该项职业的长期性和稳定性。

【相关链接】

表 11-1　兴趣类型与相应职业

兴趣类型	特　　　点	相应职业
愿与事物打交道	喜欢同事物打交道，而不喜欢与人打交道	制图、勘测、工程技术、建筑、机器制造、出纳、会计等
愿与人接触	喜欢与人交往，对销售、采访、传递信息一类的活动感兴趣	记者、推销员、服务员、教师、行政管理人员、外交联络等
愿干有规律的工作	喜欢常规的、有规则的活动，习惯于在预先安排好的程序下工作	邮件分类、图书管理、档案管理、办公室工作、打字、统计等
喜欢从事社会福利和助人工作	乐意帮助别人，他们试图改善他人的状况，帮助他人排扰解难	律师、咨询人员、科技推广人员、医生、护士等
愿做领导和组织工作	喜欢掌管一些事情，希望受到众人尊敬和获得声望，他们在企事业单位中起着重要作用	各级各类组织领导管理者，如行政人员、企业管理干部、学校领导和辅导员等
喜欢研究人的行为	对人的行为举止和心理状态感兴趣，喜欢谈论人的问题	研究人、管理人的工作，如心理学、政治学、人类学、人事管理、思想政治教育等教育研究工作以及教育、行为管理工作
喜欢从事科学技术事业	对分析的、推理的、测试的活动感兴趣，长于理论分析，喜欢独立地解决问题，也喜欢通过实验作出新发现	生物、化学、工程学、物理学、地质学等工作
喜欢抽象和创造性的工作	对需要想象力、创造力的工作感兴趣，大都喜欢独立的工作，对自己的学识和才能颇为自信。乐于解决抽象的问题，而且急于了解周围的世界	科学研究工作和实验室工作，如社会调查、经济分析、各类科学研究工作、化验、新产品开发等
喜欢操作机器的技术工作	对运用一定技术，操作各种机械、制造新产品或完成其他任务感兴趣。他们喜欢使用工具，特别是喜欢大型的、马力强的先进的机器，喜欢具体的东西	飞行员、驾驶员、机械制造、建筑、石油、煤炭开采等
喜欢具体的工作	希望能很快看到自己的劳动成果，愿从事制作能看得见、摸得着产品的工作，并从完成的产品中得到满足	室内装饰、园林、美容、理发、手工制作、机械维修、厨师等

（资料来源：卜欣欣，陆爱平编著．个人职业生涯规划［M］．中国时代经济出版社，2004.1）

兴趣是可以培养的。对于已经专业定向的职业学校学生来说，更应该注重对自己即将从事职业的兴趣培养。其实，人们对某种职业的情感有一个了解、喜欢、热爱、沉醉和奉献的五步发展过程。不了解自己即将从事的职业，就认为自己对所学专业不感兴趣，是不少初入学的职业学校新生的心态。世界上有许多有成就的人，并非一开始就对自己所从事的职业有兴趣，而是在对某种职业的接触中了解这个职业，通过了解开始喜欢，在喜欢的基础上产生了对职业的热爱，在热爱这种职业的投入中又提升了对这种职业的情感，并沉醉于自己的投入之中……

职业学校学生应该培养自己对众多事物的兴趣，特别是多搜集自己所学专业对应职业群的有关信息，关注它们的现状和发展趋势，并在对这一职业群产生广泛兴趣的基础上，逐渐培养对其中某一职业的中心兴趣。

好奇心是形成学习兴趣的先导，知识积累是形成学习兴趣的源泉，在学习专业课尤其是在相关实训中，有大量了解即将从事的职业的机会。参加课外活动、社会实践、专业实训，是培养兴趣的重要途径。职业学校学生处在重要的学习知识阶段，培养对学习的兴趣对今后成才关系重大。通过专业知识和技能学习，加深对所学专业的性质、内容、特点的认识，通过专业实习和社会实践，加深对专业所对应的职业群及这些职业在国家现代化建设中作用的认识，进而形成一定的职业兴趣，应受到职业学校学生的充分重视。

三、性格——适合干什么？

性格是人对现实的态度和行为方式中比较稳定的心理特征的总和，外向和内向是最通常的性格类型。不同性格类型的人适合从事不同的职业，前面介绍的霍兰德类型理论就持这样的观点。

对于职业学校的学生来说，专业定向并不等于职业定向。在职业群和相关职业群中寻找适合自己的职业，拓宽自己的择业面，或在职业群中转岗，都能使自己从事与个性相符或相近的职业。把择业面拓宽一点，关注一下自己所学专业对应职业群特别是相关的职业群，就会有"山复水复疑无路，柳岸花明又一村"的感受，使自己能发现既专业对口，又"人职匹配"的职业。如，会计这个职业需要从业者内向，而外向的学生在掌握了有关成本核算等财会知识的基础上从事销售、管理或创办属于自己的企业，就如鱼得水。

性格是可以改变的，我们不否定，职业对从业者的性格有一定的要求，但对于已经专业定向的职业学校学生来说，更应该强调按照即将从事的职业对从业者的性格要求调适自己。"性相近，习相远"，对于青年人来说，环境对性格的塑造是起很大的作用的。如，一个学营销的学生，在校时，是全班有名的"东方女性代表"，深沉、文静、少言寡语。毕业后，在一次同学聚会时，同学们惊诧不已，差点不敢认她。昔日的"薛宝钗"变成了"王熙凤"，显得精明、干练、泼辣、能言、善辩。长期的对外商业应酬磨炼了她，使她逐渐改变了原有的性格，适应了职业的需要。性格是稳定的，但又是可改变的，在职业环境中磨炼自己，就会发生变化。

【相关链接】

9 种职业性格

科学家依据性格与职业的关系，把性格分为9类，即变化型、重复型、服从型、独立型、协作型、劝服型、机智型、自我表现型、严谨型，统称为职业性格。事实上，只具有一种即单一职业性格类型的人较少，大多数人兼有多种类型，只不过有的占主导地位，有的占次要地位。同样，每一种职业要求从业者具有的性格类型也不是一种，而且所要求的几种性格类型也有主次之分。例如，金属切削加工这一职业所要求的从业者性格为2、3、5，即重复型、服从型和协作型（排在第一位的为主，下同），而机械制造工程技术人员这一职业则要求从业者性格为1、4、7，即变化型、独立型和机智型（以下均只写职业性格编号）。又如，商业管理、商业采购这两种职业要求从业者性格均为1、4、6，而售货员这一职业则要求从业者性格为1、5、6。再如，厨师为1、4、9，会计为9、2、3，演员为8、5、1，导游为1、4、8，警察为7、4、1，护士为1、4、5，药剂士为1、4、9，公共卫生护士为1、4、7……（见表11-2）。

表 11-2　职业性格特点

编号	职业性格	与职业相关的性格特点
1	变化型	在新的或意外的工作情境中感到愉快，喜欢工作的内容经常有些变化，在有压力的情况下工作出色，追求并能适应多样化工作，善于将注意力从一件事转到另一件事情上
2	重复型	适合并喜欢连续不停地从事同样的工作，喜欢按照一个固定的模式或按照别人安排好的计划、进度办事，爱好重复的、有规则的、有标准的工作
3	服从型	喜欢配合别人或按照别人的指示办事，愿意让别人对自己的工作负责，不愿意自己担负责任，不愿意自己独立作出决策
4	独立型	喜欢计划自己的活动并指导别人的活动，在独立的、负有责任的工作中感到愉快，喜欢对将要发生的事情作出决定
5	协作型	在与人协同工作时感到愉快，善于引导别人按客观规律办事，希望得到同事的喜欢
6	劝服型	乐于设法使人同意自己的观点，能通过谈话和写作来达到目的，对别人的反应有较强的判断能力，并善于影响他人的态度、观点和判断
7	机智型	在紧张、危险的情况下，能很好地执行任务，在意外情况下，能自我控制、镇定自若、工作出色，不易慌张、应变能力强
8	自我表现型	喜欢表现自己，通过自己的工作和感情来表达自己的思想

续表

编号	职业性格	与职业相关的性格特点
9	严谨型	注意细节的精确，愿意在工作过程的各环节，按一套规则，有步骤地把工作做得尽善尽美，工作严格、努力、自觉、认真、按质按量，以便能看到自己出色地完成的工作效果

（资料来源：蒋乃平，杜爱玲编著．职业生涯设计[M]．高等教育出版社，2006.1）

四、能力——能干什么？

能力是指直接影响活动效率、使活动顺利完成的个性心理特征，能力分为一般能力和特殊能力。一般能力通常又称智力，包括观察力、注意力、记忆力、思维能力、想象力，是从事任何活动都必须具有的能力。而计算能力、音乐能力、语言表达能力、空间判断能力等是从事专门活动的特殊能力。

在人的职业生涯中，能力和职业工作活动密不可分，和职业活动相关的能力就是职业能力，每一类职业活动都要求特定的职业能力组合，只有具备这种职业能力组合，才能很好地胜任这种职业。俗语说"没有金刚钻，别揽瓷器活"就是这个意思。因此，能力是一个人职业选择的先决条件，是能否胜任工作的主观条件，职业的成功与否，与个人能力是否与职业要求相匹配直接相关。

【相关链接】

表 11-3　常见的职业能力倾向与典型工作范例

能力倾向	描述	工作范例
语言理解	运用语言文字进行表达、交流和思考的能力	客户代表：向客户介绍公司的产品
数量关系	对事物之间的数量关系作出分析、理解和判断的能力，对数字的敏感性	会计：公司收入、支出、成本等计算
逻辑推理	根据已有的信息发现和理解事物之间的关系、做出分析和判断的能力	市场总监：对本公司与竞争对手营销方案的分析与判断
知觉速度	对各种视觉符号（包括数字、特殊符号、字母和文字等）的快速而准确的觉察、比较、转换、加工的能力	校对员：文字校对
空间知觉	理解事物的空间关系，当空间位置变化时能想象出物体的形状	室内设计师：办公区的设计和规划

能力倾向	描　　述	工作范例
综合分析	对各种形式的信息进行准确理解和综合分析与加工的能力	办公室主任：综合各部门上交的文件，撰写成报告交给领导
动作协调	使用眼和手协调完成任务的能力	司机：驾驶汽车
手指灵巧性	使用手完成精细动作的能力	生产线上的工人：焊接精密的电路板

（资料来源：张德，吴志明．组织行为学[M]．东北财经大学出版社，2003）

能力是可以提高的。职业学校各专业开设的不同课程，是为课程的学习者构建通向就业的桥梁，是专门针对本专业对应职业群对从业者的能力要求安排的。人的能力有差异，有人善于动手操作，有人喜欢用脑思考，有人善于沟通、表达，有很好的社交能力，有人则长于应变、决策，有很好的管理能力。

绝大多数人只要在职业实践中经过刻苦努力，职业能力都可以获得发展和提高。一个平时不爱说话的职校生，在班里是个被别人指挥的"配角"，但她很羡慕其他同学能在大庭广众下有声有色地演讲，很羡慕班干部有好的组织能力，能把各种活动组织得那么好。她意识到今后步入社会，走上工作岗位，缺乏语言表达能力和组织能力，在竞争就业的机制下，自己将失去很多机会。于是，她开始在小组会上积极发言，为参加演讲比赛一次又一次地对着镜子训练，并从找几个同学一起开始出板报开始，锻炼自己的组织能力。终于她不但在演讲比赛中获了奖，而且显示出高超的组织能力。

综上所述，兴趣、价值观、性格和能力是构成一个人心理自我的重要内容，认识和准确把握心理自我对一个人的职业生涯规划有重要影响，它们在某些方面又是相关联的：兴趣根源于更深的价值观；兴趣与能力也是密切相关的，人们喜欢从事自己擅长的活动，通过实践，他们可能在喜欢的活动中变得更加熟练。因此，尽管将价值观、兴趣、性格和能力分开也许非常方便，但有些时候，必须将它们视为一个整体。

第四节　职业学校学生职业生涯目标规划与指导

一、职业生涯目标的确立

目标是一个人行动的方向、目的。职业生涯目标是指一个人渴望获得的与职业相关的结果。职业生涯目标可以通过很多方式影响个人的行为和表现：第一，它可以刺激高水平的努力；第二，它可以给高水平的努力固定方向；第三，它可以提高朝向目标努力的坚持性；第四，具体的目标有助于形成实现目标的战略；第五，目标可以衡量行为结果的有效性，向个体提供积极的反馈。有关调查结果显示，在多数情况下，职业生涯目标的设定对于个体的职业生涯成功是很有帮助的。

1. 职业生涯目标确立的心理过程

职业生涯目标包括最长远的人生发展目标和阶段目标。阶段目标又可分长期目标、中期目标和短期目标。相应于规划跨及时间的长短，短期目标一般为1～2年内的目标，中期目标为2～5年内的目标，长期目标为5～10年内的目标，人生目标是我们的最终理想。

职业生涯目标的确立往往需要经过初选、再选几个反复，通过目标调整再作出最后抉择即终结性决定。无论初选、再选职业生涯发展目标，都经历了预测、衡量、比较的心理过程。

预测。预测是设想各种方案并进行可能性评价，预测其可能导致的结果，包括成功的效果和失败的风险。包括以下心理活动：

①列出备选求职方案。在发展条件分析的基础上，列出所有可能的方案，初步确定几个发展目标，即大体上确定几种可能的发展目标。

②预测目标结果。预测各备选发展目标可能导致的结果，包括成功的结果和失败的风险。

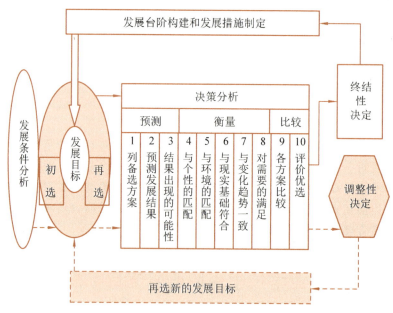

图 11-4　发展目标抉择心理过程与职业生涯设计各环节关系

③分析各种结果发生的可能性。分析发生成功的结果和失败的风险的外因和内因，预测产生这些结果的可能性大小。对外因的分析，实际上是根据发展环境预测目标实现的机会；对内因的分析，实际是对自身发展条件的反思。

衡量。衡量即考虑斟酌事物的轻重得失。从以下三方面进行发展目标的衡量：

①以发展目标对从业者的要求为"尺"，衡量本人个性，所处环境与之匹配、适应的

程度；

②以发展目标对从业者的要求为"尺"，衡量本人现实基础、变化趋势与之相符的程度；

③以发展目标对从业者可能有的回报为"尺"，衡量本人价值取向得到满足的程度。

确定衡量的"尺"即衡量的标准，就是综合各种因素，遵循一定原则，确定自己最主要或优先考虑的标准。在预测系统的标准中，理清个人目标的具体要求即标准，并按重要性予以排列。然后用标准分别衡量各目标备选方案，分析其相符的程度，以形成对某个目标的选择倾向。这种选择倾向的产生，要体现分析评价过程中的主客观相符、个人与社会和谐、现实与发展相统一的要求，要体现"两个符合"和"立足于现实、着眼于发展"。

比较。比较即对比几种同类事物的异同、高下，通过对各备选方案的比较进行排序，确定最优方案，以确定发展目标。目标方案排序是个人对多个发展目标备选方案的排序，其依据是主观和客观相符合、个人与社会相和谐、现实与发展相统一。例如，个性特征要与职业对从业者的要求相匹配，这并不仅局限在现实上，还要从现实和发展的结合上来把握。因为人是现实的，又是发展变化的；职业也是现实的，同时也是发展变化的。

目标排序的目的是从多个备选方案中，挑选出最有实现可能性、最符合本人发展条件的方案。在实际操作中，通过一个循环即初选，往往难以达到目的，需要往复循环多次。即通过决策分析，可能作出的决定有两种：终结性决定和调整性决定。调整性决定其实是决定重新探索发展目标，即对原有的备选方案均感不满，决定再列出几个备选方案，再进行决策分析。

能正确地进行自我认识和评价，才可能合理地对发展目标作出抉择。人贵有自知之明，职业学校学生既要明确自己强项之所在，也要知道自己的弱项。"我能干什么"是抉择发展目标前必须回答清楚的问题。

确立发展目标要扬长避短才能成功。职业学校学生的长处不在于学历，而在于实践动手能力。由于职业教育主要培养面向实际应用的技能操作型人才，所以职业学校学生具有实践能力强、上手快、用得上、留得住等优势。以此作为职业生涯发展的敲门砖，张扬自己的优势，才能掌握职业生涯发展的主动权。经济社会发展需求反映在劳动岗位上，具体表现为职业岗位对从业者素质的要求，它是个人聪明才智得以充分发挥的条件和基础。古今中外，人们的职业生涯发展都受到经济社会需求和自身条件的制约。不顾经济社会发展需要和自身条件，一味提出脱离实际的发展目标，必然导致失败。

了解并遵循目标确立心理过程，对作出正确、科学、适合自己特点的发展目标抉择十分有益。能作出科学抉择，是个人在人生旅途中一种终身受益的能力。如果能把决策能力迁移到今后的工作和生活中，会受到用人单位的青睐，对自己的职业生涯发展十分有利。

2. 职业生涯目标确立的机会评估工具——SWOT 分析法

SWOT 是四个英语单词的缩写，即 Strength（优势）、Weakness（劣势）、Opportunity（机会）和 Threat（威胁）。一般来说，优势和劣势从属于个人自身，而机会和威胁则来自于外部环境（包括组织环境和社会环境）。

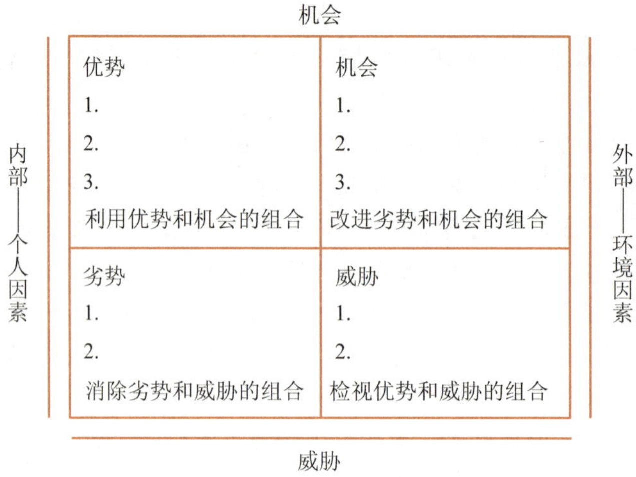

机会

优势 1. 2. 3. 利用优势和机会的组合	机会 1. 2. 3. 改进劣势和机会的组合
劣势 1. 2. 消除劣势和威胁的组合	威胁 1. 2. 检视优势和威胁的组合

内部——个人因素

外部——环境因素

威胁

图 11-5　SWOT 分析表

（1）优势分析——自己出色的地方，特别是比之于竞争对手的优势方面

——你曾经做过什么。即你已有的人生经历和体验，如在学校期间担当的职务，曾经参与或组织的实践活动，获得过的奖励等。这些可以从侧面反映出一个人的素质状况。在自我分析时，要善于利用过去的经验选择、推断未来的工作方向与机会。

——你学习了什么。在学校期间，你从学习的专业课程中获得什么？接受过什么培训？自学过什么？有什么独到的想法和专长？专业也许在未来的工作中并不起多大作用，但在一定程度上决定你的职业方向。

——最成功的是什么。你可能做过很多事情，但最成功的是什么？为何成功，是偶然还是必然？通过分析，可以发现自我性格优越的一面，譬如坚强、果断，以此作为一个人深层次挖掘的动力之源和魅力闪光点，这也是职业规划的有力支撑。

（2）劣势分析——与竞争对手相比处于落后的方面

——性格弱点，如不善于交际，感情用事等。一个独立性强的人会很难与他人默契合作，而一个优柔寡断的人很难担当企业管理者的重任。卡耐基曾说，人性的弱点并不可怕，关键要有正确的认识，认真对待，尽量寻找弥补、克服的办法，使自我趋于完善。

——经验或经历中所欠缺的方面。也许你曾多次失败，就是找不到成功的捷径；需要你做某项工作，而之前从未接触过，这都说明经历的欠缺。欠缺并不可怕，怕的是自己还没有认识到，而一味地不懂装懂。

（3）机会分析——有利于职业选择和职业发展的一些机会

——对社会大环境的认识与分析：当前社会政治、经济、科技、文化发展趋势中有利于所选职业发展吗？具体在哪方面有利？

——对自己所选企业的外部环境分析：企业在本行业中的地位与发展趋势如何？面对的市场怎样？有无职位空缺？需要具备哪些条件？

——人际关系分析。哪些人可能对自己的职业发展起到帮助？作用如何？会持续多久？如何与他们保持联系？

（4）威胁分析——存在潜在危险的方面

企业要重组？走向衰落？新来的上司对自己有敌意？新同事或竞争对手实力增强？领导层发生变化？

这样步步追问，一幅清晰的职业生涯机会前景图就呈现在你的面前。要注意的是，运用 SWOT 法进行职业生涯机会评估时，要尽可能考虑全面，权衡各种发展机会，然后从中选出最优的发展机会。

3. 职业生涯目标确立中的心理误区

（1）贪多心理。在设定目标时，有些学生自视甚高，或初出茅庐，心高气盛，别人定一个目标，他定三个、四个、五个……自认为要冲破生命的极限，结果一个目标也没达到。如果目标太多太杂，难免会顾此失彼，到头来什么也达不到。

集中一个目标，并不是说你不能设立多个目标，而是一个时期一个目标，分开设置。具体来说，就是拉开时间差距，实现一个目标后，再实现另一个目标。

（2）模糊心理。在设定职业生涯目标时空泛不具体，如有的学生设定自己的目标是成为设计师，这个目标就太宽泛，太空洞了。设计师有很多种，如服装设计师，广告设计师，家居设计师等，你要做的是哪一种呢？目标空泛，日后行动就会容易陷入盲目，不能有意识地收集相关领域的知识信息，无法有效自我培训提高。

写作文的时候，老师总是提醒我们，"题目别太大，窄一点好写"。职业生涯规划也一样，目标定得窄一点，具体一点，才好操作。

同时，还要详细列出实现目标的具体时间，达到什么程度。

再有，目标明确不仅指业务发展目标，而且与之相应的其他目标也要明确具体。如，学习进修目标、经济收益目标、职位目标、业绩目标等，这些目标也要有明确的要求，同时要做到互相配合，共同作用，促进个人的身心、生活和事业的全面发展。

（3）好高骛远与眼光低下心理。在设定目标的高低上，易出现两种心理，一是好高骛远，设定的目标太高，怎么努力也够不着，结果会一事无成；二是眼光低下，设定目标太低，不费力气就达到了，觉得没什么意思，结果老是原地踏步，没有什么长进。

目标高低应恰到好处。怎么个恰到好处？稍微高一点，"志存高远"。总之，选择目标要脚踏实地，既不能眼光太低，也不宜好高骛远。

（4）顾此失彼心理。在设定职业生涯目标时，也有一味重视职业生涯目标而轻视生活目标的心理，将职业生涯目标和生活目标相割裂，走入顾此失彼的心理误区。人会有多种多样的目标，除了事业目标之外，还有财富、婚姻、健康等问题，这些问题都直接影响到人生事业的发展和生活质量。所以，在制定职业生涯目标时也应兼顾平衡这些因素，职业生涯目标要与生活目标结合考虑。

顾此失彼心理还表现在设定职业生涯目标时，将个人目标与组织目标相割裂，在设定个人目标时不考虑组织目标。虽然个人目标是自己的目标，但并非靠自己的力量就能实现。把自己的目标与组织目标协调起来，发展就会比较顺利。否则，你的个人目标与组织

目标相去甚远的话，为了自己的前途考虑，最好是离开这个组织。

【案例与点评】

明天，我将是一名汽车改装大师

前　言

在中国汽车市场环境趋好的条件下，国内汽车生产企业在处理短期利益与长远发展的关系上，必须坚持着眼于长期利益、兼顾短期利益的原则。具体来讲，就是在扩大生产能力、提高汽车销量，抢占市场份额、做大汽车市场的同时，需特别重视实施产品与技术创新战略、品牌战略、市场营销与服务战略，逐步提高我国汽车工业的核心竞争力。现代社会需要的技术员工，仅有学历是不行的，还要有动手能力、灵活应用的本领。对于我来说，我要努力学习，要将知识与技术融为一体，做一个符合当今社会需要的人才。

一、自我介绍与汽车业现状分析

我叫王东，1988年12月出生，今年16岁了，是北京市汽车工业学校2004届的学生，学的专业是汽车制造。我从小喜欢车，无论汽车还是摩托车，我常常梦想自己成为一名汽车工程师，并对改装汽车有着浓厚的兴趣。我追求极限、追求速度感，汽车是我的生命，所以我选择了北京市汽车工业学校的汽车制造专业。我性格外向、直率、心胸宽广、有话直说。我生性好动、活泼，爱好音乐、跆拳道、街舞等。我善于交朋友，在与朋友的交流与沟通中，我清楚地认识到自己存在知识不够丰富等不足，我要努力完善自我。

目前，我国汽车工业发展正处于战略转折点。一是汽车工业发展处于中国产业升级和加快经济发展的战略转折点上；二是从培育自主发展能力的时间上讲，非常紧迫，我们仅有10～15年的时间，要努力把握时间的转折点。目前中国的汽车整车制造企业已达123家，全国有27个省（市）生产汽车，17个省（市）生产轿车，23个省（市）已建成轿车生产线；全国汽车产量已达550万辆以上，轿车产量已达250万辆以上。中国汽车市场需求高速增长，这为汽车工业发展带来良好契机的同时，也导致中国汽车制造业和汽车服务贸易业的投资急剧扩张。2002年，汽车业固定资产超过3000亿元，工业产值超过5000亿元。同时，随着人们物质文化生活水平的不断提高，人们越来越追求个性化、时尚化的东西，汽车改装业存在很大的市场空间。

二、确立目标

通过以上的现状分析，我们可以得知，汽车行业不可忽视。考虑到自己的爱好和优势，最终我确立的目标是：做一名汽车改装大师。

改装行业现在正处在起步阶段，发展比较缓慢，不过现在汽车改装越来越时尚，相对来说还是比较吸引客户的。

在汽车文化发达的欧洲、日本，一辆车的改装结果，可以代表车主的品位以及对"驾驶"这件事情的看法。在前不久举行的"东京改装汽车展"上，那些经过各国改装高手调理过的汽车，造型奇特，个性十足，令人叹为观止。时下，一股改装汽车的热潮也开始在国内兴起。一掷千金为车"靓"，虽然汽车改装在国内起步晚，但从它身上体现出来的一种时尚文化的魅力却挡也挡不住！据介绍，玩改装车的一般为追求时尚、标榜自我的年轻车主，想通过改装车来体现自己的品位或是反映他们的另类心态。为追求个性，他们不惜花费几千甚至几万元对车进行改装。近日，记者碰到过一个车主，刚买了一部车就迫不及待地花15000元给车做了大包围、定风翼、真皮座椅、桃木装饰件、晴雨挡、太阳挡、赛车贴纸等全方位的改装。当问及他怎么舍得花大血本来包装一辆新车时，他不无得意地说，他就是要让别人知道这是唯一的一辆车，并且只属于他。

三、规划发展阶段

远大而美好的目标需要漫长而艰苦的追求过程，我将我的"汽车改装大师"的奋斗过程规划为以下四个阶段。

第一阶段：在校期间（2004—2008年），认识汽车。

在校期间，是职业生涯发展的关键时刻，我要好好把握。学校为我们创造这么好的条件，我们为何不去努力珍惜呢？现在不学以后就晚了，何必要工作以后再去啃书本拿学历呢？我要在中专这四年中，努力学习文化知识和专业知识，做到充分而全面地认识汽车，同时还要培养情操、学习做人的道理，做一个汽车制造专业优秀的毕业生，为职业目标打下坚实的理论基础和道德基础。

第二阶段：工作初期（2008—2013年），熟悉汽车。

改装汽车，首先要了解汽车，为此，我毕业后，先在一家合资或外资的汽车制造厂从事制造工作，在掌握制造技术之后，转入修理或再加工工作岗位，积极努力地向老前辈学习、在实践中实习，做到充分、全面、细致地了解汽车的结构、制造、控制和修理，增强自身分析问题、解决问题的能力。做一名技术全面的优秀员工，为汽车改装做好充分的实际动手能力方面的准备。

第三阶段：工作中期（2013—2018年），把握汽车。

许多人对汽车改装还比较陌生，还不太了解它的好处，实际上，改装可以提高汽车动力性能，如：加装空气动力原件、底盘改装、动力系统改装等。在这个阶段，我要接受正确的汽车改装理念，特别是对那些以改装原车性能为目的的改装，如加装空气动力套件、改装底盘和动力系统等，我要努力学习和钻研相关的汽车改装技术，精通专业名词的含义和原理，例如什么是VTEC引擎，什么是ABS，以及FR、RR、FF、4WD等。我还要把握机会，争取到技术先进的国家和地区取经。

第四阶段：工作后期（2018年以后），驾驭汽车。

在积攒了丰富的经验，提高了理论和实践能力的基础上，在这个阶段，我要选择一家大型的具有独立品牌的汽车企业从事改装工作，成为改装行业的"领军"人物，我要将我的能力无私地奉献给我们的汽车产业，为民族的振兴和国人的幸福贡献全部的力量。

四、制定实现措施

只有付诸行动，目标才可能实现，为此我制定了以下行动的措施：

第一步：我要在中专这四年中，努力学习专业知识，学好"数控技术与应用""汽车构

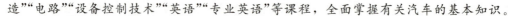

造""电路""设备控制技术""英语""专业英语"等课程，全面掌握有关汽车的基本知识。

第二步：在学好理论的同时，认真完成好每一次的实习任务，尽可能多地向师傅学习操作技能，争取能参加学校与国外联合办学的活动，学习国外的先进技术的经验。

第三步：多参加汽车专业方面的展览会和交流会，听取专业报告，了解汽车发展的最新动态。

第四步：要娴熟地操作计算机，诸如 Office 之类日常办公软件是必须要掌握的，还要掌握 PhotoShop、AutoCAD、3D MAX 之类专业性较强的一些软件。

第五步：业余参加外语培训班和美术鉴赏班的学习，进一步提高外语水平和审美能力。

第六步：做一名优秀的中专汽车制造专业的毕业生，争取考上业余本科高职，继续深造；同时争取一份相关工作，拉开职业生涯比较重要的一幕。

第七步：在工作中继续努力，钻研业务，争取更大的进步，努力成为行业精英。

以上就是我的职业生涯规划设计，敬请各位老师及评委批评、指正。这次大赛培养了我们以后面对社会、面对生活和面对学习积极进取的品格，所以我要踩下油门！飞速前进！勇往直前！

［点评］"明天，我将是一名汽车改装大师"，是个具体、形象、激励作用强的发展目标。"汽车改装"在我国是有超前性的职业，但王东用简洁、精炼的语言，论述了汽车改装这种职业虽然刚刚起步，却发展前途光明，让人感到这个年轻人对经济社会发展拉动职业演变的理解有其独到之处。他把自己的发展目标融于行业发展、职业演变之中，这种中职生发展目标的前瞻性、合理性令人叹服。

用认识汽车、熟悉汽车、把握汽车、驾驭汽车来构建发展台阶，也有其新颖、独立之处。不但使阶段目标层级分明，有比较清楚的说明，直指远期目标，而且为发展措施的制定留下了充分发挥的余地。在王东的职业生涯规划中，处处能发现他在设计过程中的自我认知、自我赞同、自我承诺、自我实践，体现出职业生涯发展目标在整个规划中应有的地位和作用。

（资料来源：蒋乃平，杜爱玲编著．职业生涯设计［M］．北京：高等教育出版社，2006）

二、职业生涯目标实施

1. 职业生涯目标实施的心理过程

职业生涯目标实施经历如下心理过程：职业生涯长远目标的设定—职业生涯阶段目标阶梯的搭建—职业生涯发展措施的制定—职业生涯发展措施的执行—职业生涯发展目标的调整。

职业生涯发展的长远目标设定好以后，其实现不是一步登天，而是需要一个个阶段目标所构成的阶梯来达成。有了长远目标和阶段目标可以说是有了职业生涯发展的动机，但如果动机不转换成行动，动机终归是动机，目标也只能停留在梦想的层面。职业生涯发展

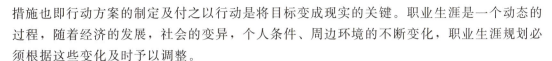

措施也即行动方案的制定及付之以行动是将目标变成现实的关键。职业生涯是一个动态的过程，随着经济的发展，社会的变异，个人条件、周边环境的不断变化，职业生涯规划必须根据这些变化及时予以调整。

2. 职业生涯目标分解及阶段目标设计技术

(1)职业生涯目标分解的含义

职业生涯目标分解，是个人根据自己的观念、知识、能力差距，将职业生涯的长远目标分解为有时间规定的长、中、短期分目标，直至将目标分解为某确定日期可以采取的具体步骤。也即根据自己职业生涯不同阶段的特点制定阶段目标的过程。

目标分解是将目标清晰化、具体化的过程，是将目标量化成可操作的实施方案的有效手段，是帮助我们在现实环境和人生理想之间建立起可以拾级而上的桥梁。

(2)职业生涯阶段目标的特点与要素

职业生涯阶段目标有三个特点：一是必须"跳一跳"，即必须为之付出努力，必须为之拼搏，不是轻而易举能达到；二是通过努力能达到，可望又不可及，不脱离自身条件，不脱离社会现实；三是十分具体，能让自己确认这个目标到底需要从业者具有什么职业素质，到底需要采取什么措施才能弥补自身条件与职业素质的差距，到底需要作出哪些具体的努力。简言之，每一个阶段目标，是在前一个阶段目标基础上"跳一跳、够得着"的具体目标。

在设定阶段目标的过程中，应注意以下要领：

第一，在分段数量上，职业生涯发展分几个阶段，应因人而异。阶段目标即可分为近期目标与中期目标两大段，也可细分为 3～5 个阶段，甚至更多。

第二，在表现形式上，有人用简图，有人用表格，有人用文字叙述，有人兼而有之。形式是为内容服务的，关键在于能把阶段目标简明扼要地说清楚，能让自己一目了然、印象深刻，能发挥目标的自我激励和自我监督作用。

第三，在分段方法上，既可以按职务晋升阶梯设计自己的阶段目标，也可以按职业任职资格标准的提升安排阶段目标，还可以按自己的年龄段期望达到的标准设计自己的阶段目标……

无论怎样分段，职业生涯规划的阶段目标都必须是可测量的、具体的、挑战的、渴望的、可行的、动态的。对目标的阐述，应包含以下 4 要素：

①什么，即具体的职业、技术等级等；

②何时，即什么时间达到；

③内涵，即该职业对从业者素质的具体要求，以及该职业对从业者可能有的精神、物质方面的回报或其他期望；

④环境，即达到此目标应有的外部环境，以及环境变化后的调节手段或备选方案。

目标四要素对阶段目标的阐述越具体、详尽，其激励作用越明显。阶段目标不应仅仅是职业的定位，因为与职业相对应的有责任、绩效和挑战，要胜任这一职位，并将此职位作为自己发展的阶段目标，必须对这一职业对从业者的要求有全方位的了解。

（3）职业生涯阶段目标的"倒计时"设计技术

职业生涯阶段目标的"倒计时"设计技术，即采用逆向思维，根据达到长远目标所需要的台阶和需要的时间，一步一步往回倒着设计。

逆向思维的设计，既可按"什么"即晋升阶梯或任职资格标准为搭建台阶的主线，再确定到每个台阶的时间，也可按"何时"即年龄段或时间段为搭建台阶的主线，再确定每个台阶应晋升的职位或其他内容。无论以"什么"还是"何时"为主线搭建台阶，均应有以下几个步骤：

第一步，把长远目标对从业者素质要求做一个粗线条的分析，例如，长远目标设定的职位对学历、职业资格、专项知识和技能、工作经验、阅历、人际网络、资金以及岗位职业道德等方面的要求。理清自己想达到这一长远目标所具有的优势和存在的差距。理清优势，以肯定自己对目标的追求；理清差距，以明确自己"补短"的内容。

第二步，把自己与长远目标存在的差距分类，并按与达到长远目标的关联程度排序。

第三步，以差距为依据，以分阶段弥补差距为台阶，选择搭建阶段目标的主线，即以"什么"还是"何时"确定分段的依据和阶段目标的表述形式。

第四步，为各段目标起个简洁、明确、醒目、层次分明的标题（名称）。

第五步，从发展目标向近期目标即由后往前推，"倒计时"地在各阶段目标的标题下，以达到发展目标即长远目标对从业者要求为目的，写清各阶段目标的内涵和其他相关内容。

第六步，对前后衔接的两个阶段目标要求进行比较，理顺"什么"与"何时"的关系，并对必要的说明给予修改。

构建阶段目标的方法与技术很多，但不论什么方法与技术，都必须在认真分析发展条件的基础上，根据已确定的发展目标即长远目标的要求，对自己与发展目标的差距进行分解，然后分步推进。构建不断提升的各阶段目标，其目的在于分步缩小现实的我与未来的我之间的差距，针对发展目标的要求，分段提升自身素质，不断向发展目标攀登。实现各阶段目标的过程，实质上是分步缩小自己与发展目标差距的过程。

职业学校的学生要想有一个成功的职业生涯，就必须重视职业发展的两个关键阶段：

一是职业生涯开始前，即进入职场前的准备期，也就是职业学校学习时期。职业教育是以就业为导向的教育，是为职业生涯奠定基础的定向教育。职业学校学生要珍惜自己有限的学校生活，一方面要努力学习有关知识和技能，为进入所学专业对应职业做好准备；另一方面要努力了解社会、了解职业、了解自己，做好职业生涯规划，针对性更强地提升自身素质，主动适应职业需要，为职业生涯发展奠定坚实的基础。

二是职业生涯开始初期即进入职场后的前两年。在此时期，要尽早完成"学校人"到"职业人"的转换，在职业生涯实践中检验、矫正自己对社会、对职业、对自己的了解，在实践中验证自己的职业发展目标，确认、完善或调整发展目标和整个职业生涯规划，让自己少走弯路，不走错路，迈好职业生涯第一步。

3. 职业生涯目标组合及技术

在职业生涯的发展过程中，有时候，外部环境给予我们的机会很多，这让我们面临多个选择，于是会出现两个或多个不同方向的职业生涯目标。如果只看到目标之间的排斥性，就只能在不同目标之间作出排他性选择，而如果看到目标之间的因果关系与互补性，就能够积极进行不同目标的组合。因此，目标组合是处理不同目标相互关系的有效措施。

职业生涯目标组合有时间组合、功能组合和全方位组合三种技术。

时间上的组合可分为并进和连续两种情况，职业生涯目标的并进是指同时着手实现两个平行的工作目标或者建立和实现与目前工作内容不相关的预备职业生涯目标。连续是指用时间坐标做纽结，将各个目标前后连接起来，实现一个目标再进行下一个。

职业生涯目标在功能上可以存在因果关系或互补性，有些目标之间存在着明显的因果关系，如工作能力目标与职务目标和收入目标，前者是因，后者是果，表现为：工作能力提高→职务提升→收入增加。有些目标之间存在着直接的互补作用。

全方位组合指职业生涯、家庭和个人事务的均衡发展，相互促进。事业不是人生的全部，任何一个人都不能离开家庭和休闲娱乐，完美的职业生涯规划不应把生活中的其他内容排斥在外，目标组合可以超越狭隘的职业生涯范围，将全部的人生活动联系协调起来。

4. 职业生涯目标行动方案设计及常见的问题与解决

(1) 行动方案及措施制订

行动方案是落实目标的具体措施。每个人的实际情况不同，因此，具体的行动计划方案也不一样。

下面问题的答案找到了，一套行动方案也就了然于胸。为了实现哪些目标，需要具备什么素质？达到什么要求？可以通过什么样的途径来达到这些条件？是参加培训还是学校深造？具体的时间安排？除了知识能力储备，还有没有其他障碍？怎么解决？等等。

实现目标的措施有三个要素：标准、办法、时间。具体措施是根据"现在的我"变成"明天的我"之间的差距制定的措施，不但要有标准，而且要有具体办法。时间安排包括两个方面：一是什么时候达到这个目标，即目标的实现应该有期限；二是什么时间落实达到目标所采取的各项措施，即任务完成的时间落实。

制定职业生涯发展措施的要领有三点，即措施必须是具体的、可行的、针对性强的。"具体"强调的是可操作性，"可行"强调的是符合自身条件和外部环境，"针对性强"则强调措施不但直接指向目标，而且指向本人与目标的差距。措施具有具体、可行和针对性强三个特点，才能体现实现目标的效益和效率。

发展措施是指实现每个阶段目标分别采取的措施。由于每个阶段目标对职业生涯规划的设计者要求不同，而且前一个目标是后一个目标的基础，后一个目标是前一个目标的方向。因此，在进行职业生涯设计时，针对每个阶段目标的措施，既要做到方向一致，又要做到有所区别，体现出实现各阶段目标的措施是特定的并呈现必要的阶梯性。

(2) 行动方案设计中常见的问题及解决办法

第一，实现近期目标的措施不具体，缺乏可操作性。

解决的办法是：职业学校学生在制定措施时，各阶段措施可以按"近细远粗"的思路安排，即实现近期目标的措施要更具体。由于近期目标即第一阶段目标是最重要的阶段目标，因而针对近期目标的措施也是职业生涯发展措施中最重要的措施。后几个阶段的发展措施，可能因为本人和环境等各项因素的变化，有可能改变和调整，其具体可以是描述措施类别、框架式的具体。而实现近期目标的措施，则是马上就要落实、立即执行的措施，其具体必须是可操作、有指标、易量化的具体。

第二，实现近期目标的措施，眉毛胡子一把抓，重点不突出。

解决的办法是：实现近期目标的措施，应当既全面，又保证重点。"全面"，虽然也有全面提升自身素质的含义，但并非眉毛胡子一把抓，是针对弥补自身条件与目标实现之间差距的全面。"重点"，则强调针对弥补自身条件与目标实现之间差距的主要矛盾，措施得力、步步为营、确保落实，并以此主要矛盾的解决，来带动其他差距的弥补。

第三，实现目标的措施缺乏针对性。

解决的办法是：在选择实现目标的措施时，应根据自身条件与近期目标之间的差距，体现出极强的针对性。一般来讲，差距应表现为以下方面：现有职业能力即专业能力、方法能力、社会能力与职业要求之间的差距，现有知识、能力水准与职业资格标准之间的差距，目前的学业水平、现有学历与岗位要求之间的差距，本人经验、阅历与职业要求之间的差距，个性与职业要求之间的差距，个人品德素养与职业要求之间的差距，做人、做事方面与职业要求之间的差距，身体条件与职业要求之间的差距……

对于职业学校学生来说，在安排发展措施时，体现出极强的针对性，要善于根据实现不同阶段目标的需要，分别采取扬长补短或扬长避短的策略。

"扬长"，指要充分发挥自己强势智能以及其他优势的作用，使自己的长处在实现目标的过程中起到"领军"作用，借此激励自己为实现目标不懈努力的士气。

"补短"，指根据发展目标对从业者的素质要求弥补自身差距，应注意既要全面提升自己，又要分清轻重缓急，注意"补短"的必要性、可能性。必要性指关系自己生存、发展的短处必须补、抓紧补、及时补、重点补，对生存、发展无大碍的短处暂缓补。可能性指短项有较大潜力的应该补，如果短项潜力非常有限，则应再次分析其与发展目标的关系。如果关系不大，应先放一放；如果关系很大，则应考虑调整发展目标。职业学校学生"补短"，应根据发展目标的要求安排措施，讲究效率、讲究效益、讲究实用、讲究实效，处理好全面和重点、一般性和针对性的关系。

"避短"，指在择业和目标设定时尽可能避开自己的弱势和不足，坚信"人人有才、人无全才、扬长避短、个个成才"，树立"天生我才必有用"的信念。

第四，落实措施缺乏计划。

计划是办事前所拟定的方案，措施再好，不认认真真地去落实，一件一件地去办，目标永远无法实现。职业学校的学生要实现职业生涯发展目标，首先应该学会制订计划，并用计划约束自己的行为。

如何制订计划呢？根据实现近期目标应有的措施，先定一个今年的计划，然后再定一个本月、本周的计划。在此基础上，再定一个明年、下月、下周的计划，并把这两类计划协调一下。年度计划粗一点，月、周计划细一点。年计划应当有实现目标应有的措施及其实现的步骤、方法与时间表，标准、办法、时间务必具体、可行。月计划应包括本月计划做的工作，应完成的任务、质和量方面的要求，计划学习的新知识和有关信息，计划结识的新朋友等。周计划应更具体、详细、数字化、操作性强，而且每周末提前计划好下周的计划，为下周计划的实施做好准备。接着就要从今天做起，安排最重要的几件事，按轻重缓急排序，避免"捡了芝麻，丢了西瓜"。

通过几次反复，让自己养成制订计划并按计划办事的习惯。让计划约束自己，也就是学会管理自己。职业生涯的成功在于管理。管理即负责按事物本身的规律或依据一定的标准对事物进行加工、处置。对成功职业生涯的追求，是人生旅程中的大事，只有自己对自己负责，自己督促自己按规律和既定标准去落实，对未来的追求才可能成功。

三、职业生涯目标评估修正

1. 评估修正的必要性

职业生涯是一个动态的过程，在这一过程中，社会、组织、个人会经常发生这样、那样的变化，其中很多变化是我们事先难以预测的，这些不确定因素的存在可能会使实际结果偏离原来的规划目标。要想使生涯规划行之有效，必须不断地对职业生涯目标进行评估与修正。

变化首先来自于职业及其所在的行业。科学进步的重要标志是新技术、新工艺在生产中的广泛运用和推广，职业及其所在行业也因此发生变化。人们的就业岗位或因新技术的运用、新工艺的推广，或因设备更新，或因其任务、职责的变故，对就业者的要求就会发生变化。每一次技术、工艺的更新，都会导致两种可能：一种可能是从业者通过自己的努力，适应了职业的变化；另一种可能是不能适应或不符合个人发展目标，而导致职业流动。对于职业的此类变化，往往需要一段适应过程。但在这个过程中，有些从业者会发现自己通过努力也难以适应变化，或者会发现变化了的职业及所在行业不符合自己的追求。在这种情况下，从业者应主动转变职业发展方向。

变化还来自环境。这里所说的环境变化，主要指从业者所处的组织环境、政治环境、社会环境、经济环境的变化。例如，组织环境中包括的上下级关系、同事间的人际关系以及从业者所在单位的组织结构等诸多因素，是影响发展的重要外部环境。如果从业者通过自我调整，也难以适应自己所处的组织环境，而且在原单位转岗位也于事无补，就必须考虑"跳槽"。"跳槽"，既可能是到同行业的另一单位从事与原岗位相似职业，即没有改行，也可能在改换门庭时从事了另一性质的职业，即改了行。如果是前者，对职业生涯发展目标不会有大的影响，只需对阶段目标、发展措施进行微调。如果是后者，整个职业生涯规划就必须做较大调整。

变化更来自于本人。每个人在职业生活中都会有变化，变化既包括经验、阅历、知识、技能，也包括兴趣、性格、能力，还包括经济状况、家庭条件、学历、身体和价值取向……这些变化，既可能影响阶段目标甚至发展目标的修正，更可能影响发展措施的调整。

【相关链接】

职业生涯规划调整的最佳时期

就初次走上社会的职业学校毕业生而言，职业生涯规划调整的最佳时期有两个：一是毕业前夕，有了求职的实践，根据求职过程对自身条件的检验，根据新的就职信息和供需实际，在求职过程中进行调整，二是工作3~5年时，有了从业的实践，根据从业过程对自身条件的检验，根据周围环境和自身素质变化，在职业转换的过程中进行调整。两次调整，既可以是近期目标调整，也可以是远期目标或职业生涯发展路线的调整。

在上述两个时期中，职业学校学生常会感觉到在校期间所制定的职业生涯规划与实际有距离，甚至相差甚远。产生这种感觉的原因主要有三种：一是在进行职业生涯设计时，对实际了解的不够；二是环境和本人都有了比较大的变化；三是自己还没完成从"学校人"到"社会人"的转换。如果是前两个原因，应认真调整职业生涯规划。如果是第三种原因，即并非规划脱离实际，而是自己没能及时完成角色转变，则应首先着力加快适应社会的步伐，加快完成角色转变，然后再考虑是否调整规划。

在工作3~5年左右时调整职业生涯规划的原因主要有三个：一是职业学校学生初次择业，难以找到十分适合自己的职业，初次上岗的从业实践，又证实自己很难按照现在岗位对从业者的要求调整自己，即难以做到人职匹配，很难在现有岗位上得到发展；二是职业岗位繁花似锦，职业学校学生自己到底适合干什么，不适合干什么，需要得到实践的检验，在校时设计的职业生涯规划，毕竟是从学生的角度看社会，对职业发展目标是否符合自己缺乏实践检验；三是已有了从业经历，对社会，对人生有了切身体验，有了更深刻的认识，对职业生涯发展目标有了新的追求。

（资料来源：蒋乃平，杜爱玲编著．职业生涯设计［M］．高等教育出版社，2006.1）

2. 评估的要点

评估可以参照各类短期、中期预定目标和实际结果比照而行。一般来说，任何形式的评估都可以归结为自我素质和行为对现实环境的适应性判断，分析自己，特别是针对变化的环境，找出偏差所在，并作出修正。

评估的要点可以包括：

（1）抓住最重要的内容。评估的过程中不必面面俱到，而是抓住一两个关键的目标和最主要的策略方案进行追踪，即重点评估那些指向核心目标的主要策略执行的效果。

（2）分离出最新的需求。针对变化的内外环境，对于新的变化和需求，要"跟上形势"，明了怎样的策略才是最有效而且最有新意的。

（3）找到突破方向。有时候，在某一点上取得突破性的进展将使整个局面发生意想不到的改变。反省先前规划中的方案，哪一条对于目标的达成该有突破性的影响？达到了吗？为什么没有达到？如何寻求新的突破？

（4）关注最弱点

在评估过程中，要肯定自己取得的成绩与长处，但更重要的是要切合变化的环境，发现自己的素质与行动方案中的不足，然后想办法修正。

回过头来看看你在制定实施策略前，通过 SWOT 分析发现的劣势点如今是否通过阶段行动的努力而有所改变？如果没有，为什么会行而无效，或者行不通？差距又在哪里？一般来说，从业者的最弱点可能会存在于下列几方面：观念差距、知识差距、能力差距和心理素质差距。

3. 评估的依据

评估的依据主要来自两方面，一是前期职业生涯目标的实施情况结果；二是个人对职业生涯成功标准的看法，这些看法来自于个人的思维习惯、动机、职业价值观和决策类型，成为指导人们评价自己职业生涯是否成功的依据。

职业生涯成功与否，个人、家庭、企业、社会判定的标准都存在一定的差异。从现实来看，职业生涯成功的标准与方向具有明显的多样性。

一些学者在对多种公司的经理和人事专家进行调查后，根据他们的自我意识，系统地阐述了五种不同的职业生涯成功方向：

（1）进取型

达到所在企业甚至集团和系统的高层，视成功为升入企业或职业较高阶层。

（2）安全型

追求认可、工作安全、尊敬和成为"圈内人"，视成功为长期稳定和相对不变的工作认可。

（3）自由型

在工作过程中得到对自己最大的控制，而不是被别人控制。视职业生涯的成功为经历的多样性。

（4）攀登型

得到刺激、挑战、冒险和"擦边"的机会。将成功定义为一种螺旋型的东西，不断上升和自我完善。

（5）平衡型

视成功为工作、家庭关系和自我发展之间取得均衡协调发展，以使工作不至于变得太紧张或太乏味。

要对职业生涯成功进行全面的评价，必须综合考虑个人、家庭、企业、社会等各方面的因素。职业生涯成功意味个人才能的发挥以及为人类社会作出贡献，职业生涯成功的标准可分为"自我认为""社会承认"和"历史判定"。按照人际关系范围，可以将职业生涯成功标准分为自我评价、家庭评价、企业评价和社会评价四类。如果一个人能在这四类评价中都得到肯定，则其职业生涯必定是成功的。

职业生涯成功评价体系由评价方式、评价者、评价内容、评价标准组成（表 11-4）。

表 11-4　职业生涯成功评价体系

评价方式	评价者	评价内容	评价标准
自我评价	本人	自己的才能是否充分施展 对自己在企业发展、社会进步中所作出的贡献是否满意 对自己的职称、职务、工资待遇等方面的变化是否满意 对处理职业生涯发展与其他人生活的关系的结果是否满意	根据个人的价值观念及个人的知识水平、能力
家庭评价	父母、配偶、子女等家庭成员	是否能够理解和肯定 是否能够给予支持和帮助	根据家庭文化
企业评价	上级、平级、下级	是否有下级、平级同事的赞赏 是否有上级的肯定和表彰 是否有职称、职务的晋升或相同职务责权利范围的扩大 是否有工资待遇的提高	根据企业文化及其总体经营结果
社会评价	社会舆论 社会组织	是否有社会舆论的支持和好评 是否有社会组织的承认和奖励	根据社会文明程度、社会历史进程

职业生涯成功是个人职业生涯追求目标的实现。职业生涯成功的含义因人而异，具有很强的相对性，对于同样的人在不同的人生阶段也有着不同的含义。每个人都可以，也应该对自己的职业生涯成功进行明确界定，包括成功意味着什么，成功时发生的事和一定要拥有的东西，成功的时间、成功的范围、成功与健康、被承认的方式、想拥有的权势和社会地位等。对有些人来讲，成功可能是一个抽象的、不能量化的概念，例如觉得愉快，在和谐的气氛中工作，有工作完成后的成就感和满足感。在职业生涯中，有的人追求职务晋升，有的人追求工作内容的丰富化，有的人追求劳动报酬的增加。对于年轻员工来说，职业生涯的成功往往首先体现为在工作中产生满足感与成就感，并使工作更具挑战性。

4. 职业生涯目标修正

根据以上评估的结果对目标和策略方案进行修订。内容包括：职业的重新选择；职业生涯路线的选择；阶段目标的修正；实施措施与行动计划的变更等。

通过评估与修正，应该达到下列目的：

对自己的强项充满自信。

对自己的发展机会有一个清楚的了解。

找出关键的有待改进处。

为这些有待改进处制订详细的行动改变计划。

实施你的行动计划，确保你能取得显著的进步和成就。

总之，职业生涯规划是一个持续动态的过程，有效的职业生涯规划需不断地反省修正职业生涯目标，反省策略方案是否恰当，以能适应环境的改变，同时可以作为下一轮规划的参考依据。

本章小结

1. 职业生涯规划是指个人结合自身情况以及眼前的机遇和制约因素，为自己确立职业目标，选择职业道路，确定发展计划、教育计划等，并为自己实现职业生涯目标而确定行动方向、行动时间和行动方案。按照规划的时间维度，职业生涯规划可以分为短期规划、中期规划、长期规划和人生规划四种类型。

2. 职业生涯规划的三大要素，知己、知彼、抉择。用公式总结为：职业生涯规划＝知己＋知彼＋抉择。"知己"就是自我认识与自我了解。"知彼"就是熟悉周围的环境，特别是与生涯发展有关的工作世界。"抉择"是指生涯规划作出了正确的选择。即：确定的个人生涯目标符合现实，而不是一厢情愿；对从事的职业感兴趣，而不是被动地去干；所从事的工作能发挥专长，利用了个人的强项；对工作的环境能够适应，而不是感到处处困难，难以生存。

3. 一个完整有效的职业生涯规划应包括自我评估、外部环境分析、目标确立、实施策略和反馈评估五个环节。

4. 有关职业生涯规划的心理学理论很多。

特质—因素理论是职业生涯规划理论中最为悠久的一种，该理论的基本假设是：每个人都有其独特性，表现在兴趣、能力、需要、价值和人格特质上；每一个职业和工作也有其独特性，反映在工作项目、所需能力、所提供的报酬等方面；个人与职业的独特性都能够通过评估工具测量出来；如果个人的特性和职业的特性是吻合的，双方都会感到满意。特质—因素理论为人们的职业选择提供了最基本的指导原则——人职匹配原则。

人格类型理论是一种人格与职业类型相匹配的理论。该理论认为，不同的人具有不同的人格特征，不同的人格特征适合从事不同的职业。因此人格是决定一个人选择何种职业的另外一个重要因素，并指出决定个人选择职业的六种基本的"人格类型"：现实型、研究型、艺术型、社会型、企业家型和传统型；同时指出现实中存在着与上述人格类型相对应的六种环境（职业）类型：现实型、研究型、艺术型、社会型、企业家型和传统型；人都在追求某类工作环境，这类环境能施展个人的技术与能力，能展示个人的态度与价值，能胜任问题的解决和角色的扮演。该理论还认为个人的人格与工作环境之间的适配和对应，是职业满意度、职业稳定性与职业成就的基础。

职业锚理论是美国麻省理工大学斯隆管理学院教授、哈佛大学社会心理学博士埃德加·H·施恩（Edger·H·schein）最早提出的，在他看来"职业锚"是指个人经过搜索所确定的长期职业定位。它是通过个人的职业经验逐步稳定、内化下来的，当个人面临多种职业选择时，其最不能放弃的是自我职业意向。在个人的职业生涯规划中，职业锚是人们选择和发展职业时所围绕的中心，能帮助我们进行职业定位，清楚地反映出个人的职业追求和抱负。同时，职业锚是个人职业工作的长期贡献区。

职业生涯发展阶段理论认为职业生涯是一个长期的发展过程，存在不同的发展阶段。在每个不同的阶段，个人有着不同的职业需求和人生追求。不同的专家学者对于具体阶段的划分有不同的观点。舒伯将人生职业生涯发展划分为成长、探索、建立、维持和衰退共五个阶段。施恩立足于人生不同年龄段面临的问题和职业工作主要任务，将职业生涯分为9个阶段：即成长、幻想、探索阶段；查看工作世界阶段；基础培训阶段；早期职业的正式成员资格阶段；职业中期；职业中期危险阶段；职业后期；衰退和离职阶段；离开组织或职业——退休。格林豪斯研究人生不同年龄段职业发展的主要任务，并以此将职业生涯划分为5个阶段。即：职业准备阶段（0～18岁）；查看组织阶段（18～25岁）；职业生涯初期（25～40岁）；职业生涯中期（40～55岁）；职业生涯后期（55岁直至退休）。

5. 职业学校的学生在做职业生涯规划之前，需要认识、了解和评估自己。可以借助各种心理测量工具、也可以向身边的人或职业顾问寻求指导意见，同时，自我反省、自我总结是认识自我常用的简便易行的方法，可以把这些方法结合起来使用。认识自我和职业生涯规划一样是一个长达一生的过程。可以从下面几方面进行：职业价值观——你最想从工作中获得的是什么？职业兴趣——你最喜欢干什么？性格——你适合干什么？能力——你能干什么？

6. 职业学校学生职业生涯目标规划的心理过程是职业生涯目标的确立、职业生涯目标的实施与职业生涯目标的评估修正。

职业生涯目标的确立往往需要经过初选、再选几个反复，通过目标调整再作出最后抉择即终结性决定。无论初选、再选职业生涯发展目标，都经历了预测、衡量、比较的心理过程。常用SWOT分析法作为评估工具来确立职业生涯的目标。职业学校学生在职业生涯目标确立中存在贪多心理、模糊心理、好高骛远与眼光低下心理、顾此失彼心理等误区。

职业生涯目标实施经历如下心理过程：职业生涯长远目标的设定——职业生涯阶段目标阶梯的搭建——职业生涯发展措施的制定——职业生涯发展措施的执行——职业生涯发展目标的调整。合理的职业生涯目标分解、成功的阶段目标设计技术及职业生涯目标组合技术、具体可行的职业生涯目标行动设计方案等是职业生涯目标实施的可靠保证。职业学校学生在行动方案设计中常见的问题有：实现近期目标的措施不具体，缺乏可操作性；实现近期目标的措施，重点不突出，眉毛胡子一把抓；实现目标的措施缺乏针对性；落实措施缺乏计划。教师要有针对性的加以指导和解决。

职业生涯是一个动态的过程，社会、组织、个人会有各种变化，且事先难以预测，这些不确定因素的存在可能会使实际结果偏离原来的规划目标。因此有效的生涯规划必须不断地对职业生涯目标进行评估与修正。

思考题

1. 职业学校学生在进行职业生涯规划中常见的问题有哪些？引发这些问题的原因是什么？
2. 你是如何或将如何指导学生进行职业生涯规划的？

附

中职生职业生涯与发展规划表

一、×××中职学习期间生涯规划表

一般情况	姓名		性别		年龄		政治面貌	
	就读学校				院、系			
	所学专业				感兴趣的专业			
	起止时限							
	年龄跨度							
规划总目标	就业		升学		出国		创业	
具体方向								
自我分析（包括现状分析与潜力测评结果）	认识自我	我的气质						
		我的性格						
		我的能力						
		我的兴趣						
		我的职业价值观						
		我心中理想的职业						
	角色转为目标	从依赖到独立的转变						
		从被动学习到主动学习的转变						
		从未成年人向成年人的转变						
环境因素分析	学校学习、生活等环境分析	本专业的课程设置（可另附表）						
		与未来职业发展有关的课程设置（可另附表）						
	行业发展趋势与就业环境分析							
	国家相关政策法规、经济形势分析							

我的现状与规划成功标准之间的匹配分析	我的优势		
	我的不足		
征求意见	家长建议		
	教师建议		
	同学建议		
	朋友建议		
中职学习期间生涯规划目标分解	一年级的目标	1. 学业规划目标	
		2. 生活成长规划目标	
		3. 社会活动规划目标	
	二年级的目标	1. 学业规划目标	
		2. 生活成长规划目标	
		3. 社会活动规划目标	
	三年级的目标	1. 学业规划目标	
		2. 生活成长规划目标	
		3. 社会活动规划目标	
中职学习期间生涯规划目标组合	学习目标	专业学习目标	
		与职业相关的学习目标	
	生活成长目标	体魄健康	
		心理健康	
		学会理财	
		学会管理时间	
		正确交友	

续表

	社会实践目标	参加社团目标	
		见习、实习目标	
		假期社会实践目标	
中职学习期间生涯规划成功标准	学习规划成功标准	专业学习成绩优良	
		与总目标相关的学习成绩优良	
	生活成长成功标准	体魄健康	
		心理健康	
		会理财	
		会管理时间	
		人际沟通能力强	
	社会实践成功标准	积极参与社团活动，成为社团骨干	
		见习、实习成绩优良	
		认识社会与职业	
找出差距			
缩小差距的方案			

注：在制定出中职学习期间的规划之后，还要进一步根据规划制订出按学期、月、周、日的实施方案，并在实施过程中，及时进行评估，总结实施的效果，必要时对方案进行修正。

二、×××中职期间生涯规划××阶段实施、评估与修正表

<table>
<tr><td rowspan="4">一般情况</td><td>姓　名</td><td></td><td>性别</td><td></td><td>年龄</td><td></td><td>政治面貌</td><td></td></tr>
<tr><td>就读学校</td><td colspan="3"></td><td>院、系</td><td colspan="3"></td></tr>
<tr><td>所学专业</td><td colspan="2">感兴趣的专业</td><td colspan="5"></td></tr>
<tr><td>起止时限</td><td colspan="7"></td></tr>
<tr><td colspan="2">总目标</td><td colspan="7"></td></tr>
<tr><td colspan="2" rowspan="2">××阶段分目标</td><td colspan="3">学习目标</td><td colspan="2">生活成长目标</td><td colspan="2">社会实践目标</td></tr>
<tr><td colspan="3">1. 专业学习成绩优良
2. 与总目标相关的学习成绩优良</td><td colspan="2">1. 体魄健康
2. 心理健康
3. 会理财
4. 会管理时间
5. 人际沟通能力强</td><td colspan="2">1. 积极参与社团活动，成为社团骨干
2. 见习、实习成绩优良
3. 认识社会与职业</td></tr>
<tr><td rowspan="1">实施
（具体方案）</td><td>1. 制订的实施方案应该详细、可以量化
2. 可以便于评估
3. 必须围绕阶段目标制订</td><td colspan="3">1. 文化基础课程考核成绩优良门数××门
2. 相关专业课程考核优良门数××门
3. 选修课程考核成绩优良门数××门</td><td colspan="2">1. 每天坚持体育锻炼××小时
2. 坚持心理素质训练
3. 每月收支平衡
4. 时间安排合理</td><td colspan="2">1. 参加了××社团，每周参加社会活动××次
2. 参加社会公益活动
3. 实习成绩优良</td></tr>
<tr><td>评估
（内容）</td><td>1. 达到规划标准的情况
2. 未达标的情况
3. 找出差距并分析原因</td><td colspan="3">1. 达标门数——
2. 未达标门数——
3. 差距有
4. 原因是</td><td colspan="2">1. 达标的地方
2. 未达标的地方
3. 差距有
4. 原因是</td><td colspan="2">1. 达标的地方
2. 未达标的地方
3. 差距有
4. 原因是</td></tr>
<tr><td>修正
（内容）</td><td>1. 目标过高过大，不切合实际，需修订目标
2. 实施方案不符合实际，需要调整
3. 执行方案不力，要加强实施</td><td colspan="7"></td></tr>
</table>

注：在制定出大学期间的规划之后，还要进一步根据规划制订出按学期、月、周、日的实施方案，并在实施过程中，及时进行评估，总结实施的效果，必要时对方案进行修正。

三、×××中职毕业后职业生涯规划表

一般情况	姓名		性别		年龄		政治面貌	
	最高学历				婚姻状态			
	所学专业				感兴趣的专业			
	起止时限							
	年龄跨度							
规划总目标								
职业方向	职业方向一							
	职业方向二							
	职业方向三							
自我分析（包括现状分析与潜力测评结果）	认识自我	我的气质						
		我的性格						
		我的能力						
		我的兴趣						
		我的职业价值观						
		我心中理想的职业						
环境因素分析	社会环境分析							
	职业环境分析							
	行业发展趋势与就业环境分析							
	企业分析							
	国家相关政策法规、经济形势分析							
我的现状与规划成功标准之间的匹配分析	我的优势							
	我的不足							

续表

征求意见	家长及亲友建议		
	教师建议		
	同学建议		
	朋友建议		
职业生涯规划目标组合	人生目标	职业目标	
		财富目标	
		家庭目标	
		社会价值目标	
	长期目标	职业目标	
		财富目标	
		家庭目标	
		社会价值目标	
	中期目标	职业目标	
		财富目标	
		家庭目标	
		社会价值目标	
职业生涯规划目标分解	阶段一的目标（ — 年）		
	阶段二的目标（ — 年）		
	阶段三的目标（ — 年）		
	阶段四的目标（ — 年）		

续表

职业生涯 规划成功 标准	职位目标 成功标准	
	家庭目标 成功标准	
	财富目标 成功标准	
	社会价值 成功标准	
找出差距		
缩小差距 的方案		

注：在制定出中职毕业后的职业生涯规划之后，还要进一步根据规划制订出按学期、月、周、日的实施方案，并在实施过程中，及时进行评估，总结实施的效果，必要时对方案进行修正。

（资料来源：职业生涯与发展规划课题组编．中职生职业生涯与发展规划教程（公共类）［M］．北京：北京出版社，2008.8：108～112）

（本章作者：屈正良　于元香）